LES CAPUCINS D'ALSACE

PENDANT LA RÉVOLUTION

par le

PÈRE ARMEL D'ETEL

DES FRÈRES MINEURS CAPUCINS

STRASBOURG-KŒNIGSHOFFEN (Alsace) 1923

Imprimerie des Frères Mineurs Capucins

LES CAPUCINS D'ALSACE

PENDANT LA RÉVOLUTION

LES CAPUCINS D'ALSACE

PENDANT LA RÉVOLUTION

par le

PÈRE ARMEL D'ETEL

DES FRÈRES MINEURS CAPUCINS

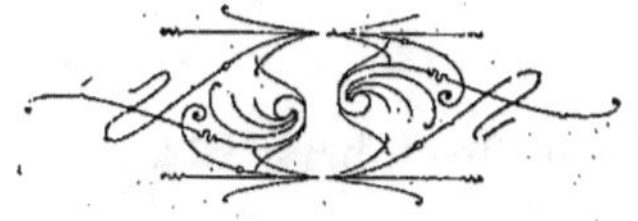

STRASBOURG-KŒNIGSHOFFEN (Alsace) 1923

Imprimerie des Frères Mineurs Capucins.

AU RÉVÉRENDISSIME

PÈRE VENANCE de l'Isle-en-Rigault,

Exministre Général
des Frères Mineurs Capucins,

RESPECTUEUX HOMMAGE

Préface.

De nombreux travaux sur l'Histoire de la Révolution Française ont prouvé avec évidence l'importance de la question religieuse pendant cette époque troublée qui commence à la Constitution Civile du Clergé pour finir au Concordat. Personne n'oserait plus reléguer dans le domaine de la légende l'histoire de la persécution révolutionnaire. Aussi bien les faits sont là, les dépôts d'Archives ont révélé une partie de leurs secrets, et l'on connaît les abus de pouvoir dont se sont rendus coupables le plus grand nombre des individus que la Législative et la Convention ont envoyés dans les Départements avec le titre de Commissaires ou de Représentants en mission. On finit par reconnaître que la religion et les sentiments religieux ont joué un grand rôle dans la Révolution Française.

« On était habitué à considérer la Révolution comme une crise politique et sociale, et voilà qu'elle se présente aussi comme une crise religieuse, voilà qu'elle ressemble à cette autre grande crise sociale et religieuse, d'où elle est dérivée, je veux dire à la Réforme. On n'expliquait jusqu'ici les violences de la Terreur, l'horreur de la lutte entre la Révolution et la Contre-Révolution que par l'antagonisme des intérêts des classes et par la nécessité de la défense nationale. L'explication est insuffisante. Il faut y ajouter le fanatisme religieux (1). »

Assurément les abus du passé exigeaient de larges réformes. Ces réformes que tous réclamaient, on les trouve indiquées dans les Cahiers de la Noblesse et du Tiers État, parfois, il est vrai, et dans ces derniers surtout, avec un luxe de détails et des expressions qui trahissent une influence étrangère et hostile à l'Église. Les Cahiers du Clergé révèlent eux aussi les vices de l'organisation ancienne et cherchent un remède au malaise qu'ils constatent.

Mais entre ces projets de réforme et la Constitution du Clergé il y a un abîme immense.

Sur certaines questions, comme celle des biens ecclésiastiques et le remaniement de la diminution du nombre des Évêchés, il était facile de s'entendre avec Rome. Ce qui s'est passé plus tard

---

(1) A. Mathisz, Contributions à l'Histoire Religieuse de la Révolution Française Paris 1907, 40.

en est la preuve. Mais il y avait d'autres questions que l'Église ne pouvait admettre: l'élection des Évêques et des curés, et surtout la négation du pouvoir du Pape comme centre unique de la Juridiction ecclésiastique. L'Église ne pouvait tolérer cette intrusion dans le domaine spirituel. Elle ne pouvait supporter que des laïcs, fussent-ils membres de la Constituante, se permissent de légiférer sur des matières qui n'étaient pas de leur compétence. Ceux-ci s'obstinèrent malgré les avertissements dans leur dessein de faire de l'Église de France une église nationale, séparée de Rome, et ne dépendant que des caprices du gouvernement. Ils ne supposaient même pas que la Nation encore foncièrement religieuse pût répudier ce que l'Assemblée toute puissante avait décidé. C'est cependant ce qui arriva. Ils avaient tout réglé, ils étaient entrés dans de minutieux détails, mais devant l'évidence, au lieu d'avouer qu'ils avaient tout prévu, excepté ce qui arrivait, ils s'engagèrent dans la voie de la persécution, pour maintenir cette Constitution Civile que l'on a appelée avec raison: le péché originel de la Révolution. Dès lors pour tracer un tableau exact de cette époque troublée de notre histoire, il ne suffit pas d'étudier la Révolution au point de vue politique, social, économique, militaire, l'étude de la question religieuse s'impose, autrement l'on n'aura qu'une idée imparfaite de l'œuvre de la Révolution.

Beaucoup de travaux ont déjà été entrepris sur cette question passionnante: histoires locales, de Départements ou de Diocèses, monographies de personnages célèbres, actes des martyrs; toutes ces publications jettent un nouveau jour sur l'histoire révolutionnaire, elles nous instruisent, elles nous édifient en même temps en mettant sous nos yeux les dangers courus par les prêtres restés en France pendant les sombres jours de la Terreur et du Directoire, les souffrances endurées par les prisonniers des geôles révolutionnaires, enfin la mort glorieuse de ces victimes sur les pontons et les échafauds.

La liste des travaux parus est déjà longue, la matière cependant est loin d'être épuisée. Si un certain nombre de Diocèses de France possèdent leur histoire religieuse de la Révolution, combien d'autres attendent encore leur historien! Cependant il est à souhaiter que ce travail soit entrepris sur tous les points du territoire. Quand il aura été mené à bonne fin, alors, mais seulement alors, on pourra entreprendre une histoire religieuse générale de la Révolution.

En effet la marche en avant de la Révolution n'a pas été la même dans tous les Départements. Ici elle s'est signalée par des emprisonnements et des exécutions en masse, là elle a été plus clémente, si tant est que l'on puisse parler de clémence, quand il s'agit de la Révolution, disons mieux moins brutale et moins sanglante. Dans tel Diocèse, le clergé tant séculier que régulier a fourni de nombreux adeptes au schisme, dans tel autre au contraire, les jureurs ne forment qu'une infime minorité.

Il est donc difficile de donner un tableau d'ensemble, avant que chaque Diocèse ou chaque Département ait retracé lui même sa propre histoire d'après ses propres Archives, complétées par les documents des Archives Nationales. Une synthèse générale, nous donnant le tableau complet de la persécution révolutionnaire, ne sera possible que le jour où ces études régionales et locales nous auront renseignés sur l'application des lois révolutionnaires sur tous les points de la France, ainsi que sur l'opposition qu'elles ont recontrée.

Ce que nous disons du clergé séculier s'applique également au clergé régulier, son histoire est encore à écrire. Si l'on demande aux historiens des renseignements sur les religieux de cette époque, on ne recueille à peu près chez tous que des affirmations sans preuves, des jugements énoncés en termes généraux et résumés dans cette sentence: les religieux étaient relâchés. Nous savons tout ce que l'on doit reprocher aux religieux en 1790, c'est une raison pour ne pas les charger outre mesure. La vérité nous oblige à reconnaitre qu'ils étaient en général très relâchés, et s'il fallait écrire l'histoire du clergé régulier du diocèse pendant la Révolution, nous reculerions devant ce pénible sujet (1). Cependant quelques pages plus loin, l'auteur cite les courageuses réponses faites aux juges de Rouen par des prêtres et des religieux de ce diocèse, réponses qui leur valurent d'être condamnés à la déportation sur les pontons de Rochefort d'où ils ne revinrent pas. Sans examiner leur conduite ultérieure, on pose en principe que les religieux étaient relâchés. De là à conclure qu'ils sont tous entrés dans le clergé constitutionnel, il n'y a qu'un pas; quelques-uns n'ont pas hésité à le franchir. «Sans la tourbe des mauvais moines, le schisme constitutionnel n'eut jamais pu prendre pied dans le diocèse »(2).

«Parmi les religieux, ceux qui persévérèrent dans l'état ecclésiastique entrèrent en masse dans le clergé constitutionnel, qui eut été dans l'impossibilité de se recruter et de desservir les paroisses sans leur concours »(3).

Où en est la preuve? On voit quelques religieux parmi les évêques constitutionnels, on en rencontre un plus grand nombre parmi les jureurs, «la masse» des réguliers. Ils restent fidèles à l'état ecclésiastique. Ainsi pour ne citer que Paris, sur 718 jureurs on ne trouve que 43 religieux, parmi lesquels plusieurs vivaient

---

(1) Loth, Histoire du Cardinal de la Rochefoucauld, Archevêque de Rouen, 259.

(2) Sauzay, Histoire de la persécution révolutionnaire dans le département du Doubs. I. 15.

(3) Sicard, La vieille France monastique. Revue des deux Mondes. 15 Nov. 1909.

depuis longtemps en marge de leur Ordre et de leur Congrégation. Il y avait à cette époque 696 religieux dans les couvents de la capitale, non compris les Sulpiciens, les Eudistes, les Oratoriens, les Doctrinaires et les Pères du Saint-Esprit, qui n'étaient pas regardés comme religieux au sens strict du mot. Pour Paris au moins, «la masse» se trouve du côté des réfractaires.

D'autres historiens affirment que le tiers des réguliers prêta serment. Mais ils ne donnent pas de chiffres, pour cette raison qu'ils ignorent le nombre des religieux en 1790. Il est impossible de donner le nombre des séculiers jureurs, parce que l'on ignore combien il avait de prêtres à cette époque. De même pour les réguliers, il ne sera possible d'en évaluer le nombre qu'après le dépouillement des Archives, et ce travail immense, commencé sur certains points, est loin d'être achevé. Il est possible que dans certaines régions la proportion des réguliers jureurs soit assez élevée, mais il est certain que dans d'autres pays, Alsace et Bretagne, pour ne citer que ceux-là, il n'y eut qu'un très petit nombre de religieux à entrer dans l'église constitutionnelle. Il est donc faux de prétendre que «la masse» des réguliers fut du côté des jureurs, comme il est au moins prématuré d'affirmer que le tiers des religieux a prêté serment.

C'est le but que nous nous sommes proposé en écrivant l'histoire des Capucins d'Alsace pendant la Révolution. Nous avons voulu apporter notre contribution à l'histoire du Clergé régulier. On nous objectera peut-être que l'Alsace était une des provinces les plus catholiques de l'ancienne France, et la Province des Capucins une des plus régulières du Royaume. C'est vrai, aussi nous nous gardons bien de généraliser les conclusions de notre étude, nous ne faisons pas de comparaison entre cette Province et les autres, nous nous bornons à raconter l'évacuation des couvents, la dispersion des religieux, dont un tiers mourut en déportation, leur séjour à l'étranger, quand nous avons pu retrouver leur trace, et enfin le retour des survivants au Concordat.

Les sources principales de notre documentation sont les Archives départementales et municipales de Strasbourg et de Colmar, ainsi que les Archives de l'Évêché. Nous avons rencontré partout de la part de MM. les Archivistes la plus grande bienveillance et les plus grandes facilités pour nos recherches, nous tenons à les en remercier, ainsi que tous ceux qui à des titres divers nous ont aidé dans notre travail.

Table des matières.

CORRIGENDA.

Par suite de circonstances indépendantes de notre volonté, des erreurs typographiques se sont glissées dans la composition de cet ouvrage. Nous ne signalons que les suivantes, pour les autres, nous nous permettons de faire appel à l'indulgence du lecteur.

Lisez

Page 37 ligne 23 au lieu de Bernard . . . . Bérard
» 47 » 34 » » » P. François . . . . . . Fr. François
» 47 » 36 » » » F. Bernardin . . . . . . .Fr. Bérard
» 51 » 2 » » » d'Ingersheim . . . . . d'Ungersheim
» 66 » 12 » » » F. Adolphe . . . . . . F. Adelphe
» 69 » 37 » » » Stotzheim . . . . Stutzheim
» 71 » 33 » » » Stotzheim . . . . Stutzheim
» 77 » 13 » » » Réguisheim . . . . . d'Éguisheim
» 121 » 13 » » » Dettwiller. . . . . . . Diethwiller
» 124 » 40 » » » Comar . . . . Colmar
» 128 » 18 » » » Victorin . . . . Victorien
» 128 » 22 » » » Othmann . . . . Othmar
» 130 » 17 » » » Victorin . . . . Victorien
» 130 » 30 » » » Victorin . . . . Victorien
» 140 » 1 » » » Bernard. . . . . Bérard
» 190 » 11 » » » F. Sigisbert . . . . . . P. Sigisbert
» 227 » 23 » » » F. Samuel . . . . P. Samuel
» 234 » 20 » » » Jettingen . . . . d'Ettingen
» 248 » 21 » » » . . . . Keilbach Jean Joseph

Chapitre I.

Les Capucins en Alsace.

L'Ordre des Capucins a été fondé en Italie dans les premières années du XVIe Siècle par le P. Mathieu de Basci et ses compagnons, comme une réforme de l'Ordre Franciscain.(1)

Quelque soit le sens dans lequel on entend ce mot de réforme, une chose est certaine, c'est que malgré les innombrables difficultés qu'il rencontra sur sa route, l'Ordre des Capucins se répandit bientôt en Europe, et au delà avec une rapidité qui rappelait les premiers temps de l'Ordre Séraphique.

Dès 1575, nous voyons les Capucins arriver en France et s'établir à Paris, où ils ont bientôt trois couvents. Quelques années plus tard, ils pénètrent en Espagne et dans les Pays-Bas, et avant la fin du XVIe siècle, ils ont fondé des couvents en Suisse et en Allemagne. Plusieurs Cantons de la Confédération Helvétique et une grande partie de l'Allemagne avaient, il est vrai, gardé l'ancienne croyance, mais le contact avec la nouvelle doctrine des Protestants était devenu un danger pour les pays restés catholiques. Par suite de cette révolution religieuse qui proclamait comme un dogme le principe du libre examen, et qui sapait par la base l'autorité de l'Eglise, la foi et les mœurs n'avaient pas tardé à décliner chez les peuples catholiques en relation avec les nouveaux hérétiques qui lâchaient la bride à toutes les passions.

---

(1) Sur les origines de l'Ordre des Capucins, voir le travail du T.R.P. Edouard d'Alençon, ex-Archiviste Général de l'Ordre, intitulé: *De primordiis Ordinis Fratrum Minorum Capucinorum*, publié dans les *Analecta Ordinis Fratrum Minorum Capucinorum*, Tomes XXXIV, XXXV, 1918-1919.

Dans cette étude entreprise à la demande du Rme P. Ministre Général de l'Ordre et abondamment documentée, le P. Edouard étudie et discute l'une après l'autre les assertions des premiers Chroniqueurs et de Bovérius, il fixe définitivement quelques points de chronologie qui étaient sujets à discussion, il sépare la vérité historique de certaines légendes avec lesquelles on l'avait défigurée sous prétexte de l'embellir. Et comme il a fait sienne la maxime de Cicéron: *Ne quid falsi dicere audeat, ne quid veri non audeat*, le T. R. P. nous a donné un travail à l'abri de toute critique et que devront consulter tous ceux qui à l'avenir voudront traiter la question des origines de l'Ordre des Capucins.

La foi était en baisse, les préceptes du Décalogue étaient plus ou moins oubliés par le peuple, et comment en eut-il été autrement, quand le clergé lui même négligeait ses devoirs, et avait le plus grand besoin de réforme. (1)

On raconte que Saint Charles Borromée, Archevêque de Milan, visitant en qualité de Légat Apostolique, une partie de la Suisse, trouva à Altdorf le Doyen, non seulement marié mais ayant encore si bien oublié la loi du célibat ecclésiastique, qu'il ne rougissait pas de présenter ses nombreux enfants au Prince de l'Eglise le priant de les bénir. Une punition sévère suivit la bénédiction, mais il parut évident au Saint Cardinal que l'Eglise avait besoin dans ces pays d'un secours nouveau et puissant, si l'on voulait mener à bonne fin la réforme décrétée par le Concile de Trente. Aussi c'est à son instigation que les Capucins furent envoyés en Suisse en 1581. Il les avait vus à l'œuvre dans son diocèse de Milan depuis plusieurs années, il connaissait leur activité et leur zèle, il crut que Dieu avait suscité ce nouvel Ordre et celui des Jésuites pour les élever comme un rempart contre le Protestantisme. Il sollicita donc auprès des Cantons Catholiques l'admission des Capucins, et après avoir obtenu une réponse favorable, il s'adressa au Chapitre Général assemblé à Rome, au mois de Mars 1581 et il obtint l'envoi en Suisse d'un certain nombre de religieux pris dans la province de Milan. Il eut soin de demander en même temps au Pape Grégoire XIII d'autoriser les Capucins, qui venaient en Suisse, à entendre les confessions des fidèles et même de leur en faire un précepte. C'était aussi à cette condition que les Capucins avaient été introduits en France quelque années auparavant.

A peine arrivés en Suisse, les Capucins ne tardèrent pas à gagner les bonnes grâces du peuple, en même temps ils étaient pour le clergé un exemple et un soutien. Chaque année, pour ainsi dire, il leur fallut construire un nouveau couvent, s'avançant peu à peu vers le Nord, et se rapprochant ainsi de l'Alsace où ils s'établirent au commencement du XVII siècle. (2)

---

(1) Jamais, écrit Janssen, l'Eglise d'Allemagne ne s'était trouvée dans un si grand péril. Un contemporain résumait la situation dans cette inscription qu'il mit sur sa maison vers le milieu du XVI siècle:

Virtus. Ecclesia. Clerus. Dæmon. Simonia.
Cessat. Turbatur. Errat. Regnat. Dominatur.
Verbum Domini manet in æternum.

J. Janssen, Geschichte des deutschen Volkes. 1894. VIII. 403.

2) Sur les origines des Capucins d'Alsace, on peut consulter un travail de l'Abbé Paulus intitulé: *Zur Geschichte der Kapuziner im Elsass*, qui a paru dans *Archivalische Beilage zum Ecclesiasticum Argentinense, 1889-1890.* L'auteur a puisé ses renseignements dans l'ouvrage du P. Pie Mayer, Archiviste et Annaliste de la Province Suisse: *Chronica Provinciæ Helveticæ Ordinis S. P. N. F. Capucinorum ex annalibus ejusdem Provinciæ manuscriptis excerpta.* Solodori. 1. vol. in F°.

— 3 —

Le premier couvent d'Alsace fut celui d'Ensisheim fondé en
1602 à la demande du Baron de Bollwiller, Bailli du Sundgau qui
voulait opposer les Capucins au Protestantisme qui menaçait
d'envahir le pays. Ensuite nous voyons les Municipalités des
villes importantes aussi bien que celles des bourgades adresser
des pétitions aux Chapitres de la Province de Suisse, dont
l'Alsace faisait alors partie, recourir même jusqu'à Rome, afin

791 pp., et dans un manuscrit des Archives des Capucins de Lucerne, dont
une copie se trouve au couvent des Capucins de Strasbourg-Kœnigshoffen. Ce
manuscrit est l'œuvre du Père Fructuosus Goster, de Sélestat, Capucin de la
Province d'Alsace, mort au couvent de sa ville natale le 23 juillet 1753, à l'âge
de 67 ans, après 47 ans de religion. Au Chapitre provincial tenu à Sélestat en
1748, P. Fructuosus avait été désigné pour écrire l'Histoire de la Province d'Alsace. Tout nous porte à croire qu'il avait déjà recueilli des documents dans ce
but, et c'est là ce qui le désigna au choix de ses supérieurs, car on trouve à
la bibliothèque de l'Université de Strasbourg (L. Alsat. 300) un Manuscrit portant comme titre extérieur: *Status Provinciæ Alsaticae FF. Minorum Capucinorum elucubratus anno 1748* et comme titre intérieur: *Enchiridion seu manuale
Tropologico* (sic) *historicum ex monumentis Provinciae Alsatiae FF. Minorum
S. Francisci Capucinorum latentibus et quasi sepultis decerptum, ac in praesentem methodum brevi stylo combinatum. Aera salutis 1748.* Ce travail était
donc déjà composé l'année même du Chapitre de Sélestat, et nous croyons que
c'est le plan de l'ouvrage que le P. Fructuosus était chargé d'écrire, car il ne
compte que 40 pages.

Le premier travail du P. Fructuosus plus développé que le précédent, est
celui que nous avons désigné plus haut sous le nom de Manuscrit de Lucerne,
et qui comprend dans la copie que nous avons sous les yeux 240 pp. in 8°. Ce
n'est pas encore l'histoire définitive. L'auteur nous prévient qu'il l'a composée
donec suo tempore prodeat liber copiosior. Enfin le dernier travail du Capucin
sur la Province d'Alsace portait comme titre: *P. Fructuosi Capucini Commentarius Provinciae Alsatiae Fratrum Capucinorum extractus ex Archivio Capucinorum Provinciae Argentinae. Aera salutis 1748.* Ce manuscrit qui ne fut jamais
imprimé, se trouvait dans la bibliothèque Schoepflin à Strasbourg, et il a péri
dans l'incendie de cette bibliothèque en 1870. Nous ne le connaissons que par
les extraits qu'en donne Roehrich dans ses *Mittheilungen aus der Geschichte der
Evangelischen Kirche des Elsasses.* 1855. II. 219. 280., et par une note mise par
lui sur le 1 F° d'un autre Manuscrit de la Bibliothèque (N° 704) de la Ville de
Strasbourg. Cette note donne aussi au "Commentarius", la date de 1748, mais
nous croyons cette date fautive, à moins d'admettre que tous ces travaux étaient
déjà achevés avant la décision du Chapitre de Sélestat en 1748, et nous croyons
que ce "Commentarius" était le "Liber copiosior" annoncé par l'auteur.

Le Manuscrit N° 704 de la Bibliothèque de la Ville est intitulé: *Trifolium Se-
raphicum in Alsatia florens, seu manuale Topologico historicum ex monumentis
Provinciae Alsatiae FF. Minorum Conventualium, Recollectorum et Capucinorum
hucusque latentibus et quasi sepultis decerptum ac in praesentem Methodum
brevi stylo combinatum a Josepho Schweigheuser, Notario apostolico, Argentinae,
Anno 1767.* Ce manuscrit, que l'on trouve aussi à la Bibliothèque de l'Université
(N° 10), porte le même titre que celui du P. Fructuosus, qu'il reproduit du reste
à peu près mot à mot pour ce qui concerne les Capucins. Schweigheuser n'indique pas d'où il a extrait ses notices sur les Conventuels e les Récollets, mais
pour ce qui concerne ces derniers il n'a fait que traduire un rapport envoyé
par les Récollets d'Alsace à la Commission des Réguliers en 1765, et que nous
avons retrouvé aux Archives Nationales.

Quant aux documents réunis par le P. Fructuosus pour la composition de
ses ouvrages, on les trouve, mais en partie seulement, aux Archives Départementales de Strasbourg, et ce que nous en avons trouvé nous fait regretter la
disparition du " *Commentarius Provinciae PP. Minorum Capucinorum Alsatiae,*

d'obtenir des religieux. Elles multiplient les instances, elles offrent de se charger de tous les frais de construction, les évêques de Strasbourg, de Bâle les approuvent, les encouragent et interviennent eux-mêmes auprès des Supérieurs majeurs pour les décider à accepter les fondations. Dès qu'une réponse favorable a été donnée, les populations rivalisent d'empressement avec la Noblesse et les Municipalités pour hâter la construction des couvents. Parfois, moins d'un an après le commencement des travaux, Eglises et Couvents étaient prêts à recevoir les religieux, qui commençaient alors le fructueux ministère qu'ils ont rempli en Alsace pendant près de deux siècles.

Après Ensisheim, nous voyons se fonder successivement Weinbach en 1613, Thann en 1622, Haguenau et Obernai en 1627, Soulz en 1632, Landser et Sélestat en 1655, Molsheim en 1659, Strasbourg en 1684, Wissembourg en 1686, Colmar en 1699, Fort-Louis en 1719, Neuf-Brisach en 1722, Berg-Zabern en 1724, Sainte Barbe de Strasbourg et Blotzheim en 1737, Landau en 1740, Wasselonne en 1757, enfin les Trois-Epis en 1779.

Nous aimerions à connaître la vie intime de ces vieux couvents des Capucins d'Alsace, nous aurions voulu retrouver la Chronique de l'une ou l'autre de ces maisons qui nous aurait renseigné sur le personnel et les évènements importants de chaque couvent. Mais toutes nos recherches sont restées infructueuses. Aussi nous sommes portés à croire que les Capucins d'Alsace, en abandonnant leurs couvents en 1790, ont emporté dans leur exil ces régistres sur lesquelles ils inscrivaient les évènements intéressant chaque maison, et qu'ils ont soustraits à l'inventaire, des Commissaires, les régistres de professions, les nécrologes qui nous donneraient les statistiques de ces couvents pendant le siècle de leur union avec la Province de Suisse et le demi-siècle de leur existence comme Province séparée, aussi bien que les actes des Provinciaux, qui nous initieraient à leur vie intime. Tous ces documents ont disparu. Ceux qui les ont emportés, en souvenir de la maison où ils avaient vécu les longues années peut-être de leur vie religieuse, sont morts sur une terre étrangère, on ignore souvent la date et le lieu de leur décès, et nous sommes réduits à glaner dans les papiers administratifs de brèves indications, qui ne nous renseignent qu'imparfaitement, et qui ne remplaceront jamais le témoignage des intéressés.

Cependant nous avons découvert aux Archives Départementales de Strasbourg un Etat de tous les couvents de la Province d'Alsace présenté au Conseil Souverain d'Alsace l'année 1766. (1)

Cet «Etat» nous renseigne sur les travaux des Capucins dans les différents couvents de la Province, il nous fait connaître «cette mission intérieure» comme l'appelle l'historien protestant Rœhrich, qui regrette cependant que les Capucins aient été «si

____

(1) A. Dép. Stras. V. 15^d Capuziner 5.

étroitement catholiques, au lieu d'être davantage chrétiens.» (1)
Nous le donnerons en entier, car il nous permettra de constater que chaque couvent était comme un foyer de zèle et d'activité apostolique, dont l'influence se faisait sentir dans les villes et les villages des environs.

Grand couvent de Strasbourg.

La même année que les troupes du Roi très chrétien sont entrées à Strasbourg, les Capucins y ont été demandés par Mr de la Grange, Intendant, et par M^r. le Baron de Vissat, Lieutenant du Roi qui ont adressé à ce sujet des lettres aux Supérieurs Majeurs des Capucins de la province de Suisse. L'année 1683, Louis XIV, le Roi Très Chrétien, en passant par Molsheim avec la Reine et le Dauphin, a ordonné à M^r. le Marquis de Louvois, son Ministre, d'assigner aux Capucins une place appartenant à Sa Majesté, pour y bâtir un couvent, et à Mr de la Grange, Intendant, de leur faire donner 3000 livres pour en faire le commencement. Son Altesse, Guillaume Egon de Furstenberg, Evêque de Strasbourg, et après Cardinal, y a donné son consentement, et la première pierre de l'Eglise a été bénite par Mgr Gabriel Hug, son suffragant, l'année 1684.

Dans ce couvent la communauté consiste en 21 Péres, 8 jeunes religieux étudiants, et 6 frères lais; dix de ces Pères ont leurs postes ordinaires dans la ville, aux quels les fonctions de leurs ministère sont attachées, savoir: deux pour prêcher en français actuellement dans la cathédrale, un pour prêcher tous les jours de Fêtes et de Dimanches dans la paroisse de Saint Pierre le Jeune, un de même dans la paroisse de Saint Louis, et un dans la paroisse de Saint Etienne; deux sont les aumôniers de l'hôpital du Roi ou militaire pour l'ordinaire, mais dans lequel bien des fois quatre où cinq Pères ne suffisent point; un est l'aumônier des prisons du Roi, (2) où il dit la messe tous les jours de Fêtes et Dimanches, et fait les prônes; deux ont la direction du couvent des Religieuses de Sainte Madeleine, dont l'un est le confesseur ordinaire et l'autre l'extraordinaire, et où deux tous les jours sont obligés de

---

(1) Mittheilungen . . . II. 225.

(2) Comme aumôniers des prisons, les Capucins du Grand Couvent assitaient les condamnés à mort. Le 12 Janvier 1730, pendant que le R^{me}. P. Général, Hartmann de Brixen se trouvait à Strasbourg pour l'érection de la Province d'Alsace, le Tribunal criminel condamna au dernier supplice sept malfaiteurs qui allèrent à l'échafaud assistés par 14 Capucins.
Cf. Sieben Jahrige Vanderschafft. Das ist Kurze und Warhafte Beschreibung der sieben-Jahrigen Visitation Reyss R^{mi}. P. Hartmanni Brixinensis . . . . . par le P. Emeric de Hall . . . Insbrugg. 1753. in 4°.

dire la messe. Outre ces dix religieux attachés à leurs postes dans la Ville, il y a un prédicateur ordinaire pour l'Eglise du couvent, il y a un lecteur de théologie pour les huit étudiants; les neuf Pères qui n'ont pas de postes fixes, dont il y a des invalides et des infirmes, sont pour suppléer les autres pères en cas d'infirmité ou d'autres empêchements, pour aider à confesser la quantité de monde qui se présente pour cela dans l'église du couvent, tant de la ville et de la garnison que de la campagne, pour secourir la grande quantité de villages en cas d'infirmité ou autres empêchements de leurs pasteurs, ne se trouvant aucun autre couvent de religieux ni au dessus ni en dehors de Strasbourg, jusqu'à six et plusieurs lieues, jusqu'à Molsheim et Obernai, aussi depuis que l'Alsace a le bonheur d' appartenir au Roi très chrétien, la catholicité a tellement augmenté que les pasteurs, dont plusieurs ont trois et quatre villages à desservir, ne peuvent plus suffire même en cas de santé, et ont tellement besoin de secours, que bien des fois dix pères de plus dans ce couvent ne seraient pas de trop.

Petit couvent de Strasbourg.

Le petit couvent des Capucins de Strasbourg, nommé Sainte Barbe, a été autrefois un hôpital avec une petite église qui subsiste encore, et les religieuses de Sainte Marie Majeure y ont demeuré quelque temps, auprès des quelles la Reine de France a fait sa retraite pour se préparer pour le mariage avec notre Roi, et lesdites religieuses ayant obtenu par sa recommandation une plus grande place nommée «Elende Herberg», par la même recommandation de la Reine ont été mis en possession de ce couvent les Capucins par les Messieurs de la Ville et l'Evêque l'année 1738. Dans ce couvent sont dix pères: l'un est prédicateur à Saint Pierre le Vieux pour les dimanches, l'autre pour les fêtes, un troisième est prédicateur à Saint Jean, un quatrième est aumônier et prédicateur dans la chapelle de la Maison de Force, le cinquième et sixième sont aumôniers de l'Hôpital de la ville, et les quatre autres sont pour le confessionnal. Ce couvent étant précisément placé au centre de la ville est d'une très grande utilité, tant par rapport aux messes qui se disent à chaque heure depuis six jusqu'à 11 heures, que pour assister les malades et pour le confessionnal, au quel se présente un très grand concours, le quel augmente considérablement depuis que les Jésuites ont quitté.

Couvent de Haguenau.

Ce couvent, qui était une ancienne maison abandonnée de l'Ordre de Saint Guillaume, fut donné en 1625 par la Ville de Haguenau aux Capucins qui l'année 1672, le rétablirent pour leur habitation sur le modèle prescrit par leurs statuts avec l'agrément du Comte de Salm, alors administrateur général de l'Evêché de Strasbourg. Il se trouve actuellement dans ce couvent 24 religieux, savoir: 20 Frères et 4 Frères lais, dont plusieurs sont hors d'état de servir. Il fournit un confesseur ordinaire aux Religieuses Annonciades Célestes établies dans cette ville, qui outre les autres services spirituels dont elles ont besoin, leur dit tous les jours la messe. Il fournit aussi un confesseur extra-ordinaire tant aux dites religieuses qu'à celles des Abbayes de Biblisheim et de Kœnigsbruck. Il doit de même avoir un prédicateur pour chaque mois de l'année dans l'église du couvent. Outre le grand concours de la ville et de la campagne qui a beaucoup augmenté depuis la sortie des Jésuites, ce couvent a près de 100 villages dans son district, où étant requis il est obligé d'envoyer successivement pendant l'année des religieux pour se prêter tant aux besoins spirituels des peuples, qu'aux besoins particuliers des pasteurs, de sorte que les Dimanches et les Fêtes principales à peine peut-on conserver audit couvent les Pères nécessaires tant pour le service divin que pour satisfaire au grand concours de la ville et de la campagne.

Couvent d'Obernai.

Les Capucins ont été demandés à Obernai l'année 1626 par le Magistrat de la même ville, et le couvent a été bâti l'année 1627, avec la permission de l'Ordinaire comme il paraît par quelques lettres et la consécration de l'Eglise. Ce couvent ayant été exposé aux anciennes guerres des Suédois, les autres titres ont été perdus, ou transportés dans les Archives de la Suisse, qu'on n'a pas pu avoir jusqu'à présent, et ayant été bâti avant que le Roi ait réuni cette province à la Couronne, n'a que la possession et les lettres d'attache du Roi, par les quelles ce couvent a été érigé avec les autres en corps de Province. Dans ce couvent sont 14 Pères, parmi les quels quelques uns sont hors d'état de rendre service, et 7 Frères, trois d'entre eux sont menuisiers et font les autels du couvent.

Le couvent fournit deux prédicateurs pour la ville, l'un pour les Dimanches et les Fêtes à la paroisse, l'autre pour prêcher dans notre église deux fois par mois; un troisième pour dire la messe tous les Dimanches et Fêtes et prêcher deux fois par mois dans l'Eglise Saint-Jean, ancienne paroisse; un quatrième pour les malades et administrer les Sacrements dans le faubourg de la ville, et plusieurs confesseurs pour le grand concours des pénitents de la ville, laquelle est fort peuplée, et il envoie un confesseur et un prédicateur chaque mois et pour les principales fêtes à l'Abbaye princière d'Andlau pour les Dames et le peuple qui s'y trouve. Il envoie trois dire la messe à Bernhardswiller, à Stotzheim et à Nidernai, et un tous les quinze jours à Saint Léonard et à Barr et à plusieurs fêtes de l'année; et ils rendent plusieurs services dans les autres endroits en l'absence, maladie, infirmité et autres empêchements des curés.

Couvent de Sélestat.

Ce couvent a été bâti l'an 1655 avec le consentement de l'Evêque et du Magistrat de la ville Impériale; il a été rebâti en 1715 à cause du mauvais air avec les mêmes consentements, et il a été autorisé par le Roi par les lettres de séparation des Suisses.

Ce couvent contient 21 fréres, entre lesquels quelques uns sont hors d'état de rendre service, puis 7 étudiants et 5 Fréres. Le couvent fournit trois prédicateurs ordinaires pour la paroisse l'un pour les Dimanches, l'autre pour les Fêtes et Carême, le troisième pour la chaire française; un aumônier pour l'hôpital militaire; un ou deux infirmiers pour les malades de la ville. Une dizaine de confesseurs sont nécessaires pour le confessionnal de la ville, particulièrement pour les grandes Fêtes, le concours des pénitents étant considérable tant de la paroisse qui est très nombreuse, que de la campagne, et plus depuis que les Jésuites ont quitté.

Le couvent a aussi six premières messes à dire, que différentes grandes communautés ont demandées, et autres services à rendre en différentes villes et paroisses de la campagne, en ayant dans les environs jusqu'à 41 à desservir.

Couvent de Molsheim.

Les Capucins ont été demandés à Molsheim par les habitants de la ville et M. Meyer, vicaire général de S. A. Guillaume Léopold Evêque de Strasbourg, Archiduc d'Autriche, qui en accorda la permission l'an 1657. Il est autorisé par les lettres d'attache érigeant ce couvent avec les autres en corps de province.

Ce couvent est habité par 15 Péres, parmi les quels sont 4, à qui tant l'âge avancé que les infirmités ne permettent pas de rendre service à la campagne. Il se trouve de plus une étude au nombre de 5 qui ne sont pas encore en état de rendre service, et trois frères lais.

Ce couvent fournit deux prédicateurs ordinaires à la paroisse, l'un pour les Dimanches, l'autre pour les Fêtes et le Carême, un troisième est employé chaque mois pour prêcher dans notre église. Le concours des pénitents est très fort, occupant les confessionnaux les Dimanches ordinaires jusqu'à 11 heures, et aux principales fêtes jusqu'à midi. Il y a régulièrement six ou sept Pères employés pour dire des premières messes à la campagne, comme à Volxheim, Dachstein, Saint Jean, tous les quinze jours à Ergersheim Erpolsheim et à Ottersheim tous les Dimanches et Fêtes. Ce couvent est encore obligé d'envoyer du secours à Wasselonne presque tous les Dimanches et Fêtes, le petit nombre de religieux qui y demeurent ne suffisant pas pour le grand concours qui y est ordinaire. De plus ce couvent rend service aux différents endroits du district qui s'étend jusqu'à cinq lieues.

Couvent de Wissembourg.

Le couvent de Wissembourg a été autrefois un couvent de Conventuels, que la ville avait en possession, et il a été donné aux Capucins par le même Magistrat autorisé par des lettres patentes du Roi enregistrées au Conseil Souverain l'an 1686. Ce couvent contient 16 Pères dont quelques uns hors d'état de rendre service, et 4 Frères lais. Il fournit deux Pères pour la paroisse qui se compose de la ville et de deux villages annexès, l'un étant curé et l'autre vicaire, un troisième est aumônier de l'hôpital, un quatrième aumônier de la Maison Teutonique, un cinquième primissaire à Stundwiller, un sixième de même à Capswihr, et rend service à une quantité de villages, de sorte que pendant les grandes Fêtes il ne reste pas assez de Pères pour fournir le secours que les endroits demandent, ayant jusqu'à 78 villages à desservir.

Hospice de Fort-Louis.

Les Capucins ont été établis au Fort-Louis l'an 1719 par ordre de M^r. d'Angervilliers, Intendant, au nom du Roi, à la réquisition des Officiers de la place et du Magistrat avec le consentement de l'Evêque.

Il y a dans ce couvent 6 Pères, dont l'un est aumônier du Grand-Fort, l'autre est aumônier de l'hôpital dans le Fort d'Alsace, le troisième est prédicateur allemand et vicaire de la ville, le quatrième est prédicateur français, le cinquième est pour dire la messes aux Officiers de la place et de la garnison à 11 heures, et le sixième est supérieur qui supplée en cas de maladie de l'un et de l'autre. Il se trouve un grand district le long du Rhin, jusqu'à Lauterbourg, et sans couvent, lequel est desservi par des religieux de l'autre côté du Rhin, les Capucins de Fort-Louis ne pouvant pas donner de secours.

Hospice de Landau.

Les Capucins ont été demandés à Landau par les Officiers de la place et le Magistrat. Leur maison a été batie l'an

1754 avec la permission du Roi et de l'Evêque. Cette maison est habitée par trois prêtres, dont l'un est employé pour la chaire française, l'autre pour la chaire allemande, et le troisième est le supérieur, avec un frère lai conformément aux lettres patentes.

La Cour est très humblement suppliée de vouloir bien faire attention qu'il serait très nécessaire d'ajouter à cette maison une petite église pour y pouvoir entendre les confessions, l'Eglise catholique étant occupée un temps considérable, particulièrement le Dimanche, par les Luthériens, et un grand concours tant des habitants de la ville et troupes du Roi, que du peuple de la campagne se présente ordinairement devant le confessionnal, et en même temps pour que lesdits Pères aient l'occasion de faire leurs exercices spirituels selon leur état.

Hospice de Wasselonne.

L'hospice de Wasselonne a été bâti l'an 1757, à la réquisition de la communauté dudit endroit, avec le consentement du Roi et de l'Evêque. Dans cet hospice demeurent 2 Pères et 1 Frère lai pour le service des habitants de Wasselonne, conformément au consentement de l'Evêque inséré dans les lettres patentes du Roi; et un Père qui dit la messe tous les Dimanches et Fêtes, et fait le catéchisme aux habitants d'Elbersfort, qui sont sans pasteur et sans instruction, étant dans les forêts à une lieue et demie de Wasselonne; un autre Père pour desservir Craft les Fêtes et Dimanches, situé à trois quarts de lieue du dit Wasselonne.

Le Conseil Souverain est très humblement supplié de vouloir bien faire attention à ce que l'Evêque fixant le nombre des religieux de cet hospice s'est expressément réservé le droit d'ordinaire, autorisé par les mêmes lettres patentes; les Capucins ont cru devoir obéir dans cette occasion à sa volonté sans qu'on puisse mal interpréter leur conduite. Cet hospice est encore obligé de donner aux principales Fêtes, et en cas de maladie des curés, les secours spirituels à trois paroisses du voisinage avec leurs annexes, savoir. Hautgœft et annexes, Wilden et annexes et Kuttolsheim.

Dans l'Eglise de cet hospice il y a un grand concours de monde, entendu qu'à 3 ou 4 lieues des environs il ne se trouve pas d'autre couvent; en sorte que pour fournir des confesseurs il se trouve dans la nécessité de faire venir du secours aux principales fêtes tant du couvent de Strasbourg que de Molsheim.

Couvent de Colmar.

Les Capucins ont été appelés à Colmar l'an 1629 et ont demeuré dans la Commanderie de l'Ordre de Malte jusqu'en 1637, que les Suédois ont occupé la ville, et alors les Capucins ont été obligés de quitter la ville au grand regret de la Bourgeoisie Catholique.

L'année 1698, les Capucins ont été demandés derechef par le Magistrat et le Chapitre de l'Eglise Collégiale de Saint Martin, avec le consentement du Roi, et l'agrément de l'Evêque. La construction du couvent a commencé l'année 1699, après que M. Haus, alors Prévot du Chapitre et Curé de la ville, et peu après Suffragant du Diocèse, a béni la première pierre de l'Eglise. Ce couvent en outre a été autorisé par les lettres patentes l'érigeant avec les autres en corps de province, l'an 1729.

Dans ce couvent se trouvent actuellement, 16 Pères, entre lesquels il y en a 2 ou 3 qui ne sont plus en état de faire les fonctions et supporter les fatigues du dehors. Il y a une étude composée de 7 clercs étudiants qui sous la direction d'un lecteur ne sont pas encore en état de faire du ministère. Il y a en outre 4 Frères dont un infirme.

Depuis l'établissement du couvent les travaux spirituels se sont augmentés au point que les Fêtes et Dimanches 10 confesseurs ont très souvent à faire pour expédier le monde tant du dehors que de la ville. Il fournit trois prédicateurs pour l'Eglise Collégiale: 2 allemands pour les Dimanches, les Fêtes et le Carême, et 1 français, outre les sermons qui se font tous les mois dans notre église. L'hôpital militaire que nous desservons a son aumônier exprès, et en temps de guerre il en faut davantage. En tout temps les Capucins se sont fait un plaisir de consoler les pauvres prisonniers, leur administrer les sacrements, exhorter les patients à la mort, et il y a un homme exprès pour cela.

Les malades de la ville et surtout les pauvres, occupent deux Pères, et en temps de maladie régnante davantage, tant de jour que de nuit. Outre les services dans l'enceinte de la ville, la charité et le bien de la religion nous obligent à secourir très souvent dans l'année des communautés où les prêtres qui y résident ne sauraient suffire comme Turkheim, ou qui sont trop éloignés des couvents comme Munster, Wihr, Sainte Croix; sans faire mention des curés infirmes, ou d'un âge avancé, ou pour des voyages indispensables qu'il faut aider.

Couvent d'Ensisheim.

Le couvent d'Ensisheim a été bâti en 1602, à la réquisition du Comte Rodolphe, Baron de Bollwiller, Conseiller de l'Empereur, qui en a donné le terrain, comme on peut voir par la lettre écrite à nos Pères de Lucerne, ne faisant alors qu'une même province, avec le consentement tant de Maximilien, Archiduc d'Autriche, et la Bourgeoisie, que de celui de l'Ordinaire. Le couvent ayant été brulé en 1701, et exposé au temps des anciennes guerres, il ne se trouve plus d'autres titres que la possession et les lettres du Roi pour la séparation et érection de la Province. Le couvent contient 14 Pères et 3 Frères lais parmi les quels se trouvent quelques uns habituellement infirmes. Les services spirituels rendus par ce couvent consistent en ce qu'il fournit deux prédicateurs ordinaires dans l'Eglise paroissiale, l'un pour les Dimanches, l'autre pour les jours des Fêtes, un troisième est employé pour prêcher chaque mois et tous les jours de Carême dans notre Eglise. Plusieurs autres sont employés pour dire la messe, chanter au chœur, et entendre à confesse la foule du monde qui se présente les Fêtes et Dimanches tant des habitants de la ville que de la quantité des villages et des environs de la ville. Le concours s'est augmenté très considérablement depuis que les Jésuites ont quitté la ville, en sorte que les confessionnaux sont occupés ordinairement depuis 5 heures et demi jusqu'à 10 heures et demi, et les grandes Fêtes jusqu'à 11 heures et midi. De plus les dits Pères fournissent tous les jours deux prêtres aux religieuses à Ensisheim pour dire la messe; deux confesseurs ordinaires pour les confesser aussi bien que les séculiers qui se présentent. Les mêmes Pères envoient régulièrement trois prêtres dire la première messe dans les villages toutes les Fêtes et Dimanches et pour confesser, savoir: à Battenheim, Réguisheim, et Meyenheim, tous les quinze jours un à Oberensisheim pour prêcher et confesser, et à beaucoup d'autres endroits, ayant plus de 30 villages pour y donner des secours spirituels, de sorte que les principales Fêtes ils sont obligés d'envoyer jusqu'à 8 et 9 Pères pour entendre les confessions dans différents endroits, les curés ne pouvant suffire pour la trop grande quantité des pénitents, en sorte qu'il reste à peine 4 ou 5 Pères au couvent pour se prêter au concours considérable tant de la ville que de la campagne.

Couvent de Weinbach.

Les Capucins ont été demandés à Weinbach par Jean Chrétien Schmidlin, Commissaire de l'Empereur, et par Jean Chonherr, Receveur de l'Ordre de Malte. M. l'Abbé d'Etival, avec son Chapitre de l'Ordre des Prémontrés, autorisé par le Pape, en a donné le fonds. Le couvent a été bâti en 1613, avec le consentement de l'Evêque, et rebâti l'an 1679, après avoir été consumé par le feu. Dans ce couvent sont 13 Pères et 4 Frères, parmi les quels se trouvent quelques uns habituellement infirmes.

Ils rendent des services à 19 endroits dont 6 sont des villes et les 13 autres des villages; ils prêchent et confessent dans les dits endroits les premières Fêtes de l'année, les jours de leurs Patrons et des Indulgences. Ils ont un prédicateur ordinaire pour Ribeauvillé, un qui prêche le carême à Ammerschwihr, un qui prêche tous les mois une fois et le carême dans leur église, un qui prêche l'Avent et le Carême aux Dames religieuses d'Alspach, aux quelles ils fournissent deux confesseurs ordinaires et extraordinaires. Ils sont obligés de dire la première messe à Kientz-

heim, et par ordre de l'Intendant à Riquewihr tous les jours
d'obligation. Ce couvent étant situé entre trois villes, le concours
des pénitents y est si grand les Fêtes et Dimanches, que 6 confesseurs peuvent à peine suffire, et souvent il n'y en a pas tant au
couvent surtout les Fêtes principales.

Couvent de Thann.

Les Pères Capucins ont été demandés à Thann par le Magistrat de la ville par différentes lettres adressées aux R. P. Provincial et Définiteurs à Lucerne, en 1618 et 1619, et il a été bâti
en 1622 avec leur consentement et celui de Maximilien, Archiduc
d'Autriche, et de l'Evêque, comme il apparaît par différentes
lettres et la consécration de l'Eglise. Ce couvent ayant été bâti
avant que Notre Roi Très Chrétien devint possesseur de cette
province, n'a d'autres titres que la possession, les autres se sont
probablement égarés au temps des guerres, et dans les Archives
des Capucins de la Suisse, ayant été sous leur régime; et quoiqu'il
ait été stipulé entre autres articles de la séparation, que les titres
concernant la province d'Alsace devaient être restitués, la plupart
néanmoins n'ont pas paru.

Ce couvent contient 15 Pères parmi les quels 4 sont infirmes,
5 Frères clercs profès, qui forment un séminaire pour leur donner
meilleure éducation, et dans les autres couvents il ne se trouve
plus de clercs comme autrefois, excepté à Landser où se forme
un autre séminaire, et 6 Frères lais, entre les quels 3 sont à la
draperie pour faire le drap pour l'habillement de tous les religieux de la Province.

Ce couvent fournit deux prédicateurs ordinaires pour la
paroisse de la ville, l'un pour les Dimanches et l'autre pour les
Fêtes, et un troisième à Massevaux chaque mois et principales
Fêtes, et deux confesseurs pour les Dames et le public. Presque
tous les Dimanches et Fêtes principales il ne reste au couvent
que 5 ou 6 pour le chœur et le grand concours des pénitents de
la ville et des environs, ayant 40 villages pour y donner des secours spirituels au public.

Couvent de Soultz.

Les Capucins ont été demandés à Soultz par le Magistrat de
cette ville, et le couvent a été bâti l'an 1632, avec le consentement
de l'ordinaire et du Seigneur territorial. Il s'y trouve 12 Pères
entre les quels se trouvent quelques uns hors d'état de rendre
service, et 5 Frères lais, entre les quels est un infirme.

Ce couvent donne pour l'ordinaire deux prédicateurs à Soultz
dans la paroisse, l'un pour les Dimanches, l'autre pour les Fêtes,
un troisième pour dire la messe tous les Dimanches dans la
Commanderie, un quatrième pour dire la messe tous les Diman-

ches et Fêtes dans la chapelle des Trois Rois par ordre de l'Evêque, un cinquième pour prêcher chaque mois et en Carême tous les Dimanches et Fêtes dans notre église, un sixième pour prêcher un ou deux Dimanche de chaque mois et toutes les Fêtes à Guebwiller à la paroisse, 4 et 5 confesseurs pour le grand concours des pénitents de la ville de Soultz et de Guebwiller et autres endroits, et tous les quinze jours un Père à Luterbach, deux autres pour dire la messe tous les Dimanches et Fêtes à Staffelfelden et à Buhl, et rendre plusieurs autres services à d'autres endroits.

Couvent de Landser.

Le couvent de Landser a été bâti en 1654 à la réquisition de Jean Chrysostome Hug, Bailli de Landser, par des lettres adressées au Chapitre des Capucins tenu à Lucerne, avec le consentement du Roi par M. Colbert, alors Intendant pour le Baillage de Landser, et autorisé par lettres patentes du Roi portant permission aux Capucins de s'établir de nouveau dans ces lieux qui leur sont donnés, et par des lettres d'attache érigeant tous les couvents alors existant en corps de Province, et avec le consentement de l'Evêque.

Dans ce couvent se trouvent 14 Pères, entre les quels il y a quelques uns hors de service, 2 clercs profès, et 5 Frères lais. Il fournit deux prédicateurs ordinaires à la paroisse, l'un pour les Dimanches et l'autre pour les Fêtes, un troisième et deux confesseurs à Ottmarsheim chaque mois, et les Dimanches de l'Avent et du Carême pour les Dames et pour le public. De ce couvent sont aussi envoyés tous les Dimanches et Fêtes 6 ou 7 Pères dehors, et les principales Fêtes 8 ou 9, en sorte qu'il ne reste que 4 ou 5 dans le couvent pour le chœur et le confessionnal. Le concours y est très fort, attendu la très grande quantité de villages qui se trouvent dans le voisinage, qui occupent les confesseurs jusqu'à midi. Ce couvent a jusqu'à 60 villages aux quels il donne de temps en temps des secours spirituels.

Couvent de Neuf-Brisach.

Les Pères Capucins ont été demandés à Neuf-Brisach l'an 1703 par les Officiers de la Place et le Magistrat, et le couvent a été bâti avec la permission du Roi et de l'Evêque, et autorisé par les lettres d'attache érigeant tous les couvents alors existant en corps de Province. Dans ce couvent sont 12 Pères, entre les quels sont 3 qui ne peuvent plus aller en campagne pour cause d'infirmités, et 4 Frères lais. Ce couvent fournit deux prédicateurs ordinaires, l'un pour la chaire française et l'autre pour la chaire allemande, et un troisième est aumônier de l'hôpital, et il envoie régulièrement trois Pères dehors tous les Dimanches pour dire la première messe à Biesheim, à Volgelsheim et à Heiteren, et rendre des services à 17 villages, de sorte qu'il ne reste qu'un petit nombre pour le service de la ville et de la campagne.

Couvent de Blotzheim.

Les Capucins ont été demandés à Blotzheim pour le service de la garnison de Huningue, et pour entretenir la dévotion envers la Sainte Vierge dans l'église voisine de Notre Dame du Chêne, et les services spirituels de Blotzheim et autres endroits. Le couvent a été bâti avec la permission du Roi et de l'Evêque et est autorisé par des lettres patentes du Roi de l'année 1738, enregistrées au Conseil la même année.

Ce couvent contient 16 Pères entre les quels quelques uns sont infirmes, et 5 Frères lais.

Le couvent fournit un Père pour la première messe et autres services à la paroisse, et il se trouve ordinairement un très grand concours dans l'église de ce couvent, et dans la Chapelle voisine de Notre Dame, tant des habitants de Blotzheim que du voisinage qui viennent en pèlerinage.

Outre les dits services de Blotzheim, il envoie régulièrement chaque mois et aux principales Fêtes, tous les Dimanches de l'Avent et du Carême un prédicateur français à Huningue, et chaque premier Dimanche du mois 4 Pères à Sierentz, à Ferrette, à Neudorff et à Rœdersdorff, et les autres Dimanches à Knœringen, à Buschwiller, à Kœstlach, à Leimen, à Oltingen, à Jettingen et à plusieurs autres endroits selon la nécessité, ayant jusqu'à 71 villages pour y donner des secours spirituels.

Cet «Etat» envoyé au Conseil Souverain d'Alsace pour être transmis à la Commission des Réguliers nous fait connaître les occupations des Capucins d'Alsace au XVIII siècle. Si l'on ajoute à ces nombreuses prédications à jours fixes les missions populaires, qui sont le meilleur moyen de renouveler et de conserver la vie chrétienne, on est bien vite convaincu que le zèle et l'activité des Capucins en Alsace étaient sans bornes et sans limites et que leurs travaux dans ce pays étaient une mission continuelle comme le dit justement le P. Fructuosus.(1)

Tous les sept ans les Capucins devaient envoyer à Rome un relevé de leurs travaux. Nous ne parlerons que de celui qui est

---

(1) Jure dixerim, eam esse quasi Missionem continuam, laboribus apostolicis in agro Dominico sine intermissione obviam et continuam, cultores et operarios variarum linguarum requirentem pro faciendis exhortationibus, pro Cathedra et Confessionali, pro Hospitalibus regiis et civilibus caeterisque infirmis et moribundis, pro reis ad mortis supplicium condemnatis, pro conversione haereticorum aliisque pluribus in negotio animarum occupationibus. Plurima quidem florent per Alsatiam in diverso genere zelosorum Religiosorum Cœnobia; nulli tamen (ausim dicere) plus sudant et laborant ad excolendam, in subsidium RR. DD. Parochorum, Christi vineam, ac Capucini, continuo portantes pondus diei et aestus, intemperiem et frigus, discurrentes in omni totius anni tempore per civitates, per oppida pagosque.

mentionné au Bullaire des Capucins pour les années écoulées de 1740 à 1747. Dans cet intervalle l'Anualiste relève 21012 sermons, 6430 catéchismes et 22 080 036 confessions. Ce chiffre paraîtra incroyable à beaucoup de lecteurs, tant le nombre des confessions est extraordinaire. Mais pendant cette période les terribles Pandours s'étaient abattus sur l'Alsace, en outre une maladie pestilentielle faisait de grands ravages. Beaucoup de curés avaient été emportés par la peste, ou expulsés par les troupes ennemies. Les Capucins, méprisant le danger, parcouraient les paroisses abandonnées et difficilement visitées pour donner les secours de la religion au pauvre peuple, qui cherchait force et consolation dans la prière et les sacrements. De là le grand nombre de confessions entendues à cette époque. Habituellement le chiffre des confessions n'était pas aussi élevé, cependant vingt ans plus tard il montait encore à un million et demi pour une période de trois ans, en revanche le nombre des prédications avait augmenté, et pour ce triennat il s'élevait à 22 000.(1)

Tout en s'occupant des Catholiques, les Capucins d'Alsace ne négligeaient pas les Protestants. Quand ils s'établirent à Wissembourg en 1686, et que, par ordre du Roi de France on leur eut donné le vieux couvent des Conventuels et l'administration de la paroisse, il n'y avait dans la ville que trois familles catholiques ; cinquante ans plus tard le nombre des catholiques s'élevait à quinze cents. Dans le village voisin d'Altenstadt, dont la paroisse fut également confiée aux soins des Capucins, on ne trouvait que sept familles catholiques, vers le milieu du XVIIIᵉ siècle le village tout entier etait rentré dans le sein de la véritable Eglise. Nous ne suivrons pas les Capucins d'Alsace dans ces travaux de conversion qui s'opéraient dans les villes où se trouvaient leurs couvents, les historiens Protestants ne cessent de leur en faire un crime. L'un d'eux, Röhrich, abstraction faite de son antipathie contre tout ce qui est catholique, nous donne la véritable raison de son hostilité contre ces religieux quand il écrit : les Capucins ont joué avec les Jésuites un grand rôle dans l'affaire de conversion que l'on poursuivait en Alsace depuis l'occupation française.(2)

Les Rois de France se plurent à reconnaître à diverses reprises les services rendus par les Capucins d'Alsace depuis la réunion de cette province à la France, et ils leur concédèrent les mêmes privilèges que leurs prédécesseurs avaient accordés aux Capucins du Royaume. Aussi lorsque la Commission des Réguliers, sous prétexte de rétablir la régularité, voulut réduire le nombre des couvents de Capucins, les Commissaires, parmi lesquels se distinguaient surtout le Père Joseph-Antoine de Kaysersberg de la province d'Alsace et le P. Ambroise de Lombez de la Province de Guyenne, firent valoir la protection que leur avait accordée les

<hr>

(1) Bullarium Ord. S. P. N. Fr. Capucinorum. Romæ 1748. V. p. 229.
2) Rœhrich, Mittheilung.... p. 230.

Rois de France, et les privilèges qu'ils en avaient obtenus. Il ne leur fut pas difficile de prouver que l'Ordre n'avait pas déchu de sa ferveur première, que par là même toute réforme, venant surtout de l'extérieur était inutile, et c'est grâce à eux que l'Ordre fut maintenu dans son état. Ils surent si bien faire valoir leurs raisons, que la Commission des Réguliers n'osa supprimer aucune maison, et que les Capucins de France conservèrent tous leurs couvents jusqu'à la Révolution.

Chapitre II.

Les Capucins d'Alsace en 1790.

Au début de la Révolution, la Province des Capucins d'Alsace comptait 206 Pères, 42 Etudiants et 79 Frères Lais, ce qui donnait un total de 327 Religieux répartis entre 15 Couvents et 5 Hospices. (1)

Cette Province, une des plus florissantes de l'Ordre, était gouvernée par le P. Hartmann de Hochfelden, religieux de valeur qui avait publié plusieurs ouvrages de spiritualité, et en même temps religieux exemplaire et énergique qui sut montrer à ses sujets le chemin du devoir, et qui aurait réussi à les entraîner tous en déportation, si dans certains couvents, comme Haguenau, par exemple, des influences néfastes n'étaient pas venues contrebalancer la sienne.

Le P. Provincial avait envoyé au Comité Ecclésiastique, le 8 Mars 1790, en exécution de la loi, la liste de tous les religieux de la Province avec l'âge et le lieu de résidence de chacun d'eux. Les vœux monastiques venaient d'être abolis par l'Assemblée Nationale, les Ordres religieux étaient supprimés par la loi qui interdisait de recevoir des novices, l'avenir se montrait donc sous les couleurs les plus sombres, c'était la ruine de l'Ordre monastique en France à bref délai.

Aussi le P. Hartmann crut de son devoir d'adresser quelques jours plus tard une lettre circulaire à tous les religieux de sa Province pour leur rappeler, en face de la loi qui les supprimait, l'obligation dans laquelle ils se trouvaient de rester fidèles à leurs vœux de religion.

---

(1) Un Hospice, dans l'Ordre des Capucins, est une maison habitée seulement par quelques religieux chargés parfois de desservir une paroisse, et qui en raison de leur petit nombre, ne sont pas astreints à tous les exercices de la vie conventuelle.

«Ubi spiritus Domini, ibi libertas;» développant cette parole de l'Apôtre, le P. Provincial démontre à ses religieux que les vœux prononcés par eux en toute liberté le jour de leur profession ne sont pas de lourdes chaînes, que la faiblesse humaine est impuissante à porter. Il définit ce que sont les vœux de pauvreté, de chasteté, d'obéissance, et il prouve qu'ils ne sont autre chose que les gages d'une parfaite liberté.

Puis il continue: «Voulez-vous, M. T. C. F., briser ces chaînes que vous avez reçues du ciel? Vous n'oserez pas répondre affirmativement à cette question, et devenir par là même parjures à Dieu. Rentrons en nous mêmes, et puisque les tribulations fondent sur nous, demandons-nous si nos cœurs n'ont pas été infidèles à Dieu. N'avons-nous pas abandonné les sentiers dans lesquels ont marché nos anciens Pères? Ressemblons-nous à des pénitents? Est-ce que l'esprit de notre Séraphique Père nous anime encore? Avons-nous son humilité, son mépris du monde, son zèle pour l'observance de la Règle, son ardeur infatigable pour le salut des âmes et l'édification du prochain? Si nous constatons dans notre cœur des défaillances, si nous nous sommes écartés de la voie qui nous était tracée, promettons au Seigneur de réformer notre vie, de faire de dignes fruits de pénitence, renouvelons notre vœu d'observer fidèlement la règle des Frères Mineurs, promettons à Dieu de ne pas abandonner notre état religieux, suivant en cela l'ordre formel du Pape, parce qu'il est écrit dans le Saint Evangile: «Quiconque met la main à la charrue et regarde en arrière, n'est pas apte au royaume de Dieu.» Vous qui êtes morts au monde, faites tous vos efforts pour attirer sur vous la bénédiction promise à la fidélité persévérante, afin de terminer votre vie en pénitents et de mourir en Capucins. Dites à ceux qui seraient d'un avis contraire (s'il y en a, ce qu'à Dieu ne plaise): vous êtes sortis de nos rangs, parce que vous n'étiez pas des nôtres. Si vous aviez été des nôtres, vous seriez restés avec nous.

Mais, M. T. C. F., vous est-il permis de sortir de l'Ordre? Notre Fondateur nous le défend quand il nous dit dans son Testament, qui est l'expression dernière de sa volonté: Que les Frères ne demandent pas de lettres à la cour Romaine, ni par eux mêmes, ni par personne interposée, ni pour église, ni pour un lieu, ni sous prétexte de prédication, ni pour cause de persécution contre leur personne, mais quand ils ne seront pas reçus dans un endroit, qu'ils fuient dans un autre pour y faire pénitence avec la bénédiction de Dieu.

Si la Respectable Assemblée Nationale a décrété que vous deviez disparaître les uns après les autres sans laisser après vous de postérité, il ne s'en suit pas qu'elle veuille vous expulser. Elle vous donne abri et protection, vous n'avez donc pas à vous mettre en peine pour trouver un lieu où vous puissiez vivre de la vie conventuelle et faire pénitence. Cet asile vous sera désigné par une Municipalité paternelle, et là les vieillards achèveront paisiblement leur carrière, ceux qui sont encore dans la force de l'âge, pourront vaquer à leurs exercices de piété et se sanctifier, les jeunes pourront marcher sur les traces de leurs maîtres dans une sainte rivalité. Tous pourront continuer à vivre en religieux, et au dernier survivant la bonté de Dieu toujours compatissante procurera la grâce de vivre et de mourir en Capucin. Mais si l'Assemblée Nationale vous permet de quitter l'ordre avec obligation de vous expliquer sur votre sortie devant la municipalité, peut-elle vous forcer à agir contre votre conscience? Evidemment non. Votre conscience reste toujours pour vous le premier tribunal que vous devez consulter. C'est votre juge suprême et en même temps la règle de votre conduite. Elle vous défend d'enfreindre la loi à laquelle vous vous êtes liés éternellement, et cette loi du couvent vous suivra partout où l'on vous défend de vous ériger vous-mêmes en juges dans une question dans laquelle vous n'avez aucun pouvoir. Elle vous oblige à porter devant le tribunal de votre juge légitime (*sine subreptione et obreptione*), sans réticence et sans falsification, les raisons graves, circonstances et accidents, qui vous mettraient dans la nécessité inévitable d'échanger votre habit religieux contre un autre. Et il faut que vous puissiez démontrer que vous ne cédez qu'à une force majeure. Et quelle sera cette force majeure? Celle-là seule qui vous mettra dans l'impossibilité de travailler à votre salut éternel. Or l'état religieux est, sans contredit, l'état qui vous procure plus facilement les moyens de travailler à votre sanctification et à celle du prochain. Dès lors où trouverez-vous une nécessité urgente de quitter cet état? Serait-ce dans le droit naturel de conserver votre vie temporelle? Mais si Notre Seigneur, qui a vécu comme pélerin et étranger parmi les enfants des hommes, vous adressait maintenant la question qu'il adressa autrefois à ses disciples: quand je vous ai envoyés sans bourse, sans manteau, sans chaussure à travers le monde, est-ce que quelque chose vous a manqué? Vous serez obligés de répondre: non, si vous voulez être reconnaissants envers sa douce Providence. Et maintenant manquerez-vous de quelque chose si vous demeurez fidèles aux obligations de votre état, vous à qui le Seigneur a promis le bonheur éternel? Non, le Seigneur, dont le bras ne s'est pas raccourci, vous donnera tous ces biens, si vous continuez à chercher avant tout le royaume de Dieu et sa Justice. Qu'est-ce donc que l'abandon de la vie religieuse? Est-ce seulement la renonciation à ces services et consolations mutuels, à ces secours fraternels, à ces avantages spirituels, à ces prières, à ces messes réservées à ceux qui restent attachés à l'Ordre? Non, c'est l'abandon des devoirs essentiels du religieux. En y renonçant, on s'expose à tomber dans un état auquel ne mène pas le désir de suivre l'Homme-Dieu crucifié, mais celui de rendre indépendant de tout joug sa volonté propre, que l'on avait cependant offerte et sacrifiée à Dieu; on s'expose au danger d'être entraîné par la concupiscence et les spectacles fascinants du monde, et par là d'être jeté dans les ténèbres éternelles comme un serviteur inutile. On peut aller en Enfer sans dispense, mais l'on y va sûrement avec la dispense : *Poteras ire in infernum sine dispensatione, ibis cum dispensatione.*

Je vous supplie donc, M. T. C. F., moi qui heureusement suis lié comme vous par la volonté de N. S. J. C., de rester fidèles à votre vocation et d'écouter la voix de votre Père qui vous dit : La Règle et la vie des Frères Mineurs est celle-ci: Observer le Saint Evangile de Jésus-Christ, que nous avons fermement promis, vivant en obéissance, sans propre et en chasteté. Nous avons promis de grandes choses, mais de plus grandes nous sont encore réservées; restons fidèles à celles-là, travaillons à acquérir celles-ci, car la joie est courte, la peine est éternelle, la souffrance passagère, mais la gloire ne finira jamais».(1)

On le voit par sa lettre, le P. Hartmann se faisait illusion sur le but que se proposait la loi en supprimant les Ordres monastiques. Nous croyons que beaucoup de religieux partageaient ses illusions et ses espérances, à en juger par le grand nombre qui, lors des inventaires, optèrent pour la vie commune. La loi, il est vrai, était formelle: elle ne reconnaissait plus de vœux monastiques solennels des personnes de l'un et de l'autre sexe, et en conséquence, les ordres et congrégations régulières dans les quels on faisait de pareils vœux, étaient et demeuraient abolis en France, sans qu'il pût en être établi de semblables à l'avenir. Mais pour atténuer, semble-t-il, ce qu'il y avait de radical dans cet article, après avoir déclaré que les religieux qui voudraient sortir de leurs couvents et renoncer à la vie commune, auraient la liberté de le faire, la loi ajoutait qu'il serait désigné des maisons où, les religieux désireux de rester en communauté, pourraient se retirer pour mener la vie commune. Quelle serait cette vie commune? La loi ne le disait pas expressément, mais comme il suffisait à 20 religieux du même ordre de se réunir, et bien qu'il fût question déjà du mélange de religieux de différents ordres, le P. Provincial, qui connaissait sa province, espérait éviter cet inconvénient; il comptait sur la fidélité du plus grand nombre de ses religieux pour occuper les couvents proprement dits, et ainsi il espérait que les religieux vivant ensemble pourraient continuer les exercices de la vie conventuelle.

Il ne prétendait certes pas, comme le lui prêtera gratuitement le P. Benoît Hagé dénonçant son Provincial à la Société des Amis de la Constitution, que les choses resteraient sur l'ancien pied. Non, il ne va pas jusque là. Il sait bien que tout recrutement est interdit, et que l'Ordre s'éteindra peu à peu, mais il espère que tous ses religieux jusqu'au dernier pourront vivre et mourir en Capucins. N'oublions pas qu'il écrivait au mois de Mars 1790, et que dans les mois suivants, lors des inventaires, la conduite de ses religieux optant à l'unanimité pour la vie commune, justifia

____

(1) Hirtenschrift eines Vorstehers an seine Ordensgenossen. Strassburg, gedruckt bei P. I. Dambach, 30 p. in 8º.

ses prévisions et ses espérences. Mais les événements marchaient à grands pas, la mauvaise foi des Administrations inspirée par l'Assemblée se manifesta plus clairement de jour en jour par les inquisitions, les tracasseries, les interrogatoires que les religieux durent supporter, et bientôt il devint évident pour tous que cette vie commune proposée par la loi n'était qu'un leurre, et que la loi ne se proposait qu'un but: la suppression totale des Ordres religieux. Dès lors son parti fut pris, il resta sur la brèche jusqu'au dernier moment, et ce n'est qu'après avoir été expulsé par la force armée de son couvent de Strasbourg, qu'il alla avec un grand nombre de ses religieux demander un asile dans les couvents de la rive droite du Rhin, afin d'y mener avec ses frères la vie conventuelle devenue impossible en France.

Mais avant de raconter en détail la dispersion des religieux, il nous parait nécessaire d'étudier de près cette vie commune que leur proposait la loi, et de voir comment l'ont comprise les historiens de la Révolution.

Chapitre III.

La vie commune et les historiens de la Revolution.

Les historiens qui ont écrit sur la persécution révolutionnaire, ne paraissent pas généralement avoir apprécié le véritable sens des options formulées par les religieux en conséquence des décrets de Février et Mars 1790. Ils se sont laissés surprendre par de fausses apparences, croyant que l'option pour la vie privée signifiait l'abandon volontaire et coupable de l'état religieux, et que l'option pour la vie commune, au contraire, exprimait la volonté ferme de conserver cet état.

Ce sont là deux erreurs que l'on rencontre même chez les historiens les plus connus, les plus autorisés, les autres n'ayant fait qu'accepter leurs conclusions. De là des appréciations défavorables sur tous les religieux existant en 1790, appréciations basées la plupart du temps sur le refus d'accepter la vie commune. Les décrets supprimaient l'état religieux de la façon la plus absolue en interdisant de recevoir des novices, mais la Révolution, toujours hypocrite, avait pris d'habiles moyens de déconsidérer ses victimes en les frappant, de sorte que, sans y prendre garde, les historiens ont aidé au succès de cette invention machiavélique. Les décrets obligeaient les officiers municipaux de poser aux religieux cette question: «Voulez-vous vivre de la vie commune, ou préférez-vous profiter de la liberté qui vous est offerte par les décrets? Les termes de cette demande devenaient ensuite ceux de l'écrit par lequel il était pris acte de la réponse, et les persécuteurs avaient tout l'air d'avoir délivré des prisonniers. Le règlement de la pension par l'Etat venait ensuite, et le religieux se trouvait enchaîné dans un esclavage bien autrement redoutable que celui de la vie monastique: chaque trimestre il devait mendier son pain chez les distributeurs officiels, qui pendant longtemps payèrent mal, et firent ensuite acheter cette misérable pension par des serments, des déclarations, des promesses et des bassesses, qu'ils avaient bien soin d'attribuer à ces infortunés sur leurs registres, alors même qu'ils ne les avaient pas toujours obtenus.

Parmi les milliers d'options que nous avons recueillies spécialement dans les inventaires des Capucins, une seule nous a paru émaner d'un optant intelligent des périls voilés sous la forme des questions et sous la proposition des pensions. Cet optant était le P. Hugues de Paris (Noël Ménager), savant orientaliste et ancien Procureur de l'Ordre. Il était confesseur des Clarisses d'Amiens, lorsque l'inventaire des Capucins de cette ville fut dressé le 10 Mai 1790, et voici son option: «Sieur Hugues Noël Ménager, dit Fr. Hugues, nous a déclaré qu'il ne veut aucune pension, et espère avec la grâce de Dieu mourir dans le saint habit qu'il a l'honneur de porter. Lecture à lui faite, il a dit que telle était son intention, et il a signé ainsi: Fr. Hugues.» Par là le P. Hugues conservait son indépendance, il mourut à Amiens en 1808, à 86 ans, laissant une mémoire sans tache.

L'avenir qu'ils avaient en perspective paraissait aux religieux aussi sombre quelle que fût leur option. L'effroi et l'embarras ont généralement inspiré leurs réponses, malgré leur variété, à des questions captieuses et uniformes. Certains étaient surtout préoccupés de l'injure faite à leur liberté religieuse, alors ils protestaient de leur inviolable fidélité à leur saint état. D'autres étaient abattus par l'inquiétude de l'avenir, et différaient leur réponse jusqu'au moment où cet avenir leur paraîtrait plus clair. D'autres se faisaient encore des illusions sur la compassion que les maîtres du pays auraient pour eux, et ils mêlaient l'expression de ces illusions à la formule de leur option soit pour la vie commune soit pour la vie privée. Enfin beaucoup voyaient que tout était perdu, et ils choisissaient purement et simplement l'une des deux portes qui leur étaient ouvertes, suivant qu'ils espéraient trouver par l'une ou par l'autre une existence moins malheureuse.

Il résulte donc de tous ces motifs d'option, que le choix de la vie privée n'est un indice fâcheux pour la vertu du religieux qui l'a formulé que lorsqu'il y a joint des paroles plus claires. Pareillement, l'option pour la vie commune n'est pas par elle-même une marque certaine de vertu, bien qu'elle semble au premier coup d'œil exprimer l'amour de la vie religieuse.

Cependant c'est en partie d'après ce choix entre la vie commune et la vie privée que les historiens jugent les religieux, et portent sur le plus grand nombre un jugement défavorable. D'après eux, seule la vie commune signifie fidélité à la vocation, et la vie privée indique l'abandon des obligations religieuses.

Les inventaires se firent à Besançon au mois d'avril 1790. Après avoir constaté que la majorité des religieux refusa de s'expliquer et voulait par là même continuer la vie commune, tandis qu'au mois de novembre suivant presque tous l'abandonnèrent, Sauzay ajoute: «En résumé, 79 religieux seulement sur 266 témoignèrent quelque fidélité à leur état. La plupart des autres, aussi disposés à renier la foi catholique que les serments de leur profession religieuse, allaient bientôt fournir de nombreux renforts au schisme constitutionnel, qui, sans cette tourbe de mauvais moines, n'aurait jamais pu prendre pied dans le Département.»(1)

«Autant les inventaires avec leurs incidents médiocres ou vulgaires offrent peu d'intérêt pour l'histoire, écrit M. de la Gorce, autant les déclarations de volonté doivent être retenues avec soin ; car elles permettent de mesurer ce qui s'était conservé ou éteint de flamme chrétienne dans les asiles consacrés jadis à la charité et à l'étude, à la pénitence et à la prière.»

Puis après avoir constaté dans quelques couvents la persévérance unanime, et dans d'autres la défection unanime aussi, l'auteur ajoute: «Il y a les déclarations isolées ou collectives qui trahissent tantôt le dégoût de la vie religieuse, tantôt la révolte ouverte. Ce n'est qu'à titre d'exception qu'on rencontre, soit l'extrème ardeur d'être fidèle, soit l'extrème impatience de déserter. Ce qui domine ce n'est ni la ferveur, ni l'apostasie. En quel sens pencha la majorité? Je crois que, pour les hommes, la part de la faiblesse fut plus grande que celle de la constance? Mais quels furent ces chiffres? Toute statistique serait, je crois, impuissante à classer des volontés qui ne se démêlaient point elles-mêmes. Les religieux sont interrogés : en général, ils ne répondent ni oui ni non. Ils veulent bien l'épreuve, mais pas trop, et en de molles paroles marquent avec une simplicité sincère, bien humaine, les limites où s'arrêtera leur courage. Ils souhaitent garder la vie religieuse, mais, ajoutent-ils en se reprenant, autant qu'ils pourront, ou bien encore, autant qu'il n'en résultera point pour eux d'inconvénient grave et important. Avec une prudence très en éveil sur l'avenir, ils interrogent au lieu de s'expliquer: Où irons-nous? resterons-nous dans le même couvent? Et comme les officiers municipaux ne peuvent les fixer, eux-mêmes se dérobent en paroles évasives ou ajournent l'heure de se prononcer. Ils se demandent s'ils auront une pension, quel en sera

---

(1) Sauzay, *Histoire de la persécution révolutionnaire dans le Doubs*. I. 152. 246.
(2) De la Gorce. *Histoire religieuse de la Révolution Française*. I. pp. 170 et seq.

le chiffre, et où elle leur sera payée. Un scrupule les agite : Hors de leur couvent pourront-ils dire la Messe? L'autorité spirituelle les relèvera-t-elle de leurs vœux? Le plus souvent les paroles de ceux qui s'éloignent se voilent d'excuses, se tempèrent de doux adieux.

Beaucoup plaident pour leur maison, mais avec des arguments tout humains et que ne traverse aucune grande flamme chrétienne. Les pauvres moines dans leur langage, se peignent sur le vif, ni héros, ni renégats, mais réveillés en sursaut dans leur tiède quiétude, dans leur assoupissante psalmodie. Ils ne savent pas, ils ne comprennent pas, ils ont besoin de se reconnaître. Tout ce qui s'éveille en eux de sens grossier ou d'indépendance mal assouplie leur suggère de sortir. Puis au moment, de s'y résoudre, ils se rejettent en arrière, par épouvante de la vie séculière qu'ils ne connaissent pas, par habitude de la règle qui leur impose d'obéir mais les décharge de penser, par esprit de foi aussi, car leurs croyances un peu engourdies, dès qu'on y touche, se ravivent. Oui, au fond, ils aiment leur cloître, mais l'aiment-ils jusqu'à la pauvreté, jusqu'à l'entier renoncement, jusqu'au péril, jusqu'au martyre? De là des infidélités, mais conditionnelles, avec toutes sortes de tributs à la faiblesse humaine. Les Prémontrés de Pont-à-Mousson répondent qu'ils veulent vivre et mourir dans leur état : cependant ils ont le culte des lieux où ils ont vécu, et ils tempèrent leur engagement : oui, disent-ils, nous resterons fidèles, à la condition qu'on ne nous transporte pas dans un monastère hors de la Lorraine.

Dans les réponses de moines excellents, on retrouve cette phrase : je voudrais au moins être assuré de rester ici ma vie durante. Et on sent qu'ils ne l'espèrent guère, et on devine qu'ils voudraient être plus vieux pour ne pas voir l'épreuve, pour dormir leur dernier sommeil au lieu où ils ont vécu.»

L'impression qui se dégage de cette page est loin d'être favorable aux religieux. Ils étaient plus ou moins las de la vie conventuelle, voilà pourquoi la majorité a opté pour la sortie du cloître, elle a donné ainsi la preuve de son infidélité à la vie religieuse: «La part de la faiblesse fut plus grande que celle de la constance.»

D'après l'Abbé Sicard au contraire, «Le nombre des restants balance celui des partants.»(1)

<hr>

(1) Abbé Sicard. *Le Clergé de France pendant la Révolution*. I. pp. 358 et seq.
Dans un article publié dans la Revue des deux Mondes, 15 Novembre 1909 sous ce titre : *La vieille France monastique, ses derniers jours, son état d'âme*, l'Abbé Sicard avait commencé l'Histoire des religieux, et c'est ce travail entièrement refondu et très augmenté qu'il nous donne dans ses ouvrages sur le clergé de France pendant la Révolution. Le R. P. Fr. X. Faucher, O. P. a publié dans l'Année Dominicaine (Dec. 1911); une critique de cet article dont l'auteur, dit-il, «ne semble pas soupçonner le travail immense que réclamerait l'étude d'un seul des ordres religieux vivant à cette époque si complexe où rien (même dans les monastères) ne ressemblait à la nôtre; et il prétend nous livrer un état d'âme!»
Nous n'aurions pas parlé de l'article de la Revue des deux Mondes, si l'auteur n'avait pas cité de nouveau dans son ouvrage les chiffres inexacts qu'il donnait pour prouver l'énorme diminution des ordres religieux de 1770 à 1790. D'après l'Abbé Sicard, en 1770, les Cordeliers comptaient 2395 religieux, les Récollets 2584, les Capucins 4397; en 1790, on ne trouvait plus que 1514 Cordeliers, 1558 Récollets,

Après avoir rendu bon témoignage des Trappistes, des Chartreux, des Capucins qui, dit-il, «nous ont paru bien conservés,» l'auteur rapporte quelques beaux exemples de fidélité chez les Augustins, les Dominicains, les Bénédictins, puis il ajoute:

«La Révolution trouva un trop grand nombre de religieux disposés à quitter le cloître, mais il ne faut pas croire que la désertion ait été immédiate, ni même universelle. Il ne suffisait pas de leur ouvrir les portes pour les voir s'élancer en masse au dehors sur tous les chemins du siècle. On a beau être frappé de langueur et atteint par le souffle du dehors, on ne rompt pas du soir au matin des liens formés par la conscience, cimentés par l'habitude, consacrés par l'Eglise et par l'Etat. De fait, l'histoire doit enregistrer une époque de transition, et à côté des fuites, des adhésions précipitées que devait avoir préparées une longue attente, des hésitations, des surprises, des luttes, une certaine épouvante devant le changement de vie, l'abandon de sa vocation et l'inconnu qui se présente; des projets de réforme, des moyens termes proposés pour ne pas mourir, et même chez certains moines dignes des temps héroïques, quelques accents sublimes.

«Nous avons trouvé de vastes Abbayes en pleine décadence, nombre d'habitants disposés à entrer dans le monde. Mais la désertion n'est pas unanime, bien des volontés sont encore hésitantes. Dans des couvents plus modestes, la proportion des partants est moindre que dans les monastères. D'ordinaire, à côté des moines qui se réjouissent, il y en a qui pleurent, qui ne peuvent contenir leur émotion à l'approche de la rupture qui se prépare. Certains Ordres présentent des provinces presque entières restées fermes. Il n'est pas de corps qui ne compte des maisons fidèles, pas de maison dégénérée qui n'abrite quelque protestataire contre les mesures prises. Il se dégage sans doute des interrogatoires, par la mollesse et parfois la lâcheté des réponses, une impression de dissolution de l'ordre monastique, mais aussi par le disparate, par

---

et 2674 Capucins, d'où une diminution de 851 Cordeliers, 978 Récollets et 1728 Capucins.

Les chiffres pour 1770 sont exacts, comme on peut le voir dans l'ouvrage de Lecestre: *Abbayes, prieurés et couvents d'hommes en France, d'après les papiers de la commission des réguliers. Paris. Picard, 1902.*

Mais ils sont loin d'être exacts pour 1790, bien que l'auteur donne comme référence: Arch. Nation. D. XIX. Nᵒ 10 à 12. - Biblioth. Nat. Mˢˢ Franç., Nᵒ 13857-13858. Dans ces mêmes cartons des Arch. Nation., nous avons relevé tous les noms des Cordeliers, Récollets et Capucins, nous les avons là sous les yeux, et nous comptons 2074 Cordeliers, 2146 Récollets, 3797 Capucins. L'écart n'est donc plus que de 321 pour les Cordeliers, de 388 pour les Récollets et de 600 pour les Capucins. La diminution est sensible, il est vrai, mais cependant pas aussi forte que le prétend l'Abbé Sicard. Nous n'avons pas continué la comparaison pour les autres Ordres entre les chiffres de 1770 et ceux de 1790, mais nous sommes tentés de croire que l'Abbé Sicard a été aussi mal renseigné à leur sujet par son correspondant que pour l'Ordre Franciscain. Les chiffres que nous venons de donner d'après les Archives se rapprochent de ceux de Taine: *l'Ancien régime*, p. 530, pour les autres ordres on peut constater que ceux de Taine sont supérieurs à ceux de L'Abbé Sicard.

l'imprécision de nombreuses declarations, une constatation d'incohérence, d'incertitude en présence des événements qui se précipitent et qui rencontrent des volontés mal affermies, hésitantes sur le parti à prendre, ballottées entre l'attrait de la liberté et le devoir de la vocation.»

Puis après avoir énuméré le nombre des options pour ou contre la vie commune dans le diocèse de la Rochelle, l'auteur continue :

«Comment se reconnaître dans ce gâchis et comment tirer une conclusion? Dans ce département il peut se dégager de ces chiffres une majorité pour la stabilité. Nous trouverions dans plusieurs diocèses des proportions encore plus grandes en faveur de la vie commune. A la date où nous sommes, au premier interrogatoire, notre impression est que dans l'ensemble et pour la France en général, le nombre des restants balance au moins celui des partants.(1)

«Ce qui, en dehors des chiffres à notre connaissance, nous confirme dans notre appréciation, c'est que la Constituante, ne jugeant pas sans doute suffisant le résultat de la première enquête, prescrivit six mois plus tard un second interrogatoire, espérant bien que son insistance comminatoire vaincrait des volontés hésitantes et grossirait encore l'armée des déserteurs. Les calculs de la Constituante ne furent pas trompés. Six mois à peine s'étaient écoulés entre les deux interrogatoires. Pendant ce temps la pression, l'incertitude, les menaces, le spectacle des destructions qui en se multipliant dans l'Eglise et dans l'Etat, devaient à plus forte raison frapper l'Ordre Monastique, tout contribuait à décourager les âmes moins résistantes. Le résultat fut une disproportion marquée entre les chiffres de la première et de la seconde enquête. Bien des religieux qui avaient tout d'abord dit vouloir rester, retractent leur première déclaration et optent pour le départ. Au premier interrogatoire, bon nombre de Dominicains de St-Honoré à Paris, ont demandé à réfléchir. Au second, c'est la désertion en masse.»

Ces citations sont peut-être un peu longues, mais nous avons voulu donner intégralement l'opinion de ces auteurs qui font autorité, et qui ont traité plus au long cette importante question des religieux en 1790. Mais nous n'acceptons pas leurs conclusions, et nous ne croyons pas qu'il soit permis d'appeler «déserteurs» ou «infidèles à leur vocation» ceux qui ont opté pour la vie privée.

---

(1) L'Abbé Sicard donne en note les chiffres pour les départements suivants: Côtes-du-Nord, Lot, Landes, Aude, Morbihan, Corrèze, Moselle, Paris, d'après les Archives Nation.; et Lot-et-Garonne, Charente, Lyon, Pyrénées-Orientales, Meurthe, Meuse, Haute-Saône, Aude et Cher, d'après des histoires locales.

Chapitre IV.

La vie commune et la vie privée.

Quand on étudie la conduite des religieux en 1790, il est nécessaire de faire une distinction entre les déclarations que l'on exigea d'eux dans le cours de cette année. Il y eut une première déclaration au moment des inventaires, en Mai et Juin 1790. A ce moment presque tous les religieux optèrent pour la vie commune. Mais la situation changeait non seulement de mois en mois, mais encore de semaine en semaine, nous dirions presque de jour en jour. Rien d'étonnant dès lors que les religieux, devant la marche des événements, aient mieux compris les intentions de la Révolution. Six mois après les inventaires, quand eut lieu le second interrogatoire, les volontés n'étaient plus aussi fermes, des défections s'étaient produites, néanmoins la majorité est encore fidèle, et enfin un dernier interrogatoire eut lieu lors de la mise en pratique définitive des maisons de vie commune vers le milieu de l'année 1791. Il y eut donc trois interrogatoires et trois séries de réponses qu'il faut distinguer soigneusement, et de même que l'on note la marche progressive des événements, il faut aussi noter le changement d'attitude qui se fait voir chez les religieux. En 1791, ils viennent de passer une année dans une demi-reclusion qui leur a suffi pour goûter les avantages de la vie commune que leur offrait la Révolution, ils sont suffisamment éclairés, ils comprennent que la vie commune proposée par la loi n'était qu'une contrefaçon de la vie religieuse, et ils optent en masse pour la vie privée. Cependant parmi ces religieux qui sortent des couvents en 1790 et en 1791, nous pourrions en citer qui, pendant toute la Révolution, meneront en France la vie errante des Missionnaires, d'autres qui monteront sur l'échafaud, d'autres encore qui s'en iront mourir de misère et de faim sur les pontons de Rochefort, d'autres enfin qui se déporteront en Espagne, en Italie, en Suisse, en Allemagne et en Autriche pour y trouver des couvents où il leur sera permis de mener la vie religieuse. Peut-on dire de ces religieux qu'ils étaient infidèles à leur vocation, qu'ils étaient des déserteurs, parce qu'ils n'ont pas accepté la vie commune qu'on leur offrait en France, et qu'ils ont repris leur liberté?

François Savel, P. Janvier du Puy, Capucin du couvent de Marvejols (Lozère), avait déclaré lors de l'inventaire de son couvent, le 7 Mai 1790, que s'il y avait conventualité à Marvejols, il consentait à rester au couvent, et que dans le cas contraire il voulait sortir. Il sortit en effet du couvent, resta dans le pays, fut enfin arrêté et exécuté à Mende le 12 Messidor an II (30 Juin 1794). Osera-t-on dire de lui qu'il a été infidèle a sa vocation?

D'autres comme Pierre Breton, P. Isaac de Rouen, Capucin du couvent de Forges (Seine-Inférieure), mort en rade de Rochefort, sur Les Deux Associés, le 27 Août 1794, qui avait déclaré au moment de l'inventaire «n'être point décidé quel parti il devait prendre selon sa conscience;» comme le P. Basile de Lanuéjols, Antoine Brast, Capucin du couvent de Figeac (Lot), mort à Brouage après avoir été emprisonné au Fort de Blaye, «qui déclara aussi ne pouvoir s'expliquer sur ses intentions qu'après que l'Assemblée Nationale aurait prononcé sur le sort des religieux»; comme le P. Jacques du Vignot, Jacques Henrion, Capucin du couvent de Charmes (Vosges), qui avait d'abord déclaré «vouloir sortir de la maison de son Ordre avec la pension,» et qui le lendemain alla déclarer à la Municipalité sa volonté de persévérer dans l'Ordre; dira-t-on de ces victimes de la Tyrannie Révolutionnaire que ce sont des déserteurs pour avoir opté pour la vie privée? Il serait également intéressant de rechercher, mais cela nous entraînerait trop loin, combien avaient opté pour la vie commune parmi les religieux qui ont donné pendant la Révolution le scandale de leur mariage.

Tant il est vrai que cette première option, prise isolément, ne prouve rien pour ou contre celui qui l'a prononcée, c'est sa conduite postérieure qui seule peut nous donner la mesure de sa fidélité.

«Diverses causes ont influé sur l'augmentation du nombre des religieux rentrant dans la vie séculière, dit M. le Chanoine Pisani.(1) Il avait été statué que tous les religieux appartenant au même Ordre, seraient réunis dans une seule maison, cette mesure contribua à hâter les sorties. Mais ce qui amena surtout la désertion ce fut l'incertitude du lendemain : l'asile offert aux persévérants était temporaire, et nul ne l'ignorait, c'était par tolérance qu'ils se sentaient conservés dans leurs couvents, à un jour prochain ils s'attendaient à être congédiés. Ceux qui avaient des parents sortirent, non pour abjurer leurs engagements, mais au contraire pour pouvoir mener dans leur famille une existence conforme au genre de vie auquel ils s'étaient voués. Ajoutons aussi que ceux qui avaient quelque activité, ne pouvaient se faire à l'existence de reclus à laquelle ils étaient condamnés par la nouvelle réglementation. Quand les refus de serment eurent fait de larges vides dans le clergé séculier, beaucoup de réguliers acceptèrent des postes dans les paroisses. Enfin il se trouva des religieux qui, condamnant la Constitution civile, voulurent prêter leur concours à cette partie du clergé qui avait refusé le serment. Mais pour se livrer au ministère, de jour en jour plus dangereux, ils durent abandonner les maisons où ils

____

(1) Pisani. *L'Eglise de Paris et la Révolution*. I. p.

étaient recueillis, et se tenir à l'abri des espions et des délateurs. Nous voyons donc par quel ensemble complexe de mobiles les sorties des religieux se multiplièrent de plus en plus; il n'est par conséquent pas possible de former un jugement absolu sur leur conduite, ni d'englober dans une même condamnation ceux qui agirent par lâcheté ou par faiblesse, ou pour des motifs qui n'ont rien que de louable.»

Il pouvait donc y avoir des motifs louables qui légitimaient les sorties des couvents, dès lors c'était un devoir de faire les distinctions nécessaires pour ne pas envelopper innocents et coupables dans la même condamnation. Prenons par exemple les Capucins d'Alsace; laissons de côté les cinq hospices qui ne pouvaient aspirer à l'honneur de devenir maisons de vie commune, prenons les quinze couvents de la Province qui renfermaient à peu près tous le nombre de religieux fixé par la loi, ou du moins pouvaient le compléter, quelques uns même le dépassaient. Lors des inventaires tous les religieux manifestèrent clairement leur intention de vouloir vivre et mourir en Capucins. Ils se soumirent même à l'article de la loi imposant des élections dans chaque maison. Les supérieurs en charge furent réélus, et la vie conventuelle continua comme auparavant, les religieux ne cessèrent même pas leur ministère, on les voit desservant les paroisses privées de curés. Au moment du serment, de rares défections causèrent quelques vides qu'il fut facile de combler. Puis brusquement, en Mars et Avril 1791, on veut leur imposer des conditions inacceptables, on exige d'eux la reconnaissance de l'évêque intrus, on les sollicite d'accepter des cures, on veut les faire entrer de force dans le schisme. Ils refusent énergiquement. Ce n'est qu'alors que, jugeant la position intenable, dans certains couvents ils reprennent leur liberté; dans d'autres ils attendent que la force armée vienne les expulser de leurs maisons, où légalement ils ont le droit de continuer à vivre, et ce n'est qu'alors qu'ils vont chercher une retraite à l'étranger.

L'Abbé Sicard et M. de la Gorce diront-ils de ces Capucins d'Alsace que ce sont des déserteurs, et qu'ils ont été infidèles à leur vocation?

Ce que nous venons de dire des Capucins d'Alsace, nous pouvons l'affirmer, en connaissance de cause, des autres provinces de France. La majorité des religieux a refusé de reprendre sa liberté au moment des inventaires, tous n'étaient donc pas aussi relâchés qu'on veut bien le dire. Il y a eu des défections, c'est incontestable; il y a eu de scandaleux personnages, c'est certain; mais l'on oublie trop facilement que l'Ordre des Capucins était le plus nombreux en France, et que c'est lui qui compte le plus de martyrs. Si la loi n'avait pas mis tant d'entraves au rassemblement des religieux, si surtout ils avaient été assurés de pouvoir continuer dans ces maisons de vie commune la vie conventuelle d'après leur règle et leurs Constitutions, les Capucins seraient restés en France au lieu d'aller demander asile à leurs confrères de l'étranger.

Nous irons même plus loin. Tout en approuvant hautement les religieux qui ont accepté celle offerte par la loi, nous n'hésitons pas à dire, parlant des religieux en général, qu'il n'y avait pour eux aucune obligation en conscience de se soumettre à cette législation, et qu'ils pouvaient en toute sûreté de conscience au moment des inventaires, opter pour la vie privée.

Il ne faut pas oublier que les lois portées contre les religieux étaient schismatiques au point de vue de la vie religieuse, et que la vie commune, hypocritement offerte par la Révolution, était la négation de la vie religieuse elle-même, puisqu'elle avait pour point de départ la destruction de la hiérarchie légitime de chaque ordre. Les malheureux qui acceptaient cette vie commune devaient au préalable tenir un chapitre à l'effet de s'élire un supérieur et un économe et se créer un règlement. L'irrégularité de ce chapitre était poussée au comble par la présence d'un officier municipal ; aujourd'hui aucune communauté ne consentirait à subir cette humiliation. Cette intrusion de l'autorité civile ne suffisait-elle pas déjà pour détourner de cette vie commune des religieux fidèles observateurs de leur règle ? Il est vrai que dans une maison composée de religieux de la même conventualité, il était possible de tourner les mesures schismatiques de la loi, et d'élire comme supérieurs ceux qui avaient été nommés par l'autorité légitime, c'est ce qui s'est fait chez les Capucins d'Alsace et ailleurs. Mais même cette élection fictive répugnait à quelques consciences délicates. Ils la regardaient, non sans raison, comme une atteinte portée à l'autorité des supérieurs et à la soumission qui leur est due.

Dans les maisons où les supérieurs légitimes étaient élus, il n'y avait aucune difficulté, la vie conventuelle continuait comme auparavant. Mais dans les couvents où, pour une raison ou pour une autre, l'ancien supérieur ne fut pas choisi, quelle autorité pouvait avoir le nouvel élu ? En droit aucune, en fait son autorité était bien précaire, car elle ne reposait que sur la soumission bénévole de ses sujets, surtout dans les très rares maisons où se trouvèrent réunis des religieux de différents ordres. Aussi ces maisons ont subsisté à peine quelques mois, non pas que la discorde ait éclaté entre ceux qui les habitaient, mais les uns et les autres n'ont pas tardé à comprendre que leur vie commune n'était pas autre chose qu'une simple cohabitation de religieux régis par un règlement quelconque, qui ne rappelait que de loin la vie d'autrefois, et pour tous ce n'était plus la vie religieuse de leur profession. Dès lors la séparation s'imposait fatalement, sans qu'il fût permis à quiconque de les considérer comme apostats, déserteurs ou infidèles à leur vocation. En reprenant leur liberté, ils usaient simplement d'un droit résultant de leur profession.

En effet, dans la profession religieuse on peut distinguer deux choses : d'abord les vœux essentiels de religion, puis le contrat passé entre un individu et un ordre déterminé. Nous disons : un ordre déterminé, et non pas l'ordre religieux en général, lequel n'existe nulle part. Dès lors, un Bénédictin, un Dominicain qui ont fait un contrat de profession avec leurs supérieurs, ne l'ont pas fait avec des supérieurs Capucins ou Chartreux, et il n'y avait en 1791 aucune obligation pour l'un ou pour l'autre d'aller chercher un refuge dans ces maisons, où l'on voulait entasser des membres de différents ordres. Leur devoir à l'un et à l'autre était de rester soumis à leurs supérieurs, et d'attendre un meilleur avenir toujours possible.

Ces deux éléments de la profession: vœux et contrat sont ordinairement unis, bien que distincts, mais ils peuvent être séparés, et de fait ils le sont souvent.

La profession religieuse est un contrat réciproque, bilatéral, disent les canonistes, entre le religieux et l'Ordre auquel il se donne: «*Professio regularis est contractus ultro citroque obligatorius, quo profitens fidem suam adstringit Deo, et obligatur Religioni, et Religio ipsa Dei nomine obligatur religioso ad retinendum eum, et aleudum, et tractandum secundum Religionis institutum*».[1]

Puisqu'il en est ainsi et puisque la constitution des Ordres était bouleversée non par la faute du profès mais par la loi; puisque le but pour lequel les ordres avaient été fondés ne pouvait plus être atteint, par exemple l'apostolat pour ceux qui se vouent à ce ministère, nous nous expliquons facilement qu'il se soit trouvé des religieux, et non des moins fervents qui aient opté pour la vie privée dès la première enquête. Ils resteront en communauté le plus longtemps possible, ils ne veulent pas être les premiers à rompre avec leur ordre, mais leur choix est fait en conscience, ils reprennent leur liberté. Il y a rupture du contrat sans qu'il y ait de leur faute, leur ordre n'est plus ce qu'il était au jour de leur profession. «Ce n'est pas nous qui quittons notre Ordre, c'est notre ordre qui nous quitte,» auraient-ils pu dire avec plus de raison que le Génovéfain Pinhgré.

Chose étrange en effet, et qui confirme ce que nous venons de dire, ce qui frappe dans cette destruction des ordres religieux, c'est la carence des supérieurs. Ils ont fait des efforts pour retenir leurs sujets dans l'Ordre, mais les moyens qu'ils ont employés sont uniquement des moyens spirituels. Ils ont été mis en très peu de temps en face d'une situation qu'il leur était impossible de prévoir, à eux qui, du fait de leur profession, étaient frappés de mort civile. Ils répondent aux interrogatoires des inventaires, mais en dehors de la fidélité à l'Ordre, dont presque tous donnent l'exemple, nous ne les voyons pas prenant des mesures pour sauvegarder l'existence de l'Ordre. Les religieux sont abandonnés à eux-mêmes en face des autorités civiles qui les interrogent sur leurs intentions, et ne se sentant plus soutenus par leur Ordre, qui ne peut plus remplir ses obligations, ils se voient forcés d'opter pour la vie privée.

(1) *Summula selectarum quaestionum regularium* . . . a P. Bonagratia Habsensi, Alsata, Ord. Cap. Coloniæ. 1667.
Hyac Donati Laynensis O. Pr. *Rerum regularum Praxis resolutoria* II. p. 229.

Les historiens que nous citons ont encore omis de considérer un autre aspect de la profession, c'est que le lien qui unissait le religieux à sa congrégation variait selon les différents ordres. Les Bénédictins, les Cisterciens et tous les ordres qui suivaient la règle de Saint Benoît, étaient par un vœu spécial, le vœu de stabilité, attachés à telle ou telle maison. Les religieux, dont l'origine remontait au XIIIᵉ siècle, n'étaient pas affiliés à telle ou telle maison par un vœu, il est vrai, mais par des lois spéciales, particulières à chaque Ordre. Au XVIᵉ siècle au contraire, les religieux font profession non plus pour telle ou telle maison, mais pour une province déterminée, et à de rares exceptions près tous les religieux vivent et meurent dans leur province.

Ce n'était donc pas pour une question sentimentale ou pour un motif poétique, comme le laissent entendre l'Abbé Sicard et M. de la Gorce, que les Bénédictins et les Cisterciens déclaraient vouloir rester dans telle Abbaye et non dans telle autre; ce n'était pas pour des motifs aussi puérils que Dominicains, Récollets et Capucins déclaraient vouloir rester dans leur province, et n'acceptaient la vie commune qu'à cette condition. Sans parler des motifs qui pouvaient résulter des antipathies nationales, il y avait d'autres raisons tirées de leur acte de profession même, raisons légitimées soit par un vœu, soit par des lois, soit par les Constitutions de l'Ordre, raisons approuvées par l'Eglise, et ces raisons étant foulées aux pieds par les Législateurs, les religieux reprenaient leur liberté. Ils la reprenaient, non pas par affaiblissement des vertus religieuses, non pas par dégoût de leur état pour lequel ils conservaient toujours de l'estime, ils auraient désiré le garder jusqu'à la mort, mais c'était par suite de la rupture du contrat intervenue sans qu'il y ait de leur faute, c'était par respect pour leur Ordre et leur profession.

Voilà pourquoi nous trouvons dans leurs déclarations des explications très précises, très juridiques, très véritables qui nous éclairent sur leurs dispositions et sur leur état d'âme.

«Forcé de déclarer si je veux ou non continuer la vie commune, écrit un Cistercien, considérant que par les dispositions de ce décret, il ne peut résulter que le plus grand inconvénient pour la tranquillité, pour le bon ordre et pour le salut, je déclare que je ne veux vivre et mourir qu'avec les seules obligations que j'ai contractées, et de la manière que je les ai contractées avec les religieux de mon Ordre; et si dans la maison qui m'était indiquée je devais pratiquer une règle et un régime auxquels je ne serais pas obligé, et avec des religieux d'un autre ordre que le mien je suis décidé à renoncer à une pareille vie commune pour me retirer dans un lieu de paix.»(1)

(1) Sicard. Op. cit. I. 366. Nous retrouvons la même volonté dans la déclaration d'un Augustin d'Alsace: «Georges Xavier Wolbert, P. Aloyse, Augustin à Wissembourg, né le 21 Avril 1730 à Châtenois, profès le 4 Décembre 1749 à Ribeauvillé, déclare vouloir vivre en vie commune dans une de nos maisons d'Alsace, *selon la teneur de ma profession.*» Wissembourg 18 Février 1791. P. Aloyse Wolbert, Augustin. (Arch. Dép. Stras. Liasse non classée. Nᵒ 137).

Nous voyons clairement les conditions dans lesquelles ce religieux cistercien consent à mener la vie commune, c'est avec les seules obligations qu'il a contractées, et de la manière qu'il les a contractées avec les religieux de son Ordre. C'est le contrat bilatéral de sa profession qu'il invoque, il se déclare prêt à le tenir pour valable, pourvu que de son côté l'Ordre qui l'a reçu ne soit pas mis dans l'impossibilité d'éxécuter ses obligations. Or c'est ce qui arriva. Il dut quitter son Abbaye, et le Département voulut le contraindre d'aller avec 5 de ses confrères, 11 Dominicains et 2 Trinitaires mener la vie commune dans une Chartreuse où se trouvaient déjà 23 Chartreux. Toutes ces recrues disparates refusèrent d'aller occuper cette maison, et rentrèrent dans le monde. Pourra-t-on dire que ce sont des déserteurs de la vie religieuse et qu'ils sont infidèles à leur vocation? En optant jusqu'à la fin pour la vie commune, ils fournissent au contraire la preuve de leur fidélité à leurs engagements, et si un jour ils reprennent leur liberté, c'est parce que cette vie commune qu'on leur propose n'est point celle qu'ils ont vouée au jour de leur profession. Ils sont en règle avec le droit et avec leur conscience, ils ne méritent donc aucune note infamante, ils s'en vont, et ils ont raison.

Dans les descriptions que font les historiens cités plus haut de l'état des religieux en 1790, on constate encore une autre lacune. Après avoir raconté les inventaires, après avoir noté le nombre des religieux qui optent pour la vie privée et la vie commune, et être arrivés à des conclusions contradictoires, après avoir cité comme par hasard un ou deux de ces couvents de vie commune, aucun de ces historiens ne nous parle de ces maisons, qui cependant se formèrent sur divers points de la France entre religieux du même Ordre. Il nous semble que l'impartialité leur faisait un devoir de rechercher si ces maisons avaient pu s'organiser et combien de temps elles avaient vécu. Leur histoire résumée en quelques lignes, car elles n'ont pas subsisté longtemps, ayant été supprimées en Août et Septembre 1792, eut contrebalancé dans l'esprit du lecteur l'impression que tous les religieux étaient dégénérés en 1790, et qu'ils n'attendaient que le moment de sortir du cloître. Mais aucun d'eux n'en parle, et cependant ces maisons se formèrent dans un certain nombre de Départements. A notre connaissance, il y en eut pour les Bénédictins et les Dominicains, et peut-être en plus grand nombre pour les Récollets et les Capucins.

Or nous possédons la correspondance échangée entre un Capucin réfugié dans une de ces maisons et son frère, qui l'année suivante fut condamné à mort par le Tribunal Révolutionnaire de Paris. Nous savons par le détail la vie que l'on menait dans ces maisons; nous connaissons le règlement; nous apprenons presque jour par jour les vexations, les dénonciations, les interrogatoires, les perquisitions de jour et de nuit dont ils étaient les victimes sous le plus futile prétexte. Nous les voyons inquiets de l'avenir, surtout quand ils apprennent l'expulsion de leurs confrères d'une maison de vie commune comme la leur, passant leurs journées dans un mortel ennui, privés pour ainsi dire de relations avec le dehors, vivant en reclus dans ce couvent devenu pour eux une véritable prison. Enfin une dernière lettre laisse prévoir que l'expulsion est proche. Le Département et le District ont annoncé la mise en vente du couvent, puis un jour des gardes nationaux font irruption dans la maison, ils en expulsent les religieux qui se déportent en Angleterre. Cette maison de vie commune n'avait pas duré un an. Assurément nous admirons ces religieux qui ont voulu tenter l'épreuve de la vie commune que leur offrait la Révolution. Mais nous sommes de plus en plus convaincus après la lecture de cette correspondance, que si ces religieux sont dignes d'éloge pour avoir consenti à vivre dans cette geôle révolutionnaire, où ils n'ont trouvé qu'un pâle reflet de leur vie religieuse d'autrefois, les autres, c'est-à-dire, ceux qui n'ont pas voulu de cette vie commune parce que ce n'était pas celle qu'ils avaient vouée au jour de leur profession, ne méritent en aucune façon la note désobligeante avec laquelle on a stigmatisé leur option de la vie privée.

Après avoir parlé des religieux, les historiens passent aux religieuses. «Avec elles l'aspect change, écrit M. de la Gorce, (1) et d'un grand coup d'aile on remonte de la plaine vers les cimes;». et plus loin: «Beaucoup de religieux pensent à eux, les religieuses pensent aux autres,» puis viennent les statistiques qui paraissent révéler «une fidélité presque unanime.»

«Les religieuses fidèles sont dans le Département du Doubs 329 contre 27, dans Les Côtes-du-Nord 515 contre 4, dans l'Aude 193 contre 2, dans les Landes, sur 207 religieuses il n'y a pas une défaillance; le Lot, le Lot-et-Garonne avec 382 religieuses offrent le même exemple d'unanime fermeté.» Et après avoir cité les sœurs de Sainte-Claire de Lyon qui refusent des pensions et des rentes, M. de la Gorce ajoute: «Celles qui méprisent à ce point les biens terrestres sauront aussi, quand l'heure sera venue, mépriser la mort.»

«Les religieuses vont protester en masse contre la dispersion qui les menace, dit l'Abbé Sicard.(2) Il y a dans leur profession de foi, dans l'expression de leur désir, dans leur volonté de persévérer, dans leurs adjurations à l'Assemblée Nationale une sincérité, une énergie, un élan et aussi une angoisse qui nous émeuvent encore. . Le lecteur se demandera peut-être pourquoi une telle différence entre les religieux et les religieuses pourquoi la déchéance d'un côté, tant de vaillance et de fidélité de l'autre. Les femmes avaient été mieux défendues par leur sexe même, par la sensibilité de leur âme plus ouverte aux influences pieuses, elles étaient moins mêlées au monde et moins riches, elles se trouvaient sous la juridiction des Evêques, et elles étaient ainsi gardées contre le relâchement.» Après avoir parlé des enquêtes faites chez les contemplatives, les enseignantes et les hospitalières, et avoir donné des statistiques,

(1) Op. cit. I. p. 174 et seq.
(2) Op. cit. I. p. 414 et seq.

l'auteur conclut que la généralité des religieuses resta inébranlable au dernier interrogatoire.

Personne ne songe à contester la vaillance et la fidélité des religieuses. Il nous semble cependant qu'il ne faudrait pas trop insister sur le parallèle que l'on fait volontiers entre elles et les religieux, et au détriment de ces derniers, car la situation des uns et des autres était très différente, et ne supporte pas la comparaison. En effet pour les religieuses, toutes les maisons étaient regardées comme maisons de vie commune, celles qui choisissaient la vie privée (et elles furent en petit nombre), sortaient de la maison, mais les autres continuaient à mener ensemble la vie conventuelle sans avoir besoin d'avoir à chercher une maison qui voulut bien les recevoir.

La situation des religieux était toute autre. L'Administration désignait dans chaque Département une ou deux maisons de vie commune dans lesquelles devaient se réunir ceux qui n'avaient pas fait choix de la vie privée. Les religieuses *pouvaient* rester chez elles, les religieux aux contraire *devaient* se rendre au lieu indiqué par l'Administration, qui, on le sait, designa souvent des maisons insuffisantes, ou même inhabitables, de là une différence essentielle qui défie toute comparaison.

Les historiens que nous avons cités connaissent la loi, ils savent que la Révolution fut plus clémente envers les communautés de femmes sous la Constituante, car l'Assemblée Législative confondit toutes les communautés dans la même réprobation, ils n'en font pas moins entre les religieux et les religieuses une comparaison qui ne repose sur aucun fondement. Ils nous donnent de belles protestations de religieuses, mais ces déclarations sans date sont de la fin de 1789 ou du commencement de 1790, et ils les mettent en parallèle avec des déclarations de religieux de date postérieure, laissant dans l'ombre d'aussi belles protestations de religieux faites lors des inventaires. A ce moment les religieuses disent simplement: *«Je veux rester,»* c'est alors au contraire que les religieux protestent de leur attachement à leur Ordre et leurs déclarations ne sont pas moins énergiques.

Loin de nous la pensée de déprécier les religieuses, elles ont donné de magnifiques exemples de vaillance et de fidélité à leur vocation, leur conduite est au-dessus de tout éloge, à part de rares exceptions elles ont continué la vie commune jusqu'aux expulsions de 1792. Cependant leur éloge ne doit pas se faire au détriment de leurs frères en religion.

«Bientôt, dit M. de la Gorce, la Révolution ajoutera un nouveau livre aux Actes des Martyrs. De ce livre les lettres, les déclarations (des religieuses) qu'on vient de citer sont comme la préface, et c'est à ce titre qu'elles méritent d'être gardées.»

Oui, ces lettres et ces déclarations méritent d'être conservées, mais il ne faut pas les isoler des déclarations et des lettres des religieux fidèles; les uns et les autres se retrouveront bientôt dans les prisons de la Révolution, et peut-être sur le chemin de l'échafaud, il ne faut pas dès le principe les mettre en opposition.(1)

Chapitre V.

Les Couvents des Capucins d'Alsace.

Couvents de Strasbourg.

1. Grand Couvent.

Le Décret de l'Assemblée Nationale du 20 Mars 1790, qui ordonnait l'inventaire des maisons religieuses, ne tarda pas à être mis en exécution dans toute la France.

Le 21 Avril, Jean Baptiste Hyacinthe Hervé et Michel Thomassin, Officiers Municipaux de Strasbourg, accompagnés de Lefebvre greffier, se présentèrent au Grand Couvent, où ils furent reçus, en l'absence du Père Gardien, par le P. Héribert, Vicaire.

Celui-ci répondit aux questions des commissaires que toutes les propriétés de la maison se bornaient à l'emplacement du couvent, et qu'attachés étroitement à leur règle, les religieux n'avaient d'autre mobilier que les vases sacrés servant au service divin et la bibliothèque dont il remit trois états certifiés conformes. Il n'y avait au couvent en fait de provisions que celles provenant de la charité des fidèles, et qui suffisaient à peine pour les besoins de la maison pendant un an, qu'au reste ils s'abandonnaient à la Providence, qui ne leur avait jamais manqué.

Après avoir compté et décrit minutieusement tous les meubles de la maison, les officiers municipaux procédèrent à l'interrogatoire des religieux, et leur demandèrent leur déclaration sur leur intention de garder la vie commune, ou de profiter de la liberté accordée par les décrets.

Il y avait au couvent 20 Pères, 6 Frères lais et 3 Affiliés laïcs; tous les religieux dont les noms suivent, déclarèrent unanimement vouloir vivre et mourir dans leur institut conformément à la Loi.

---

(1) Ces questions de la vie commune et de la profession religieuse seront traitées plus longuement dans un travail qui paraîtra prochainement sous ce titre: Les Dominicains d'Alsace, par le R. P. X. Faucher, Ord. Præd.

P. Janvier Beck, de Sélestat, 49 ans, Gardien,
P. Marin Maurer, d'Ingersheim, 72 ans, Ex-Provincial,
P. Héribert Kempff, de Mutzig, 63 ans, Vicaire,
P. Ignace Dantzer, de Thann, 72 ans,
P. François-Régis Pierron, de Strasbourg, 70 ans,
P. Florentin Armspach, de Rouffach, 60 ans,
P. Albert Ruoff, de Soultz, 55 ans,
P. Edmond Streicher, d'Obernai, 52 ans,
P. Donat Lux, de Lixhausen, 47 ans,
P. Parfait Blétry de Belfort, ancien aumônier de marine et aumô-
   nier actuel de l'hôpital, 43 ans,
P. Bernardin Bader, de Blotzheim, aumônier de l'hôpital, 33 ans,
P. Thaddée Gschickt, d'Ammerschwihr, 33 ans, lecteur de théologie,
P. Hugolin Studer, de Dieffmatten, 33 ans,
P. Roch Rooss, d'Ensisheim, 28 ans, étudiant en théologie,
P. Jonathas Prossé, d'Ensisheim, 26 ans,   id.
P. Gallus Mey, d'Ammerschwihr, 30 ans,   id.
P. Corneille Kreyder, d'Andlau, 27 ans,   id.
P. Blaise Schaller, d'Ammertzwiller, 27 ans,   id.
P. Jérémie Riehl, de Meistratzheim, 27 ans,   id.
F. Charles Moritz, de Kruth, 79 ans, Frère lai,
F. Jonas Beltz, de Soultz, 47 ans,   id.
F. Bernard Zimmermann, de Kientzheim, 39 ans, id.
F. Boniface Gyss, d'Obernai, 38 ans,   id.
F. Xavier Weibel, d'Ammerschwihr. 31 ans, id.
F. Junipère Igert, d'Ingersheim, 37 ans,   id.
Jacques Kiechlé, d'Erstein, 84 ans, Affilié,
Fidèle Bœhler, de Wesskirch, 45 ans, id.
Antoine Wachter, de Wahlenheim, 25 ans, id.

On le voit il n'y a aucune hésitation au Grand Couvent de
Strasbourg au sujet de la déclaration, et il en sera de même, à de
très rares exceptions près, dans tous les couvents de la Province.
«Vivre et mourir dans leur institut conformément à la loi,» tel était
le désir des Pères et des Frères, et même des trois affiliés laïcs,
qui, bien que n'étant pas liés par des vœux, demandent à partager
le sort des religieux.(1)

---

(1) Nous ne renvoyons pas le lecteur désireux de se renseigner sur les Religieux
d'Alsace à l'ouvrage intitulé : *Die Kœrperschaften des Unterelsasses vor und
wæhrend der grossen Revolution* (Les Corporations catholiques de la Basse-
Alsace avant et pendant la grande Révolution) von Josef Hermann Kœnig.
Strasbourg. Heitz. 1915; in 8°. 186 p.
   On trouve dans cet ouvrage des tableaux, des comparaisons entre les différentes congrégations, qui ont la prétention de nous renseigner sur l'état et le
nombre des religieux de la Basse-Alsace. Mais en examinant de près ce travail,
on ne tarde pas à se convaincre que cette prétendue érudition n'est qu'un
trompe-l'œil. Les chiffres qu'il donne ne sont pas exacts, il ne sait pas combien
il y avait de Capucins dans les deux couvents de Strasbourg, ni dans ceux de
Molsheim, Obernai, Sélestat, Berg-Zabern, Landau et Haguenau. Il n'a trouvé

L'épreuve était décisive, l'enquête donnait un résultat opposé à celui qu'avaient escompté les ennemis de la vie religieuse, aussi nous allons les voir mettre en œuvre tous les moyens pour contraindre les religieux à abandonner la vie commune.

Quelques mois plus tard, l'Assemblée Nationale imposait à la France la Constitution Civile, ou plutôt schismatique et hérétique du Clergé.

---

dans la Basse-Alsace que 120 Pères et 29 Frères, il y avait en réalité 134 Pères et 36 Frères.

L'auteur n'est pas plus exact quand il parle des Récollets; il ne connaît que 101 Pères et 28 Frères, il y avait exactement en Basse-Alsace 113 Pères et 33 Frères. En outre il enlève aux Cordeliers le couvent de Sainte-Marie-au-Chêne (Liebfrauenberg, paroisse de Gœrsdorf) et il l'attribue aux Récollets. On voit par là ce que valent les déductions qu'il tire de ces chiffres de fantaisie pour prouver la déchéance des religieux entre 1768 et 1790.

Une autre cause d'erreurs pour l'auteur provient de son ignorance de la constitution des ordres religieux. «Chaque ordre, dit-il, chaque couvent, chaque chapitre est un être individuel : *Eine Einheit, eine Individualität für sich.*» Énoncée en des termes si généraux, cette proposition est fausse. Elle peut être vraie si l'on parle des abbayes bénédictines et cisterciennes qui avaient leur vie propre, leur noviciat, leur administration à part. Il en était de même des chapitres et des collégiales. Elle est fausse, si on veut l'étendre aux ordres mendiants réunis en provinces. Dans ces provinces tous les couvents dépendent les uns des autres, ce sont les Supérieurs qui désignent les couvents de noviciat et d'études, ce n'est plus chaque maison, mais bien chaque province qui forme un être individuel. Et pour juger de la prospérité ou de la décadence d'une province, il faut étudier non seulement tel ou tel couvent, mais la province toute entière, et alors, mais seulement alors, on pourra porter un jugement fondé. Ainsi la Province des Capucins d'Alsace ne se limitait pas seulement à la Basse-Alsace, il en était de même des Récollets. Les maisons de noviciat des uns et des autres se trouvaient précisément dans la Haute-Alsace, ainsi que plusieurs de leurs couvents d'étude. Par là même, avant de porter un jugement définitif, l'auteur aurait dû élargir son cadre, étudier la vie intime de ces couvents dans toute la Province d'Alsace, et il serait arrivé à une conclusion toute opposée à celle qu'il tire de ses recherches bornées et par là même incomplètes, c'est-à-dire que les deux branches de l'Ordre de Saint François, Capucins et Récollets, au lieu d'être en décadence depuis 1768, comme il le laisse entendre, étaient au contraire en prospérité malgré la Commission des Réguliers. En 1768, la Province des Capucins d'Alsace comptait 228 Religieux et 327 en 1790 ; les Récollets, qui n'étaient que 171 en 1768, étaient au nombre de 233 au commencement de la Révolution.

L'auteur qui reproche «aux historiens français, grands et petits, de n'avoir pas su s'émanciper d'une contemplation dogmatique de l'histoire, veut contribuer pour une modeste part à apporter la vérité, qui dans ce pays d'Alsace fait défaut, et souvent d'une manière regrettable.» N'oublions pas que c'est un Allemand immigré qui parle. D'après ce qui précède, et nous n'avons pas relevé toutes les erreurs, nous croyons que le lecteur regrettera, à son tour, d'avoir été si mal renseigné par M. Kœnig, qui, sous un vain étalage d'érudition, ne lui présente que des inexactitudes. Il mérite à juste titre le reproche qu'il adresse aux historiens français «de partir d'une idée préconçue, et de ne voir les faits que par le sentiment,» et il termine sa préface en prophétisant que «La France ne détruira jamais ce que l'esprit allemand et l'idée allemande ont créé et voulu dans ce pays.» M. Kœnig aurait dû se rappeler la parole d'un de ces grands historiens français qu'il dédaigne: «Nous voudrions, dit Fustel de Coulanges, la voir planer (l'histoire) dans cette région sereine où il n'y a ni passions, ni rancunes, ni désirs de vengeance. Nous lui demandons ce charme d'impartialité qui est la chasteté de l'histoire.»

Cette Constitution Civile n'était pas autre chose que l'esclavage pour l'Eglise si elle consentait à l'accepter, si elle refusait, il était à craindre que, dans le cas d'une révolte des consciences, cette Constitution n'amenât la guerre civile. C'est précisément ce qui arriva. On le vit bientôt, non seulement parmi les populations de l'Ouest de la France qui se soulevèrent contre le gouvernement pour cause de religion, mais encore dans les autres provinces où la Constitution fut imposée par la force des armes. On le vit encore sur tous les points du territoire, quand prêtres et fidèles préférèrent l'échafaud à l'abandon de leurs croyances; on le vit aussi dans cet exode des prêtres et des religieux, qui acceptèrent les dures privations de l'exil plutôt que d'entrer dans une église schismatique; on le vit enfin dans la constance de ces chrétiens qui bravaient tous les dangers pour trouver des prêtres attachés à l'ancienne foi.

La Constitution Civile, votée par l'Assemblée le 27 Novembre, fut sanctionnée par le Roi le 26 Décembre 1790, et au mois de Janvier 1791, le serment fut imposé à tous les prêtres fonctionnaires publics.

En Alsace, ce serment fut presque unanimement refusé par les prêtres. «Dans le Bas-Rhin, dit l'abbé Paulus, citant Sciout, d'après les listes officielles, il n'y eut que 34 jureurs contre 370 refusants.»[1] Dans le Haut-Rhin la proportion des jureurs fut plus forte, néanmoins dans les deux Départements l'Administration se trouvait dans le plus grand embarras, les jureurs étaient en trop petit nombre pour fournir des curés à toutes les paroisses.

Il fallait cependant recruter des jureurs, et avant d'en arriver à la dure nécessité de faire appel aux prêtres étrangers, on chercha à attirer les religieux dans l'église constitutionnelle. Mais la loi s'y opposait: il fallait avoir rempli les fonctions de vicaire ou d'aumônier pendant cinq ans pour pouvoir être élu curé, et cette disposition de la loi excluait les religieux. L'Assemblée décréta qu'il suffirait de cinq ans de prêtrise. Mais cela ne suffisant pas encore à décider les religieux, surtout les jeunes, à sortir de leurs couvents, Dietrich, Maire de Strasbourg, obtint une nouvelle dérogation à la loi de la part de l'Assemblée, qui décréta que dans les Départements où l'on parlait plus d'un idiôme, on pourrait nommer aux cures et aux vicariats tout prêtre séculier ou régulier, sans exiger plusieurs années de prêtrise. Ce moyen ne réussit pas encore à combler les vides de l'église schismatique. Alors l'Assemblée décida d'attirer les religieux par l'appât d'une prime. Elle décréta que tout religieux, promu à une cure ou à un vicariat, conserverait la moitié de sa pension en sus de son traitement.

Ce moyen ne réussit pas mieux que les autres, il y eut bien quelques défections, mais la majorité des religieux, surtout en Alsace, ne répondit pas à ces avances.

---

(1) Abbé Paulus. *L'Eglise de Strasbourg pendant la Révolution.* Rixheim 1890. p. 66.
L. Sciout. *Histoire de la constitution civile du clergé.* II. 219.

Aussi les Clubistes de Strasbourg dénonçaient-ils à toute la France cette coalition des prêtres réfractaires et des religieux. Ils envoyèrent une circulaire à toutes les Sociétés des Amis de la Constitution pour se plaindre, et en même temps injurier leurs adversaires: «Ces Curés, disaient-ils, ont pour bataillons auxiliaires dans leurs croisades une foule de moines mendiants, dont regorgent nos Départements. Ces moines soutiennent de tous leurs poumons les Curés pour avoir toutes leurs aumônes. Ils appellent hautement le serment civique des prêtres le tombeau de la Révolution, et déjà leurs mains s'apprêtent, tels sont leurs propres termes, à donner l'Extrême-Onction à l'Assemblée-Nationale. Jugez, Frères et Amis, de l'engeance qui nous entoure, et à quelle espèce d'individus notre patriotisme et notre probité se trouvent en butte en ce moment.»(1)

Les Clubistes, dit Paulus, auraient donc été très satisfaits de se voir débarrassés de cette «engeance». C'est ce qu'ils nous apprennent eux-mêmes dans un pamphlet dirigé contre le Cardinal de Rohan: «Nous avons appris, disent-ils au Cardinal, que vous levez une armée . . . . . Nous ne nous exposerons pas à être dénoncés comme traîtres à la Patrie, en vous offrant une belle recrue, qui doublerait tout d'un coup votre armée, vous servirait à merveille, et par son éloignement nous soulagerait infiniment. Ce sont tous les capucins et récollets de notre département, à qui la Nation donne des pensions, qui n'en lèvent pas moins sur le peuple le plus onéreux de tous les impôts, qui prêchent partout la révolte, que nous aimerions mieux voir armés de sabres et de fusils dans les rangs de votre armée, que dans les chaires et surtout dans les confessionnaux de nos églises.»(2)

Toutes ces diatribes n'amenaient pas des recrues au clergé constitutionnel, et puisque les moines ne se laissaient pas tenter par les avances qu'on voulait bien leur faire, puisqu'ils s'obstinaient à vivre en communauté, malgré la Constitution qui avait supprimé les instituts monastiques, l'Administration n'avait plus qu'un moyen, désoler et lasser la patience des religieux qui restaient dans leurs couvents, multiplier les vexations et les interrogatoires, afin de leur rendre la vie commune impossible.

Le 8 Février, Lacombe et Ostertag, Officiers Municipaux, se transportèrent au couvent des Capucins afin de vérifier si rien n'avait été distrait de ce qui était porté sur l'inventaire.

Ils furent reçus par le P. Janvier Beck, Supérieur, qui après les avoir assistés dans leurs constatations, leur fit remarquer «qu'étant en nombre suffisant pour rester ensemble, que les décrets de l'Assemblée ne leur interdisant pas le culte relatif à leurs offices, auxquels il est infiniment commode aux fidèles d'assister; ils ne se

---

(1) Heitz. *Les sociétés politiques de Strasbourg pendant les années 1790 à 1795.* p. 123.
(2) Paulus. op. cit. p. 69. — *Lettre à Louis René Edouard de Rohan, soi-disant Landgraf d'Alsace, qui a été évêque de Strasbourg et qui enrage de ne plus l'être . . . etc.* 1 Avril 1791. 8 p. in 4°.

croyaient pas dans le cas de se voir privés d'aucun ornement ou vase sacré, attendu qu'ils n'en possèdent que ce qui leur est absolument nécessaire pour la décence du culte.» Les commissaires le constatent ainsi que la simplicité du mobilier, le peu de valeur des tableaux pieux et édifiants qui ornent les corridors et le réfectoire et les ornements des autels de l'église qui ne sont qu'en bois. Ils ne les mettent pas sous scellés et ils laissent le tout à la garde du P. Janvier, qui signe le procès-verbal avec les commissaires.(1)

Trois jours après les Capucins notifient à la Municipalité et au District que «par la délibération prise sur le contenu de l'Art. XXII de la loi concernant les Religieux, il a été décidé à l'unanimité des voix que rien ne serait changé à leur ancien usage qui fixe les heures des repas, des offices et de la clôture des portes, et généralement tous les objets de leur police intérieure, n'ayant en vue que le bon ordre qui est l'esprit de la loi.»

En conséquence ils signent tous deux exemplaires de cette délibération, le 11 Février 1791.(2)

Il s'agit du règlement que les religieux vivant en communauté devaient se faire aux termes de la loi. Ils devaient également, en vertu de la même loi, choisir un supérieur et un économe. Comme nous verrons dans les documents postérieurs le P. Janvier, Gardien, et le P. Héribert, Vicaire, paraître en qualité de Supérieur et d'Econome, nous en concluons que la communauté ne voulut rien changer à son ancien règlement qu'elle approuva à l'unanimité, et qu'elle élut *pro forma* des supérieurs, en choisissant ceux qui avaient été nommés par l'autorité légitime. Mais cette délibération ne satisfit probablement pas la Municipalité qui envoya de nouveau Lacombe et Ostertag au couvent le 18 Février. Le P. Janvier se contenta de répéter ce que les Capucins avaient écrit la semaine précédente à la Municipalité et au District. Il insista seulement sur ce point qu'ils étaient au nombre fixé par la loi, et même qu'ils le dépassaient, car malgré les absences nécessitées par les besoins du ministère à la campagne, il y avait encore au couvent 20 Pères, 6 Frères et 3 Affiliés.

Cependant en exécution de la Constitution Civile du Clergé, une élection épiscopale avait eu lieu à Strasbourg. Brendel, prêtre, docteur en théologie et professeur de droit canon à l'Université Episcopale avait prêté serment le 20 Février, et avait été élu le 4 Mars Evêque du Bas-Rhin, dans une élection où les Protestants étaient en majorité. Il fut sacré à Paris le 13 Mars, et le 23 il publia un mandement dans lequel il ordonnait de chanter un TE DEUM à la Cathédrale, le 25 Mars, pour la convalescence du Roi; tous les prêtres de la ville étaient convoqués à la cérémonie.

«Il est convenable, écrivait le Directoire du Département à la Municipalité de Strasbourg, que ceux des religieux qui ont continué

(1) Arch. Départ. Strasb. Série non classée, N° 298.
(2) Arch. Municip. Strasb. Culte Catholique, IV. 47.

la vie commune dans les monastères de la ville, se rendent à cette solennité comme par le passé. Il importe de constater si ces religieux adhèrent ou non à la coupable coalition des prêtres réfractaires, qui persistent à ne pas vouloir reconnaître le nouvel évêque du Bas-Rhin; et l'obéissance à la loi ou la résistance qu'ils manifesteront en cette occasion déterminera les mesures que l'Administration est intentionnée de prendre à leur égard. »(1)

La Municipalité transmit l'invitation, ou plutôt l'ordre du Département aux religieux de la ville, ceux-ci s'abstinrent à l'unanimité de paraître à la cérémonie. Deux jours après, le 27 Mars, le P. Janvier écrivit au Maire: «Tout le monde nous rendra cette justice que si nos consciences et les principes qui doivent nous guider ne nous permirent pas de nous rendre à l'ordre, que vous nous avez envoyé la nuit de jeudi passé, nous n'en avons pas moins chanté le TE DEUM après vêpres pour la convalescence de notre Roi.»(2)

Ce refus de reconnaître l'évêque intrus et de communiquer avec lui avait blessé au vif la Municipalité qui s'en plaignit amèrement dans une lettre adressée à l'Assemblée Nationale. Elle affectait d'y voir une coalition formidable dans laquelle elle englobait le Séminaire, le Collège royal, les Monastères d'hommes et de femmes, les Curés, les Sœurs grises, les Capucins et les Récollets, qui tous s'étaint entendus pour ne pas assister au TE DEUM. Le chef de cette coalition n'était autre que le Cardinal de Rohan, retiré au delà du Rhin; il inondait l'Alsace de ses écrits incendiaires qui étaient distribués à travers le pays par des colporteurs salariés ou bénévoles, surtout par les religieux. On les accusait de se retirer dans des couvents situés en pays étrangers, puis d'envoyer à leur place d'autres religieux qui se chargeaient de desservir les paroisses, d'administrer les sacrements, de prêcher, de catéchiser. Cette transmigration alternative, prétendait-on, se répétait fréquemment, et c'était un fait notoire que les religieux recevaient, lisaient et publiaient les écrits anticonstitutionnels envoyés d'au delà du Rhin, et qu'ils les inculquaient aux habitants des campagnes pour les soulever. Il était donc de toute nécessité de s'opposer à ces voyages de moines, et le Département ne trouvait qu'un moyen: interdire aux religieux de porter leur costume. Une administration plus avisée aurait compris qu'il était plus facile de surveiller les moines revêtus de l'habit de leur ordre, et que l'habit civil ne pourrait que faciliter ces voyages dont on se plaignait si amèrement. Mais le Directoire du Département dans sa rage aveugle ne se proposait qu'un but: la suppression de l'état religieux, et le 31 Mai il prit un arrêté «ordonnant que dans la quinzaine tous les religieux quitteraient le costume particulier qui les distingue pour se vêtir à la manière qui conviendrait à un chacun.» Cet arrêté s'appuyait sur

(1) Arch. Municip. Strasb. M. 11.
(2) Arch. Municip. Strasb. Culte catholiq. IV. 46.

la loi du 14 Octobre précédent dont il prétendait n'être qu'un commentaire, mais il était illégal au premier chef, car il donnait une fausse interprétation de la loi. L'Assemblée Nationale à diverses reprises avait clairement manifesté ses intentions sur ce point, notamment le 11 Mars précédent, et le Département ne pouvait l'ignorer. Aussi Delessart, Ministre de l'Intérieur, rappela l'Administration du Bas-Rhin au respect de la loi, et l'invita à réparer son erreur, et à retirer son arrêté. Elle fit de grandes difficultés, se plaignant qu'on l'eut jugé sans l'entendre, et qu'on l'eut forcé de rétracter publiquement sa délibération. «Vous voudrez bien, écrivait-elle au Ministre, nous rendre la justice de croire que notre sensibilité ne porte point sur le désagrément d'avoir encouru une censure. Quel est le bon citoyen qui attache aujourd'hui tant de prix aux sacrifices de l'amour propre? Si vos ordres nous arrachent des plaintes, c'est que nous voyons par là se multiplier encore dans notre pénible carrière les difficultés qu'il était déjà glorieux d'entreprendre de vaincre, et que la singularité de notre position et notre dévouement bien connu pour la chose publique commandaient au moins l'indulgence à notre égard, et non pas des mesures décourageantes.»

«Fiers de leur incartade, les Administrateurs prétendaient qu'on avait gratuitement compromis la confiance dont ils avaient besoin.» Il fallut bien cependant se soumettre, et dans leur réponse au Ministre ils donnèrent le vrai motif de cet arrêté illégal ; c'est qu'ils ne trouvaient pas de prêtres qui voulussent se soumettre à la Constitution Civile du Clergé. Au bout de cinq mois, disaient-ils, nous voyons à peine un prêtre sur dix se soumettre à cet acte légitime et nécessaire.

«Les moines seuls nous offraient quelque ressource, et plusieurs d'entre eux nous avaient assez fait connaître qu'on ne pouvait rien en espérer, aussi longtemps qu'ils vivraient en communauté et conserveraient leur costume. Ils demandaient, ils désiraient des ordres à ce sujet pour éviter l'apparence et le reproche d'avoir abandonné de plein gré et leur habit et leur monastère.»(1)

Le même jour ils écrivaient à l'Assemblée Nationale: «Nous ne pouvons nous dissimuler que le nombre des curés à remplacer dans ce Département est considérable, et que celui des ecclésiastiques disposés à obéir à la loi est loin d'y répondre: cette résistance obstinée, ces refus combinés sont le fruit des intrigues et des menées coupables des ci-devant Chanoines du Grand-Chapitre retirés à Offenbourg et du Cardinal de Rohan. C'est surtout dans les cloîtres que ce dernier cherche des complices de son entêtement et de ses erreurs, et qu'il exerce l'ascendant que lui donne sur des religieux faibles et prévenus la dignité romaine dont il est revêtu, la seule qui lui reste. Les chefs, une fois gagnés, ont bientôt séduit leurs inférieurs accoutumés encore à une soumission aveugle et

(1) Archives Nationales. D. XIX. 86. Nº 678bis.

non raisonnée. De là naissait l'évidente nécessité de rendre chacun de ces religieux à son sentiment individuel en brisant, par l'abolition du costume, le joug matériel qui tenait leurs opinions asservies.»

C'était une calomnie gratuite de la part du Département de prétendre que les moines étaient las du joug de la vie religieuse, et qu'ils n'attendaient qu'un ordre pour sortir du cloître. Il le savait pertinemment, et avait multiplié les avances et même les menaces, mais toutes ses sollicitations et ses promesses n'avaient obtenu que peu de résultat. Il y avait eu des défections parmi les religieux, c'est certain. Il y avait dans les cloîtres des religieux désireux de reprendre leur liberté, fallut-il pour cela prêter serment et s'enrôler dans l'église constitutionnelle? Mais combien étaient-ils?

On connait leurs noms, on en compte tout au plus une trentaine sur plus de 360 religieux: Bénédictins, Augustins, Cisterciens, Chartreux, Capucins, Récollets, Cordeliers et Prémontrés. C'était donc à peine un dixième des religieux qui se prétendait opprimé par le joug intolérable du cloître. Il suffisait, on l'avouera, d'ouvrir les portes du couvent à ces religieux infidèles à leur vocation, il n'était pas nécessaire pour quelques apostats de supprimer tout l'ordre monastique.

Mais ces quelques transfuges ne suffisaient pas à combler les vides du clergé constitutionnel, c'était encore un échec pour le Département, et il se vit forcé de faire appel aux étrangers. Aussi l'auteur anonyme d'un écrit contre-révolutionnaire pouvait-il à bon droit demander aux organisateurs du schisme: «Pourquoi, lorsque la très grande majorité des cahiers d'Alsace demandait la conservation de toutes les maisons religieuses, chapitres et fondations, avez-vous détruit sans pitié tous ces établissements? . . . Pourquoi après avoir chassé les moines en disant qu'ils étaient le scandale de la société, avez-vous pris toute la crasse des cloîtres pour remplacer les ministres qui avaient mérité notre confiance, notre reconnaissance et nos respects? . . . Pourquoi avez-vous, contrairement aux lois de l'Etat qui défendait de conférer des bénéfices et surtout des cures à des étrangers, permis que l'intrus Brendel donnât des cures à un tas de prêtres scandaleux et diffamés par leurs mœurs et leurs doctrines, qui sont venus de toutes les partiés de l'Allemagne?»

«Mais de pareils reproches, dit Paulus, n'étaient point de nature à effrayer les révolutionnaires de Strasbourg, ils savaient fort bien que l'Assemblée ne les punirait pas d'avoir transgressé la loi dans le seul but de hâter le triomphe de la Constitution Civile du Clergé.»(1)

Il n'avaient eu qu'un tort, c'était d'avoir été trop vite, et d'avoir voulu forcer la main au gouvernement, qui n'était pas fâché au

---

(1) Paulus, op. cit. p. 11. — *Les pourquoi du peuple à ses représentants à leur retour de l'Assemblée Nationale, 10 octobre 1791,* 24 p. in 8°.

fond, de cet excès de zèle, mais qui voulait encore au moins pour quelque temps, paraître modéré et vouloir seulement réformer les abus de l'ancien régime.

Le Directoire du Département se hâta de donner communication aux Capucins de son arrêté du 31 Mars, sans attendre l'approbation du gouvernement, qui devait le contraindre à le retirer.

En l'absence du P. Janvier, le P. Héribert se borna à en accuser réception le 6 Avril.

Cependant les circonscriptions ecclésiastiques avaient été remaniées dans la ville de Strasbourg. Des paroisses avaient été supprimées, on en avait érigé de nouvelles, en particulier celle de Saint-Jean aux Ondes dans l'église des Capucins, pour remplacer la paroisse de la citadelle desservie par les Récollets depuis un siècle, et dont la suppression avait été décrétée par l'autorité civile.

Les nouveaux curés avaient été élus comme leur évêque par une majorité d'électeurs protestants, et Kirchhoffer nommé à Saint-Jean aux Ondes avait été installé le Dimanche 10 Avril 1791.(1)

Un journal protestant de Strasbourg affirmait le 13 Avril que la cérémonie s'était passée sans trouble: «Les fanatiques et les bigottes se sont tenus tranquilles, car ils connaissaient trop bien les préparatifs et les manières des gardes nationales.»(2)

«Cependant il y eut un grand rassemblement devant le couvent au moment des vêpres, la foule manifestait hautement ses sentiments en faveur des Capucins et tournait en ridicule le curé intrus.»(3)

La situation était donc des plus tendues entre les Capucins et le nouveau curé qui écrivit le 16 Avril à la Municipalité pour demander que «son église soit bientôt délivrée des ci-devant Capucins : *Altare contra altare non potest subsistere*. Il est impossible qu'un curé puisse voir avec indifférence les bassesses et les manigances capucinales.» Il demandait en outre l'inventaire de la sacristie, des chantres, des fonts baptismaux et un logement, c'est-à-dire, il réclamait l'expulsion des Capucins afin de s'établir à leur place

---

(1) François Joseph Kirchhoffer, né à Molsheim en 1720, était curé de Wolxheim depuis 1750 quand il prêta serment et fut élu à la nouvelle cure de Saint-Jean aux Ondes, le 3 Avril 1791. Il eut peu de succès dans cette paroisse, aussi au mois de Juin suivant, il écrivait à la Municipalité: «Il est douloureux pour un curé de voir que, depuis deux mois que je suis curé, personne ne se soit présenté pour recevoir les Sacrements; hommes et femmes meurent sans que l'on appelle le curé pour les administrer.» Au début de la Terreur, il abdiqua la prêtrise, ce qui ne le préserva pas de l'emprisonnement au Séminaire pendant longtemps. Plus tard, de concert avec Brendel, il fit des démarches afin d'obtenir la cathédrale pour y exercer le culte constitutionnel. Il fut ensuite nommé curé de Saint-Pierre le Vieux, assista en cette qualité à l'installation de Saurine, et il mourut retiré sur cette paroisse en 1804. — Communication de M. l'Abbé Brauner.

(2) *Geschichte der gegenwærtigen Zeit.* 13 Avril 1791.

(3) Arch. Municip. Strasb. Police.

au couvent. Le Maire de Strasbourg prit fait et cause pour l'intrus de Saint-Jean aux Ondes, comme il fallait s'y attendre, et il transmit les plaintes du curé au P. Janvier, qui répondit :

Monsieur

Je n'ai reçu votre lettre qu'à midi. Elle m'a surpris d'autant plus que, depuis le 3 Avril, aucun de mes confrères n'a prêché ici ni en ville. Depuis le 16 nous nous sommes conformés scrupuleusement aux ordres que vous nous avez donnés, M. Kirchhoffer et le public nous rendront cette justice.

J'ai l'honneur....

Strasbourg 25 Avril 1791. P. Janvier, Sup. (1)

Quelques jours auparavant, le P. Janvier avait écrit au Maire, au nom des religieux des deux couvents de Strasbourg, pour demander qu'on voulut bien leur permettre de vivre en commun sans gêner leurs consciences et leurs opinions religieuses, en attendant «qu'ils soient placés hors du royaume, car ils quitteront incessamment.» Le Maire protestant, Dietrich, lui répondit : «Si vous entendez persister dans votre refus de reconnaitre l'évêque du Département, l'on en fera la dénonciation au Tribunal, l'on suspendra à votre égard le paiement de votre traitement.»

C'était sur les injonctions du Département et du District, que le Maire proférait ces menaces. Les deux Directoires avaient, il est vrai, invoqué l'art. 2 de la loi du 6 Avril précédent sur le remplacement des fonctionnaires publics dans les Départements où les Ministres de la religion étaient dans la nécessité d'employer plus d'un idiôme, mais il n'était nullement question des religieux dans cette loi, elle ne concernait que les fonctionnaires publics, elle ne portait de pénalités que contre ces derniers, les autres, elle les ignorait.

«En agissant ainsi, dit Sciout, Dietrich n'était plus même l'exécuteur d'une loi inique, il faisait de la persécution en son propre nom, en violant la loi même qu'il voulait faire respecter. Les religieux jouissaient d'une pension qui leur avait été accordée lors de la confiscation des biens du clergé, ils vivaient en commun en vertu d'un droit légal, et ni la loi de confiscation, ni la Constitution Civile ne les assujetissait à aucune obligation envers l'évêque diocésain, quel qu'il fût. Ils étaient des pensionnés de l'Etat, et nullement des fonctionnaires. Sur quel article de loi Dietrich aurait-il pu se fonder pour motiver sa dénonciation au Tribunal, ainsi que la suspension provisoire de leur traitement? Il aurait été bien embarrassé de le dire.»(2)

Néanmoins l'Administration décidée à briser tous les obstacles, assurée d'avance de l'impunité, et peut-être aussi avec le secret désir de venger son échec dans la question du costume, délégua l'Officier Municipal Louis pour demander aux Capucins, le 15 Avril,

(1) Arch. Municip. Strasb. Culte cathol. IV. 46.
(2) Sciout, op. cit II. 344.

«s'ils désiraient continuer la vie commune dans la maison d'Alt-dorf, qui leur était assignée, ou s'ils entendaient rentrer dans la société pour vivre conformément à la discipline ecclésiastique?»

Cette discipline ecclésiastique, dont le commissaire se faisait l'apôtre, était, on le comprend, la soumission à l'évêque intrus. Mais l'Administration ne devait cependant pas ignorer que la Constitution Civile venait d'être condamnée par le Pape dans un Bref daté du 13 Avril. Le Souverain Pontife déclarait les élections constitutionnelles illégitimes, les consécrations sacrilèges, les consacrés sans juridiction et suspens de toutes fonctions ecclésiastiques, ainsi que leurs consécrateurs. Les jureurs étaient sommés de se rétracter dans les quarante jours, sinon déclarés suspens, et soumis à l'irrégularité, s'il continuaient leurs fonctions.

L'Administration savait peut-être encore que le Pape avait adressé une lettre aux habitants de Strasbourg pour les mettre en garde contre le schisme, et féliciter leur évêque, le Cardinal de Rohan, du zèle qu'il déployait contre les innovations de l'Assemblée.

Ces documents, bien vite connus et répandus dans le public, avaient dû parvenir à la connaissance des Capucins, et ils ne pouvaient que les confirmer dans leurs résolutions. Aussi le P. Janvier répondit au commissaire: «Qu'il persistait dans le désir de continuer la vie commune.» Les Pères Héribert, économe, Donat, Hugolin, Roch, Gallus, Corneille, Blaise, Jérémie firent la même réponse, ainsi que les Frères Charles, Jonas, Boniface et Junipère. Interrogés à leur tour, les trois Affiliés: Jacques Kuchlé, Fidèle Böhler et Antoine Wachter répondirent qu'ils désiraient d'être admis à suivre les Pères Capucins pour continuer sous leur régime les fonctions qu'ils ont remplies auprès de ces Pères.» Le Père Supérieur fit remarquer au commissaire que plusieurs Pères et Frères étaient absents momentanément de la maison. Le P. Bernardin remplissait les fonctions d'aumônier à l'hôpital; les Pères Parfait, Clément, Florentin, Albert, Edmond et Jonathas étaient à la campagne occupés de travaux spirituels; le P. Thaddée et le P. François-Xavier étaient dans le Haut-Rhin avec la permission de M. le Maire de Strasbourg; le P. Marin, âgé de 75 ans, s'était retiré à Offenbourg pour raison de santé avec le F. Bernardin, son compagnon; le P. Ignace, âgé de 75 ans, était à Thann, également pour raison de santé, le P. François-Régis, âgé de 72 ans, était aux eaux. Le P. Supérieur fit encore observer au commissaire avec l'approbation de tous les Pères, que «suivant une lettre à eux adressée par M. le Procureur Syndic du District, les dits Pères ne pourraient rester en société sans reconnaître l'évêque du Département; que néanmoins ils n'entendent dans la nouvelle retraite qui leur est destinée ni changer de costume, ni pouvoir être soumis à aucune discipline qui contrarierait leur conscience, leur religion, ni la règle sous laquelle ils ont vécu, et dans laquelle ils déclarent de nouveau, comme ils l'ont déjà déclaré, persister à vivre immuablement, qu'enfin on n'exigera pas d'eux vivant en communauté la soumission énoncée dans la lettre ci-dessus. Lesquels dires et déclarations ci-dessus ayant été lus aux dits Pères et Frères, ainsi que la totalité du procès-verbal, ils l'ont signé avec le Commissaire susdit.»(1)

Des déclarations aussi catégoriques enlevaient à la Municipalité tout espoir de soumettre les Capucins, et de les amener à reconnaître l'évêque intrus. Il ne restait donc qu'un moyen, l'expulsion, mais pour éviter les troubles, que n'aurait pas manqué de soulever l'emploi de la force armée, l'Administration prit un moyen détourné. Elle désigna aux religieux, qui s'obstinaient à mener la vie commune, une maison éloignée de la ville, et elle mit en vente le couvent des capucins, les placards annonçant cette vente furent affichés sans retard.

Dès le 20 Avril, le Département avait pris un arrêté en vertu duquel les Capucins des deux couvents de Strasbourg, et ceux de Wasselonne devaient se retirer à Altdorf pour le 1 Mai, ainsi que les Récollets de Strasbourg, et le District les avait autorisé à emporter une partie de leurs meubles et leurs provisions. Mais les religieux voyaient de plus en plus clairement que la vie commune devenait impossible en France, aussi les Supérieurs des deux couvents de Capucins écrivirent à la Municipalité pour demander qu'on leur laissât le temps nécessaire pour «chercher à l'étranger un asile sous les auspices de la Providence.»

Le 27 Avril, le P. Janvier annonça à la Municipalité que les Capucins avaient résolu de se dissoudre, et de vivre dans le monde; celle-ci invite aussitôt le Maire à prendre des mesures pour que «les Capucins exécutent leur résolution sans causer aucun trouble,» et le 2 Mai, les commissaires de la Municipalité prévinrent le District que les Capucins et les Récollets devaient évacuer leurs maisons ce jour là même, «sans qu'aucun d'eux se retire à Altdorf.»(2)

Le 4 Mai 1791, la *Strassburgische Zeitung* annonçait sérieusement à ses lecteurs: «Les Capucins du Grand Cloître de Strasbourg ont passé le Rhin avec une longue suite de fourgons bien chargés. Ils emportaient, disait-on, 1000 muids de vin, 125 quartauts de blé, 7 quintaux de lard, 5 quintaux de beurre et 150 000 livres en numéraire.»

R. Reuss, qui cite ces lignes de son coreligionnaire dans son ouvrage: *La Cathédrale de Strasbourg pendant la Révolution*, n'a pas donné en entier le texte du Journal protestant qui ajoutait:

(1) Arch. Municip. Strasb. M. 12 (278).
(2) Arch. Dép. Strasb., Direct. du Départ., 3 Mai 1791. — Arch. Municip. Strasb. Délibération du Conseil Municip. Avril-Mai. 1791. Registre de Corresp.; Culte Cathol. IV. 47. — R. Reuss. *L'Alsace pendant la Révolution Française*, Revue d'Alsace, 1894, p. 317. Ejusd. *La Cathédrale de Strasbourg pendant la Révolution.* p. 211. - Paulus, *Zur Geschichte der Kapuziner im Elsass*; dans *Archivalische Beilage zum Ecclesiasticum Argentinense.* 1889-1891.

«Ce numéraire provenait de leurs épargnes, ou peut-être de dépôts. Il est impossible d'avoir des renseignements sur tout ce qu'ils ont emporté. Du moins la Nation sera quitte de leur payer la pension qu'elle aurait dû leur donner s'ils étaient restés dans le Royaume.»

Vraiment, quelque chose aurait manqué à la gloire des Capucins si, victimes de la persécution révolutionnaire, ils n'avaient pas été en même temps l'objet des calomnies des Luthériens. Mais il faut croire que la *Strassburgische Zeitung* était persuadée que la crédulité de ses lecteurs n'avait pas de limites. Car à qui fera-t-on admettre qu'à un moment où la disette sévissait à Strasbourg, la Municipalité qui venait de refuser au Cardinal de Rohan d'enlever quelques meubles de son palais épiscopal, aurait autorisé les Capucins à passer le pont de Kehl avec cet interminable convoi de vivres?

Le jour même du départ des capucins, le 2 Mai 1791, Laquiante et Louis, Officiers Municipaux, se présentèrent au couvent encore une fois, et en présence du S. Kirchhoffer, curé de la paroisse, du S. Florent Kebs, sacristain, et du P. Bernardin Bader, aumônier de l'hôpital et dernier capucin resté au couvent, ils constatèrent que les meubles et les effets portés au récolement d'inventaire, y existaient encore. Ils en donnèrent décharge au P. Bernardin, et ils en chargèrent le S. curé Kirchhoffer, désormais seul maître dans la maison. C'était la fin du Grand Couvent des Capucins de Strasbourg. Fondé en 1684 par Louis XIV, il cessait d'exister le 2 Mai 1791, il avait duré 107 ans.

En quittant Strasbourg, les Capucins allèrent demander l'hôspitalité à leurs confrères de la rive droite du Rhin, qui formaient la province connue dans l'histoire de l'Ordre sous le nom de *«Provincia Austriæ Anterioris,»* et qui s'étendait depuis Carlsruhe jusqu'au lac de Constance, Pays de Bade et de Wurtemberg. C'est dans les couvents de cette province que se retirèrent de nombreux Capucins d'Alsace, sans que nous puissions préciser le lieu de leur résidence, afin de pouvoir vivre et mourir en Capucins comme ils l'avaient déclaré si souvent.(1)

Une correspondance de Dourlach adressée à la *Strassburgische Zeitung*, et publiée par ce journal dans son Nᵒ du 22 Août 1791, annonce leur arrivée dans ce pays. Jusqu'à présent on ne voyait chez nous que des Nobles, maintenant nous voyons arriver des troupes de prêtres non-jureurs, en frocs et en habits noirs, blancs et bruns. D'Offenbourg à Mannheim tout est plein de prêtres. Les

---

(1) «En ce temps là les Confrères de la Province d'Alsace, forcés de s'enfuir, se réfugièrent, partie dans les couvents de la province d'Autriche-Antérieure, partie dans ceux de la province de Souabe.» — *Beitræge zur Schwæbischen Kapuziner-Provinz*, par le P. Jean-Bapt. Baur, Cap. de la prov. de Tyrol, publié dans: *Freiburger Diœcesanarchiv.* XVIII. 1896. p. 196. Il donne comme référence: *Fürstlich-Fürstenburgisches Hauptarchiv zu Donaueschingen.* Vol. III. A. 93.

Les Capucins en Alsace.   4

lieux de rendez-vous des Capucins(1) sont Petersthal, Oppenau, Oberkirch, dans le diocèse de Strasbourg, beaucoup d'entre eux résident dans les villages des bords du Rhin.»

C'est là qu'ils attendirent des jours meilleurs, et le moment de rentrer en Alsace, mais ce jour ne vint jamais pour un grand nombre, la moitié des Capucins d'Alsace mourut en déportation.

Petit Couvent de Sainte Barbe.

Le 22 Avril 1790, les Officiers Municipaux, qui avaient procédé la veille à l'inventaire du Grand Couvent, se présentèrent au Petit Couvent, ou couvent de Sainte Barbe, pour y faire la même opération.

Ils furent reçus par le P. Daniel d'Obernai, Gardien, qui déclara que la maison était habitée par 11 Pères, 3 Frères lais et 2 Affiliés, qu'ils n'avaient d'autre mobilier «que ce qui distingue la cellule d'un cénobite,» et que leurs provisions suffisaient à peine pour entretenir la maison pendant un an. L'argenterie du couvent consistait en quatre calices d'argent et un ciboire, et la bibliothèque renfermait peu de livres qui étaient partagés entre les religieux.

Quand les Commissaires, aux termes de la loi, demandèrent aux religieux leur option entre la vie commune et la vie privée, le P. Daniel Galletto, d'Obernai, Gardien, et prédicateur à Saint Pierre-le-Vieux, déclara vouloir vivre et mourir dans son Ordre et dans l'institut auquel il s'était voué librement.

Tous les religieux, dont les noms suivent, firent la même déclaration :

P. Eugène Antoine, de Strasbourg, 35 ans, Vicaire et prédicateur à Saint-Jean ;

P. Nazaire Helly, de Sélestat, 67 ans, directeur et confesseur à la Visitation ;

P. Marc-Antoine Cromer, de Soultz, 72 ans, directeur et confesseur à la Visitation ;

P. Raphaël.... de Geispolsheim, 65 ans, aumônier de la maison des pauvres et de la maison de force ;

P. Pie Etspiller, de Thann, 43 ans, prédicateur à Saint-Louis ;

P. Sérénus Jux, de Soultz, 42 ans, prédicateur à St. Pierre-le-Jeune ;

P. Macaire Steigmuller, de Saint Pierre, 33 ans, aumônier de l'hôpital des Bourgeois ;

P. Léger Beck, de Guebwiller, 32 ans, aumônier de l'hôpital des Bourgeois ;

P. Maurice Muth, de Seppois, 43 ans, sacristain ;

---

(1) Le diocèse de Strasbourg avait un tiers de son territoire au delà du Rhin en terre d'Empire, formant trois archiprêtrés. C'est dans cette partie de son diocèse que se retira le Cardinal de Rohan, il habitait Ettenheim, où il mourut en 1804.

F. Crispin Eber, d'Innenheim, 50 ans, Frère lai;
F. Romain Conrad, d'Ingersheim, 33 ans,   id.
F. Longin Scheliger, de Fessenheim, 41 ans, id.

Les deux Affiliés: Jean Nett de Waldolwisheim, 49 ans, et Michel Becher, de Westhausen, 33 ans, déclarèrent être très contents de leur sort. L'épreuve était aussi décisive au Petit Couvent de Strasbourg qu'au Grand. Il n'y avait pas une note discordante, tous les religieux, Pères et Frères, sont unanimes à déclarer qu'ils veulent vivre et mourir dans leur Ordre, et quand ils ajoutent: «et dans l'institut auquel ils se sont voués librement,» ils écartent par la même toute réunion avec des religieux d'autres ordres, ce ne serait plus alors ce qu'ils ont voué au jour de leur profession.(1)

L'année 1790 se passa pour les religieux du Petit Couvent dans les mêmes transes et les mêmes appréhensions que partageaient tous les autres religieux. Ils eurent en outre la douleur de perdre un de leurs confrères, le P. Raphaël de Geispolsheim, à qui Dieu accorda la grâce de mourir dans son couvent, au milieu de ses Frères, lui épargnant ainsi la douleur de voir la ruine de sa Province et les horreurs de la Révolution.

Le récolement d'inventaire eut lieu dans les premiers mois de 1791, et les Commissaires purent constater que rien n'avait été soustrait de ce qui se trouvait au couvent lors de leur première visite.

Au mois de Février, tous les religieux, à la suite du Père Provincial, signent une délibération qu'ils viennent de prendre, et dans laquelle ils déclarent que rien ne sera changé à leur ancien usage qui fixe les heures des repas, des offices et de la clôture des portes, et généralement tous les objets de leur police intérieure.

Ils avaient donc élu *pro forma* un Supérieur et un Econome, comme l'exigeait la loi pour les maisons de vie commune, bien qu'ils sussent d'avance que cette même loi supprimait leur couvent, mais, en attendant l'expulsion, ils voulaient être jusqu'à la fin fidèles à tous les exercices de la vie conventuelle.

Mais toutes leurs démarches étaient épiées, leurs paroles, leurs sermons étaient surveillés par des patriotes qui les dénonçaient à

---

(1) On ne trouve pas sur les inventaires des deux couvents de Strasbourg le nom du P. Hartmann Arth, de Hochfelden, Provincial des Capucins d'Alsace, ni celui du P. Mathieu Botta, de Wissembourg, son secrétaire. Ils étaient cependant à Strasbourg, et ils résidaient au Petit Couvent. L'effacement du Provincial, pendant ces tristes journées des inventaires, nous paraît un acte habile de sa part, pour échapper à toute déclaration devant les Commissaires. Il conservait ainsi une liberté plus grande pour parer à tous les événements. Il resta néanmoins au Petit Couvent, et l'on trouve son nom en tête des pétitions signées par les religieux de cette maison. Toute la Province connaissait du reste, d'après sa lettre circulaire, son opinion bien arrêtée de vivre et de mourir en Capucin, sans qu'il ait eu besoin de faire une déclaration publique d'option pour la vie commune. Il quitta le couvent avec les autres religieux, et il se retira à Petersthal, en Bade, d'où il continua à diriger sa Province, autant du moins que le permettait le malheur des temps.

la Municipalité. Une lettre adressée au P. Marc-Antoine, et trouvée dans la rue aux environs du couvent, avait été envoyée au Maire comme contenant des propos anticonstitutionnels, elle faisait l'éloge de la lettre pastorale du Cardinal de Rohan. Un autre Capucin «dont on ignore le nom» avait prêché à Saint-Pierre-le-Jeune un sermon incendiaire sur ce texte: *Qui non est mecum contra me est*. «Il n'avait pas nommé l'Assemblée Nationale, ni les décrets, mais tout son sermon était arrangé de manière à faire sous-entendre, et à scandaliser les bons patriotes.»(1)

Ensuite vint l'affaire du costume religieux interdit par un arrêté du Directoire du Département qui fut notifié sur le champ à toutes les communautés.

Après en avoir reçu notification, le P. Daniel, Supérieur du Petit Couvent, écrivit à la Municipalité:

Messieurs,

J'ai l'honneur de vous accuser la réception de votre lettre avec la délibération du Département, dont j'ai fait la lecture incessamment. Vous jugerez, sans doute, Messieurs, de la consternation générale après que M. Lachausse, Officier municipal et Commissaire pour l'élection du Supérieur, nous avait assuré qu'à l'égard du costume, *nihil prescribitur, nihil proscribitur*.

J'ai l'honneur d'être avec un profond respect, Messieurs,

Votre très humble et très obéissant serviteur

Strasbourg 5 Avril 1791.　　　　　Fr. Daniel, Sup.(2)

Il avait contresigné la pétition du Supérieur du Grand Couvent à la Municipalité pour demander qu'on voulût bien ne pas imposer aux religieux des démarches contraires à leur conscience. Il adressa au nom des Capucins du Petit Couvent une nouvelle pétition à la Municipalité pour l'assurer de la manière la plus solennelle de leur soumission la plus prompte et respectueuse, constatée par des siècles entiers, à toutes les lois qui ne gênent pas la conscience, et pour déclarer par cette raison impérieuse qu'ils ne peuvent adhérer à M. l'Evêque Brendel tant que sa soumission au Saint-Siège ne sera pas constatée par l'Eglise Catholique, Apostolique et Romaine. «Ne craignant pas, Messieurs, que cette conduite puisse leur attirer de votre part quelque traitement contraire ni à votre justice bienfaisante, ni à leur conduite irréprochable envers le public depuis leur établissement, ils vous supplient de leur permettre de vivre en commun sans gêner leurs consciences et opinions religieuses, ou, en cas de refus qui mettrait à la dernière épreuve leur faiblesse, de leur fixer un terme pour pouvoir chercher à l'étranger un asile sous les auspices de la Providence, qui ne les a jamais abandonnés, et de leur accorder l'usage de leurs provisions

(1) Arch. Municip. Strasb. Culte Catholique, IV. 46.
(2) R. Reuss. *L'Alsace pendant la Révolution*. II. 162.

faites moyennant les aûmônes des bienfaiteurs, remplacés depuis le mois de Janvier par Messieurs du District.»(1)

Nous avons cité plus haut la réponse que le Maire protestant de Strasbourg fit aux Capucins. Ce défenseur de l'église constitutionnelle les avait menacés de suppression de traitement, menace absolument illégale, car en tant que religieux ils avaient un droit absolu à leur pension, et n'étant pas fonctionnaires publics, aucune loi ne les astreignait au serment.

Tout en brandissant les menaces, le Maire de Strasbourg ne négligeait pas les petits moyens véxatoires à l'égard des Capucins. Il faisait surveiller étroitement le couvent par les bons patriotes dont il accueillait toutes les dénonciations. Accusait-on les Capucins d'avoir sonné la cloche, d'avoir prêché des sermons incendiaires, d'avoir ouvert la porte de leur église, le Maire acceptait toutes ces dénonciations de policiers sans enquête, et reprochait aux Capucins d'avoir violé la loi.

Le P. Daniel lui répondit :

Monsieur,

Depuis le Dimanche des Rameaux, il n'y a eu ni sonnerie, ni sermon, ni porte ouverte dans l'église sur la rue Sainte-Barbe. Je vous prie, Monsieur, de juger de ces calomnies qu'on se permet à notre égard pour surprendre votre religion et votre justice. Nous adorons la Providence et

nous avons l'honneur d'être avec un profond respect,

Monsieur,

votre très humble et très obéissant serviteur

Strasbourg ce 25 Avril 1791.   Fr. Daniel, Capucin.(2)

Mais ces protestations, et ces mises au point des rapports policiers étaient regardées comme non avenues par le Maire qui poursuivait toujours son but: la suppression des maisons religieuses.

Déjà les Capucins de Strasbourg avaient laissé entendre qu'ils chercheraient un asile à l'étranger, quand intervint un arrêté du Département leur indiquant l'abbaye d'Altdorf comme maison de vie commune. Ils acceptèrent d'abord, mais après réflexion, ils préférèrent se déporter au delà du Rhin, le 2 Mai.

Il ne restait donc plus en ville, en fait de religieux, que le Petit-Couvent des Capucins, puisque les Récollets avaient aussi quitté leur maison. Nous allons voir maintenant l'Administration toute entière: Département, District et Municipalité, mettre en œuvre tous les moyens, employer même la déloyauté et le mensonge pour obtenir l'évacuation du Petit-Couvent.

Le 2 Mai, Levrault, Procureur de la Commune, annonçait au Procureur Syndic du District, que les Capucins du Petit-Couvent

(1) Arch. Municip. Strasb. M. 12. (2268).
(2) Arch. Municip. Strasb. Culte catholiq. IV. 46.

avaient «subitement changé d'intention.» Ils étaient décidés à continuer la vie commune d'après les rapports que lui avaient faits les commissaires, puisque, selon la promesse qu'on leur avait faite, ils pourraient garder leur costume. Levrault espérait que le Directoire du Département s'empresserait de leur assigner pour résidence l'abbaye d'Altdorf, puis il ajoutait: «La notification de cet arrêté suffira, surtout si on leur annonce en même temps qu'ils y vivront avec des religieux d'un autre ordre, pour les amener à leur première détermination, que je regarde comme très avantageuse pour la chose publique. J'ai l'honneur en même temps de vous communiquer qu'il ne me paraît pas qu'il convienne de prendre d'autres mesures que celles nécessaires pour prévenir à l'avenir des excès qui peuvent passer pour des erreurs.»(1)

Ainsi donc les Capucins avaient accepté les conditions de la Municipalité; ils consentaient à se retirer à Altdorf, pour y mener leur vie conventuelle, en gardant leur costume. Mais c'était précisément ce que la Municipalité ne voulait pas. Leur départ de Strasbourg lui livrait bien leurs immeubles, mais la vie religieuse continuait dans le Département, c'est ce que l'on ne pouvait absolument pas tolérer. Or, pour arriver à cette fin, il y avait un moyen infaillible : annoncer aux Capucins qu'ils vivraient à Altdorf avec des religieux d'un autre ordre. Le Procureur était certain d'avance qu'ils n'accepteraient pas cette condition, et que, plutôt que de s'y soumettre ils passeraient le Rhin, comme leurs confrères du Grand Couvent.

Telle est la machination que Levrault proposait cyniquement au Procureur Syndic du District.

Mais les Capucins avaient trouvé un défenseur parmi les membres du Conseil Général de la Commune de Strasbourg. C'était le Chanoine Rumpler,(2) qui prit hardiment leur défense,

(1) Arch. Municip. Strasb. Culte cathol. IV. 47.
(2) Rumpler François Louis, littérateur et polémiste, naquit en 1730 à Obernai, où son père était notaire royal. Il prit ses grades à l'Université de Strasbourg, et se fit recevoir avocat au Conseil Souverain d'Alsace. Après avoir passé plusieurs années à voyager en France et en Angleterre, il entra au Grand Séminaire de Strasbourg, et il devint successivement vicaire à Liepvre, Prédicateur français à Phalsbourg, Chanoine à Haguenau, Aumônier ordinaire du Roi à Versailles pendant dix ans, Chanoine de Saint-Pierre-le-Jeune, et enfin en 1773 il fut nommé Chanoine de Varsovie par le Roi Stanislas de Pologne. Il eut de nombreux procès à soutenir devant l'Officialité diocésaine, le Conseil Souveraine d'Alsace, l'Officialité Métropolitaine de Mayence, et le Conseil d'Etat à Paris, il plaidait encore au moment où éclata la Révolution.
Il se jeta avec ardeur dans la Révolution, mais le rôle qu'il choisit fut celui de stigmatiser les héros du jour, de ridiculiser les Jacobins les plus fougueux en signalant les travers de leur fanatisme révolutionnaire. Elu notable de de Strasbourg, il prêta serment en cette qualité, ce qui le dispensa du serment de la Constitution Civile, et le Conseil de la Commune ayant formé un bureau de paix et de conciliation, Rumpler en devint membre. L'excentricité du Chanoine le sauva de la guillotine mais non de la prison, et il fut incarcéré pendant longtemps au Séminaire, où il continua pendant sa détention à flageller de ses écrits mordants ses persécuteurs. Après la chute de Robespierre, il rentra ouvertement dans l'orthodoxie, et pour répondre aux accusations de

non seulement devant la Municipalité, mais encore auprès de l'Assemblée Nationale, à laquelle il écrivit la lettre suivante

Messieurs,

Plein de zèle pour l'exécution des décrets de nos Législateurs, j'ai adressé avec confiance à l'Assemblée Nationale une motion que j'avais faite dans la séance du 3 de ce mois au Conseil Général de notre commune, aux fins d'empêcher l'émigration d'une centaine de Capucins qui insensiblement passent le Rhin, parce qu'au mépris de ces mêmes décrets, l'on veut ici les forcer ou à abjurer leurs opinions religieuses, ou à se voir chassés et persécutés, encore que ces ci-devant moines se fussent certainement soumis à tout ce que l'Administration avait jusqu'à présent éxigé d'eux pour pouvoir exister dans la dite commune, aux conditions prescrites par la loi.

Daignez, Messieurs, vous faire remettre cette motion, si déjà elle n'a passé au Secrétariat de votre comité. La note ci-jointe de ce qui s'est fait ici depuis cette motion achèvera de vous con-

---

prêtre jureur qu'on lui lançait, il expliqua sa conduite passée, ses acquisitions de biens nationaux, et les serments qu'il avait prêtés. «Il n'en est pas moins vrai, chrétiens auditeurs, disait-il dans un *Discours adressé aux catholiques romains, le troisième dimanche après Pâques, dans l'église des Petits-Capucins,* (1796. 16 p.), il n'en est pas moins vrai qu'après avoir prêté quatre ou cinq fois le serment civique, à l'instar de mes collègues au Conseil général de la Commune, je n'ai plus juré nulle part depuis trois ans ou environ, et que, depuis lors, je n'ai pas dépensé une obole pour d'autres biens sacrés que pour la location de quelques temples, tant ici qu'à la campagne, et pour l'acquisition de quelques ornements et autres meubles nécessaires au culte, lesquels j'ai enchéris, en bonne conscience, dans la salle du district.» Parmi ces biens nationaux se trouvaient le Mont Sainte-Odile, ce qui lui permit de sauver les reliques de la Patronne de l'Alsace, et le couvent des Capucins d'Obernai, qu'il donna à sa ville natale. Il mourut en 1806, en sa maison, place au sable, 6, et non à Obernai, comme on peut le voir à L'Etat civil, (D. 289, N° 1650) dans son acte de décès, sur lequel on relève la signature de son beau-frère, J. Thom. Laquiante, Président du Tribunal civil.

Il a publié un grand nombre d'ouvrages, nous ne citerons que les suivants: *Histoire véritable de la vie errante et de la mort subite d'un chanoine qui vit encore,* Mayence. 1784.; *Actes d'un bon Apôtre méchamment calomnié; La Dolimachie ou guerre des tonneaux;* et nombre considérable de brochures et de feuilles volantes avant et surtout pendant la Révolution. - Cf. - Abbé Gyss: *Histoire d'Obernai,* II. 484. — Sitzmann, *Dictionnaire de biographie des hommes célèbres de l'Alsace.* Quoiqu'en dise l'auteur de *l'Histoire d'Obernai,* lisons nous dans une brochure anonyme publiée sous ce titre: *L'ancien couvent des Capucins d'Obernai. Simples notes adressées à Messieurs les Membres du Conseil Municipal d'Obernai par la Fabrique paroissiale, sur l'avis d'un ancien avocat du barreau d'Alsace.* Strasbourg. 1871., le chanoine Rumpler embrassa les idées nouvelles, et dans plusieurs brochures il engageait même ses collègues ecclésiastiques à prêter le serment qui leur était demandé. Par un testament en date du 31 Décembre 1792, il révoqua un testament de 1787, par lequel il léguait 72 000 livres à la ville d'Obernai pour un orphelinat. Ce testament de 1792 accuse un changement notable dans les idées du chanoine. L'horreur des massacres de Septembre avait exercé sur son esprit une réaction salutaire. Il déclare dans ce testament vouloir mourir pour la cause de Dieu, en témoignage de la foi-catholique et romaine, à l'exemple des martyrs de Septembre; il lègue 1200 livres pour autant de messes à dire par les ci-devant moines ou autres prêtres qui se trouvent dans la persécution, pour avoir obéi au cri de leur conscience, dans le département du Bas-Rhin.

vaincre combien il est urgent de donner à nos corps administratifs les ordres les plus précis pour les arrêter dans l'habitude qu'il contractent d'interpréter les décrets, et de se livrer à l'arbitraire en prétextant leur exécution.

Si vous le désirez, Messieurs, j'aurai l'honneur de vous envoyer l'original du mémoire fait par mes concitoyens au nombre de plus de 3000, qui tous l'ont signé pour obtenir la conservation de l'une des maisons de nos ci-devant Capucins.

Les Pères sont à Kehl depuis hier qu'ils sont sortis de leur couvent. Ils attendront de l'autre côté du Rhin jusqu'à ce qu'il plaise à l'Assemblée Nationale de prononcer définitivement sur leur sort, d'après les instructions que j'ai pris la liberté de lui adresser à la sollicitation des plus notables personnages de notre commune, parmi lesquels il se trouve même une bonne partie de protestants de la Confession d'Augsbourg.

J'ose donc, Messieurs, vous supplier, quelle que puisse être la décision, de vouloir bien me faire la grâce au moins de m'honorer d'un mot de réponse. Je crois n'être pas indigne de cette légère attention que je sollicite comme une faveur, et que je mérite peut-être, soit par les sentiments du patriotisme le plus pur, soit par ceux du respect infini avec lesquels je suis,

Messieurs,

Votre très humble et très obéissant serviteur

Rumpler,
membre du bureau de paix.

Strasbourg ce 19 Mai 1791

A cette lettre était jointe une «Note de ce qui s'est passé à Strasbourg, depuis que M. Rumpler, membre du Conseil Général de la Commune a fait une motion qu'il a mise sur le bureau pour obtenir qu'on délibérât aux fins d'empêcher l'émigration des ci-devant Capucins, qui insensiblement se rendent en Suisse et en Allemagne pour se mettre à l'abri des persécutions qu'ils éprouvent en Alsace.

La motion faite le 3 Mai 1791 n'a pas été accueillie au Conseil Général, où il ne se trouvait que deux catholiques, dont l'un (M. Brunck, frère du Président du Département) s'est levé, non pour l'appuyer, mais pour dire qu'elle était *déraisonnable*, quoiqu'elle ne portât et n'insistât que sur l'exécution des décrets relatifs aux ci-devant moines.

M. le Maire, de son côté, a refusé de donner acte de la pétition, ne voulant point qu'il en fût fait mention dans les régistres, sous prétexte *qu'il était libre au S. Rumpler de faire sa demande en l'étude d'un notaire*. Ce sont ses propres paroles.

Le lendemain, deux Commissaires de la Municipalité se sont transportés au seul couvent de Capucins qui existât encore dans la commune, le Grand Couvent ayant été évacué en conformité de la loi. Ils ont annoncé aux ci-devant moines qu'ils devaient se rendre incessamment à Altdorf, quoique peu de mois auparavant le Directoire du Département les eut assurés qu'en élisant parmi eux un supérieur pour les présider, et en s'abstenant de toute fonction publique, ils pourraient continuer à vivre en commun dans la ville sans pouvoir être gênés *dans leurs opinions religieuses*; que même leur église leur serait conservée pour pouvoir y dire la messe, pourvu qu'ils ne fissent point usage de leurs cloches.

Comme ces Pères constitués ainsi légalement n'étaient contrevenus en rien à ce que les corps administratifs avaient éxigé d'eux jusque là, ils ont répondu aux Commissaires Municipaux qu'ils les priaient de leur communiquer la nouvelle loi en vertu de laquelle l'on voulait les transférer ailleurs. Ceux-ci n'étant porteurs d'aucun décret nouveau, ni même d'aucun arrêté par écrit, se sont retirés. Peu avant cette visite, l'on avait exigé que les ci-devant Capucins quittassent leur froc, sous peine d'être expulsés; mais une décision là dessus de l'Assemblée Nationale a improuvé la proclamation faite à cet égard par le Département.

Ensuite l'on a voulu astreindre les Pères à reconnaître pour leurs pasteurs les fonctionnaires assermentés, sinon *qu'ils seraient livrés à la justice et privés de tout traitement*; mais sur ce qu'ils ont observé qu'une semblable intolérance serait directement contraire aux décrets sanctionnés relatifs *à la liberté* en matière *d'opinions religieuses*, l'on n'a plus insisté à ces menaces, encore qu'elles eussent été faites par des lettres signées: *Dietrich, Maire*. Puis l'on a prétendu que la maison des ex-Capucins située en ville étant plus vendable que celle d'Altdorf, où il s'agissait de les transférer, il y allait de l'intérêt de la Nation de vendre la première de préférence; donc il fallait, disait-on, la faire évacuer. Mais M. Rumpler, à la vue de ce motif, a donné sa soumission au District pour l'acquisition du Petit-Couvent et de la chapelle y attenante, avec offre de payer ces bâtiments sur le champ, pourvu que les Pères (dont l'un était son confesseur depuis 27 ans) puissent continuer à les occuper sans déroger à la loi, ajoutant qu'il se croirait trop heureux, si au moyen de cette aumône, il pouvait concourir à répondre au vœu manifesté par écrit de plus de 3000 citoyens actifs de la commune, qui ont présenté leur requête au Conseil Général, en le suppliant avec les plus vives instances de s'intéresser à la conservation des Capucins dans la Cité. Requête qui avait fait une si forte impression sur les membres du Conseil, qu'elle fut unanimement applaudie; qu'on fit des démarches en conséquence, et que M. le Procureur Général Syndic du Département convient encore dans ce moment-ci, avoir promis aux Pères du Petit Couvent que leur maison subsisterait tant qu'il y aurait des ci-devant Capucins dans le Département, qu'elle serait en un mot la dernière de toutes dans le cas de suppression.

Cependant le Corps Municipal, ou pour mieux dire, M. le Maire, sur le rapport des deux commissaires, s'adressa à M. Brunck, le Président du Directoire, pour obtenir du Directoire un arrêté qui expulsât les Pères de ce même Petit Couvent qui leur avait été si authentiquement assuré. Cet administrateur supérieur fit d'abord quelques résistances en alléguant avec sagesse que jusque là son Directoire avait fait ce qui était prescrit par les décrets, en ce qu'il a supprimé l'une des deux maisons du même institut qui existaient dans la ville, que ce serait outrepasser le vœu de ces décrets, si l'on forçait les Pères que l'on avait conservés à subir à leur tour le sort de leurs confrères, sans qu'il fût survenu une loi postérieure qui l'ordonnât. Mais M. le Maire ne se payait pas de ces raisons. Il fit observer que les Capucins (dont déjà une partie intimidée par les menaces réitérées avait passé le Rhin) n'étaient plus au nombre requis par la loi pour pouvoir vivre en communauté. C'était là sans doute une chicane puérile, puisque plus de 60 de ces Pères existaient dans la commune, lorsque les deux maisons furent réduites à une seule, et puisque plus de 100 de ces réfugiés sont à attendre de l'autre côté du fleuve l'issue d'une pétition à faire en leur faveur par 130 citoyens qui ont demandé le 5 Mai à s'assembler aux fins de délibérer et de rédiger un mémoire relativement à leur rappel.

Cependant la tentation du Maire eut son effet. Il obtint un arrêté du Directoire, et deux jours après (le 9 Mai) des commissaires municipaux sont retournés au couvent pour en expulser les ci-devant Moines et mettre les scellés partout.

Un peuple nombreux s'était amassé à la porte du cloître, où il répandait des torrents de larmes. La garde fut appelée pour le disperser. Dix citoyens actifs s'étaient rendus la veille au Département pour y présenter leur placet aux fins d'obtenir un sursis à l'exécution de son arrêté jusqu'à ce que l'assemblée des 150 pût mettre sous ses yeux le mémoire dont on s'était occupé. Mais ces dix députés se virent renvoyés avec un refus, et dès lors ne pouvant lutter contre la force, ils désespérèrent du succès de leur entreprise, quelque fondée qu'elle fût en principes et en moyens irréfragables.»(1)

Nous connaissons maintenant dans tous ses détails, grâce au Chanoine Rumpler, la machination ourdie par le Procureur Levrault et le Maire Dietrich contre les religieux; nous savons quels moyens illégaux ils ont employés l'un et l'autre pour atteindre leur but, la destruction des couvents. Mais c'est le Maire, protestant et athée, qui ne croyait pas à la vie future, c'est lui qui porte devant l'histoire la responsabilité de la suppression des religieux à Strasbourg. Ses apologistes ont cherché à l'excuser, ils ont prétendu qu'il subissait la loi de sa position et qu'il n'avait au fond du cœur que des principes de tolérance. Mais ses contemporains qui l'avaient vu à l'œuvre le jugeaient autrement. «Où trouverait-on un homme, lui écrivait un anonyme dans une lettre publique, où trouverait-on un homme, qui pour étayer la nouvelle Constitution, saurait aussi bien que vous exercer à propos la quantité

____

(1) Archives Nationales. D. XIX. 86. No 678bis.

de petites cruautés? Tromper adroitement le public? Vexer les catholiques romains? Outrepasser ou interpréter si avantageuse- ment les décrets? Dresser de faux procès-verbaux, tel entre autres, que celui qui concerne les Capucins? Il a fait merveille: vous avez su attendre l'absence de 4 ou 5 révérends pour verbaliser sur le nombre, et les forcer à se retirer dans une maison que vous leur assignâtes, tandis que les décrets ordonnaient qu'ils restassent dans leur Couvent.»(1)

L'Administration avait donc eu gain de cause à Strasbourg, la ville était «purgée» des Capucins. Mais il y avait encore dans le Bas-Rhin cinq autres couvents aussi peuplés que ceux du Chef-lieu du Département, et cinq hospices ou petits couvents, dans les- quels tous les religieux, à quelques exceptions près, avaient opté pour la vie commune. Les manœuvres, qui avaient réussi à Stras- bourg pour l'expulsion des Capucins, n'auraient peut-être pas eu partout le même résultat, et en tout cas elles auraient demandé pour tous les couvents un temps plus ou moins long. D'après ce qui s'était passé lors des inventaires, on savait en outre que les populations de certaines villes avaient vu de mauvais œil ces per- quisitions dans les couvents qui présageaient leur suppression, de là des troubles, des soulèvements, presque des émeutes qu'il avait fallu déjouer par la ruse, ou disperser par la force armée. Mais le principal motif était celui-ci; il fallait à tout prix sauver l'église constitutionnelle que les religieux mettaient en échec par leur obstination à ne pas vouloir y entrer. Leur exemple encourageait les prêtres réfractaires, les uns et les autres étaient un danger pour la Constitution Civile du Clergé, seules des mesures énergiques pouvaient la faire triompher.

Déjà des commissaires envoyés pas l'Assemblée Nationale étaient venus en Alsace pour recevoir le serment des troupes de ligne, et se concerter avec l'Administration à l'effet de rétablir la tranquillité publique. Dès leur arrivée à Strasbourg, les Présidents du Département et du District, ainsi que le Maire de la Ville leur avaient remis un mémoire sur l'état du Département. Les Commis- saires avaient pu vérifier par eux-mêmes une partie des faits allé- gués, lors de leur passage dans les villages qu'ils avaient parcourus.

Mais il appartenait à l'Administration de prendre elle-même des mesures, aussi les Commissaires convoquèrent, dans la salle d'Assemblée du Département, les Membres du Directoire du Département, ceux du Conseil général de la Commune de la dite ville. Le tableau de la situation du Département par rapport au Clergé fut mis sous les yeux de l'Assemblée, et après une discus- sion des plus sérieuses et des plus approfondies, les faits suivants furent reconnus:

«Le Cardinal de Rohan, ci-devant Evêque de Strasbourg, et les Membres du ci-devant Chapitre s'opposent ouvertement, de concert

____

(1) *Lettre à M. le Maire de Strasbourg*. 3 Juin 1791. 4 p. in 8°.

avec l'Evêque de Spire et l'Electeur de Mayence, à l'établissement dans les Départements du Haut et Bas-Rhin de la Constitution Française, non seulement dans les points concernant le Clergé, mais encore dans tous les autres. Cette opposition était établie par les protestations signifiées de leur part au Département du Bas-Rhin, qu'ils ont présentées à la Diète de Ratisbonne, en réclamant l'appui et les forces des Princes étrangers, et par des lettres pastorales, des mandements, d'autres lettres émanées d'eux, ainsi que par des Brefs du Pape et des libelles qu'ils faisaient lire, publier, colporter et distribuer. Ils sont déterminés à soutenir cette opposition à main armée: déjà un corps de troupes est levé; ce corps est placé sur la rive du Rhin depuis Ettenheim jusqu'à Kehl, et journellement il insulte et maltraite à coups de bâtons les Français, particulièrement les citoyens de Strasbourg, que leurs affaires obligent à passer le Rhin fréquemment. Pour protéger ce système d'opposition et rébellion, ils emploient non seulement une partie des Chanoines, mais encore les ecclésiastiques fonctionnaires publics, réfractaires au serment, et un grand nombre de religieux. Ces faits généraux se développent par la conduite particulière de chacun de ceux-ci.

En ce qui concerne les ecclésiastiques fonctionnaires publics non assermentés, parmi la multitude des faits on remarque les suivants: les prêtres réfractaires des Districts se sont assemblés et ligués par un serment pour refuser toute obéissance aux Décrets concernant le Clergé; ils ont fait imprimer et distribuer la liste de ceux qui ont signé cette conjuration. Un grand nombre d'entre eux ont lu en chaire les protestations, les mandements, les Brefs et les lettres tant du Pape que des Evêques et les ont commentés et amplifiés pour tenter de soulever le peuple.

Un autre pour cette lecture avait rassemblé une foule d'habitants tant de la ville que de la campagne, et sans la garnison il y aurait eu un soulèvement où le sang aurait coulé.

La publication qui en a été faite dans un endroit par le Curé a excité une fermentation qui n'est pas encore apaisée. Dans quatre autres paroisses et dans leurs environs, les prêtres non assermentés ont tellement prêché la sédition, que les habitants, non seulement ne veulent exécuter aucun décret, mais refusent ouvertement à acquitter les contributions. 600 citoyens d'une commune se sont ligués à l'instigation de l'ancien curé, pour s'opposer à l'installation du nouveau. Tous les Curés réfractaires ont refusé de chanter le TE DEUM à l'occasion de la convalescence du Roi sur la demande de l'évêque constitutionnel, cependant tous l'ont chanté séparément dans leurs églises en vertu d'un mandement du Cardinal de Rohan.

Un curé et son vicaire ont osé prêcher que le serment civique ne liait pas les citoyens, et qu'ils étaient prêts à absoudre tous ceux qui se présenteraient.

Un commissaire du Département s'étant présenté pour apposer les scellés, sept à huit mille personnes, rangées par communautés, ayant le chapelet à la main, et à leur tête leurs curés non sermentés, se sont opposés à l'opération.

Un nouveau curé a été obligé de se sauver et de se réfugier à Strasbourg; un autre a été chassé de sa cure à coups de pierres; un troisième a été obligé, pour n'être pas lapidé, de se réfugier chez un ministre luthérien, qui a failli être tué pour lui avoir donné asile. Des habitants ont chassé le leur avec des pierres et des bâtons; ils ont même lâché sur lui leurs chiens de basse-cour; il en est qui ont menacé leur curé de le lier dans un sac et de le jeter à la rivière.

Dans beaucoup d'endroits on fait des prières publiques comme dans un temps de calamité; on chante tous les soirs le Miserere depuis le retour du Roi à Paris. On a composé un cantique dont l'original est entre les mains de M. l'Evêque du Bas-Rhin, que l'on chante publiquement, et dans lequel les habitants sont excités à détruire à coups de fusil les prêtres constitutionnels et leurs adhérents.

On n'a pas craint de prêcher publiquement la rébellion, en excitant les auditeurs à s'engager dans le corps de troupes levé et placé sur la rive droite du Rhin, et aussitôt trente jeunes gens sont allés s'enrôler.

Tout récemment, de 400 citoyens actifs catholiques d'un canton, 30 au plus sont restés aux assemblées primaires: tous les autres ont été éconduits, parce que, à l'instigation de leurs curés, ils n'ont pas voulu prêter le serment prescrit pour ces assemblées, ceux-ci leur ayant dit que s'ils le faisaient, ils étaient tous damnés.

Si l'on s'arrête à quelques détails de la conduite des religieux, on voit que journellement ils vont et viennent des territoires des Princes étrangers dans celui de la France.

Le rapport insiste sur cette «transmigration alternative» que nous avons déjà vu reprocher aux religieux, et qui en fait les émissaires de l'ennemi et les colporteurs des écrits incendiaires et fanatiques venus d'outre-Rhin. «C'est un fait notoire,» dit le rapport, mais il ne donne aucune preuve, pas plus qu'il n'en apporte au sujet des émeutes qu'il accuse les religieux d'avoir organisées.

Puis il accuse les membres des ci-devant Chapitres d'avoir empêché leurs fermiers de payer leurs fermages aux receveurs des Districts, et d'avoir travaillé sous le nom du Landgrave de Hesse et de l'Evêque de Spire à empêcher l'exécution des décrets de l'Assemblée Nationale.

C'est encore une chose notoirement connue «que le clergé séculier et régulier a trahi la France en livrant à l'ennemi les secrets de la défense nationale. Ils avaient annoncé huit jours d'avance le départ du Roi et ils avaient prédit que cet événement serait le signal du massacre des patriotes. Et voici le résultat de tous ces faits.

Sous un point de vue général, il se présente dans ce Département deux partis très prononcés et extrêmement opposés, dont l'un tient fermement à toutes les parties de la Constitution décrétée par l'Assemblée Nationale, et l'autre fait les plus grands efforts pour en empêcher l'établissement. La plus grande partie des villes, et très éminemment celle de Strasbourg, animées du plus brûlant patriotisme, ont accueilli avec transport la Constitution et sont déterminées à la soutenir jusqu'à la mort. Un bon nombre de villages sont dans les mêmes dispositions. Mais dans d'autres villes et dans la majorité de la campagne, on ne rencontre presque pas un partisan de l'heureuse régénération de la France; au contraire, on y découvre un grand nombre de ses plus mortels ennemis. Les malintentionnés sont composés en partie de tous ceux qui, dans cette province, vivaient de l'ancien régime, mais les ecclésiastiques, tant séculiers que réguliers, à quelques exceptions près, sont acharnés ennemis de la Constitution.»

L'auteur de ce rapport à découvert les causes de cette opposition irréductible des Ecclésistiques. C'est d'abord l'ignorance du plus grand nombre qui est un obstacle «au progrès des lumières et de la raison.» Mais c'est là un obstacle que l'on rencontre dans toutes les parties de l'Empire. La seconde cause particulière à l'Alsace est l'attachement aux principes ultramontains et aux princes étrangers. Il revient encore sur la correspondance que les Ecclésiastiques tant séculiers que réguliers entretiennent avec «les Français fugitifs devenus indignes de ce nom, déjà frappés des anathèmes de la patrie et les Princes étrangers possessionnés dans cette contrée,» qui ont, grâce aux Ecclésiastiques, des intelligences sûres dans les places fortes qui font la sécurité de l'Empire.

Le rapporteur feint d'oublier que parmi ces «Français fugitifs» qu'il vient de vouer à l'exécration publique, se trouvaient de nombreux officiers qui tenaient garnison dans les places fortes de la frontière, lesquelles n'avaient pas de secret pour eux, et dès lors l'intervention des prêtres et des moines était bien inutile pour les renseigner sur les secrets de la défense nationale qu'ils connaissaient mieux que personne.

Mais ce réquisitoire haineux accumule toutes les raisons, surtout les plus mauvaises, il assombrit à plaisir la situation, il grossit les dangers imaginaires pour en arriver à cette conclusion que tous les Administrateurs approuveront:

Les pires ennemis de la patrie sont les ecclésiastiques, pour les empêcher de nuire, il n'y a qu'un moyen: les interner tous dans une ville sous la haute surveillance de la police, ou les éloigner des frontières en les déportant dans l'intérieur.

Le rapporteur soumit à la signature des Administrateurs les dispositions suivantes:

«Art. 1. — Tous les religieux de quelque ordre qu'ils soient, tant ceux qui ont déclaré vouloir vivre en commun, que ceux qui ont annoncé la résolution de rentrer dans le monde, et ceux qui n'ont fait aucune déclaration, seront réunis dans la ville de Strasbourg, où ils seront tenus de se rendre dans la huitaine qui suivra la publication du présent arrêté.

Art. 2. — Chacun des dits religieux qui aura déclaré vouloir continuer la vie commune, se présentera à son arrivée devant la municipalité, et déclarera de nouveau s'il entend persister dans la même résolution.

Art. 3. — Il sera fourni à ceux qui préféreront de vivre en commun des maisons propres à les loger, et où ils pourront continuer leurs exercices religieux.

Art. 4. — Tous ceux qui auront préféré la vie privée seront libres de se loger en ville à leurs frais comme ils le jugeront convenable.

Art. 5. — Le mobilier des couvents sera transporté à Strasbourg. On en fera l'emploi que les circonstances exigeront.

Art. 6. — Les religieux vivant dans le monde, ainsi que ceux qui auront adopté la vie commune, ne pourront quitter la ville de Strasbourg sans un passeport spécial. •

Art. 7 et 8. — Tous ceux qui ont prêté le serment de la Constitution Civile du Clergé, et ceux qui le prêteront une fois rendus à Strasbourg, sont exemptés des dispositions de l'Art. 1.

Art. 9. — Tous les autres ecclésiastiques séculiers et réguliers, sans exception aucune, sont tenus de se rendre à Strasbourg dans le délai de huitaine, et les dispositions des art. 4. 6. 7. et 8. leur seront communes.

Art. 10 et 11. — Tous ceux qui ne se rendront pas à Strasbourg dans le délai fixé, y seront amenés par la force publique et les Municipalités de leur domicile en seront responsables.

Art. 12 et 13. — L'évêque du Bas-Rhin remplacera *ad interim* ceux des fontionnaires publics qui n'ont pas prêté serment, et aussitôt après leur remplacement ces fonctionnaires publics seront tenus de se rendre à Strasbourg.

Art. 15. — Les ecclésiastiques tant séculiers que réguliers qui ne voudraient pas se rendre à Strasbourg, pourront se retirer à l'intérieur du royaume à 15 lieues des frontières, à défaut de quoi, ils seront conduits à Strasbourg.

Et sera le présent arrêté imprimé dans les deux langues et affiché. Les corps administratifs arrêtent que le présent arrêté sera envoyé à l'Assemblée Nationale, la suppliant de rendre le plus tôt possible un arrêté par lequel:

«1. — Elle approuve les mesures prises par les Commissaires de concert avec les Corps Administratifs du Bas-Rhin, relativement au transport à Strasbourg des Moines et des Religieux vivant en communauté, des Curés, Vicaires, Professeurs non assermentés, au remplacement desquels il a été pourvu, comme aussi celle concernant les Moines et Religieux qui auront opté pour la vie commune, les Chanoines, Chapelains et autres prêtres généralement quelconques, qui auront élu domicile dans le Département; ordonner qu'elles recevront leur pleine et entière exécution, enjoindre aux Municipalités d'y tenir la main, à peine d'en être responsables.

2 — Elle ordonnera que tous les Moines et Religieux du Département du Bas-Rhin tenant à Strasbourg la vie commune seront transférés dans le délai de quinzaine dans la ci-devant abbaye de Clairvaux, ou dans telle autre maison qu'il plaira au Corps Législatif de désigner, qu'à cet effet il sera expédié aux Département ment respectifs les ordres nécessaires pour leur translation. leur réception et leur établissement.

3 — Que les ecclésiastiques tant séculiers que réguliers qui n'auront pas prêté le serment prescrit par la Constitution Civile du Clergé, seront tenus dans la huitaine de se retirer à l'intérieur de la France, à 15 lieues des frontières, à peine de désobéissance à la Loi.»(1)

L'Assemblée Constituante s'occupa de cet arrêté extraordinaire le 17 Juillet suivant, Victor Broglie, député du Bas-Rhin, trouva le moyen d'enchérir sur les accusations mensongères des Commissaires, et il affirma que les Moines prétendaient que les constitutionnels ne baptisaient qu'au nom du Père, du Fils et de la Nation. Cette accusation était aussi «notoire» que tous les faits énumérés dans le rapport déjà réfuté à Strasbourg dès son apparition(2). Le Député soutint néanmoins tous les faits accumulés dans ce factum, qui confondait à plaisir les faits politiques et religieux, il les présenta comme «une redoutable machine de guerre élevée contre l'église constitutionnelle, et unissant dans le même mépris les prêtres réfractaires et les Moines, il demandait que l'on interdît à ces derniers de porter leur habit qui les désignait à la sympathie des fidèles » .... libre à eux de se déguiser comme ils le voudront quand ils seront transportés dans l'interieur .... Malaret protesta contre cette proscription en masse, et demanda que, s'il y avait réellement des perturbateurs de l'ordre public, on fit leur procès, au lieux de s'exposer à bannir en même temps des innocents et des coupables. Reubell répondit qu'il était impossible de faire le procès à tant d'hommes, que la procédure coûterait plus que ne valaient les réfractaires. D'ailleurs en Alsace tout le monde était convaincu de l'existence des menées séditieuses des Prêtres réfractaires et des Moines, on les savait à la tête de tous les complots et de tous les soulèvements, il demanda qu'on les éloignât de trente lieues des Départements frontières.

On voit que l'Assemblée Constituante a peu de chose à envier à la Legislative et à la Convention. Elle ne demanda pas plus de preuves que celles-ci n'en demanderont plus tard. Il n'est pas nécessaire d'apporter la preuve d'un fait que l'on pretend «notoirement connu», il suffit de l'affirmer à la tribune pour que la conscience de l'Assemblée soit éclairée.

(1) Arch. Dép. Strasb. Direct. du Départ. Rég. 19 Séance du 12 Juillet 1791.
(2) *Troisième adresse à mes concitoyens d'Alsace et deux mots de réponse à la délibération du 12 Juillet.* — 20 Juillet 1791.

Aussi elle approuva en l'aggravant l'arrêté de Strasbourg, et elle décréta:

1. — Que le Comité Ecclésiastique proposerait aux Religieux qui auraient préféré la vie commune, des maisons dans l'intérieur du Royaume, où ils devraient se retirer.

2. — Que les Religieux qui auront préféré la vie particulière, devront quitter leur costume et se retirer à trente lieues des frontières, ainsi que les prêtres non assermentés. (1)

Ce n'est donc pas seulement sur l'Assemblée Législative et sur la Convention, on le voit, qu'il faut faire retomber tout l'odieux de la persécution religieuse. Elle remonte plus haut, elle date de l'Assemblée Constituante, qui en a posé les principes, et l'arrêté du 17 Juillet en est la preuve. Si plus tard, des lois plus rigoureuses ont été portées contre le clergé, s'il a été déporté en masse, ces mesures draconiennes n'étaient en somme autre chose que l'application à toute la France de l'arrêté porté contre le clergé d'Alsace le 17 Juillet 1791.

Nous avons voulu donner cet arrêté dans son entier pour que l'on pût juger jusqu'où pouvait aller la haine du clergé dans l'âme des Jacobins, et aussi parce qu'il marque une date mémorable dans l'histoire des Capucins d'Alsace: l'évacuation de tous les couvents.

—✕—

Chapitre VI.

Les Couvents des Capucins d'Alsace.

1. Couvent de Haguenau.

Nous n'avons pas retrouvé l'inventaire de ce couvent, mais nous savons par la liste du personnel envoyée par le Provincial au Comité Ecclésiastique, que les religieux dont les noms suivent se trouvaient dans cette maison au commencement de 1790.

P. Tibère Kieffer, de Benfeld, 57 ans, Gardien ;
P. Maur Angsthelm, de . . . . . , 52 ans, Vicaire ;
P. Chrysostome . . . . . , de Thann, 76 ans;
P. Lucius Neu, de Behlenheim, 68 ans;
P. Pantaléon Baumeyer, de Guebwiller, 71 ans;

(1) Sciout. I. 410. — Paulus. p. 346. — Winterer. *La Persécution religieuse en Alsace pendant la grande Révolution.* p. 112.

P. Himère Angsthelm, de Krautergersheim, 64 ans;
P. Evariste Elgas, de Colmar, 64 ans;
P. Guillaume Wilhelm, de Strasbourg, 51 ans;
P. Placide Pimbel, d'Obernai, 44 ans;
P. Benoît Hagé, de Strasbourg, 35 ans;
P. Meinrad Keilbach, d'Oberseebach, 38 ans;
P. Bernard Jenn, d'Ammertzwiller, 31 ans;
P. Athanase Schmiderlé, de Réguisheim, 31 ans;
F. Chrysogone Surgant, de la Rivière, 24 ans, étudiant;
F. Festus Roth, d'Uffheim, 22 ans, étudiant;
F. Georges-Antoine Verling, de ....., 22 ans, étudiant;
F. Adolphe Robert, de Neuf-Brisach, 23 ans, étudiant;
F. Dominique Hatterer, de Landser, 23 ans, étudiant;
F. Jérôme Graff, de ...., 26 ans, étudiant;
F. Alexandre Ruch, de Sélestat, 22 ans, étudiant;
F. Tibère Bernou, de Soulz, 22 ans, étudiant;
F. Dominique Baur, de Thann, 70 ans, frère lai;
F. Justinien Blumberger, de ...., 50 ans, frère lai;
F. Jean-Louis Ingelfinger, de Ribeauvillé, 43 ans, frère lai;
F. Félix Haberthur, de Soulz, 40 ans, frère lai;
F. Christian Schmitt, de ...., 27 ans, frère lai.

Quelle a été la déclaration de ces religieux, et quelle fut leur réponse aux interrogations du Commissaire? Nous l'ignorons faute de documents. Cependant nous sommes portés à croire, qu'à l'exemple des autres religieux de la Province, ils optèrent pour la vie commune, moyennant peut-être quelques restrictions de la part de ceux qui plus tard prêtèrent serment, et encore, on en pourrait douter, car généralement en Alsace, lors des inventaires de Mai et Juin 1790, tous les religieux optèrent pour la vie commune. Ce qui nous fait croire que telle fut l'attitude des Capucins de Haguenau, c'est qu'ils restèrent au couvent pendant l'année 1790, et ce n'est que l'année suivante, lors de la prestation de serment, que se produisirent les défections.

«Au début de la Révolution, écrit l'abbé Guerber, les Capucins de Haguenau donnèrent l'exemple d'une unanimité parfaite dans les questions brûlantes qu'on agitait; ils prirent les derniers le chemin de l'exil..... Tous avaient été pensionnés par le Département, mais quand on leur demanda le serment, ils le refusèrent, furent privés de leurs moyens d'existence, et forcés de fuir le sol de la patrie.»(1)

Les Capucins de Haguenau ne furent pas aussi édifiants que voudrait le faire croire le savant auteur de l'histoire de cette ville. Le souci de la vérité nous fait un devoir de déclarer que, de tous les couvents de Capucins d'Alsace, celui de Haguenau tient le premier rang par le nombre des jureurs.

---

(1) *Histoire politique et religieuse de Haguenau.* 2 vol. in 8° Rixheim. II. p. 146.

Il est probable qu'il y a eu unanimité pour la vie commune dans le principe, il est certain que, conformément à la loi, tous avaient été inscrits pour le chiffre de pension correspondant à leur âge, mais il est aussi absolument certain que sur 9 étudiants, il y en eut 7 à prêter serment. Restaient encore 13 Pères; deux d'entre eux moururent en 1790 : les Pères Chrysostôme et Lucius, 9 autres se déportèrent, et les deux Pères : Benoît et Meinrad entrèrent dans l'église constitutionnelle. Il est juste d'ajouter que parmi les étudiants assermentés, deux se rétractèrent au bout d'un an et prirent le chemin de l'exil : les Pères Dominique et Jérôme.

Telle est, appuyée sur les documents, la véritable situation du couvent de Haguenau, elle est, on le voit, en contradiction avec l'affirmation optimiste de l'abbé Guerber.

Si nous recherchons la cause de la défection des jeunes religieux, nous pouvons, sans crainte de nous tromper, l'attribuer au P. Benoît de Strasbourg. Ce religieux, autrefois cependant professeur de théologie dans sa Province, s'était laissé séduire par les idées nouvelles. Il s'était mis en relation avec la Société des Amis de la Constitution de Strasbourg, ainsi qu'avec les Commissaires du Roi envoyés en Alsace, et il dénonça aux uns et aux autres son Provincial. Il joua à Haguenau le même rôle que le P. Joseph-Antoine, de Wissembourg, à Colmar, avec cette différence que ce dernier fut déplacé de Colmar à Soulz, et qu'après son départ les étudiants rentrèrent dans l'Ordre, tandis que le P. Benoît resta à Haguenau, fut un des premiers à prêter serment, et il entraîna les étudiants par son exemple.

Le 14 Janvier 1791, les Commissaires de la Municipalité vinrent au couvent pour le récolement d'inventaire. Tous les meubles et effets de la maison étaient en place, y compris ceux de la sacristie. Le P. Gardien demanda aux Commissaires d'accorder aux religieux l'usage de ces ornements pour les nécessités du service divin, s'offrant à les représenter à toute réquisition. Les Commissaires y consentirent et signèrent le procès-verbal avec les Pères Tibère et Maur.

Cependant le bruit s'était répandu dans quelques villages du District de Haguenau que les Capucins devaient rester dans leur couvent, et que leur Ordre ne serait pas supprimé. C'était la *«Strassburgische Zeitung»* du 4 Février 1791, qui annonçait cette nouvelle, mais le journal se hâtait de dire que ce bruit n'avait aucun fondement, et que l'Assemblée Nationale n'avait fait aucune exception. Il ajoutait: «Tous les Capucins, dit-on, ont voulu se réfugier en Italie. Le Pape essaie de les détourner de ce projet, et il les engage à rester en France jusqu'au bout.»

Toutes ces nouvelles fantaisistes sortaient probablement du bureau de rédaction du journal, elles avaient pour but d'égarer l'opinion, par là même de provoquer des troubles dont on aurait rendu responsables les Capucins. Ceux-ci, attristés par la défection de neuf d'entre eux et la mort de deux autres, se voyaient réduits à quinze, chiffre inférieur à celui fixé par la loi. Ils firent appel à ceux de leurs confrères qui avaient déjà passé le Rhin, quelques uns répondirent, et le chiffre de 20 fut de nouveau atteint. Mais ce n'était pas là ce que voulait l'Administration qui ne désirait que leur départ.

Le 14 Juin 1791, Mœvus, Maire de Haguenau, se plaignit au Département de la résistance que les Capucins de la dite ville opposaient aux lois, c'est-à-dire, à la Constitution Civile du Clergé; il annonçait en outre que cinq Capucins étaient venus d'Allemagne compléter le nombre de ceux de Haguenau. Le Directoire du Département qui venait de fermer les couvents de Strasbourg, ne pouvait tolérer la reconstitution d'une maison dans laquelle le serment avait fait des vides. Aussi il arrêta le 17 Juin :

«Que les Capucins vivant en communauté dans le ci-devant couvent de Haguenau se réuniraient au plus tard le 25 de ce mois dans la maison des ci-devant Bénédictins d'Altdorf, *si mieux n'aiment les dits Capucins abandonner la vie commune. Que dans tous les cas les dits Capucins pourraient emporter avec eux les effets mobiliers que la loi leur concède.*»

Le Directoire du District de Haguenau était invité à leur donner sans délai connaissance officielle de cet arrêté, à prendre leurs déclarations, à tenir la main à ce que pour le 25 l'arrêté soit exécuté dans sa forme et teneur, et que la maison des Capucins de Haguenau soit par eux vidée et remise à la disposition de la Nation. Le Directoire du District de Strasbourg était en même temps invité à donner des ordres pour que la maison d'Altdorf soit en état de recevoir les Capucins de Haguenau.

Le District notifia aux Capucins l'arrêté du Département, et le 27 Juin, Ammann, membre du District, et Becker, greffier, se présentèrent au Couvent pour s'en faire remettre les clefs. Ils y trouvèrent le Père Tibère, Gardien, qui se déclara prêt à «extrader les clefs de l'église et de la maison,» mais il demanda au préalable au Commissaire de faire l'inventaire des vases sacrés de la sacristie, que le Commissaire fit transporter à l'église Saint-Georges, avec prière et réquisition au S. Curé de les prendre en sa garde. Puis ils fermèrent l'église, la sacristie, les cellules; et la porte extérieure du couvent n'ayant point de serrure, ils ordonnèrent à Mathieu Tripp, serrurier, d'y mettre une. En attendant, le frère Félix fut chargé de garder le couvent jusqu'à ce que l'on y eût établi un gardien. Le lendemain Joseph Behr fut constitué garde de la maison, le procès-verbal fut signé par le P. Tibère, Gardien, le F. Félix et le Commissaire. Le couvent de Haguenau fondé en 1625, était évacué, il avait duré 166 ans.

«Après le départ des Capucins, dit l'abbé Guerber, des citoyens courageux soumissionnèrent l'église, et quand des prêtres assermentés, venus d'outre Rhin, se furent emparés de Saint-Georges, un vicaire de cette paroisse, l'abbé Chrétien, réunit les fidèles dans l'église des Capucins aussi longtemps que l'autorité n'y mit pas d'obstacle. C'est dans cette église que des soldats républicains firent irruption un Dimanche soir, à l'office de l'agonie, et maltraitèrent les fidèles en les expulsant. Un frère, qui se trouvait là, fut saisi, battu, blessé et enfin traîné couvert de sang à la Municipalité où les Révolutionnaires demandèrent impérieusement sa mort. Le Maire parvint à les calmer, leur promettant que justice serait faite le lendemain, dans la nuit on fit échapper le pauvre frère. L'abbé Chrétien lui-même, courut de grands dangers, et ne dut son salut qu'à l'ingénieuse énergie de quelques fidèles.»

C'est donc à l'église des Capucins que l'office catholique se fit le plus longtemps à Haguenau.

Après la grande Mission donnée dans cette ville par les Rédemptoristes en 1826, plusieurs notables habitants eurent la pensée de racheter le couvent des Capucins et de l'offrir à ces religieux. L'idée était heureuse, mais la bonne volonté de ces chrétiens échoua devant l'obstination de quelques uns des propriétaires, en particulier de M. de Chatelux. Maire, Sous-Préfet, Préfet, l'Administration toute entière intervint dans cette affaire qui dura plusieurs années sans pouvoir aboutir. En 1844, la propriété des Capucins, restée indivise entre 167 propriétaires, descendants des premiers acquéreurs, était mise en vente au prix de 20000 frs. L'église et le couvent furent démolis dans la suite, et sur leur emplacement l'on construisit d'immenses bâtiments qui servirent d'abord d'entrepôt des tabacs, et qui furent affectés à d'autres services sous l'occupation allemande.(1)

---

2. Couvent d'Obernai.

En envoyant au Département, le 17 Février 1791, une copie de l'inventaire du couvent qui avait été fait le 10 Juillet 1790, le Maire d'Obernai écrivait : «J'ai fait tout ce que j'ai trouvé de convenance dans cette circonstance pour mettre le tout sans difficulté dans les règles, et ne faire aucun bruit dans notre ville.»

Il avait trouvé au couvent :

P. Adalbert Bodemer, de Sélestat, Gardien, 54 ans ;
P. Richard Biehli, d'Ungersheim, Vicaire, 45 ans ;
P. Hermann Hutsch, de Sélestat, 78 ans ;
P. Reinhard ...., d'Obernai, 65 ans ;
P. Anastase ...., de Saverne, 64 ans ;
P. Léonard Kann, de Stotzheim, 65 ans ;
P. Alban Heym, d'Erstein, 61 ans ;
P. Pancrace Durrwell, de ...., 54 ans ;
P. Raymond Billing, de Wuenheim, 48 ans ;
P. Cyprien Gross, de Gundolsheim, 44 ans ;

---

(1) Guerber. II. 147. — Vente du couvent. Biblioth. de l'Univers. M. c II. — Rev. Cathol. d'Alsace. 1920-1921 : le Bischenberg, par le P. Collet, Cong. SS. Red.

P. Ildephonse Meyer, de Réguisheim, 43 ans;
P. Générosus Wagner, d'Obernai, 42 ans;
P. Illuminatus Kirchmeyer, de Thann, 37 ans;
P. Valentin Weiss, de Stutzheim, 32 ans;
F. Aurelius Obermuller, de Sélestat, 63 ans, frère lai;
F. Rémi Werdt, d'Erstein, 55 ans, frère lai;
F. Michel Knecht, de ......, 56 ans, frère lai;
F. Daniel Lidolff, de ...... 52 ans, frère lai;
F. Ephrem Beck, de Gueberschwihr, 43 ans, frère lai;
Jean Oswald, «Servitial», 72 ans, 43 de service.

Tous déclarent vouloir rester.

A Obernai, comme dans les autres couvents d'Alsace, il n'y a aucune hésitation au moment de l'inventaire, l'accord est unanime, entre tous les religieux; il n'y a pas d'option pour la vie privée, tous veulent continuer à mener la vie commune comme auparavant.

Ils restèrent donc au couvent attendant les événements, et, le 16 Février 1791, le Maire se présenta de nouveau pour le récolement d'inventaire. Il constata que tout était en place, et il laissa à l'usage des religieux les meubles et effets de la sacristie, que le P. Gardien et le P. Vicaire promirent de représenter à toute réquisition. Le P. Gardien prévint le Maire que le P. Illuminatus Kirchmeyer avait été envoyé par le P. Provincial à Wissembourg, et qu'il était remplacé par le P. Jean Népomucène Wilhelm, d'Ensisheim. Celui-ci déclara au Maire son intention de rester au couvent avec les autres religieux.

La loi sur la Constitution Civile était exécutée dans le Département, et l'on avait demandé au clergé d'Obernai son adhésion à cette Constitution schismatique. Le 19 Mars, le Recteur d'Obernai comparut devant la Municipalité et déclara qu'il lui était impossible de prêter le serment prescrit. Les vicaires firent une déclaration analogue. Leur exemple fut imité par les Capucins d'Obernai, ainsi que par un Récollet, qui se trouvait à Obernai ce jour-là. Cette ville passait pour réactionnaire, on l'a déjà vu par les précautions que prit le Maire pour que l'inventaire se fît sans bruit dans la ville. Après l'arrestation du Roi à Varennes, la *Strassburgische Zeitung* représenta Obernai comme le centre du fanatisme religieux pour les paroisses environnantes et le siège de l'opposition à la Constitution, et elle réclamait l'envoi de nouvelles troupes pour mettre à la raison la population réfractaire. A la suite de ces dénonciations inspirées par les clubs, la Municipalité fut suspendue par le Département qui décréta en même temps l'envoi de deux Commissaires chargés de désarmer les habitants, et d'assurer le recouvrement des impôts.

Une expédition, ayant à sa tête les Commissaires du Département, fut donc organisée contre la ville d'Obernai, qui ne fit aucune résistance et vint même au devant de la troupe. Celle-ci profita de son passage à travers la ville pour enlever les potences, carcans, armoieries et autres emblèmes de la féodalité. Une partie fut brûlée séance tenante, le reste fut amené à Strasbourg au retour de l'expédition. Puis il y eut fête, Te Deum et nouvelle prestation de serment. Le clergé s'abstint de prendre part à toutes ces manifestations, comprenant bien que, sous prétexte de désarmement et de recouvrement d'impôts, c'était contre lui que cette expédition était dirigée. On en eut bientôt la preuve. Les soldats, destructeurs d'emblèmes de la féodalité, faisaient en même temps la chasse aux prêtres réfractaires. Ils ne purent saisir le curé qui était en fuite, mais ils réussirent à s'emparer du curé de Dorlisheim qui disait la messe en présence d'un certain nombre de fidèles et il fut amené à Strasbourg. Ceux qui avaient assisté à sa messe furent contraints d'assister à genoux à la messe d'un prêtre jureur venu avec l'expédition; le couvent des Capucins fut fermé, les mesures furent prises pour transférer les religieux à Strasbourg, et l'expédition rentra en triomphe au chef-lieu du Département. Le couvent des Capucins d'Obernai, racheté par le chanoine Rumpler et donné par lui à sa ville natale, est occupé de nos jours par un collège ecclésiastique.

---

3. Couvent de Sélestat.

Nous n'avons pas retrouvé l'inventaire du couvent de Sélestat qui dut être dressé à la même époque que celui des autres couvents de la Province, c'est-à-dire vers le mois de Mai 1790. Mais nous savons que les religieux, dont les noms suivent, se trouvaient au couvent de cette ville:

P. Prudent Sigrist, d'Obernai, 52 ans, Gardien;
P. Christian Joos, de Kientzheim, 71 ans, Ex-Provincial;
P. Grégoire Bertrand, de ......, 51 ans, Vicaire;
P. Alexis Armbruster, de Sélestat, 81 ans;
P. Henri Jehl, de Grussenheim, 76 ans;
P. Martin Herzog, de Colmar, 70 ans;
P. Jean-Claude Weiber, de Sélestat, 62 ans;
P. Rupert Vogelsang, de ......, 53 ans;
P. Osmond Perrot, de Colmar, 53 ans;
P. Ladislas Jung, de Stotzheim, 42 ans;
P. François Huck, de Rœschwoog, 42 ans;
P. Aloyse Denn, de ......, 31 ans;
P. Gaspard Keller, de Gueberschwihr, 31 ans;
F. Silvère Minery, d'Ensisheim, 31 ans, étudiant;
F. Conrad Ebonnet, de Sélestat, 26 ans, étudiant;
F. Séverin Gassmann, de Gundolsheim, 27 ans, étudiant;
F. Dominique Baumeyer, de Guebwiller, 26 ans, étudiant;
F. Marc Schmalz, de ......, 26 ans, étudiant;
F. Eusèbe Muller, de ......, 28 ans, étudiant;
F. Sixte Walter, d'Erstein, 56 ans, frère lai;
F. Massée Woltti, de Soulz, 60 ans, frère lai;
F. François Reichart, de ......, 33 ans, frère lai;

F. Pierre Bingler, de Flaxlanden, 23 ans, frère lai ;
Clément Kuentz, «Servitial».

Nous n'hésitons pas à croire que tous ces religieux optèrent pour la vie commune, car tous restèrent au couvent pendant l'année 1790. Ils y étaient encore quand Kuhn, Commissaire, et Mainbourg, Procureur de la commune, se présentèrent au couvent, le 7 Janvier 1791, pour le récolement d'inventaire, sur le refus des Srs Lanfrey et Zæpffel.

Les Commissaires constatèrent que tout était en règle, «à l'exception des comestibles qui avaient servi à la sustentation des religieux».

Tous les autres effets, étant de peu de valeur, furent laissés à la garde des religieux par les Commissaires, qui signèrent le procès-verbal ainsi que les Pères Prudent, Christian et Barnabé.

La Société des Amis de la Constitution de Sélestat, comme les autres sociétés du même genre, ne restait pas inactive, elle pressait le Directoire du Département d'appliquer la loi et de faire évacuer les couvents.

Elle mettait en opposition les Dominicains de Sélestat avec les Récollets et les Capucins de la même ville. «Les premiers, écrivait-elle, n'habitent plus le couvent que par une sorte de respect humain, cause sensible du retard dont nous nous sommes plaints tant de fois à votre Tribunal, en vous assurant qu'aussi longtemps que les Communautés religieuses pourront user de tous les moyens fanatiques que leur a donnés leur premier état religieux, les soi-disant bons Pères Capucins et Récollets ne manqueront pas d'entretenir dans l'ignorance et la révolte tout le peuple qui les regarde comme des apôtres de l'Evangile. Hâtez-vous donc, nous vous en prions de briser ce vieux roc aristocratique et fanatique en donnant un ordre aux Pères Dominicains d'évacuer leur maison, soyez sûrs que cet exemple fera la plus grande impression.»

L'exemple des Dominicains ne décida cependant pas les Récollets et les Capucins à se soumettre à la loi, ils restèrent en communauté. Mais comme ils savaient que leurs jours étaient comptés, ils prirent leurs dispositions en vue de la dispersion, les Amis de la Constitution annoncèrent au Département, «le 28 Avril 1791, que sur 28 Récollets, 22 étaient habillés en costume séculier; sur 23 Capucins 16; et les Dominicains tous, de manière que de 67 religieux domiciliés dans notre ville, il en reste 14 à défroquer, qui sont la majeure partie des frères, et auront leurs habits d'aujourd'hui à demain.»

L'arrêté du Département du 12 Juillet força les Capucins de Sélestat à se séparer.

L'année suivante, 1791, le Département de la Guerre réclama le Couvent, l'Eglise, et l'enclos des Capucins, dont la superficie était de 1318 toises carrées, pour magasins indispensables au service des fortifications; l'Eglise devint un magasin à fourrages.(1)

---

(1) A. Dép. Stras. Nº 298. — Corresp. Rég. 120. 18 Avril 1791. — Domaines Nº 321.

4. Couvent de Molsheim.

L'inventaire de ce couvent dressé à la même époque que les autres n'a pas été retrouvé, mais seulement le récolement qui eut lieu le 5 Avril 1791. Cette opération fut faite par Belling, Maire de Molsheim, qui vint seul au couvent, les autres Officiers Municipaux ayant refusé de se charger de ce travail. Il avait été nommé par le Département au mois de Décembre précédent, mais il avait jugé prudent de différer cette opération. Il en donne la raison dans une lettre au Directoire du Département du Bas-Rhin: «il était impossible d'y procéder dans les moments d'effervescence où tout le monde s'opposait aveuglément à tout ce que l'on tentait d'entreprendre contre les religieux. Je me suis donc contenté d'observer de près que rien ne soit diverti, et des temps plus calmes m'ont permis de vaquer à mon devoir.»

Il constate que les meubles et effets indiqués à l'inventaire sont encore en place, mais les Capucins: «attendu que d'après la loi il leur est libre de vivre encore en communauté, et qu'ils espèrent qu'en égard au nombre des individus, on voudra bien les laisser subsister quant à présent, nous ont requis de leur laisser tous les meubles, tant ceux servant au culte que les autres en évidence et de les confier à leur garde.»

Les religieux, dont les noms suivent, se trouvaient au couvent:

P. Dagobert Schlégel, de Rouffach, 65 ans, Gardien;
P. Fidèle Zengel, d'Obernai, 45 ans, Vicaire;
P. Thomas Zipfel, de Soulz, 73 ans;
P. Gervais Fischer, de Guebwiller, 66 ans;
P. Chérubin Fink, de Strasbourg, 67 ans;
P. Mansuet Funk, d'Altdorf, 66 ans;
P. Fructueux Hoffmann, de Rouffach, 56 ans;
P. Amédée Kempff, de Molsheim, 54 ans;
P. Léon Gœtz, de Ribeauvillé, 50 ans;
P. Gabriel Schmalzer, de Mulhouse, 46 ans;
P. Sébastien Hartmann, d'Eschentzwiller, 30 ans;
P. Josué Bopp, de Sélestat, 30 ans;

F. Charles Hermann, de Kientzheim, 23 ans, étudiant;
F. Denis Haas, de Rouffach, 23 ans, étudiant;
F. Silvain Hermann, de Sélestat, 22 ans, étudiant;
F. Fintan Muller, de Sélestat, 22 ans, étudiant;
F. François-Joseph Comes, de Saverne, 22 ans, étudiant;

F. Protais Christophe, de Saverne, 63 ans, frère lai;
F. Louis Clementz, de Ruestenhart, 58 ans, frère lai;
F. Vitus Kugel, d'Obernai, 50 ans, frère lai;
F. Georges Charpion, de Colmar, 36 ans, frère lai;
F. Godefroid Fligauff, de Kaysersberg, 35 ans, frère lai.

Ensuite le Maire fait encore l'énumération des meubles et effets portés à l'inventaire. «Dans le couvent, dit-il, nous avons trouvé en tout une extrême pauvreté et rien au delà de ce que l'Ordre des Capucins prescrit. Quand à la bibliothèque, ajoute-t-il, «le tout ne vaut pas la peine du déplacement.» Tous les religieux ci-dessus mentionnés signent le procès-verbal avec le Maire.

Ils restèrent au couvent jusqu'à la publication de l'arrêté du Département du 12 Juillet qui dispersait toutes les communautés.

Chapitre VII.

Les Couvents des Capucins d'Alsace.

1. Couvent de Wissembourg.

L'inventaire de ce couvent dressé par Philippe Juch et François Lombardière, Officiers Municipaux, Joseph Botta, Procureur, et François Luppinger, secrétaire, le 7 Juin 1790, ne nous donne que le dénombrement des meubles de la maison. Il nous apprend qu'on trouvait à la bibliothèque 744 volumes de différents formats, qu'il n'y avait au couvent ni capitaux, ni revenus, ni argent, ni argenterie en dehors des trois calices, du ciboire et du soleil de la sacristie, que les seules ressources de la maison étaient la quête et l'aumône, et que le couvent pouvait loger 20 religieux.(1)

Cet inventaire incomplet ne contient ni les noms, ni les déclarations des religieux qui étaient au nombre de seize :

P. Constance Arnold, de Thann, 63 ans, Gardien ;
P. Réginald Arth, de Hochfelden, 65 ans, Vicaire ;
P. Lucien Rentz, de Sélestat, 75 ans ;
P. Isidore Meistermann, de Pfaffenheim, 64 ans ;
P. Pétrone Roussi, de Turckheim, 62 ans ;
P. Elie Huessler, de Wingersheim, 54 ans, Curé ;
P. Victore Sègue, de Buc, 49 ans ;
P. Sigisbert Wagner, de Rohrbach, 47 ans ;
P. Vincent Carlen, de Guebwiller, 34 ans, Vicaire de la paroisse ;
P. Jean Népomucène Wilhelm, d'Ensisheim, 36 ans ;
P. Médard Heitz, de Dahlenheim, 34 ans ;
P. Constantin Mœller, d'Ensisheim, 31 ans ;

____

(1) Arch. Nat. F19 (611').

F. Jean Rœsslin, d'Illfurth, 45 ans, frère lai ;

F. Dunstan Groll, de Saint-Hippolyte, 43 ans, frère lai ;

F. Damase Wessner, d'Oberberg, 32 ans, frère lai ;

F. Victor Dallenbach, d'Aubure, 25 ans, frère lai ;

Blaise Ebby, frère affilié, né à Tagolsheim, le 12 Juillet 1762.

Tous optèrent pour la vie commune, car ils continuèrent d'habiter le couvent pendant l'année 1790, et ils s'y trouvaient encore quand les Municipaux se présentèrent pour faire le récolement de l'inventaire.

Dans les premiers mois de 1791, il y eut quelques mutations au couvent de Wissembourg, mais le nombre des religieux demeura sensiblement le même, jusqu'au moment de la défection des Pères Isidore et Victor, qui prêtèrent serment, et entrèrent dans l'église constitutionnelle. Le P. Constantin avait été envoyé de Wissembourg à Landau, c'est là qu'il opta pour la vie privée et le serment.

L'arrêté du Département du 12 Juillet approuvé par l'Assemblée le 17, dispersa la communauté des Capucins de Wissembourg.

------

2. Hospice de Fort-Louis.

Le 31 Mai 1790, François Neumann, Maire, Graff, Kohler, Bildstein, Kerstetter et Bender, Officiers Municipaux, se présentèrent à l'Hospice de Fort-Louis pour l'inventaire.

Les religieux déclarèrent comme dans les autres couvents, que vivant de la quête et d'aumônes, ils n'avaient «aucune régie quelconque, ni aucun revenu, le jardin est de la contenance d'un arpent.»

Ensuite les Officiers Municipaux interrogèrent sur leurs intentions les religieux de la maison :

P. Abondance Person, de Molsheim, 59 ans, Supérieur ;

P. Aloyse Bellot, de Belfort, 71 ans ;

P. Narcisse Werlen, d'Ensisheim, 70 ans ;

P. Julien Claquin, d'Erstein, 59 ans ;

P. Bruno Vogel, de Colmar, 41 ans ;

P. Engelhard Pfister, de Bernhardswiller, 38 ans ;

F. Donat Bœhrer, de Sélestat, 38 ans, frère lai ;

Antoine Wilhelm, 50 ans, frère donné.

«Tous déclarent d'une voix unanime, et chacun en son particulier avoir fait vœu de vivre et de mourir dans leur Ordre et société, en conséquence d'icelui, ils ne pouvaient ni ne voulaient accepter cette liberté jusqu'à ce qu'il en soit statué autrement.»

Ils sont encore au couvent lors du récolement d'inventaire, le 13 Janvier 1791. Tous les meubles et effets du couvent sont en place et sont laissés à la garde des religieux, qui continuèrent d'habiter la maison jusqu'à la dissolution de la communauté par l'arrêté du Département du 12 Juillet 1791.

3. Hospice de Landau.

Haas, Pracher, Officiers Municipaux, Eymer, Procureur de la commune, et Keller, sécrétaire, firent l'inventaire de la maison le 8 Juin 1790. Les religieux déclarèrent que, vu leur état, ils ne possédaient ni revenus, ni argent, ni argenterie, à l'exception des deux calices de la sacristie. La bibliothèque ne compte que 150 volumes; la maison peut contenir 8 religieux.

P. Basile Goniat, de Strasbourg, 34 ans, supérieur, déclara vouloir vivre et mourir en Capucin.

P. Alexis Berger, de Haguenau, 63 ans, déclara vouloir rester Capucin, et suivre sa règle tant et si longtemps qu'on voudra permettre qu'ils restent ensemble pour vivre en communauté.

P. Constantin Mœller, d'Ensisheim, 31 ans, déclara vouloir rester dans l'Ordre dans lequel il avait fait profession, à condition néanmoins qu'il ne soit pas apporté de changement essentiel à la règle, ni qu'il soit envoyé hors de la province, se réservant en ce cas la liberté qui lui compète, en vertu des décrets de l'Assemblée Nationale, de prendre un parti.

F. Bernard Stæbler, de Kingersheim, déclara vouloir mourir comme Capucin, et rester dans une des maisons religieuses de la Province, à condition qu'on lui laissât la faculté d'exercer sa règle, et qu'il n'y eût pas de mélange de différents Ordres.

Joseph Bossard, «Servitial», affilié à l'Ordre, veut rester constamment attaché de cœur et d'affection au service d'une des maisons religieuses de l'Ordre, dans la Province à laquelle il est affilié.(1)

Le 19 Janvier 1791, Haas, Maire de Landau, vint faire le récolement d'inventaire chez les Capucins. Tous les meubles et effets étaient en place, ils furent laissés à la garde des religieux, qui signèrent le procès-verbal.

Nous ne connaissons pas la date de l'évacuation de la maison, nous croyons qu'elle eut lieu vers le mois de Juin 1791.

---

4. Hospice de Berg-Zabern.

Nous n'avons pas retrouvé l'inventaire de cette maison et nous ignorons quelle fut la déclaration des religieux dont on trouvera les noms plus loin.

---

(1) Archives Nationales F19 6111.

5. Hospice de Wasselonne.

Rottenbach, Maire de Wasselonne, David Feihl, junior, et Kling, sécrétaire de la Municipalité, firent l'inventaire de la maison le 20 Juin 1790.

Ils constatèrent que l'hospice de Wasselonne n'était pas plus riche que les autres; ni or, ni argent, ni argenterie, si ce n'est un soleil, un ciboire, trois calices; en fait de provisions, il y avait ce qui était nécessaire pour attendre l'automne. La maison ne peut contenir que huit religieux, et habituellement quatre Pères et un Frère résident à Wasseloune.

P. Florin Bouillon, de Soulz, 53 ans, Supérieur ;
P. Eléonor Schwend, de Markolsheim, 70 ans ;
P. David Anselme, de Réguisheim, 55 ans ;
P. Séraphin Collet, d'Ensisheim, 44 ans ;
F. Pie Vogt, de ......, 35 ans;
Georges Witz, «Servitial», 40 ans.

Tous déclarent ne pas vouloir quitter le couvent.

Cependant ils ne pouvaient pas espérer, vu leur petit nombre et l'exiguïté de leur maison, qu'elle serait maintenue comme maison de vie commune, ils affirment ne pas opter pour la vie privée, en déclarant qu'ils ne veulent pas quitter le couvent.

Le 18 Janvier 1791, Philippe Xavier Horrer, Membre du Conseil général du Département, et François Schillinger, greffier, se présentent au couvent. Ils constatent la présence des meubles et effets portés à l'inventaire, et ils annoncent aux religieux réunis au réfectoire, qu'ils distribueront à chacun les effets mobiliers nécessaires à son usage journalier. Il n'était pas question encore d'expulser les religieux, mais seulement de mettre les scellés sur l'Eglise et la sacristie, et l'on trouve au procès-verbal une protestation contre la fermeture de l'Eglise signée par les religieux.

«L'Eglise paroissiale étant commune aux Catholiques et aux Protestants de la Confession d'Augsbourg, celle des PP. Capucins doit être considérée comme succursale de la paroisse, d'autant plus indispensablement nécessaire qu'elle n'est pas seulement la ressource des Catholiques de Wasselonne, mais aussi de ceux des habitants des lieux circonvoisins qui professent la même religion, et dans plusieurs desquels l'office religieux n'est célébré que tous les quinze jours.»

Le Commissaire du Département chargé d'apposer les scellés reçut encore la protestation suivante:

«Tous les Habitants soussignés et non soussignés non seulement de ce Bourg, mais aussi de tous les lieux circonvoisins ont été consternés en apprenant, Monsieur, que vous étiez chargé par les Administrateurs du Département du Bas-Rhin, en exécution des décrets de l'Assemblée Nationale, de vous transporter, ce-jourd'hui 18 Janvier, dans l'hospice des RR. PP. Capucins de cette ville, à l'effet de fermer la sacristie et l'Eglise, et d'y apposer les scellés pour y supprimer le culte public et le service divin, qui a fait jusqu'ici la joie et la consolation des Catholiques. Vous nous permettrez, Monsieur, de vous faire connaître très succinctement, et de vous remettre par écrit l'expression de notre désolation.

La Religion et son culte dépendent-ils donc de la volonté des hommes? Faut-il donc interrompre la communication établie entre Dieu et les hommes, au moyen de quoi nous apprenons d'une manière sensible à connaître les rapports réciproques entre le Créateur et la créature, ce que nous devons à Dieu, à la Nation, à la Loi et au Roi? En ce cas l'édifice de la Constitution ne reposerait que sur des fondements peu solides, et l'attachement que nous avons marqué jusqu'à présent aux Décrets de l'Assemblée Nationale pourrait diminuer au point qu'il deviendrait plus apparent que réel.

En jetant un regard sur nos frères les Protestants, pourrions-nous voir sans peine que les liens étroits de l'amour fraternel et de la parfaite union qui existaient entre nous, reçussent une atteinte de la part des Catholiques des environs, qui se persuaderont que la suppression de cette Eglise est l'effet de leurs diligences, tandis qu'ils ont déjà plusieurs fois réuni leurs vœux aux nôtres pour la conservation de l'Eglise et du couvent dont il s'agit, ne seraient-ils pas exposés à des menaces ou des voies de fait?

Nous vous supplions donc avec instance, Monsieur, de ne point prendre la peine d'apposer les scellés, quelque sévère que puissent être les ordres dont vous êtes porteur, nous voulons nous en rendre responsables, mettez notre requête sous les yeux des Pères de la Nation, faites leur connaître que c'est avec la plus grande tranquillité que nous vous avons présenté notre demande, qui tend à ce que, vu que notre commune est composée de Catholiques et de Protestants, et que la population se monte entre trois et quatre mille âmes, notre église est trop petite pour contenir tous les habitants. Notre vœu est que le même culte soit conservé dans l'Eglise des RR. PP. Capucins, et continué par eux. Faites entendre à l'Assemblée Nationale que l'obtention de cette grâce est le moyen de nous amener à manifester à l'avenir le respect et le dévouement extérieur et intérieur à ses Décrets et de donner des marques de notre désir de rester réunis à tous nos concitoyens Français par les liens indissolubles de la fraternité.

Cette requête est revêtue des signatures d'environ 300 habitants de Wasselonne, 53 de Crastatt, 44 d'Itterswiller, 86 de Westhausen, 29 de Kleingœft, 41 de Hohgœft, 50 de Willgottheim, 11 de Wœllenheim, 21 d'Ittenheim, 30 de Neugartheim, 74 de Kirchheim, 125 de Marlenheim, 64 de Nordheim, en tout 928 signatures.

Mais le bruit se répandait dans Wasselonne et les villages voisins, que les Protestants multipliaient les démarches pour faire expulser les Capucins de leur maison. La Municipalité, dans la séance du 27 Janvier 1791, décida, à la requête du Procureur de la Commune, de publier la déclaration suivante en collaboration avec le Curé catholique de Wasselonne :

«1º. En vertu des décrets de l'Assemblée Nationale, et conformément à l'ordre spécial du Directoire du District de Strasbourg, le Maire de Wasselonne et M. Jean David Feybel, en qualité de Commissaire, accompagnés du secrétaire de la commune, se sont rendus au couvent des Capucins, le 25 Juin de l'année dernière, ils ont dressé l'inventaire des objets précieux existant dans la maison et ils ont ajouté à la fin de leur procès-verbal que le vœu des habitants de Wasselonne et des villages voisins est que l'hospice des PP. Capucins soit conservé.

«2º. En conformité des décrets de l'Assemblée Nationale, et sur un ordre réitéré du Directoire du District de Strasbourg, la Municipalité de Wasselonne devait choisir dans son sein deux commissaires, qui devaient se rendre à l'hospice pour poser aux religieux les questions suivantes :

1º. Combien de Pères et de Frères se trouvent au couvent?

2º. Quel est leur âge?

3º. Désirent-ils rentrer dans le siècle ou rester au couvent?

«Le 28 Décembre la Municipalité, par les soins de son secrétaire, a fait savoir aux Pères les noms des Commissaires ainsi que la commission qu'ils étaient chargés d'exécuter.

«Dès que le bruit se répandit : ,,Deux commissaires viennent au Couvent!" quelques individus, ne connaissant pas les raisons de la venue des Commissaires et uniquement par exagération de zèle, ont fait publier dans quelques villages voisins que les Protestants voulaient chasser les Capucins. ,,Que l'on vienne au secours!" avaient-ils ajouté. Et de fait, plusieurs étrangers à la ville se sont trouvés ici au moment indiqué. Ils s'en sont retournés après avoir rapporté ce qu'on leur avait dit, à la confusion de ceux qui avaient répandu ce faux bruit. La commission a été exécutée aussi amicalement que tranquillement, et à la fin du procès-verbal on a inséré la même remarque que ci-dessus, savoir : que le couvent des Capucins soit conservé selon le vœu des citoyens de Wasselonne et des villages environnants.

«En attendant, il y a des gens qui répandent à tort le bruit que les Protestants voulaient de leur propre initiative supprimer le couvent. Nous les rappelons aux lumières de la raison, afin qu'ils comprennent que ce qui a été fait relativement aux commissions ci-dessus mentionnées, n'est que l'exécution des décrets de l'Assemblée Nationale, et non pas l'œuvre arbitraire des Protestants, et que c'est chercher à troubler l'harmonie qui a existé jusqu'ici entre les deux partis religieux, que de répandre mensongèrement de telles nouvelles.

«En conséquence nous demandons à tous les bons citoyens dans l'intérêt de la tranquillité publique, de ne pas prêter l'oreille, ni ajouter foi à tous ces bruits qui ne sont lancés que pour troubler l'opinion publique, et pousser les citoyens à la rébellion sous prétexte de religion.

Fait à Wasselonne le 27 Janvier 1791.

Signé: Frentz, Curé,

Rothenbach, Maire.»

Cette déclaration de la Municipalité, tout en mettant les choses au point, ne pouvait empêcher l'exécution de la loi. Le Directoire du Département, qui poursuivait par tous les moyens la dispersion des Capucins de la ville de Strasbourg, ne négligeait pas les autres couvents du District, et par son arrêté du 20 Avril 1791, il désigna l'Abbaye d'Altdorf comme maison de vie commune pour les Capucins des deux couvents de Strasbourg et de celui de Wasselonne. Les uns et les autres refusèrent de s'y rendre, et au 1 Mai tous les couvents du District de Strasbourg étaient évacués.

La Municipalité tint séance le 29 Avril, elle décida de nommer un commissaire qui devait se rendre chez les Capucins la veille de leur départ pour faire un nouvel inventaire des meubles et effets. Le domestique et une servante furent chargés de la garde de la propriété, on décida de donner au premier 6 livres comme salaire et à l'autre 3 livres 12 sols. Ils étaient sous la dépendance du Citoyen Wenzer, choisi par la Municipalité pour prendre au couvent de Wasselonne la place des Capucins. (1)

---

(1) Arch. Municip. de Wasselonne. Communic. de M. l'abbé Brauner.

Chapitre VIII.

Les Couvents des Capucins d'Alsace.

Couvent de Colmar.

Un des premiers actes de la nouvelle Municipalité de Colmar fut de procéder à l'inventaire des couvents de la ville.

Le 19 Mai 1790, Etienne Ignace de Salomon, Président du Conseil Souverain d'Alsace, Maire, Daniel Adam Eggerlé et Antoine Richert le vieux, Officiers Municipaux, accompagnés du substitut du Procureur Syndic et du Secrétaire Greffier de la ville de Colmar, se transportèrent au Couvent.

Le Père Anselme, Gardien, leur déclara que : «ne jouissant d'aucuns revenus, n'ayant rien en propre, et vivant seulement des aumônes que la charité chrétienne leur fait, ils n'avaient ni registres, ni comptes de régie, étant connu que pour la sustentation ils étaient obligés de faire la quête, suivant les saisons, des productions qui leur étaient nécessaires, qu'ils ne possédaient aucune maison de laquelle dépendissent des biens mobiliers, immobiliers ou revenus.»

Puis les Officiers Municipaux firent l'inventaire de la sacristie où ils ne trouvèrent qu'un soleil, un ciboire et quatre calices en argent doré, avec les ornements strictement nécessaires pour le culte dans une grande communauté. La bibliothèque renfermait 1660 volumes, dont 300 in folio.

Les religieux, dont les noms suivent, se trouvaient au couvent:
P. Anselme Grillot, de Strasbourg, 55 ans, Gardien ;
P. Augustin Bumann, de Bollwiller, 56 ans, Vicaire ;
P. Léger Fimbel, d'Ottmarsheim, 73 ans ;
P. Laurent Huffel, de Colmar, 66 ans ;
P. Honoré ....., de Soultz, 67 ans ;
P. Chrysologue Kruch, de Sélestat, 63 ans, aumônier ;
P. Marcellin Fuchs, de Pfaffenheim, 62 ans ;
P. Pacifique Haderbeck, de Hattstatt, 55 ans ;
P. Ursicin Lorentz, d'Oberrœdern, 52 ans ;
P. Jourdain ....., de Battenheim, 52 ans, infirmier de la ville ;
P. Joseph-Antoine Moguntz, de Wissembourg, 31 ans ;
P. Jonas Johner, de Sélestat, 28 ans, Lecteur de Théologie ;
P. Silvestre Thomas, de Massevaux, 30 ans, étudiant ;
P. Benjamin Gross, de Gundolsheim, 26 ans, étudiant ;
P. Marcellien Amilhaut, de Vieux-Brisach, 30 ans, étud. ;
P. Innocent Kiener, de Houssen, 26 ans, étud. ;

P. Apollinaire Hirn, de Sigolsheim, 26 ans, étud.;
P. Florien Kleinpeter, de Gambsheim, 26 ans, étud.;
P. François-Barthélemy Krafft, de Rædersheim, 26 ans, étud.;
P. Marjan Emmering, de Mensdorff en Lorraine, 26 ans, étud.;
F. Modeste Anselme, de Benfeld, 69 ans, frère lai;
F. Thibaut ....., de Meistratzheim, 50 ans, frère lai;
F. Morand Rieth, de Ungersheim, 42 ans, frère lai;
F. Jean-Baptiste Haberthur, de Soultz, 34 ans, frère lai;
F. Joseph Walter, de Ballersdorf, 26 ans, frère lai;
F. Vital Furd, d'Ottmarsheim, 26 ans, frère lai;
Antoine Sussenthaler, du Val-de-Villé, 30 ans, frère donné;
Joseph Christen, de Michelbach, 24 ans, frère donné.

Tous déclarèrent que leur intention était de rester dans les maisons de leur Ordre.

La maison pouvait contenir 28 religieux.

Après cette première intrusion de la Municipalité dans le domaine religieux, l'année 1790 s'écoula pour les Capucins de Colmar dans une tranquillité relative. Tous, il est vrai, avaient opté pour la vie commune, leur nombre était même supérieur à celui fixé par la loi, ils pouvaient donc, d'une certaine manière, se croire en sûreté, au moins pour quelque temps, et ils avaient repris leur ministère. Cependant les bruits du dehors parvenaient jusqu'au couvent, les élections perpétuelles tenaient le pays dans un état de fièvre continu; les lois nouvelles, supprimant l'ancien ordre de choses, augmentaient encore le malaise, surtout à Colmar, ville parlementaire, où la suppression du Conseil Souverain d'Alsace avait porté à son comble le mécontentement.

L'annonce de la loi sur la Constitution Civile venait encore augmenter les inquiétudes; en imposant le serment à tous les prêtres fonctionnaires publics, en sollicitant les religieux de se prêter à ses exigences schismatiques, elle troublait les consciences, et travaillait à ébranler les meilleures résolutions.

C'est dans ces temps troublés que les Officiers Municipaux revinrent au couvent pour le récolement d'inventaire. Ils constatèrent la présence à l'infirmerie, à la cuisine et à la cave de meubles non inventoriés l'année précédente, ils évaluèrent les provisions, et jugèrent «qu'elles pouvaient suffire aux besoins du couvent jusqu'à la prochaine récolte, sans qu'il y ait de l'excédent.» Puis ils interrogèrent encore une fois les religieux sur leurs intentions. Tous déclarèrent encore opter pour la vie commune.

Cependant la désunion se glissa au couvent de Colmar. Entraînés par le P. Joseph-Antoine, les étudiants en Théologie s'insurgèrent contre le P. Provincial, qui avait l'intention de les envoyer au couvent d'Ensisheim. Le Maire de Colmar lui avait conseillé de faire ce changement pour le bien de la paix, mais les religieux en appelèrent au Directoire du Département, qui interdit tout déplacement. Le P. Joseph-Antoine partit néanmoins pour

Soultz, et après son départ l'ordre fut rétabli à Colmar, où le P. Provincial fut cependant contraint par l'autorité civile de laisser les jeunes religieux.

Quelques jours plus tard, nouvelle main-mise du Département sur le couvent. Il envoya un expert évaluer la propriété, et celui-ci, après examen, estima l'Eglise à 3000 livres, et le couvent avec jardin et dépendances à 14 800, au total 17 800 livres.

Au mois de Mars 1790, un évêque avait été élu à Colmar, en vertu de la loi sur la Constitution Civile, qui érigeait un évêché dans chaque Département. Jusque-là le Haut-Rhin, à peu près en entier, faisait partie du Diocèse de Bâle, dont le titulaire résidait à Porrentruy. Arbogaste Martin, sous-principal du Collège de Colmar, avait recueilli la majorité des suffrages, il s'était hâté de se faire sacrer à Paris par Gobel, et il s'installa le 17 Mai dans sa cathédrale. Mais c'était un évêque et un diocèse sans prêtres. Ainsi dans le district de Colmar, 90 prêtres avaient refusé le serment, 30 seulement l'avaient prêté dans les termes voulus par la loi, la proportion était la même dans les autres districts. Il fallait donc combler les vides de ce clergé, et l'Administration ne trouva d'autre expédient que de faire appel aux religieux. Le 13 Mai, les Officiers Municipaux vinrent demander aux Capucins de Colmar «s'ils consentaient à se rendre utiles aux fidèles en se rendant aux désirs de M. l'évêque du Département.»

Le P. Anselme, Gardien, et les Pères Jonas, Ursicin, Chrysologue, Marcellin, Innocent, Marcellien, Laurent, Marian, Florien et François-Barthélemy déclarèrent ne pouvoir reconnaître que l'Evêque de Bâle, le P. Pacifique, vu sa surdité, ne pouvait remplir aucune fonction, le P. Léger reconnaissait l'évêque du Département, les autres Pères étaient absents.

Un seul Capucin consentait donc à reconnaître l'évêque du Département; c'était peu, d'autant plus que ce Père ne prêta jamais serment, et que son grand âge ne lui aurait pas permis de rendre service à l'église constitutionnelle.

Pour venger cet affront, et en même temps débarrasser Colmar de tous les religieux fanatiques, le Département désigna aux Augustins, comme maison de vie commune, l'abbaye de Pairis, située dans une des hautes vallées des Vosges. Les Augustins refusèrent de s'y rendre, optèrent pour la vie privée et restèrent à Colmar. Contre les Capucins le Département prit l'arrêté suivant, le 18 Mai:

«Vu les art. 12 et 13 du Titre I de la loi du 14 Octobre 1790, qui règlent l'époque et le mode de la translation des religieux qui ont opté pour la vie commune, les articles 21 et 22 du même Titre qui sont relatifs à la police intérieure des dits religieux,

vu aussi la loi du 29 Mars dernier,

ouï le Procureur Général Syndic,

le Directoire du Département du Haut-Rhin arrête:

1° que les douze plus anciens de profession des Pères Capucins de cette ville de Colmar, et les quatre plus jeunes de profession des Frères Capucins de la dite ville, se rendront au couvent des religieux du même Ordre à Belfort dans la huitaine à compter du our de la notification du présent arrêté, et que le surplus des dits Capucins de Colmar, tant Pères que Frères, se réuniront dans le même délai à ceux de Neuf-Brisach, pour y vivre en commun, si mieux n'aiment user de la liberté d'abandonner la vie commune.»

L'article 2 leur enjoint, une fois arrivés à destination, d'avoir à élire un supérieur et un économe dans une assemblée présidée par un Officier Municipal, et se faire un règlement, qui fixera les heures des offices, des repas, et de la clôture des portes. Puis le Département ajoute :

«Considérant qu'il est convenable de continuer à dire des Messes dans l'église des Pères Capucins de Colmar, pour faciliter aux citoyens de cette ville des occasions d'y assister, arrête:

3°. Qu'expédition du présent arrêté sera envoyée à M. l'évêque du Haut-Rhin, avec invitation de pourvoir à leur célébration.»

L'agitation fut à son comble à Colmar, quand on eut connaissance de cet arrêté du Département. Dans la nuit du Samedi 21 au Dimanche 22 Mai,(1) un attroupement considérable se forma aux abords du couvent des Capucins : Le bruit s'était répandu qu'on allait enlever de force les religieux. La foule proférait des cris injurieux et menaçants contre l'évêque, ses vicaires et tous les conformistes. Un membre du Département, qui demeurait près de là, fut menacé de la lanterne. Dans le même moment d'autres groupes se formèrent devant le couvent des Augustins; les portes furent enfoncées ; la foule pénétra dans l'église, et se mit en prières. Ce n'est que le matin que l'église fut évacuée.

C'était une véritable émeute, écrit à la Société des Amis de la Constitution de Strasbourg, un membre de la même société de Colmar, témoin oculaire de tout ce qui se passa. Il rejette toute la responsabilité des désordres sur le Maire, qui n'a pas voulu donner d'ordres. Il donne le beau rôle à la garde nationale et aux chasseurs, qui de leur propre initiative ont fait des patrouilles, et arrêté 36 individus, qui, par malheur, ont été relâchés le lendemain. Ils avaient reçu l'ordre à 10 heures de faire évacuer l'église des Augustins, mais ils ont refusé de le faire en l'absence du Maire, car ils étaient convaincus que les fanatiques ne quitteraient pas l'église avant que l'on eût fait feu sur eux. Jamais ils n'ont usé de violence, parce qu'ils étaient tous des protestants. Ce n'est qu'à 6 heures du matin qu'ils ont pu faire évacuer l'église après avoir été insultés et menacés, et ce n'est qu'alors que les chasseurs ont appliqué des coups de sabres pour repousser la foule.

En même temps un attroupement de 3 à 400 personnes occupait le couvent des Capucins et les maisons voisines jusque sur les toits. «Baccara, Officier Municipal, ignorant et fanatique par

______

(1) Véron-Réville. — *Histoire de la Révolution française dans le Département du Haut-Rhin. Paris 1865. in 8°. p. 59.*

excellence, était le général de cette troupe. Il s'agissait de ren ouveler la scène de Nîmes. Les mesures sages qui ont été prises ont détourné le carnage qui nous menaçait, l'événement n'a pas eu la moindre suite.»(1)

On ne pouvait manquer d'accuser les Capucins d'être la cause de ces désordres. Le Directoire du Département informé que deux Frères Capucins, passant par le Marché-aux-Choux, avaient laissé entendre que leur communauté était dans le besoin, écrivit au Procureur de la Commune de faire une enquête. Il nommait les témoins à interroger, et il ajoutait gravement : «Ce fait doit avoir beaucoup contribué aux troubles de hier soir. Je vous prie de prendre des informations sur ce fait qui me paraît des plus graves, et de me communiquer le résultat de vos recherches.» Nous ignorons la réponse du Procureur, mais ce n'était pas seulement au Marché-aux-Choux, que l'on discutait la question des Capucins, les citoyens actifs de Colmar des quatre sections de la ville s'étaient réunis afin de délibérer sur les démarches à faire pour la conservation du couvent. Ils avaient nommé des Commissaires: MM. Félix Muller, Conte fils, Rieden père, Thurmann, Antoine Richert le plus jeune, Jean Georges Heimburger, Michel Kleutzinger et Antoine Gsell, pour se présenter devant les membres du Directoire du Département, les prier instamment de vouloir bien révoquer ou suspendre leur arrêté, qui avait pour objet le départ des Capucins de la ville de Colmar, et leur remettre la pétition suivante:

A Messieurs
Messieurs les Président et Membres composant le
Directoire du Département du Haut-Rhin.

Les citoyens de la ville de Colmar soussignés ont l'honneur de présenter leurs vœux, leurs prières et leurs supplications à Messieurs les Président et Membres du Directoire du Département du Haut-Rhin pour la conservation des religieux de l'Ordre de Saint-François établis dans cette ville.

Après avoir vu à leur grand regret supprimer deux maisons religieuses dans lesquelles le service divin se faisait avec édification, et dont le secours était utile aux habitants, il ne leur reste plus que les Pères Capucins qui ont bien des droits à l'affection et et à la reconnaissance même des citoyens de la ville; leur zèle pour les actes de religion, leur charité pour les pauvres et les malades, leur activité dans les accidents et les malheurs publics dont ils ont encore donné des preuves si touchantes dans le dernier incendie qu'ont éprouvé plusieurs concitoyens, rendent ces religieux chers non seulement aux Catholiques mais aussi aux Luthériens même qui ne peuvent leur refuser des sentiments d'estime et de vénération. Leur secours est nécessaire à la confiance publique, elle ne se commande pas, surtout pour le confessionnal, où les Catholiques, obligés de déposer leurs faiblesses, doivent avoir le choix du juge

(1 Arch. Municip. Strasb. Comité de surveillance. II. 868. — C. 3 (18).

et des conseils qui les ramènent à leurs devoirs. Il n'est pas moins nécessaire dans une ville aussi peuplée que l'est celle de Colmar, que les secours spirituels soient multipliés pour satisfaire à la dévotion des âmes pieuses, et ramener ceux qui ne le sont pas, par la fréquence des actes de religion et par les exemples.

Les soussignés osent vous rappeler, Messieurs, que les décrets de l'Assemblée Nationale autorisent des religieux d'opter de continuer la vie commune et de se réunir lorsqu'ils sont au nombre de vingt.

Les Pères Capucins de Colmar excèdent ce nombre et ils ont tous déclaré vouloir vivre en communauté ; les mêmes décrets ordonnent qu'il leur sera assigné les maisons les plus commodes, les plus vastes, et dont les bâtiments se trouvent dans le meilleur état.

Le couvent des Capucins de Colmar réunit toutes ces propriétés, et il y joint l'avantage d'être placé dans une ville peuplée dans laquelle il y a différence de religion, et où par conséquent les religieux peuvent être, et sont de fait, d'une plus grande utilité, considération bien conforme aux vœux des lois, et bien digne de l'attention d'administrateurs éclairés.

Les soussignés, qui au surplus ne sont que les échos de la plus grande majorité des habitants catholiques de la ville de Colmar, attendent donc avec confiance le succès de la pétition qu'ils vous présentent. Placés à la tête de l'administration, vos soins ne s'étendront pas moins à favoriser l'exercice d'une religion sainte que vous professez, et à multiplier les moyens de la pratiquer, qu'à surveiller les intérêts temporels du Département dont l'administration vous est confiée. La protection que vous accorderez à des religieux qui la méritent, ajoutera aux sentiments de vénération et de respect que vous ont voués les soussignés citoyens de la ville de Colmar.

Ant. F. Muller, Commissaire ; Conte fils aîné, Commissaire ; Rieden père, Commissaire ; Heimburger ; Ant. Gsell.»

Lorsque cette pétition et l'adresse portant 895 signatures de citoyens de Colmar fut présentée au Directoire du Département, celui-ci la communiqua au District pour avoir son avis. Il l'invitait en même temps «à considérer que l'affaire méritait célérité.» Le District s'occupa de l'affaire sur le champ, et «prenant en considération la vérité et solidité des raisons alléguées et détaillées dans la pétition de la commune de Colmar, il estima qu'il y avait lieu de l'accueillir.» La Municipalité, interrogée à son tour par le Département, répondit, qu'en présence de l'effervescence de la population, elle ne pouvait répondre de la tranquillité publique avec le peu de force dont elle disposait. Alors le Département, bien que penchant, en partie du moins, vers les idées modérées, mais ne voulant pas prendre seul la responsabilité d'une mesure grosse de conséquences, arrêta «que la pétition de la commune de Colmar avec les pièces y relatives serait mise sous les yeux de l'Assemblée Nationale, qui était priée d'y statuer dans son équité.» Il crut devoir en attendant céder à la pression dont il était l'objet, et il «ordonna en conséquence que le terme apposé à l'exécution de l'arrêté pris le 18 de ce mois serait prorogé jusqu'à ce que la décision sollicitée de l'Assemblée Nationale fut intervenue.»

De son côté, le P. Gardien des Capucins de Colmar crut devoir prendre la défense de ses religieux, et il envoya à l'Assemblée Nationale l'adresse suivante:

«Monsieur le Président.

Les circonstances critiques dans lesquelles se trouvent les Capucins de cette ville, les forcent de recourir à l'autorité de l'Assemblée Nationale, et de lui faire l'exposé fidèle de leur conduite. Les Capucins de Colmar, depuis leur établissement en cette ville, se sont dévoués particulièrement au soulagement des pauvres, des infirmes, des incendiés, ils ont mérité à ce titre le suffrage de l'amitié non seulement des catholiques mais encore des protestants.

Tranquilles au sein de la pauvreté, chéris de leurs concitoyens, surpassant le nombre des religieux fixé par les décrets pour servir de base à leur conservation, préférant l'observation de leurs vœux et la vie commune, ils avaient quelque espoir d'oser finir leurs jours dans leur retraite à Colmar. Cependant le Département résolut de les transférer en partie à Brisach, et en partie à Belfort. Soumis aux lois par état et par devoir, ils allaient subir leur sort lorsque les citoyens de la commune réclamèrent leur conservation; ils demandèrent à s'assembler, le Conseil Général le permit, et députa même au Directoire du Département pour lui annoncer son vœu et celui de la commune. La commune elle-même arrêta et remit une pétition au Département; le Directoire du Département doit avoir depuis renvoyé la pétition à l'Assemblée Nationale, et provisoirement les Capucins continuèrent de demeurer à Colmar.

Pendant toutes ces démarches, le peuple un peu agité et alarmé par de fausses annonces, s'attroupa deux fois sous prétexte de veiller sur les Capucins et d'empêcher leur départ. Il n'y eut pas de grands désordres, les Capucins étaient bien éloignés, je ne dis pas de fomenter, mais même de désirer ces tumultes, dans le dernier desquels, sous prétexte de leur aider, on leur enleva une partie du peu d'effets qui leur restaient.

La Municipalité, le Directoire du District et du Département, le Général de Wietinghoff, Commandant les troupes, leur rendent cette justice. Les termes des décrets, la conduite paisible des Capucins et le vœu de la commune semblaient leur présager la grâce de l'Assemblée Nationale de continuer de demeurer à Colmar, lorsqu'il survint un événement, minutieux en lui-même, mais auquel leurs ennemis cherchèrent à donner l'interprétation la plus odieuse.

Depuis plus de quinze jours, il était parvenu à Colmar une lettre contenant un détail absurde de guerre et de projets hostiles contre la France. On y faisait le tableau ridicule de plus de 500 000 hommes d'ennemis. Les gens sensés s'amusèrent et rirent de cette nouvelle. Une quantité de copies de cette lettre coururent la ville, un de nos Pères, vieux et presque sourd, s'occupant quelques fois de nouvelles, reçut une copie de cette lettre, et l'avait sur lui, lorsque le 13 Mai dernier, partant de Colmar avec le Père temporel du couvent ils passèrent devant le cabaret du Soleil, situé hors de la ville. Le particulier y ayant une commission à remplir, le P. Capucin l'y suivit. Le hasard voulut qu'il se trouva dans le poêle plusieurs soldats qui parlèrent au Capucin et se mirent à causer nouvelles. Le Père, qui n'avait ni dessein ni défiance, leur répondit imprudemment qu'il avait aussi copie d'une singulière nouvelle, et montrant le papier, l'un d'eux s'en empara. Il le redemanda vainement, et fut obligé de continuer son chemin sans ravoir son papier. Cependant des malveillants surent ce fait, on en fit l'objet d'une dénonciation, et c'est avec douleur et surprise que le couvent apprit que M. de Wietinghoff, le Général, devait envoyer cette lettre à l'Assemblée Nationale avec une lettre d'accompagnement dans laquelle les Capucins seront sans doute dépeints, à raison de cette aventure, comme dangereux pour la tranquillité publique. Le soussigné a eu l'honneur de voir M. le Général, mais il a été mal reçu, et ce Commandant a paru conserver une impression défavorable sur les Capucins. Ces pauvres religieux tranquilles, voués à la vie commune, et aimés des citoyens de cette ville dans laquelle ils demeurent, vous supplient, Monsieur le Président, de vouloir bien intercéder pour eux, et de tâcher d'obtenir de l'Assemblée Nationale une décision conforme au vœu de la commune de Colmar.

S'il était possible, qu'on leur opposât le fait que je viens d'avoir l'honneur de vous détailler, veuillez bien, Monsieur le Président, en rendre compte, les informations qu'on pourrait prendre sur les lieux en constateront également la vérité. La conduite des Pères Capucins de cette ville a de tout temps mérité l'approbation du public, et si l'Assemblée Nationale daigne les conserver à Colmar, ils prouveront par leur soumission, leur tranquillité, leur dévouement au public, qu'ils sont dignes de cette faveur.

Fr. Anselme Grillot, Supérieur
du couvent des Capucins de Colmar.»(1)

Pendant que ces adresses et pétitions étaient envoyées à l'Assemblée Nationale, le Maire et les Officiers Municipaux de Colmar, dans la séance du 24 Mai arrêtèrent «qu'il sera notifié aux RR. PP. Capucins de la ville que, tant qu'il n'aura pas été statué définitivement sur le lieu où il leur sera permis de vivre en commun, ils peuvent demeurer tranquillement dans leur couvent, qu'ils n'ont même jamais dû concevoir d'inquiétude que l'Administration ait jamais voulu se porter à aucun acte de violence envers eux, tout comme elle n'a jamais dû les croire capables de résister à l'exécution des ordres qui leur seraient légalement intimés, que le Corps Municipal se persuade que pour se montrer dignes de l'em-

---

1) Archives Nationales D. XIX. 86. N° 677 bis

pressement marqué pour les conserver en cette ville, ils se tiendront dans les bornes de la soumission et de la tranquillité que le grand intérêt de la paix publique exige ; et en conséquence, qu'ils ne souffriront, ni de jour ni de nuit, aucun rassemblement d'hommes dans leur couvent dont ils auront soin de fermer soigneusement les portes aux heures qui leur seront fixées par leur règle. S'ils croient avoir besoin de prendre des précautions de sûreté, ils n'auront recours à aucune autre garde que celle que la police leur accordera sur leur demande en connaissance de cause.»(1)

Il ressort clairement de toutes ces adresses, aussi bien que des délibérations et des aveux des administrations, que ces émeutes n'auraient jamais eu lieu si le peuple de Colmar avait été laissé libre de pratiquer sa foi religieuse. Ici comme ailleurs, c'est l'application de la loi sur la Constitution Civile du Clergé qui a soulevé les colères et provoqué toutes les émeutes. Mais les auteurs de cette loi ne voulaient pas en convenir. Ils étaient disposés à briser toutes les résistances afin d'imposer au pays une religion que la majorité réprouvait énergiquement.

Aussi lorsque l'affaire de Colmar fut portée devant l'Assemblée, celle-ci décida, le 31 Mai, sur le rapport de Salle, député de la Meurthe :

1°. Que l'arrêté du Directoire du 23 Mai qui rouvrait l'église des Augustins, était annulé, et que par conséquent l'arrêté du 12 qui fermait cette église et celui du 21 qui transférait les Capucins hors de Colmar, seraient exécutés.

2°. Que les membres du Directoire qui avaient signé l'arrêté du 21 Mai seraient suspendus de leurs fonctions, et remplacés par des membres du Conseil Général.

3°. Que le nouveau Directoire examinerait la conduite des membres du District et de la Municipalité de Colmar et suspendrait ceux qu'il croit en faute. (Trois Officiers Municipaux furent suspendus : Voisard, Baccara et Richard.)

4°. Le Tribunal d'Altkirch était chargé de poursuivre les faits relatifs à ces troubles. - Un homme, une femme et quelques jeunes filles, qui s'étaient signalés par leur exaltation, furent emmenés à Neuf-Brisach, où ils restèrent détenus pendant quatre mois.(2)

Ainsi le Directoire du Haut-Rhin était frappé quelques mois seulement après l'application de la loi du serment. Il avait cependant accepté la Constitution Civile, il avait appliqué la loi contre les religieux, tout au plus pouvait-on lui reprocher de l'avoir fait avec une certaine modération. Au soulèvement de Colmar il n'avait pas répondu par une répression brutale, il avait toléré les adresses et les pétitions contre la loi, il les avait même transmises à

____

(1) Arch. Municip. de Colmar. Regis. des Séances. 24 Mai 1791.
(2) Sciout. op. cit. II. 320. - Veron-Réville. op. cit. 60. - *Rapport fait à l'Assemblée Nationale à l'occasion des événements qui ont eu lieu à Colmar les 21, 22 et 23 Mai dernier, par Salle, député de la Meurthe.* Paris. 1791. 20 p. in 4°.

l'Assemblée Nationale. Une telle conduite, que l'on pouvait taxer de tiédeur, ne pouvait plaire à l'Assemblée. Que serait-il advenu de l'église constitutionnelle si les Directoires semblaient fléchir devant les obstacles qui s'opposaient partout à son établissement? Elle était irrémédiablement perdue et l'œuvre religieuse de l'Assemblée Nationale échouait misérablement. Il fallait à tout prix éviter cet échec. Aussi la punition infligée à l'Administration du Haut-Rhin était un avertissement donné à tous les Directoires de France : il fallait à tout prix maintenir l'église constitutionnelle sans s'inquiéter du nombre, ni des souffrances de ceux qui ne voulaient pas l'accepter.

Désormais aucune illusion n'était possible, le décret de l'Assemblée supprimait le couvent de Colmar. Cette mesure froissait les habitants dans leurs sentiments les plus intimes, et une nouvelle émeute était à craindre, du moins le bruit se répandit en ville. Aussi le P. Gardien se crut obligé, pour dégager la responsabilité des Capucins, d'adresser à la Municipalité la lettre suivante :

«Messieurs,

La rumeur publique nous apprend le Décret rendu par l'Assemblée Nationale et sanctionné par le Roi, qui nous ordonne de quitter la maison de Colmar dans laquelle nous menions la vie commune. Nous attendons avec soumission que ce décret nous soit signifié par vous, Messieurs, pour l'exécuter sans aucune résistance, ainsi que j'ai eu l'honneur de le déclarer au nom de toute ma communauté à Messieurs le Maire et le Général de Wietinghoff. Fermes dans nos opinions et forts de nos sentiments, nous prêcherons partout la soumission à la loi, le respect que l'on doit à ses organes, et nous oserons proposer comme exemple au peuple la conduite que nous avons tenue envers nos législateurs.

Daignez, Messieurs, m'honorer d'un mot de réponse et procurez moi des moyens paisibles et tranquilles pour exécuter mes promesses, et mettez moi et mes confrères à l'abri des bruits fâcheux qui se répandent dans la ville à notre sujet.

Moi et tous mes confrères avons l'honneur d'être avec la plus parfaite soumission

Messieurs

Votre très humble et très obéissant serviteur

Fr. Anselme, Gardien des Capucins.

Colmar, le 9 Juin 1790.(1)

Comme la vie commune était interdite à Colmar aux Capucins, bien qu'ils fussent au nombre de 24, nombre supérieur à celui fixé par la loi, tous refusèrent le simulacre de conventualité que leur offrait l'Administration. Un partage arbitraire en envoyait une

____

(1) Cette lettre est datée par inadvertance de 1790, mais le texte montre bien qu'elle est de 1791, car le décret de l'Assemblée est du 1 Juin 1791.

partie à Belfort et l'autre à Neuf-Brisach ; les premiers avaient un autre motif de refuser d'aller au couvent désigné : on ne tenait aucun compte du désir manifesté par eux de vouloir rester dans les couvents de leur Province. Aussi tous optèrent pour la vie privée.

Le 18 Juin, lorsque les Officiers Municipaux vinrent au couvent pour interroger une dernière fois les religieux sur leurs intentions,

Le P. Anselme, Gardien, déclara se retirer à Colmar ;

le P. Augustin, à Bollwiller ;

le P. Léger, à Ottmarsheim, ainsi que le P. Laurent ;

le P. Chrysologue, à Colmar ;

le P. Marcellien, là où il lui plaira dans le District de Colmar, ainsi que les PP. Ursicin, Jourdain, les FF. Massée, Thibaut et Maur ;

le P. Jonas, à Wihr-en-Plaine ;

le P. Benjamin, à Gundolsheim ;

les PP. Apollinaire et Innocent, à Colmar ;

le P. Florien, à Gambsheim ;

le P. François-Barthélemy, à Rædersheim ;

le P. Marian, à Colmar ;

le F. Modeste, à Benfeld ;

le F. Luc, à Weyersheim ;

le F. Joseph, à Colmar ;

le P. Symphorien, à Sélestat ;

le P. Mathieu, à Volgelsheim ;

le P. Pacifique, aux Trois-Epis ;

«Acte est donné, dit le procès-verbal, aux religieux de leur déclaration et il est donné permission de se retirer dans les lieux par eux désignés.»

Les religieux se séparèrent. la vie conventuelle avait duré 91 ans au couvent de Colmar fondé en 1700.

Cependant les catholiques de Colmar qui ne voulaient pas de l'église constitutionnelle, les non-conformistes comme on les appelait, usant de la faculté que leur laissait la loi, avaient demandé qu'on leur donnât à bail une des églises fermées pour y exercer le culte sous la direction de prêtres de leur choix. Le jour même du départ des Capucins, les Sieurs Kastner, entrepreneur de l'étape, Félix Muller, J. Ch. Tounolle, Conte fils aîné, Schmitt, Mathias Huffer, Mathias Reech, Lefèvre, Betzel, J. Georges Peter, J. Birtz et J. Georges Heimburger envoyèrent au Directoire du Département une pétition pour l'exercice de leur culte. Ils demandaient l'usage de l'église et sacristie des Augustins, ou celle des Capucins ou des Dominicains, à titre de location pour un an, pour un prix à fixer par le Directoire, afin d'y faire célébrer l'office par des ministres de leur choix.

Le Directoire «considérant que la tolérance la plus absolue, tant que l'ordre public n'en est point troublé, est conforme tant à l'esprit de la religion Catholique, Apostolique et Romaine, qu'au décret de l'Assemblée Nationale,» accorde aux suppliants l'église et la sacristie des Capucins à charge de payer de 3 en 3 mois un loyer à fixer par des experts. Sur la porte de l'église on mettra l'inscription suivante :

Année 1791, seconde de la liberté.
Edifice consacré à un culte religieux par une société particulière.
Paix et Liberté.

L'église sera fermée si l'on y fait des discours contre la Constitution Civile du Clergé; il y aura une séparation entre le monastère et l'église ; les vases et ornements sacrés qui s'y trouveront encore seront transportés à la cathédrale.

Deux jours après, les Sieurs Kastner et consorts nommèrent comme expert pour évaluer l'église des Capucins, le S. Chassin : la Municipalité désigna le S. Rungs. Les deux experts fixèrent le prix de location à 300 livres. Les non-conformistes avaient donc une église à eux, mais avant de la leur livrer, le District envoya un de ses membres, Fr. J. B. Larger pour y prendre les vases sacrés. Le Commissaire trouva chez les Capucins: 4 calices en vermeil, 1 soleil et 1 ciboire, 22 chasubles, 16 aubes et d'autres linges qu'il porta à la cathédrale. A la demande du S. Muller, prud'homme et citoyen de cette ville, on laissa cependant dans la chapelle 11 chasubles de différentes couleurs pour le service. L'évêque du Département accusa réception au District, le 21 Juin, des vases sacrés et des ornements provenant de l'église des Capucins, et qui avaient été remis à la cathédrale. «Cependant, ajoute-t-il, il manque un des effets précieux. C'est une Croix à lames de miroir qui a toujours précédé les processions du Saint-Sacrement. Nous croyons qu'il est essentiel que vous donniez des ordres pour pouvoir s'en servir à la Fête-Dieu.»

Moins de deux mois après, dit Véron-Réville, le Procureur Général Syndic en requérant contre les auteurs des troubles de Ribeauvillé, profita de la circonstance, pour fulminer contre les dissidents, et sous prétexte que la scission qui existait entre les conformistes et les non-conformistes devenait dangereuse pour la tranquillité publique, il obtint du Directoire que l'église des Capucins fut retirée à la société qui l'occupait. On arrêta en outre que la seule église cathédrale resterait ouverte pour tous les prêtres indistinctement, cela laissait supposer, sans preuve, que les non-conformistes de Colmar avaient manqué aux conditions qui leur avaient été imposées. La vérité était que la cathédrale était absolument abandonnée par les fidèles qui se portaient en foule aux Capucins, au grand déplaisir de l'évêque; c'est à son instigation que la mesure fut prise et généralisée dans tout le Département.(1)

Mais l'évêque et ses vicaires avaient beau faire, leur église ne s'en emplit pas davantage, et quand vint le jour de la Fête-Dieu, personne, à l'exception des autorités constituées, n'assista à la procession.

(1) Véron-Réville. p. 62.

Ce qui se passait à Colmar, se renouvelait dans les paroisses du Département où des curés jureurs avaient réussi, grâce à la force armée, à se faire installer. Tout était mis en œuvre pour dégoûter ces curés constitutionnels: les outrages, les injures quand ils sortaient de leurs presbytères, les huées, les rires, les sifflets quand ils officiaient dans leurs églises presque désertes. La nuit ils étaient assaillis par une grèle de projectiles qui brisaient les tuiles et les vitres, et ils pouvaient s'estimer heureux quand ils n'étaient pas atteints par les coups de fusil que des inconnus tiraient sur leur maison. Puis les prêtres réfractaires étaient restés dans le pays, les populations accouraient en foule aux offices qu'ils célébraient dans les chapelles, elles s'en retournaient exaltées par les discours qu'elles avaient entendus, discours que les patriotes qualifiaient d'incendiaires.

Un pareil état de choses ne pouvait se prolonger indéfiniment sans danger pour la nouvelle église. Il fallait de toute nécessité que l'ordre fut rétabli dans les communes, et comme les prêtres réfractaires étaient considérés comme les auteurs des troubles, c'était sur eux que devaient tomber d'abord les rigueurs de l'administration. Des mandats particuliers avaient bien été lancés contre les plus turbulents accusés de promener partout les torches du fanatisme, mais ces mesures individuelles étaient insuffisantes pour rétablir l'ordre, car les réfractaires, protégés par les populations, trouvaient moyen d'échapper aux recherches et aux poursuites de la Garde Nationale et de la Maréchaussée. Il était donc nécessaire de prendre des mesures générales, si l'on voulait étouffer d'un seul coup l'agitation dans le Département. Le 17 Juillet, les Commissaires de l'Assemblée Nationale, envoyés pour rétablir l'ordre dans le Département, avaient convoqué à Colmar une réunion des différents corps administratifs et judiciaires, identique à celle qu'ils avaient tenue à Strasbourg, le 12 Juillet précédent. Il s'agissait de se concerter sur les mesures à prendre en vue d'assurer la sûreté et la tranquillité publiques. On avait discuté les moyens «d'arrêter les suggestions fanatiques et menées sourdes tant des curés réfractaires que des religieux. L'arrêté pris par les différents corps réunis du Bas-Rhin concernant les ecclésiastiques réfractaires n'avait pas pu après un mûr examen et une longue discussion être adopté dans le même goût, par la raison que les manœuvres des ecclésiastiques du Haut-Rhin n'avaient point été trouvées aussi coupables que celles des ecclésiastiques du Bas-Rhin; on avait cependant jugé nécessaire pour le maintien de la tranquillité publique d'éloigner les curés et les ecclésiastiques, qui ne se seraient pas conformés à la loi, de l'endroit de leur résidence, que cette précaution était d'autant plus nécessaire que les inconvénients que produit leur habitation dans leur ancienne résidence s'étaient déjà fait apercevoir dans plusieurs communes; pour ce le rapport demandait que cet éloignement fut ordonné par le Directoire.»

La matière mise en délibération, le Directoire du Département du Haut-Rhin arrêta :

«1°. Que les Ecclésiastiques non assermentés, chargés ci-devant de la desserte des cures, des bénéfices à charge d'âmes ou de vicariats dans le ressort du Département, seraient tenus, dans la huitaine à compter du jour de l'installation des desservants nommés par le corps électoral, de quitter le lieu de leur résidence à peine d'être arrêtés et conduits par la force publique là où il serait ordonné.

2°. Que les religieux non assermentés, qui avaient abandonné la vie commune, seraient tenus dans la huitaine, à compter du jour de la publication des présentes, de quitter l'habit de leur ci-devant ordre et le lieu dans lequel était située la maison dans laquelle ils avaient fait leur dernière résidence, et ce sous les peines ci-dessus.

3°. Que le présent arrêté serait exécuté par provision, et qu'il serait adressé copie à l'Assemblée Nationale. Il invitait en même temps les Procureurs Syndics des trois Districts, et les Municipalités chacune dans son territoire à tenir la main à son exécution.»

Cet arrêté porte les signatures de : Wælterlé, Président, Muller, Resch, Eggerlé, Roux, Membres du Directoire, et Riedler, faisant fonction de Procureur Général Syndic.

En marge on lit : «La signature du soussigné à la suite de cette séance doit être sans effet pour l'arrêté ci-contre rendu contre mon avis. Eggerlé.»(1)

On chercherait en vain cet arrêté au procès-verbal de la séance du 17 Juillet, il n'en est pas question. On ne le trouve enregistré qu'à la séance du 23 Juillet, et la note du Cn. EGGERLE, que nous venons de citer ; ainsi que le retard mis à l'inscription de cet arrêté dans les procès-verbaux, nous laissent supposer que l'accord, au sujet des mesures à prendre contre les prêtres, n'était pas parfait dans cette réunion des corps administratifs du Haut-Rhin présidée par les Commissaires.

Ainsi que nous l'avons vu, il avait été décidé qu'une copie de l'arrêté serait envoyée à l'Assemblée Nationale, mais, chose curieuse, cette copie n'est pas la reproduction textuelle du procès-verbal.

«Cejourd'hui, 17 Juillet 1791, du matin, en la salle ordinaire des séances du Directoire du Département du Haut-Rhin, où se trouvaient réunis avec les Administrateurs composant le dit Directoire, MM. les Maire, Officiers Municipaux et Notables de la ville de Colmar, et en présence de MM. de Custine, Chasset et Regnier, Commissaires de l'Assemblée Nationale, nommés par le décret du 22 Juin dernier pour les départements du Rhin et des Vosges, et M. de Wietinghoff, Lieutenant général employé dans le Département, MM. les Administrateurs et Officiers Municipaux, ayant été invités

____

(1) Arch. Départ. Colmar, Direct. du Départ. séance du 23 Juillet 1791.

par MM. les Commissaires de proposer ce qu'ils croiraient nécessaire à l'exécution des décrets de l'Assemblée Nationale, notamment
en ce qui est relatif au clergé réfractaire, un des membres a observé
qu'il croyait nécessaire de faire quitter l'habit d'ordre aux religieux
qui ont opté la vie privée; qu'à la vérité cette disposition ne paraissait pas autorisée par la lettre des décrets, mais que l'on avait pensé
que tel en était l'esprit, que cette mesure devenait d'autant plus
nécessaire, surtout en cette ville de Colmar, qu'un nombre considérable de religieux, qui ont quitté leurs maisons sans quitter
l'habit de leur ordre, y causent du désordre par l'ascendant qu'ils
ont sur l'esprit du peuple, et que leur costume semble cimenter
davantage; MM. les Commissaires, priés en conséquence par les
corps administratifs et les Officiers Municipaux de faire part de
leur façon de penser sur la proposition faite, ont témoigné qu'il n'y
avait nul doute qu'il était dans l'esprit des décrets, que les religieux
qui ont préféré la vie commune, avaient simplement l'option de
conserver l'habit qu'ils portaient, ou d'adopter tel autre costume,
mais que tant qu'aux religieux qui ont déclaré vouloir tenir la vie
privée, ayant par cet acte renoncé à leurs maisons, il est évident
qu'ils ne peuvent et ne doivent plus porter l'habit d'un ordre détruit,
et qu'ils ont volontairement abandonné; MM. les Commissaires
ont en conséquence requis les Administrateurs composant le Directoire du Département de prendre un arrêté conforme aux principes
qu'ils viennent d'établir.

Signé : Régnier, Custine, Chasset, Wietinghoff, Larcher, Metzger,
Schirmer, Salomon Maire, Rockenstroh, Hann et Benjamin
Gloxin.

Pour copie conforme

Jourdain Secr. Gén.»(1)

Dans ce procès-verbal il n'est question que de défendre aux
religieux le port de leur habit, tandis que dans celui des registres du
Directoire, l'article 1 concerne les prêtres réfractaires, à qui il
interdit le séjour dans leurs paroisses. Ce n'était donc pas une
copie du véritable arrêté que l'on envoyait à l'Assemblée. Elle
était donc sciemment et volontairement trompée par les Commissaires, qui ne devaient cependant pas ignorer qu'elle avait cassé un
arrêté semblable pris par le Département du Bas-Rhin le 31 Mars
précédent. Mais depuis lors, les événements s'étaient précipités, et
les Administrations Départementales, à peu près sûres de l'impunité, n'hésitaient pas à devancer les intentions secrètes de l'Assemblée, en prenant les mesures les plus tyranniques. C'était la
réalisation de la parole de Prud'homme dans son Journal d'Avril
1789 : «Avant peu les Districts ne seront peuplés que d'esclaves, et
les Comités ne seront composés que de tyrans.» N'était-ce pas en
effet une tyrannie que cette interdiction de séjour et cette défense

____

(1) Arch. Nation F19 465.

de porter l'habit de l'ordre? Cela nous explique en partie la pro-testation du Cn. Eggerlé, mais la vraie raison de cet arrêté, c'était, comme partout, la difficulté qu'éprouvait l'église constitutionnelle à recruter des jureurs. Toutes les avances faites aux prêtres et aux religieux avaient été à peu près en pure perte, et bien que dans le Haut-Rhin il y eût un plus grand nombre de jureurs, les cadres de l'église constitutionnelle étaient loin d'être au complet.

Il est vrai que le Procureur Général Syndic, Reubel, n'était pas à Colmar en ce moment, il était à Paris à la Constituante, et il ne revint à son poste que vers le 20 Octobre. Dès son arrivée, il imprima à l'admistration une allure plus accentuée dans le sens de la persécution, et l'arrêté du 17 Juillet ayant été reconnu insuffi-sant, le Procureur Général Syndic fit prendre au Directoire du Département, dans la séance du mercredi 2 Novembre 1791, l'arrêté suivant:

«Le Directoire du Département du Haut-Rhin, considérant que l'amnistie, au lieu de faire rentrer en eux-mêmes les prêtres qui n'avaient pas prêté le serment civique, n'a fait qu'accroître l'audace de la plus grande partie d'entre eux; que dans ce Départe-ment ils manifestent plus que jamais leur aversion pour la Consti-tution, qui n'est que la suite de toutes leurs protestations publiques contre les décrets de l'Assemblée Nationale; qu'ils abusent même de quelques expressions de Sa Majesté qu'ils s'appliquent, pour insinuer aux gens crédules que leur conduite sera appuyée de toute la force de l'autorité royale, comme si la protection que la loi accorde au citoyens soumis qui seraient opprimés, pouvait être accordée par le Roi à des séditieux et à de mauvais citoyens, et comme si le Roi n'avait pas lui-même déclaré que la Loi et le Roi étant désormais confondus, l'ennemi de la Loi devenait l'ennemi du Roi; que désespérant de pouvoir renverser la Constitution à force ouverte, ils empruntent le masque de la religion, et abusent de l'influence que peut leur donner le Tribunal de la Pénitence sur des gens simples pour exciter des troubles intérieurs.

Considérant que l'effet de leurs manœuvres n'est malheureuse-ment que trop sensible; qu'il en est résulté dans tous les lieux où leurs partisans sont devenus nombreux des discussions domes-tiques les plus éclatantes entre époux, la révolte des enfants contre leurs parents, la désobéissance des domestiques envers leurs maîtres et leur désertion, le dégoût du service de la garde nationale, le retard dans le payement des impositions et enfin des insurrections journalières contre les ministres du culte salariés par l'Etat.

Considérant que tous ces maux sont le fruit de l'opinion que ces imposteurs sont parvenus à accréditer, que la Constitution a détruit la religion Catholique, Apostolique et Romaine, et des suggestions perfides qu'au moyen de l'amnistie, les anciens pasteurs, qui ont refusé de se soumettre à la loi, rentreraient dans leurs fonc-tions, si les paroissiens expulsaient les pasteurs qui les avaient remplacés.

Considérant que les trames ourdies dans un département frontière, où une partie du peuple par la différence du langage est plus lente à être éclairée, tendant à saper la constitution par toutes ses bases, exigent les plus prompts remèdes; qu'il deviendrait impossible de guérir les maux déjà faits ni de prévenir ceux qui sont prêts d'éclater, en employant la rigueur des lois et la lenteur des formes; que les vérifications faites jusqu'à présent ont bien constaté les délits, mais n'ont indiqué que des inconnus pour en être les auteurs, ce qui est l'effet du principe dangereux dont on a infecté quelques esprits, que ce serait un crime irrémissible devant Dieu de compromettre, en disant la vérité, des personnes qui ne se sont portées à des actes répréhensibles que par zèle pour la vraie religion.

Considérant que la loi fait un devoir impérieux au Directoire du Département de prendre toutes les mesures de police et de prudence les plus capables de prévenir et de calmer les désordres, et que si le Directoire du Département du Haut-Rhin tardait à les prendre, il ne pourrait répondre du salut public.

Considérant enfin que les prêtres français qui refusent de prêter le serment civique, peuvent, par le seul fait de ce refus, être considérés comme des citoyens suspects, dont les actions sont dans le cas d'être surveillées immédiatement par les corps administratifs supérieurs surtout dans les circonstances actuelles,

Le Directoire du Département du Haut-Rhin,

Ouï le Procureur Général Syndic,

a arrêté et arrête ce qui suit :

Art. 1. Les religieux de l'Ordre de Saint-François qui menaient la vie commune dans les maisons de Loupach et de Blotzheim et ceux de Brisach qui devaient se rendre dans la maison de Blotzheim, seront tous tenus de se transporter dans la huitaine de la publication du présent arrêté avec leur mobilier dans la maison de Lucelle; à quel effet les Directoires des Districts respectifs leur procureront toutes les facilités nécessaires pour le transport, et veilleront à la sûreté des personnes et des religieux.(1)

Art. 2. Sont dispensés de se rendre dans la maison de Lucelle ceux desdits religieux qui prêteront dans ledit délai de huitaine par devant le Directoire du District de leur résidence actuelle le serment civique d'être fidèle à la Nation, à la Loi et au Roi, et de maintenir de tout leur pouvoir la Constitution. Ceux desdits religieux qui justifieront avoir prêté ledit serment civique, pourront, s'ils persistent à vivre en commun, rester dans celle des maisons de Loupach ou de Blotzheim, où ils mènent actuellement la vie commune, s'ils sont en nombre suffisant, et en cas de difficultés à ce sujet, le Directoire du Département statuera ce qu'en cas il appartiendra.

---

(1) Loupach, couvent de Récollets, Blotzheim, couvent de Capucins, avaient été désignés comme maisons de vie commune pour les Récollets et les Capucins du Haut-Rhin. Lucelle était une Abbaye Cistercienne sur les frontières de la Suisse.

Les Capucins en Alsace.

Art. 3. Ceux desdits religieux qui n'auront pas prêté le serment civique et ne se seront pas retirés dans la maison de Lucelle dans ledit délai de huitaine, seront censés avoir renoncé à la vie commune et seront soumis aux dispositions suivantes.

Art. 4. Tous les religieux et prêtres séculiers et réguliers résidant dans le Département du Haut-Rhin, autres que les curés et vicaires qui, n'ayant pas prêté serment, ne sont pas encore remplacés, seront tenus de se rendre en la ville de Colmar pour y résider, dans la huitaine à compter de la publication du présent arrêté.

Art. 5. Les Curés et Vicaires qui n'ont pas prêté serment pourront être remplacés *ad interim* par l'évêque du Haut-Rhin.

Art. 6. Les Curés et Vicaires ainsi remplacés, seront tenus de se rendre à Colmar dans les trois jours après la notification de la nomination du successeur.

Art. 7. Seront dispensés de venir à Colmar les religieux, prêtres séculiers et réguliers qui prêteront devant le Directoire de leur District, le serment d'être fidèle à la Nation, à la Loi et au Roi.

Art. 8. Les Curés et Vicaires mentionnés en l'Art. 5. qui prêteront ce serment seront également dispensés de venir à Colmar.

Art. 9. Seront aussi dispensés les religieux, prêtres séculiers et réguliers, qui dans la huitaine obtiendront du ministre salarié par l'Etat, qui a prêté serment, dans la commune où ils résident, le consentement par écrit, qui sera visé par le Directoire du District, et renouvelable tous les six mois.

Art. 10. Même avec ce consentement par écrit, il ne pourra y avoir qu'un seul prêtre séculier ou régulier dans les paroisses au-dessous de 1 000 âmes, deux dans celles au-dessus de 1 000 âmes, trois dans celles au-dessus de 3000, sans qu'il puisse jamais y avoir plus de quatre, quelque soit le nombre de la population, excepté à Colmar.

Art. 11. Ceux des religieux, prêtres séculiers ou réguliers, qui ne se trouveront pas dans le cas d'exception des Art. 7 et 9, et qui cependant ne se conformeront pas aux dispositions de l'Art. 4, seront arrêtés et conduits à leurs frais par la force publique dans l'intérieur de la France, au moins à 10 lieues des frontières.

Art. 12. Les Curés et Vicaires mentionnés à l'Art. 5. et non exceptés par les Art. 8 et 9, qui ne se conformeront pas à l'Art. 6. seront soumis aux dispositions de l'Art. précédent.

Art. 13. Tous ceux qui, conduits hors du Département, s'aviseraient de rentrer, et s'approcheraient à moins de 10 lieues des frontières, seront conduits dans la maison d'arrêt pour être poursuivis conformément à l'Art. 8 de la loi du 26 Septembre 1790, comme perturbateurs du repos public, et punis comme coupables de coalition.

Art. 14. Tous ceux qui résideront à Colmar, et qui seront convaincus d'avoir fréquenté les paroisses voisines ou éloignées de Colmar, dans lesquelles, après leur passage, il y aura des motions populaires où des insultes aux ministres du culte salarié, seront conduits hors du Département du Haut-Rhin.»

Nous avons voulu citer en entier cet arrêté du Département du Haut-Rhin comme nous l'avons fait pour l'autre Département de l'Alsace ; ces deux arrêtés sont comme le premier chapitre du code de proscription des prêtres réfractaires, et ils marquent en même temps la fin des ordres religieux. Quelques Départements avaient déjà pris des arrêtés à peu près semblables, le Finistère par exemple, mais on remarquera que c'est dans les provinces les plus catholiques, c'est dans celles où l'église schismatique rencontrera les adversaires les plus acharnés, que les mesures les plus graves sont prises tout d'abord par les Directoires de Départements, décidés à briser toutes les résistances pour assurer le triomphe de leur église de prédilection. Non pas certes par conviction religieuse, la plupart sont des incrédules ou des protestants comme en Alsace, mais tous, à l'exemple des exaltés de l'Assemblée Constituante, sont animés d'une haine violente contre l'Eglise Catholique ils l'ont dépouillée de ses biens, c'est maintenant le Clergé qu'ils veulent exterminer.

Il y avait eu au moins une protestation contre l'arrêté du 17 Juillet, contre celui du 2 Novembre on n'en trouve aucune. Il est vrai que cet arrêté sur le registre des procès-verbaux des séances du Département ne porte que la signature du Procureur Général Syndic, Reubell. Est-ce un oubli? C'est probable, car les Membres du Directoire du Département restèrent en charge, et si quelqu'un d'entre eux protesta contre cet arrêté qui inaugurait le règne de la persécution violente contre le Clergé, ce procès-verbal ne porte la trace d'aucune protestation.

Si l'on compare les arrêtés pris par les deux Départements de l'Alsace, à trois mois d'intervalle, on constate que les dispositions sont à peu près les mêmes, les considérants sont aussi fondés de part et d'autre. On remarque cependant dans celui du Haut-Rhin un mot qui apparaît pour la première fois, et dont on devait tant abuser dans la suite. C'est le mot *suspect* qui suffira aux yeux des tyrans révolutionnaires pour légitimer les plus monstrueux abus de pouvoir, ils condamneront à la prison et à la mort une foule d'innocents uniquement parce qu'ils sont regardés comme suspects.

Quand l'arrêté du Département du Bas-Rhin était venu en discussion à l'Assemblée Constituante, le 17 Juillet précédent, quelques protestations s'étaient fait entendre contre cette mesure qui proscrivait une classe entière de citoyens. Malgré les cris de quelques énergumènes qui demandaient que cet arrêté fut étendu à toute la France, un député avait insisté pourqu'on punît seulement les prêtres qui avaient réellement troublé la tranquillité publique, et qu'on les traduisît devant les tribunaux. Le Procureur Général Syndic du Haut-Rhin, qui siégeait à l'Assemblée en qualité de député des bailliages réunis de Sélestat et de Colmar, prétendit qu'il était impossible de faire le procès de tant d'hommes, et que la procédure coûterait plus cher que tous les réfractaires ne valaient que d'ailleurs il n'y avait pas un seul en Alsace qui ne fût convaincu de menées séditieuses. Cette intervention du futur conventionnel qui devait adhérer à la condamnation du Roi, emporta le vote de l'Assemblée, l'arrêté du Bas-Rhin fut approuvé, et même aggravé, et quand il revint quelques mois plus tard reprendre sa place au Directoire du Département du Haut-Rhin, Reubel n'eut pas de peine à faire adopter par l'Administration un décret approuvé pour le Bas-Rhin, et qu'il étendit à son Département. Il y eut des protestations contre cet arrêté. L'abbé de Boug écrivit à l'Assemblée Nationale, le 8 Novembre, pour réclamer contre cet acte arbitraire et illégal, qui n'était en réalité qu'une loi de proscription contre les prêtres non assermentés et un tissu d'inculpations vagues, de crimes de toute espèce qu'on leur prêtait, pour avoir sujet de les attaquer. «Cet étrange arrêté, dit-il, déclare que les vérifications faites jusqu'à présent ont bien constaté les délits, mais n'ont indiqué que des inconnus pour en être les auteurs, et c'est sous ce prétexte que le Directoire du Département enjoint à tous les prêtres de venir résider à Colmar.

«Tout le dispositif de cet arrêté n'est qu'une vraie persécution cachée sous le voile d'une précaution nécessaire au bien public; c'est un acte attentatoire aux droits sacrés de l'homme, qui ne doit jamais être puni que pour des faits personnels, proscrits par la Loi et selon les formes prescrites par elle. Un corps simplement administratif ne doit et ne peut prononcer aucune peine, il ne peut que livrer les coupables aux tribunaux, mais non les frapper lui-même, sans distinguer les innocents des coupables. Mais comment pourrait-il exister tant et de si graves délits prouvés et vérifiés sans que jamais on n'aît pu découvrir l'auteur d'un seul? S'il y a des fautes commises, qu'on livre les coupables aux tribunaux, que la justice les punisse, mais les actions répréhensibles d'un ou plusieurs hommes ne peuvent être imputées à tous les autres, par conséquent, il est injuste de punir ceux qui n'ont point enfreint la loi, c'est un abus d'autorité caractérisé.»

Puis il termine en montrant les contradictions qui existent entre les différents articles, et il demande à l'Assemblée de ne point autoriser l'application de cet arrêté.(1)

A la même époque une supplique fut adressée au Roi par un certain nombre de prêtres du Haut-Rhin parmi lesquels on trouve les noms des Pères Grillot, Gaillot, Botta et Johner, Capucins, contre les arrêtés du Département du 2 Novembre qui traitait les prêtres non assermentés de mauvais citoyens réfractaires, ennemis de la loi, profanateurs du Tribunal de la Pénitence, imposteurs, et un autre du 2 Décembre qui refusait la pension à ceux qui ne prêteraient pas serment.(2)

---

(1) Arch. Nat. D III 361. L'abbé de Boug était Vicaire Général de Besançon et Official pour la partie de ce Diocèse située en Alsace.

(2) Arch. Nat. F 19 465. — Les autres signataires de cette supplique sont : Stein, sous-principal du collège de Colmar ; Jardon, professeur au collège de Colmar ;

Ces protestations et ces suppliques demeurèrent sans résultat, comme il fallait s'y attendre, en présence des dispositions hostiles de l'Assemblée. La Révolution poursuivait sa marche en avant vers la destruction de tout l'ordre religieux, et il ne resta plus aux prêtres séculiers et réguliers d'autre alternative que de venir en réclusion à Colmar, ou s'exposer à mille dangers en desservant les paroisses privées de prêtres, ou encore se déporter à l'étranger.

Après le départ des Capucins, le couvent de Colmar devint un hôpital militaire, et l'église une salle de malades. La chaire et l'autel, qui est un beau travail de marqueterie, furent acquis par la paroisse de Vœgtlinshoffen, où on les voit encore. En 1796, l'hôpital militaire étant revenu dans son ancien local, le couvent fut mis en vente, et adjugé pour la somme de 2862 f à Philippe Jacques Greiner et Daniel Adam Eggerlé, de Colmar, à condition de laisser l'église à la disposition de la Guerre qui en avait besoin comme magasin. Ensuite l'église devint une remise, et le chœur un pressoir jusqu'en 1857. A cette époque, Monseigneur Ræss, Evêque de Strasbourg acheta la propriété des Capucins, et y fonda un collège libre qui existe encore.(1)

Herrgott, Abbé de Marbach; Hillenweg, curé de Kientzheim; Brobecque, ci-devant curé; Brohèque, ci-devant religieux; Delort, Abbé; Grosjean, religieux de Munster; Reichstetter, religieux de Munster; Klein, curé de Turckheim; Payan, curé de Sainte-Croix; Mentzer, vic. de Sainte-Croix; Bendelé, ci-devant Augustin; Legin, ci-dev. Récollet; Weck, ci-dev. religieux; Oberlé, Provincial des Augustins d'Alsace ; Baumann, Singer, Augustins de Landau ; Peter, religieux de Munster; Larothière, vic. à Colmar; Ihler, Frantzen, ci-dev. Récollets; Meyer, religieux d'Ebersmunster; Birgentzlé, ci-dev Récollet; Knybiehler, vic. à Soultzmatt; Delort. curé d'Orbey ; Sermonnet, professeur au collège de Colmar; Burger, curé de La Poutroye; Muller, ci-dev. Augustin ; Kern, ci-cev. Augustin ; Schielé religieux de Pairis ; Dantzer, professeur à Colmar; etc.

(1) Chan. Beuchot. Das ehemalige Kapuzinerkloster zu Colmar. 40 p. in 8° 1916.

Chapitre IX.

Les Couvents des Capucins d'Alsace.

1. Couvent d'Ensisheim.

L'inventaire de ce couvent, dressé en Avril ou Mai 1790, était incomplet. Les Commissaires s'étaient contentés de recenser le matériel du couvent sans demander aux religieux leurs déclarations. Aussi le 20 Novembre suivant Mathias Meinrad Gœcklin, Vice-Président du District de Colmar, assisté de J. B. Fr. George, fils, greffier, se présenta au couvent d'Ensisheim pour recevoir les déclarations des religieux.

«Sur appel nominal, dit le procès-verbal, nous avons fait comparoir devant nous et interrogé individuellement et chacun en particulier et reçu sa déclaration sur ses desseins et intentions relatives à la liberté qu'il a conformément et en exécution des décrets de continuer de vivre en vie commune, ou de quitter pour vivre en son particulier, et nous a été faite la déclaration par chaque individu ainsi qu'il suit:

Le R. P. Raynald Fabri, de Sélestat, né le 6 Février 1739, Gardien de ladite maison, nous a déclaré qu'étant intentionné de remplir autant qu'il était en lui les lois de l'Eglise et les vœux qu'il a faits, il croit ne pouvoir prendre un parti plus sage que de continuer à vivre selon la règle de l'Ordre, et de rester en commun dans l'une de ses maisons.

Le R. P. Jean Schacherer, d'Altkirch, né le 8 Novembre 1742, vicaire de ladite maison, nous a déclaré qu'au cas que l'Ordre de Saint-François reste supprimé et qu'obligé de quitter les maisons religieuses de son Ordre pour changer d'habit, il ne puisse vivre en commun comme auparavant, dans ce cas il est intentionné, après avoir obtenu la dispense du Saint-Père, de se retirer partout où il le jugera à propos, et jouir du bénéfice de la pension accordée par les décrets.

Le R. P. Valère Bœhrer, de Sélestat, né le 30 Mars 1722, Senior de ladite maison, nous a déclaré qu'y ayant près de cinquante ans qu'il a pris l'habit de l'Ordre de Saint-François, il est intentionné de continuer à le porter, de remplir les vœux qu'il a faits, et de vivre suivant la règle dont il a juré l'observance, et en communauté dans l'une des maisons qui sera destinée aux religieux de son Ordre.

Le R. P. Zacharie Spannagel, de Niedermorschwihr, né le 19 Décembre 1726, nous a déclaré que son intention est de continuer à vivre selon la Règle de l'Ordre qu'il a embrassée librement, et de satisfaire aux vœux qu'il a prêtés, en vivant en commun comme il l'a fait jusqu'à présent, dans l'une des maisons de l'Ordre qui leur sera destinée.

Le R. P. Florent Rominger, d'Orschwihr, né le 3 Janvier 1723, fait la même déclaration que le précédent, ainsi que le R. P. Salomon Vetter, de Pfaffenheim.

Le R. P. Symphorien Dreyer, de Sélestat, né le 21 Février 1730, nous a déclaré qu'il y a 37 ans qu'il a pris l'habit de l'Ordre, son intention est de ne point le quitter, et de continuer à vivre jusqu'à son dernier soupir suivant la Règle de Saint-François et en commun avec ses frères.

Le R. P. Paulin, de Molsheim, né le 31 Octobre 1736, nous a déclaré qu'ayant fait ses trois vœux, il entend faire tout ce qui dépendra de lui pour vivre et mourir selon les principes de la Règle de Saint-François qu'il a adoptée, et vivre et mourir avec ses frères dont la mort seule le séparera.

Le R. P. Ferdinand Durr, de Soultz, né le 8 Février 1738, nous a déclaré qu'ayant fait ses vœux pour l'observance de la Règle de Saint-François, et vivre sous l'obéissance des Supérieurs de l'Ordre, et en commun dans les maisons qui seront destinées, sa résolution est de faire son possible pour ne jamais y contrevenir.

Le R. P. Didier Dietmann, d'Enschingen, né le 25 Août 1740, fait la même déclaration que le précédent.

Le R. P. Damascène Boll, de Rouffach, né le 29 Janvier 1744, nous a déclaré que, si l'état de Capucin qu'il a choisi, subsiste encore comme il a subsisté jusqu'ici, il restera dans la vie commune de la religion comme il y a vécu jusqu'à présent, et si au contraire il ne pouvait continuer à vivre selon la règle de Saint-François, en ce cas là il se retirera en son particulier, content de la pension accordée par les décrets aux religieux de son Ordre.

Le R. P. Fulgence Ziegeltrum, de Blotzheim, né le 18 Février 1759, nous a déclaré qu'ayant fait ses vœux pour la régle de Saint-François, son intention est de vivre et mourir en la pratiquant, et que rien ne l'en séparera que la mort; que dans ces principes il demande à vivre en commun dans une des maisons de Capucins en Alsace qui sera assignée à ses confrères pour y jouir de la pension accordée par les décrets aux religieux de son Ordre.

Frère Protais Buckel, de Sigolsheim, clerc, né le 1 Novembre 1768, nous a déclaré qu'ayant fait sa profession de vivre selon la Règle de Saint-François, son désir est d'être mis à même d'en pratiquer l'observance, et de rester dans l'une des maisons qui seront assignées aux religieux de son Ordre et de jouir de la pension.

Frère Samuel Fritsch, de Bindernheim, clerc, né le 13 Janvier 1765, fait la même déclaration que le précédent.

Frère Bonaventure Beck, de Soulz, clerc non profès, né le 6 Décembre 1771, nous a déclaré que son plus vif désir serait de faire profession et vivre en commun selon la règle de Saint-François.

Le Frère Oswald Perrot, de Colmar, né le 9 Novembre 1720, frère lai, nous a déclaré qu'il ne cherche rien autre que de vivre et mourir comme il l'a promis au Seigneur, suivant la règle de Saint-François, et dans la vie commune dans un des couvents désignés aux religieux de son Ordre, et d'y jouir de la pension accordée par les décrets, qu'y ayant déjà 47 ans qu'il vit sous l'obéissance.

Les autres Frères lais : F. Berthold Schadler, de Pfaffenhoffen;
F. Béat Kohl, de Molsheim ;
F. Henri Degrange, d'Issenheim ;
F. Jean-Bapt. Haberthur, de Soulz
font la même déclaration que le Frère Oswald.

Frère Wendelin, d'Obernai, frère lai non profès, né le 25 Novembre 1765, nous a déclaré qu'ayant espéré faire vœu d'obéissance à la règle de Saint-François, et de vivre en commun, son unique désir est d'être conservé, et de finir ses jours dans une des maisons qui seront désignées à l'Ordre, comme aussi de trouver son entretien dans la pension que les décrets accordent.

Antoine Weinschenk, né à Valff, Servitial des RR. PP. Capucins du couvent d'Ensisheim depuis 20 ans, s'est présenté devant nous et nous a déclaré que son unique désir sera de pouvoir vivre au service de l'une ou l'autre des maisons qui seront désignées à cet Ordre, et d'y finir ses jours, bien persuadé que son âge et ses services lui mériteront son simple entretien, qui est tout ce qu'il désire.»

Chacun des religieux, y compris le «Servitial», signe sa déclaration après lecture et interprétation en allemand. Les deux frères clercs : Protais et Samuel ne font que renouveler la déclaration qu'ils avaient déjà faite au couvent de Weinbach, au mois de mai précédent.

Comme on le voit, il y avait unanimité au couvent d'Ensisheim en faveur de la vie commune, même de la part des Pères Salomon et Damascène, qui plus tard prêteront serment.

Le récolement d'inventaire se fit dix jours plus tard. Le même Commissaire revint au couvent et demanda au P. Gardien d'affirmer «sous la religion du serment» que tous les objets trouvés lors de l'inventaire étaient encore au couvent. Il voulut même, de sa propre autorité, partager entre les religieux les meubles du couvent, et donner à chacun pour son usage personnel ce qui était nécessaire. Tous refusèrent et déclarèrent consentir à ce que le tout restât entre les mains du P. Gardien, pour leur être fourni comme jusqu'à présent le simple nécessaire, se réservant de lui demander ce qui leur sera nécessaire au cas où la communauté ne dût pas subsister. Tous les religieux, au nombre de 18, signèrent le Procès-verbal.

Un mois plus tard une défection se produisit parmi eux. Le Procureur de la Commune annonça à la Municipalité dans la séance du 6 Janvier, qu'il avait été informé que les Capucins de cette ville avaient exercé de mauvais procédés et des vexations envers un Père nommé Damascène, «notamment depuis la veille, qu'il avait demandé à faire une visite en ville, qu'il fit effectivement, et on avait supposé que c'était sur le parti à prendre pour parvenir à la liberté accordée à tout religieux. Le P. Raynald, leur jusqu'à présent Gardien, prétextant des cas de conscience, et persuadé que son ancienne autorité subsistait, encore plein de haine et d'animosité, fit supporter audit Père son humeur despotique, lui interdisant la messe et la confession. Comme il est évident que de pareilles violences ne proviennent que de l'impatriotisme du P. Raynald, qui est soutenu dans son erreur anticonstitutionnelle par différents adhérents, et qu'il est du devoir du remontrant de porter secours à nos concitoyens opprimés pour décharger du fardeau insoutenable d'un esclavage fanatique, tous ceux qui jusqu'à présent ont gémi sous son poids.» Le procureur réclamait une enquête.

En conséquence le Maire et un officier municipal vinrent au couvent et ils constatèrent l'animosité des religieux contre le P. Damascène, «parce qu'il s'inclinait à sortir du couvent.» Ils le firent comparaître, il rappela «fort modérément» les procédés tenus à son égard depuis qu'il «avait fait mine de vouloir profiter de la liberté,» et il renouvela sa déclaration de vouloir quitter la vie commune. Les commissaires lui permirent d'emporter ses sermons, ses habits de Capucin, les meubles à son usage, entre autres «un moulin à café en bois» et en présence de tous les religieux le P. Damascène sortit du couvent, le 7 Janvier 1791.

Ce départ, tout en affligeant les religieux, les mettait dans une situation quelque peu critique, ils le craignaient du moins. Aussi le P. Gardien crut de son devoir de prévenir le Directoire du Département que l'un de ses religieux ayant pris le parti de quitter le couvent, et d'autres étant décédés, ils sont réduits à 17. Le Maire s'est opposé a ce que les manquants soient remplacés. Or cette opposition est contraire à l'esprit des décrets qui accordent à chaque maison 20 religieux, et même au delà. Il demandait donc à être autorisé à remplacer ceux qui manquaient. Le Directoire du Département répondit que, les maisons qui doivent être conservées n'étant pas encore désignées, il n'avait rien à statuer.(1)

Il voulait surtout les attirer dans le schisme. Un grand nombre de paroisses étaient vacantes par suite du refus des curés de prêter serment, et les prêtres jureurs étaient en petit nombre.

Aussi le 14 Mai, on leur demanda s'ils consentiraient à accepter des cures ou des vicariats, ou à se charger de l'instruction publique.

Le P. Raynald déclara «qu'il entendait vivre en commun et soutenir ses vœux, qu'il ne pouvait se charger ni de cures, ni d'instruction publique à la réquisition de l'évêque du Département.»

____

(1) A. Dép. Colmar. L. 613

Les Pères Jean, Salomon, Zacharie, Valère, Ferdinand, et Didier firent la même déclaration.

Les deux Frères clercs déclarèrent «qu'ils voulaient vivre selon leurs vœux, et que le surplus des questions ne les regardait pas, vu qu'ils n'étaient pas prêtres.»

Les Frères lais: Oswald, Berthold, Béat et Henri répondirent, qu'ils voulaient vivre selon leurs vœux, et qu'ils étaient incapables de se charger d'aucune instruction.

Le P. Symphorien ne fit pas de déclaration, car il était en détention à Colmar sur la demande de la Municipalité d'Ensisheim qui l'avait accusé d'avoir colporté des Brefs du Pape, et des lettres de l'Evêque de Bâle. Tous les Capucins d'Ensisheim restaient donc inébranlables dans leur résolution de continuer la vie commune. Pour vaincre cette résistance, le Département, par son Décret du 25 Juillet, désigna le couvent de Neuf-Brisach, comme maison de vie commune. Le Maire et le premier Officier Municipal d'Ensisheim vinrent, le 5 Août, notifier cet arrêté aux religieux et les interroger sur leurs intentions.

Le P. Raynald et le P. Fulgence consentirent à se rendre à Neuf-Brisach.

Le P. Didier déclara vouloir quitter la vie commune et se retirer à Brunighoffen avec la pension.

Le P. Valère déclara avoir été occupé jusqu'à présent à la desserte de l'Eglise des ci-devant religieuses de cette ville,(1) d'une partie desquelles il était confesseur, il demandait à continuer ses fonctions et à rester chez ces religieuses si c'était possible, autrement il se rendrait à Neuf-Brisach.

Le P. Jean déclara quitter la vie commune et se retirer à Thann avec la pension.

Le P. Zacharie, occupé au service des Religieuses avec le P. Valère demanda à y rester, si c'était possible, autrement il était décidé à se retirer à Niedermorschwihr avec la pension.

Le P. Salomon déclara se retirer à Pfaffenheim avec la pension; le P. Florent à Orschwihr; le P. Ferdinand, à Soulz; le F. Oswald à Colmar; le F. Berthold à Ruelisheim; le F. Henri à Issenheim; le F. Béat à Niedermorschwihr; le F. clerc Protais à Sigolsheim, afin de prendre, pour arriver à la prêtrise, le parti qu'il avisera; et le F. clerc Samuel à Bindernheim, dans la même intention. «Et, continuent les Commissaires dans leur procès-verbal, comme la huitaine depuis la notification est expirée, et que la maison doit être vidée, nous avons visité les chambres et paquets d'un chacun, n'ayant rien trouvé que ce que les décrets leur accordent, nous les leur avons laissés.

Les religieux se séparèrent, la vie conventuelle avait duré 189 ans au couvent d'Ensisheim. Les bâtiments, vendus plus tard,

---

1) Ces Religieuses étaient des Tertiaires régulières de l'Ordre de Saint-François.

devinrent une habitation particulière. On voit encore, réduite à l'état de grange, l'ancienne église du couvent qui porte à son fronton les armoires des fondateurs.

---

2. Couvent de Weinbach.

Le 27 Mai 1790, J.-B. Mittelberger, Maire de Kientzheim, Ant. Zimmermann et J. Gasp. Kuhn, Officiers Municipaux, accompagnés du Procureur de la Commune et du greffier, en éxécution des lettres patentes du Roi sur un décret de l'Assemblée Nationale des 29 Février, 19 et 20 Mars dernier, concernant les religieux, données à Paris le 26 dudit mois de Mars, enregistrées au Conseil Souverain d'Alsace, se transportèrent au Couvent des RR. PP. Capucins de Weinbach, situé au ban et territoire de Kientzheim.

Après lecture des lettres patentes, le P. Siméon, Gardien, déclara aux Commissaires «que ne jouissant d'aucun revenu, n'ayant rien en propre, et vivant seulement des aumônes que la charité chrétienne leur fait, ils n'ont ni registres ni comptes de régie, étant connu que pour leur sustentation ils sont obligés de faire la quête selon les saisons des productions qui leur soit nécessaire, qu'ils ne possèdent aucune maison de laquelle dépendent des biens mobiliers, immobiliers ou revenus.»

Le P. Gardien présenta alors l'état des religieux : 12 Pères profès, 4 Frères lais, 2 Frères clercs profès, 1 Frère clerc non profès, 2 Frères donnés, «tous lesquels étant présents déclarent que leur intention était de rester dans les maisons de leur Ordre.»

P. Siméon Muller, d'Obernai, Gardien et confesseur extraordinaire des Dames religieuses d'Alspach, né le 30 Mai 1734, 35 ans de profession ;(1)

P. Hubert Rantz, d'Ungersheim, vicaire et confesseur ordinaire des Dames Religieuses d'Alspach, né le 12 Mai 1746, 24 ans de profession ;

P. Ambroise Machrich, d'Obernai, ancien gardien et confesseur à Alspach, né le 29 Juillet 1713, 57 ans de profession ;

P. Herménégilde Mathebs, de Bergheim, ancien prédicateur, né le 5 Octobre 1718, 55 ans de profession ;

P. Bienvenu Dors, de Ribeauvillé, prédicateur et confesseur français pour Fréland, né le 26 Juin 1729, 44 ans de profession ;

---

(1) L'Abbaye d'Alspach était un monastère de Clarisses Urbanistes situé dans la vallée de Kaysersberg, à une lieue environ de Weinbach. Les Capucins avaient été nommés par le Nonce Apostolique de Lucerne visiteurs de cette Abbaye deux siècles auparavant, et depuis cette époque ils remplissaient les fonctions de confesseurs ordinaires et extraordinaires.

P. Burckard Gebhard, de Riquewihr, prédicateur et confesseur pour la campagne, né le 20 Mars 1729, 42 ans de profession ;

P. Hippolyte Schott, de Thann, ancien aumônier de marine, prédicateur et confesseur français, né le 28 Octobre 1733, 37 ans de profession ;

P. Barthélemi Krafft, de Rœdersheim, prédicateur et confesseur extraordinaire d'Alspach, né le 3 Mai 1735, 35 ans de profession ;

P. Michel-Ange Wolff, de Spechbach-le-Bas, prédicateur et confesseur français pour la vallée, né le 24 Avril 1743, 27 ans de profession ;

P. Gilles Carlen, de Guebwiller, prédicateur et confesseur pour la ville de Ribeauvillé, né le 18 Octobre 1751, 18 ans de profession ;

P. Wendelin Scher, d'Achenheim, sacristain, né le 2 Novembre 1752, 14 ans de profession ;

P. Joseph Mutz, d'Ensisheim, prédicateur et confesseur pour la campagne, né le 3 Mai 1759, 11 ans de profession ;

F. Protais Buckel, et F. Samuel Fritsch, frères clercs profès, nous les avons déjà rencontrés à Ensisheim ;

F. Casimir Hutel, de Soulz, frère clerc non profès, né le 28 Avril 1768, dans l'Ordre depuis 3 ans ;

F. Athanase Fuchs, de Soulz, frère lai, tailleur, né le 15 Janvier 1732, 31 ans de profession ;

F. Wilfrid Maurer, d'Horbourg, frère lai, jardinier, né le 17 Novembre 1744, 24 ans de profession ;

F. Sébastien Wertz, de Colmar, frère lai, portier, né le 26 Octobre 1745, 16 ans de profession ;

F. Urbain Cottel, de Fréland, frère lai, cuisinier, né le 17 Mars 1757, 7 ans de profession ;

F. Laurent Peter, frère donné, né le 10 Août 1720, 46 ans de religion ;

F. Georges Dhoritan, de Zellenberg, frère donné, né de 3 Mai 1759, 8 ans de religion.

Puis l'inventaire énumère minutieusement les livres de la bibliothèque, au nombre de 1900 ; nous savons combien il y a de pots, poêlons, casseroles et chaudrons à la cuisine, combien de tonneaux à la cave, ainsi que la contenance de chacun, combien de nappes, serviettes et paillasses il y a dans la maison. Il nous apprend qu'il y a cinq tables de chêne au réfectoire et 16 tableaux à cadres de bois ; à la sacristie, 4 calices, 1 ciboire, 1 soleil, 24 chasubles et 44 aubes. Les Commissaires ne nous font grâce de rien, ils nous préviennent que «le tout est de peu de valeur», mais ils n'oublient rien, pas même les provisions qui ne sont pas très abondantes : «deux réseaux de méteil, et deux sacs de farine.» Puis, l'opération terminée, ils apposent leur signature au bas du procès-verbal, les religieux en font autant, car désormais ils ne sont plus que les gardiens de ces meubles et effets qui appartiennent à la Nation et ils en répondent devant la loi.

Cependant cet inventaire, muni de toutes ces signatures qui en garantissent l'authenticité et l'exactitude, est incomplet. En l'examinant attentivement, on constate que l'Eglise n'a pas été inventoriée, pas plus que la chapelle qui y était attenante, et dans laquelle était vénérée une image miraculeuse de la Sainte Vierge. Pourquoi cette omission qui nous paraît volontaire, et qui était une infraction à la loi? Les Officiers Municipaux de Kientzheim ne nous ont pas révélé leur secret, mais nous serions tentés de croire qu'ils considéraient le mobilier des deux chapelles comme étant de peu de valeur, et ne méritant pas description, ou plutôt qu'ils le considéraient comme leur appartenant au défaut des Capucins, et qu'ils ne voulaient pas voir exposé au feu des enchères un tableau sans valeur pour un étranger, mais qui était pour eux un objet de prix dont ils ne voulaient pas se séparer. Ils se promettaient sans doute de le soustraire à tout enlèvement, et de garder par devers eux cette vierge miraculeuse, devant laquelle ils s'étaient si souvent agenouillés. Toujours est-il qu'il n'en est jamais question dans les inventaires du couvent.(1)

Le récolement d'inventaire eut lieu le 24 Novembre 1790. Les Officiers Municipaux constatent que tous les objets et meubles sont en place, et ils les confient encore une fois à la garde des religieux. Avant de se retirer les Commissaires interpellent encore une fois les religieux sur leur intention de rester ou de sortir. Le P. Hippolyte et les trois Frères clercs avaient été envoyés dans d'autres maisons; tous les autres Pères et Frères, ainsi que le P. Victorin venu des Trois-Epis déclarèrent qu'ils voulaient rester au couvent.

Cependant les mesures prises contre les religieux, et qui annonçaient la dissolution du couvent, avaient ému les paroisses environnantes. Les Curés, Maires, Officiers Municipaux, Notables et Bourgeois de Kientzheim, Ammerschwihr, Sigolsheim, Bennwihr, Orbey, Fréland, La Poutroye, Le Bonhomme adressèrent

(1) Cette image miraculeuse est une copie de celle qui est vénérée à Passau, dans l'Eglise du pèlerinage desservi par les Capucins, et qui est connue en Allemagne sous le nom de Maria-Hilf. Celle-ci n'est elle-même que la reproduction d'un tableau de Lucas Cranach, exposé aujourd'hui dans l'Eglise Saint-Jacques à Innspruck et représentant la Sainte Vierge portant sur ses bras l'Enfant Jésus qui caresse sa Mère. Le tableau de Weinbach était un don de Marquard de Schwendi, Chanoine de Passau, et parent de François de Schwendi qui rebâtit le couvent détruit par un incendie en 1674. Ses ancêtres, bien connus dans l'histoire d'Alsace, furent inhumés dans l'Eglise de Kientzheim, où l'on voit encore leurs pierres tombales.

L'image miraculeuse, sauvée pendant la Révolution, fut placée dans les premières années du XIX siècle dans l'ancienne église du pèlerinage de Kientzheim, dédiée à la Vierge douloureuse, et où nous l'avons retrouvée. Comme il n'est jamais question de la Sainte Vierge sous le nom de Maria-Hilf dans l'histoire du pèlerinage avant cette époque, il nous paraît certain que celle que l'on y vénère maintenant est bien celle des Capucins. Les ex-voto qui la représentent sont postérieurs à sa translation, à part quelques-uns qui proviennent de la chapelle des Capucins de Weinbach.

des pétitions au Département et au District pour demander la conservation du Couvent, des Capucins de Weinbach et de celui des Récollets de Kaysersberg. Le District protesta de ses bonnes intentions, et pour calmer les craintes des habitants de la vallée, et les rassurer en même temps pour l'avenir, il déclara qu'il y avait lieu de conserver celle de ces maisons qui pourrait contenir le nombre de religieux fixé par la loi. Or toutes deux étaient dans ce cas, la promesse du District ne l'engageait guère, aussi bien il n'était pas en son pouvoir d'empêcher l'éxécution de la loi qui avait décrété la suppression des religieux.

Sur l'ordre de l'Administration, les Officiers Municipaux vinrent encore au couvent, le 28 Mars 1791, et ils reçurent l'attestation des religieux que rien n'avait été soustrait de ce qui appartenait au couvent. Ceux-ci commencent à comprendre le but de ces perquisitions au moins inutiles, car ils déclarent qu'ils se réservent de profiter, le cas échéant, des dispositions de l'article 8 du Décret concernant les religieux, c'est-à-dire qu'ils reprendront leur liberté. Tous les religieux et les Frères donnés qui ont signé le procès-verbal du mois de janvier, signent encore celui de cette visite ainsi qu'un nouvel arrivé du couvent de Neuf-Brisach, le P. Arbogaste Hagé, qui ne tardera pas à prêter serment.

Au mois de Mai, nouvelle visite des Officiers Municipaux et nouvel interrogatoire. Cette fois l'on demande aux religieux s'ils veulent accepter des cures ou se charger de l'instruction. Tous répondent, moins le P. Arbogaste qui est déjà parti, «qu'ils sont prêts à se rendre utiles pour le bien des fidèles quand ils en seront requis par N. S. P. le Pape, ou par l'Evêque diocésain de Bâle.» C'était leur expulsion que venaient de signer les Capucins de Weinbach.

Le Directoire répondit par un arrêté du 30 Juin, qui envoyait à Neuf-Brisach les 13 plus anciens Pères de Weinbach, et les autres à Belfort, «si mieux n'aiment abandonner la vie commune.»

Au mois de Juillet la vente d'une partie des meubles rapporta 804 livres 4 sols.(1)

---

(1) Parmi les acheteurs on remarque un possesseur de biens ecclésiastiques de Sigolsheim, le Cit. Rapinat, qui venait d'acheter le prieuré dépendant de l'Abbaye d'Ebersmunster, et connu sous le nom d'Oberhof. Il était avant la Révolution avocat au Conseil Souverain d'Alsace, beau-frère de Reubell, le futur Directeur, il le suivit dans sa fortune. Il fut d'abord employé aux Archives, puis adjoint du Commissaire-Ordonnateur le Carlier, ensuite il fut envoyé en Suisse pour y organiser les finances ou plutôt pour y lever des subsides. Il s'acquitta de cette charge avec beaucoup d'âpreté, et souleva des réclamations générales. A-t-il agi dans un intérêt personnel? Il nous importe peu de le rechercher. Toujours est-il que ses fonctions étaient forcément vexatoires, et son nom prêtant à l'épigramme, la suivante courut sur son compte

> Le pauvre Suisse qu'on ruine,
> Voudrait bien qu'on examinât
> Si Rapinat vient de rapine,
> Ou rapine de Rapinat.

En 1805, il fut nommé Conseiller à la Cour de Colmar, et il exerça ses fonctions jusqu'à la Restauration. Il continua d'habiter l'Oberhof, où il mourut

Enfin les Capucins jugeant la position intenable, et refusant d'aller à Neuf-Brisach et à Belfort, se séparèrent au mois de Septembre 1791, la vie conventuelle avait duré 178 ans au couvent de Weinbach.

La Municipalité de Kientzheim installa aussitôt au couvent deux gardiens: Jos. Ludwig et Jos. Allgeyer, pour empêcher toute dilapidation, et le District de Colmar leur alloua 58 livres 10 sols, pour avoir gardé le couvent, le premier pendant 21 jours, et tous deux pendant neuf jours.

Enfin le couvent fut mis en vente le 7 Octobre 1791, «Enclos, cour, jardin, appartenances et dépendances, y compris l'église appartenant aux ci-devant Capucins de Weinbach, estimés ensemble 9.800 livres, sur mise à prix de 10 000 livres.»

Personne n'ayant surenchéri, l'adjudication fut remise au 21 Octobre. Ce jour-là, le terrain et les édifices des Capucins «non compris la cloche et les ornements qui peuvent se trouver dans ladite église, furent adjugés à l'extinction de la troisième bougie Sieur André Joseph Delatielle, de Tilques (Pas-de-Calais), tant pour lui que pour le Sieur Delvalet, du même lieu, pour la somme de 18 400 livres».

Etait-ce un homme de paille comme il y en eut tant à cette époque? C'est possible. Quoi qu'il en soit, il est certain que l'acte ne fut enregistré à Colmar que le 19 Août 1793 et le lendemain le Citoyen Meyer, médecin à Kaysersberg, faisait enregistrer la cession à lui faite par le C. Delatielle par acte sous seing-privé, de la propriété des Capucins.

Le couvent était situé entre la Weiss et le canal du moulin de Kientzheim qui le séparait de la maison dixmière des Prémontrés de l'Abbaye d'Etival, en Lorraine. L'Abbé d'Etival avait cédé gracieusement aux Capucins l'emplacement de leur couvent lors de sa fondation. Cette maison des Prémontrés qui seule subsiste de nos jours, fut achetée par J. B. Albert, homme de loi à Colmar, dont la fille épousa François Joseph de Bœklin de Bœklinsau... C'est ce dernier qui démolit le couvent des Capucins pour agrandir sa maison.(2) Des vignes occupent maintenant l'emplacement du monastère et de l'Eglise, dans laquelle dorment leur dernier sommeil les 40 Capucins décédés à Weinbach.

---

en 1818. Après sa mort la propriété passa par diverses mains, et fut enfin achetée par Mgr. Ræss, Evêque de Strasbourg, originaire de Sigolsheim, qui en fit sa maison de campagne. A la mort du Prélat, elle fut transformée en un couvent de Capucins qui abrite maintenant le noviciat de la Province d'Alsace.

(1) A. Colmar. C. 1245.

(2) Sitzmann. Le Passe-Temps d'Alsace-Lorraine, 1894.

Chapitre X.

Les Couvents des Capucins d'Alsace.

1. Couvent de Thann.

L'inventaire du couvent fut fait le 8 Mai 1790 par Georges Pierre Monnin, Maire, et Jean Willien, Officier Municipal, assistés de Franç. Jos. Rey, secrét. Les religieux déclarèrent n'être propriétaires d'aucun immeuble en dehors de leur enclos, église, couvent et jardin, et en fait de meubles ne posséder qu'une bibliothèque, dont ils remirent le catalogue, et à la sacristie 4 calices, 1 soleil et un ciboire, ainsi que les ornements nécessaires au culte divin. «Quant aux provisions, elles proviennent de la charité des fidèles, ils en ont encore pour trois mois.» Passant ensuite à l'examen des religieux, les Commissaires les font comparaître individuellement en commençant par les Frères lais.

Le F. Arsène Guerspach, de Merxheim, 27 ans, cuisinier, déclare vouloir rester en qualité de frère lai dans son Ordre et dans sa province;

Le F. Tobie Kieffer, de Merxheim, 28 ans, employé à la fabrique de drap pour les religieux, le F. Nicolas Schaub, d'Ettingen, 40 ans, employé à la fabrique de drap, le F. Benoît Beltz, de Soulz, 55 ans, jardinier, le F. Alexandre Ritter, de Wœrth, 39 ans, employé à la fabrique de drap, le F. Séraphin Degrange, de Soulz, portier, 59 ans, le F. Rufin Jelsch, de Thann, 72 ans, employé à la fabrique de drap, font la même déclaration.

Le P. Justinien Saly, de Wintzenbach, sans qualité dans la maison, mais prêchant par ordre de ses supérieurs, âgé de 28 ans, déclare vouloir rester religieux Capucin dans son Ordre, de la manière qu'il s'y trouve actuellement et qu'il n'entend sortir de sa province.

Le P. Quirin Fladry, de Sélestat, 30 ans, sans qualité dans la maison, mais prêchant et entendant à confesse par ordre de ses supérieurs, déclare vouloir rester dans son Ordre comme religieux;

Le P. Bérard Zislin, de Sausheim, 30 ans, fait la même déclaration;

Le P. Félix-Marie Geiger, de Wissembourg, 34 ans, prédicateur de la paroisse de Thann, déclare vouloir rester dans son Ordre en Alsace, et ne pas se départir du vœu qu'il a fait au pied de l'autel pour observer la règle de son Ordre;

Le P. Jean-Baptiste Ulmer, de Colmar, 46 ans, prédicateur, le P. Godefroid Lœtsch, d'Ensisheim, 60 ans, prédicateur, le P. Oswald Sommereisen, de Rouffach, 61 ans, prédicateur, font la même déclaration;

Le P. Tobie Rauch, de Cernay, 68 ans, ancien gardien, ayant sous l'inspiration du Saint-Esprit, du consentement de ses parents, et à sa grande satisfaction embrassé l'Ordre des Capucins, déclare vouloir y mourir et rester dans cette province;

Le P. Pélage Hurst, de Colmar, 63 ans, ancien prédicateur, fait la même déclaration ainsi que le P. Régnier Zæpfel, de Dambach, ancien prédicateur, qui ajoute qu'il n'entend être incorporé dans aucune corporation d'autres religieux, et le P. Michel Trœstler, de Rosheim, 71 ans;

Le P. Aimé Schœn, de Rouffach, vicaire, 52 ans, déclare, qu'ayant embrassé son Ordre pour le salut de son âme, il entend l'y faire en restant en Alsace attaché à son Ordre, et il ne veut être incorporé à aucun autre;

Le P. Balthasar Ihler, Gardien et Définiteur, 62 ans, fait la même déclaration que le P. Aimé.

Ici encore unanimité parfaite, les 20 religieux de Thann sont d'accord pour continuer la vie commune entre eux, dans leur province d'Alsace, et ils réprouvent d'avance toute incorporation avec d'autres religieux.

Les paroisses des environs, qui recherchaient les services des Capucins de Thann, adressaient des pétitions au Département du Haut-Rhin, et demandaient la conservation du couvent. On trouve au dossier les adresses des communes d'Uffholtz, Sternenberg, Balschwiller, Massevaux, Sewen, Rimbach, Eglingen, Mollau, Brunighoffen et autres qui montrent que les Capucins étaient restés populaires dans la région de Thann.

Mais la Municipalité de Thann avait été changée, et le District de Belfort, jugeant incomplet l'inventaire dressé au mois de Mai précédent, chargea Franç. Jos. Rey, «Tabellion des ville et baillage de Thann,» de compléter cet inventaire. Il vint donc au couvent le 20 Décembre, visita tous les offices, notant soigneusement tout ce qu'avait omis son prédécesseur. Ainsi il remarqua au réfectoire 15 tableaux représentant différents Saints, et un 16ᵉ «qui était le portrait de feu M. de Hagenbach.» A la fabrique de drap, où se confectionnait l'étoffe pour les habits des religieux de la Province, le Commissaire trouva deux métiers, 15 quintaux de laine brune, 9 pièces de drap d'habits de 30 aunes d'Allemagne chacune, 2 pièces de drap de tuniques de 25 aunes, et 4 pièces non achevées. Il nota que la maison n'avait pas de dettes actives ni passives, ni anniversaires, ni charges. Ensuite il interrogea les religieux sur leurs intentions. Tous sans exception renouvelèrent la déclaration faite au moment de l'inventaire, de vivre et de finir leurs jours dans leur Ordre selon les vœux qu'ils avaient faits, et refusèrent absolument d'être incorporés à un autre Ordre.

Le Département, qui cherchait de tout côté des prêtres jureurs, leur fit demander, le 17 Mai, s'ils consentiraient «à se charger des fonctions pastorales au désir de M. l'évêque du Département.»

Le P. Balthasar Ihler déclara vouloir se rendre utile aux fidèles, mais au désir de l'Evêque de Bâle.

Le P. Aimé Schœn et le P. Jean-Bapt. Ulmer firent la même réponse.

Le P. Ignace Dantzer, que nous avons trouvé au grand couvent de Strasbourg, et qui était venu mener la vie commune à Thann, répondit que son grand âge ne lui permettait plus de se rendre bien utile dans son Ordre, «mais il se fera toujours un devoir et même une gloire d'étendre une main secourable aux fidèles, autant que ses forces le lui permettront.»

Les Pères Michel Trœstler, Régnier Zæpfel et Pélage Hurst font la même déclaration, mais afin d'éviter toute équivoque, ils ont soin d'ajouter: «au désir de l'Evêque de Bâle.»

Le Père Tobie Rauch est prêt à se rendre utile «soit au désir de l'Evêque de Bâle, soit au désir de l'évêque du Département, si celui-ci est approuvé et confirmé légalement par le Pape.»

Les Pères Oswald Sommereisen, Félix-Marie Geiger et Quirin Fladry sont absents.

Le P. Godefroid Lœtsch fait la même déclaration que le P. Ignace Dantzer.

Le P. Bérard Zislin répond comme le P. Balthasar, mais il ajoute qu'il ne veut se charger d'aucune cure.

Le P. Justinien Saly est prêt à se rendre utile aux fidèles «soit au désir de l'Evêque de Bâle, soit de l'évêque du Département. Il offre même de se charger d'une cure, promettant d'être fidèle à la Nation, à la Loi et au Roi, tant qu'il ne sera pas dérogé à notre religion Catholique, Apostolique et Romaine.»

Les bonnes dispositions du P. Justinien ne durèrent pas longtemps. Quinze jours plus tard, il était élu curé de Rammersmatt. Il entrait dans l'église schismatique, et il y donna le scandale de son mariage, comme nous le verrons plus loin.

Les autres religieux de Thann étaient donc demeurés inébranlables dans leur résolution. C'était un échec pour le Département qui se vengea en décrétant, le 25 Juillet, que tous les Capucins de Thann, Pères et Frères, se rendraient dans la huitaine au couvent de Belfort, «si mieux n'aiment les Capucins abandonner la vie commune.» Tous refusèrent cette translation, c'était la fin du couvent de Thann.

Le 8 Février 1792, le mobilier du couvent fut vendu pour la somme de 2511 livres 3 sols, mais les frais de vacation s'étant élevés à la somme de 181 livres, il ne restait à la Nation que 2320 livres 3 sols. Les paroisses environnantes venaient prendre dans l'église des Capucins ce qui était à leur convenance, ainsi le Maire et deux Officiers Municipaux de Bourbach choisirent pour leur église deux autels et le tabernacle.

Le couvent fut vendu avant le mois de Juillet, car à cette époque le Maire de Thann écrivait au Département que le Sr. Huler, qui avait acheté le couvent et le jardin des Capucins voulait entrer en possession. Mais le Frère chargé de la garde du couvent avait prévenu le Maire que des tableaux et du linge, qui ne pouvaient appartenir à l'acquéreur, restaient encore au couvent. D'un autre côté, le jardin avait été loué à un autre individu qui ne pourrait pas s'entendre avec l'acquéreur. Le Maire demandait donc que la vente de ce qui restait au couvent ait lieu auparavant. Le District fixa cette vente au 16 Août.

Le 9 Vendémiaire an II (30 Septembre 1793), la bibliothèque des Capucins était encore au couvent. Le Département du Haut-Rhin, pour mettre fin au pillage, ordonna de la transporter à Belfort.

2. Couvent de Soultz.

Les Officiers Municipaux de Soultz se présentèrent au couvent des Capucins le 13 Juillet 1790, en exécution des lettres patentes du 26 Mars qui ordonnaient de faire l'inventaire des maisons religieuses. Après lecture de ces lettres patentes, ils en donnèrent interprétation en allemand aux religieux réunis au réfectoire.

Les Commissaires constatèrent que le couvent des Capucins était composé d'un assez vaste bâtiment, d'une église, cour, remise, grand jardin potager entouré de murs, de la contenance d'un arpent et demi. La maison pouvait contenir 26 religieux, et de plus le logement nécessaire pour les domestiques et trois chambres pour les étrangers.

Les Capucins déclarèrent que, toute dépense faite et payée jusqu'à ce jour, il leur restait en caisse 259 livres.

Les religieux dont les noms suivent se trouvaient alors au couvent de Soultz:

P. Irénée Baumann, d'Ingersheim, 56 ans, gardien;
P. Lucius ...., d'Enschingen, 74 ans;
P. Armand Ihler, de Thann, 66 ans, vicaire;
P. Paul Daigue, de Wasselonne, 73 ans;
P. Jean-Paul Anselme, de Colmar, 51 ans;
P. Thibaut Judlin, de Thann, 47 ans;
P. Léopold Gœttelmann, de Meistratzheim, 35 ans;
P. Charles-Marie Kessler, de Landser, 37 ans;
P. Simon Richard, de Grentzingen, 41 ans;
P. Norbert Lœtsch, d'Ensisheim, 34 ans;
F. André Kieffer, de Schæffersheim, 73 ans, frère lai;
F. Marcel Luth, de Griesheim, 59 ans, frère lai;
F. Jérémie Hug, de Wettolsheim, 63 ans, frère lai, jardinier;
F. Antoine Mislin, d'Ensisheim, 46 ans, frère lai, portier;
F. Maur Jung, de ...., 37 ans, frère lai, cuisinier.

Après lecture des lettres patentes ci-dessus mentionnées, les 10 Pères et 5 Frères déclarèrent qu'ils voulaient et entendaient vivre en communauté dans un couvent. Ici comme ailleurs, il n'y a donc aucune hésitation, personne ne parle de reprendre sa liberté, tous demandent de continuer la vie conventuelle qu'ils ont menée jusqu'alors.

Cette année 1790 fut attristée à Soultz par la mort de deux religieux : le P. Théodore de Colmar mourut quelque temps avant l'inventaire, et le P. Lucius d'Enschingen décéda vers la fin de l'année. Dieu les rappelait à lui au moment où des jours sombres s'annonçaient pour la province d'Alsace, leur épargnant ainsi la vue des tristesses de la Révolution.

Ils furent remplacés par les Pères Hippolyte de Thann, venu de Weinbach, Joseph-Antoine, de Wissembourg, et Silvestre, de Massevaux, que le P. Provincial envoya de Colmar à Soultz, et grâce à ce renfort, la communauté de Soultz se composait au mois d'Avril 1791 de 11 Pères et de 6 Frères lais. Leur pension totale qui s'élevait à 10 600 livres aurait dû leur être payée à partir du 1 Janvier précédent selon la loi, mais elle ne leur fut soldée qu'au 1 Avril, «attendu, disent les Municipaux, que jusque-là ils ont fait la quête». C'était un acte arbitraire d'une administration patriote qui se croyait tout permis à l'égard de religieux réfractaires au schisme, aussi quelques jours plus tard les Municipaux vinrent faire le toisé de la propriété. Ils trouvèrent que les bâtiments occupaient une superficie de 745 toises, et le grand jardin de 1475 toises, au total 2 200 toises, et la propriété fut évaluée à la somme de 12 000 livres.

Le 20 Avril, Conrad Meister, Notaire royal à la résidence de Guebwiller, désigné par le District de Colmar, et Matthieu Probst, assistés de deux Membres de la Municipalité vinrent faire le récolement de l'inventaire. Tout était en place, cependant les commissaires découvrirent quelques meubles qui n'avaient pas été portés sur le premier inventaire, et qu'ils se hâtèrent d'inscrire sur le leur.

Tous les religieux durent affirmer sous serment qu'ils n'avaient rien soustrait de ce qui appartenait à la Nation, mais ils en profitèrent pour déclarer encore une fois qu'ils voulaient vivre en communauté, et ils signèrent leur déclaration.

Ils ne se faisaient cependant pas illusion, et ils comprenaient que les jours du couvent de Soultz étaient comptés. Aussi le 6 Mai ayant appris peut-être la dispersion de leurs confrères de Strasbourg, et aussi prévoyant les défections qui s'annonçaient parmi eux, ils demandèrent à Meister de revenir au couvent. En sa présence les Pères Irénée, Armand, Paul, Hippolyte, Jean-Paul, Thibaut, Léopold, Norbert et Silvestre, ainsi que les Frères André, Jérémie, Antoine, Jean-Baptiste et Vital déclarèrent que «bien qu'ayant protesté précédemment de vouloir vivre en communauté, ils préféraient maintenant quitter le couvent, et se retirer où bon leur semblerait.»

Ils demandèrent au Commissaire de vouloir bien transmettre au Directoire du District de Colmar leur déclaration revêtue de leur signature.

Cependant ils n'exécutèrent pas immédiatement leur résolution, et le Département qui avait déjà trouvé quelques jureurs parmi les Capucins de Soultz, ne désespérait pas d'en trouver d'autres. Il ordonna à la Municipalité de se présenter au couvent le 16 Mai et de poser à chaque religieux les questions suivantes: «1° s'il entend vivre en commun; 2° s'il veut continuer à se rendre utile aux fidèles pour l'instruction, et aider les curés dans leurs fonctions; 3° s'il est intentionné de se rendre au désir de M. l'évêque du Haut-Rhin, s'il est requis de sa part, soit en se chargeant de l'administration d'une cure provisoirement, soit en se rendant utile pour l'instruction des fidèles.»

«Le P. Irénée, ci-devant gardien, déclara vouloir vivre en communauté, et se rendre utile aux fidèles pour l'instruction, et aider les curés dans leurs fonctions. Quant à la troisième question, il déclare que sa conscience ne lui permet pas de reconnaître M. Arbogaste Martin pour évêque, à moins qu'il ne soit préalablement reconnu comme tel par l'Eglise, par conséquent, qu'il ne pourrait se charger ni de cure, ni d'administration que ledit S. Martin voudrait ou pourrait lui confier.»

Les Pères Armand, Jean-Paul, Léopold, Norbert et Hippolyte firent la même déclaration. Le P. Thibaut déclara vouloir vivre en communauté, et continuer d'être utile aux fidèles autant que ses forces le lui permettront, d'être soumis à M. l'Evêque de Bâle, demeurant à Porrentruy, légalement constitué et agréé par l'Eglise, mais qu'il ne saurait reconnaître M. Arbogaste Martin, nouvellement élu pour évêque du Département du Haut-Rhin, à moins qu'on lui fasse préalablement apparoir qu'il a été légalement institué, que sa nomination est confirmée et agréée par l'Eglise, alors il se soumettra et remplira ses vues.

Le P. Paul, 76 ans, déclare qu'il veut vivre en liberté, et qu'il est prêt à se rendre utile pour l'instruction des fidèles, et aider les curés dans leurs fonctions, autant que son âge et ses forces le lui permettront, et au surplus qu'il reconnaîtra M. Arbogaste Martin pour évêque, comme étant très légalement nommé et confirmé dans cette place, et offre de se soumettre à ses décisions.

Le P. Simon, actuellement administrateur de la cure de Soultz, nommé par M. l'évêque du Département et son conseil, suivant décret de nomination du 3 Mai, déclare vouloir vivre hors d'une communauté religieuse, et se consacrer entièrement à l'instruction des fidèles, et à aider les curés dans leurs fonctions; qu'au moment de la nouvelle élection des évêques, il a reconnu celui nommé par le Département du Haut-Rhin comme étant légitimement nommé, confirmé et sacré. Il en a fait d'abord sa déclaration à notre Municipalité, et ayant été nommé administrateur de cette cure, après que le S. Wilhelm a quitté ses fonctions, il a prêté publiquement et à l'Eglise, en lace des paroissiens le serment prescrit par le Décret du 27 Novembre 1790, et depuis il croit s'être acquitté des fonctions qui lui ont été confiées à la satisfaction des bons fidèles et des préposés de la ville, qu'il offre de les continuer et de se soumettre à toutes les décisions de notre dit évêque, qu'il reconnaît en outre pour le curé primitif et supérieur de tous les autres curés du Département.

Le P. Joseph-Antoine fait la même déclaration.

Il y a 11 Pères aux ci-devant Capucins de Soultz, dont sept refusent tout service aux fidèles et de reconnaître M. l'évêque nouvellement élu, les quatre autres offrent de le reconnaître et de remplir ses vues. Deux de ces derniers Pères remplissent des fonctions curiales, ayant été nommés administrateurs de la cure de Soultz.»

En réalité le schisme n'avait trouvé que trois recrues au couvent de Soultz. Malgré son adhésion, le P. Paul, en raison de son grand âge ne put rendre aucun service à l'église constitutionnelle, dans laquelle il n'occupa aucun poste.

Cependant la Municipalité de Soultz n'était pas rassurée. Elle sentait bien que la nouvelle église était loin de rallier tous les partisans de l'ancienne foi, elle redoutait l'opposition, et elle n'hésitait pas à demander à l'Administration de faire des exemples pour arrêter le cours du mal que peut déchaîner le fanatisme des prêtres réfractaires et des Capucins.

Aussi en envoyant au Directoire du Département les options des Capucins, la Municipalité de Soultz lui transmettait les observations suivantes : «Soultz se trouve dans une position critique et assez malheureuse à cause des prêtres séculiers et réguliers. Leurs manœuvres, leurs ruses, leurs intrigues et leur fanatisme, qu'ils ne cessent d'employer de concert avec un petit nombre de gens mal intentionnés qu'on appelle ici aristocrates, sont capables de corrompre les principes constitutionnels du surplus de nos bons citoyens bien intentionnés, et d'interrompre notre tranquillité, que si on ne met pas promptement un frein à leurs intrigues, en effectuant des exemples au moins contre quelques-uns d'entre eux, le mal augmentera de jour en jour, et ils parviendront à leur but. La modération, la douceur, Messieurs, ne fait plus l'effet que l'on en attendait vainement. Ils sont trop entêtés, il faut donc des exemples pour arrêter le cours du mal, et pour qu'il n'augmente point, et pour qu'il ne se propage pas.

«Notre curé de Soultz, après avoir fait sa déclaration par écrit le 11 Février de vouloir faire le serment, s'est avisé de monter en chaire le Dimanche 13, et de faire un serment séditieux et scandaleux. Le District en a été informé le 16.

«Dans la nuit du 1 au 2 du courant, le curé de Soultz quitta précipitamment sa cure, et laissa ses paroissiens dans l'embarras. Après avoir vendu le mobilier à des Juifs, l'embarras a augmenté en voyant que le S. Durr, chapelain, a refusé comme fonctionnaire public de prêter le serment, de reconnaître l'évêque nouvellement élu, et de recevoir de lui les Saintes Huiles. Dans cette perplexité, la Municipalité s'adressa aussitôt a M. l'évêque qui a nommé deux Capucins, qu'elle lui a désignés comme administrateurs, lesquels ont accepté et prêté le serment à l'église. Depuis, la Municipalité ayant été prévenue qu'on menaçait ces administrateurs, a pris la précaution de mettre des gardes dans la maison curiale en laquelle ils ont été installés, pour les accompagner quand ils seront requis à faire des fonctions pendant la nuit.

«A Soultz il se trouve 11 Pères Capucins, desquels 4 ont déclaré depuis longtemps vouloir continuer à être utiles pour l'instruction des fidèles, aider les curés dans leurs fonctions et prêter le serment. Les 7 autres Pères s'y sont opiniâtrément refusés. Ils ont même déclaré ne vouloir reconnaître mondit Sieur évêque et se soumettre à ses décisions. Ces déclarations les rendaient *ipso facto* réfractaires à la loi, et perturbateurs du repos public, ils sont dans le cas d'être poursuivis et punis selon la rigueur des décrets.

«Depuis que les 4 obéissants et zélés Capucins ont aussi déclaré reconnaître l'évêque, ces 4 Pères et 5 Frères sont tellement molestés dans le couvent par les autres, qu'il n'y a pas d'avanies qu'ils n'aient essuyées jusqu'ici, ils ne cessent de les traiter d'hérétiques et d'excommuniés. Le P. Gardien leur a dit qu'il a l'excommunication en poche, et les voies de fait n'ont pas été oubliées, selon le rapport qui nous en a été fait. Il est donc urgent que les bons patriotes soient séparés des séditieux et malintentionnés.

«Ils est étonnant que les ci-devant Capucins aient demandé à vivre en communauté, tandis qu'il y a quinze jours il sont déclaré au S. Meister, Commissaire des biens nationaux, vouloir vivre, en liberté. C'est certainement être inconséquent, et d'autant plus qu'ils se préparent à partir, puis qu'il y a deux jours ils ont partagé et vendu les vins encavés chez eux, et dans ce moment-ci ils sont au partage de la masse en argent, et ils se proposent de partager le mobilier et les denrées du couvent. Nous avons informé le District de ce partage, il nous a mandé qu'il ne serait pas juste de faire porter ces objets quêtés en ligne de compte au profit de la Nation. Sur cette réponse nous sommes restés tranquilles.

La Municipalité est informée que les 7 opiniâtres Capucins sont intentionnés d'aller demeurer dans la Commanderie de cette ville, où il y a une petite église, avec d'autres prêtres qui ont quitté leurs couvents ou leurs cures, et refusé de prêter le serment, pour tenir dans ladite église, qu'ils qualifient de paroisse Saint-Jean, leurs offices et leurs Messes. Le receveur de ladite Commanderie prépare des appartements pour les loger. En sorte que, dans peu notre ville sera la pépinière et le refuge d'une vingtaine de personnages séditieux. Jugez, Messieurs, du ravage que ces perturbateurs du repos public feront dans une petite ville comme Soultz. La Municipalité ne sait quel parti prendre dans une circonstance aussi critique, sinon de recourir à vos lumières, et de vous supplier de nous tracer la conduite à tenir.

Fait les jour, mois et an que d'autre part.»

Suivent les signatures.

Le Département répondit à ces plaintes de la Municipalité en lui envoyant un arrêté daté du 26 mai, en vertu duquel: 1° Les Pères Irénée, Armand, Thibaut, Léopold, Norbert, Jean-Paul, Hippolyte et le Frère Antoine devaient se rendre au couvent de Blotzheim, «si mieux n'aiment abandonner la vie commune.» 2° La Municipalité de Soultz, après récolement d'inventaire, veillera à la conservation des meubles et effets du dit couvent. 3° L'église restera ouverte, et tout prêtre indistinctement sera admis à y célébrer la Messe, à cet effet la Municipalité proposera un sacristain.(1)

Plutôt que de se soumettre à cet ordre brutal du Département, les Capucins de Soultz se dispersèrent. Ils ne pouvaient pas continuer à rester dans leur couvent dont l'Eglise était ouverte aussi bien aux prêtres réfractaires qu'aux prêtres constitutionnels.

Le couvent fut mis en vente le 4 Novembre 1791. Il ne se trouva pas d'acquéreur pour «les maison, église, enclos des ci-devant Capucins de Soultz et dépendances sur une mise à prix de 12000 livres». L'adjudication renvoyée au 18 Novembre ne put encore avoir lieu ce jour-là, faute d'acquéreur.

Au mois de Février 1793, le Maire de Rougemont remerciait le District de Belfort de lui avoir accordé pour l'église de la commune l'autel et le tabernacle des Capucins de Soultz.

La propriété, achetée d'abord par des particuliers, fut vendue ensuite à la ville qui en fit un hôpital. C'est là que l'Evêque Saurine mourut en 1813.

_____

(1) A. Dép. Colmar. L. 793.

Chapitre XI.

Les Couvents des Capucins d'Alsace.

1. Couvent de Landser.

Les Officiers Municipaux de ce village se présentèrent au couvent le 6 Mai 1790, en exécution des décrets, mais ils jugèrent suffisant, après avoir constaté que la maison pouvait loger 24 ou 25 religieux, d'interroger les Capucins sur leur intention de continuer ou non la vie commune :

«Tous se sont unanimement déclarés devant la Municipalité de rester dans leur Ordre.»

Voici leurs noms :

P. François-Antoine Guntz, de Scherwiller, 48 ans, Gardien ;
P. Alain Hoog, de Dettwiller, 52 ans, vicaire ;.
P. Sévère Weber, de Thann, 72 ans ;
P. Marquard Muller, de Tagolsheim, 63 ans ;
P. Fortunat Rœsslin, d'Altkirch, 64 ans ;
P. Wenceslas Tritsch, de Baldersheim, 62 ans ;
P. Projectus Meyer, de Heimsbrunn, 67 ans ;
P. Diethlandus Wermelinger, d'Ensisheim, 57 ans ;
P. Othon Durr, de Réguisheim, 52 ans ;
P. Gélase Gass, de Molsheim, 33 ans ;
P. Pierre Roth, de Pfaffenheim, 36 ans ;
P. Cyrille Richert, de Colmar, 27 ans ;
F. Romain Stimpfling, de Bernwiller, 26 ans, étudiant ;
F. Bonagratia Elser, de Colmar, 22 ans, étudiant ;
F. Amand Posch, de Soultz, 20 ans, étudiant non profès ;
F. Ange ....., de Guebwiller, 20 ans, étudiant non profès ;
F. André Keilbach, d'Oberseebach, 20 ans, étudiant non profès ;
F. Justin Cavalier, d'Ensisheim, 64 ans, frère lai ;
F. Paul Schmidt, d'Obersoultzbach, 58 ans, frère lai ;
F. Fidèle Boda, de Massevaux, 46 ans, frère lai ;
F. Augustin Bitterlé, de Barr, 27 ans, frère lai ;
F. David Scheer, de Schæffersheim, 29 ans, frère lai ;
F. Maurice Schmiderlé, de Soultz, 28 ans, frère lai ;
et les deux affiliés : Joseph Schwoob, de Réguisheim, 34 ans ;
Jean Pierre Schagré, de ....., 20 ans.

Mais la Municipalité de Landser était en défaut, peut-être volontairement, pour n'avoir pas exécuté la loi. Aussi le district d'Altkirch délégua un de ses membres, Franç. Jos. Lochmann, pour inventorier les meubles et effets du couvent des Capucins de Landser, «après avoir été certioré par la Municipalité dudit lieu qu'il n'y avait eu aucun inventaire.»

Celui-ci s'acquitta scrupuleusement de son travail. Il nota consciencieusement et compta tout ce qu'il remarqua, il n'oublia rien, pas même «une quantité d'assiettes de bois, plats et écuelles dont il n'a pas pensé devoir s'amuser pour les compter, vu qu'il n'y a aucun risque qu'ils soient divertis.»

La bibliothèque se compose de 1 200 volumes de tout format, dont une Bible de Cologne de 1529.

«A l'égard de l'emplacement du couvent et de l'Eglise, leur étendue peut être d'environ 3 arpents, y compris le jardin potager. Le couvent n'est pas bien spacieux, il y a 26 petites cellules à pouvoir à peine y placer une chaise à côté du lit, il y a encore quatre un peu plus grandes, de sorte que l'on pourrait y loger 30 solitaires.»

«Ensuite le Commissaire fit appeler tous les religieux l'un après l'autre pour savoir ceux qui voudraient quitter le couvent ou y rester.»

Le P. François-Antoine déclara «qu'il avait fait ses vœux dans l'Ordre de Saint-François, sans qu'il y ait été forcé, qu'il vivra dans l'Ordre, y mourra, et qu'il ne quittera le cloître à moins d'être forcé par la force.»

Les Pères Alain, Sévère, Fortunat, Projectus, Diethlandus, Gélase, Pierre, Cyrille, Wenceslas, Othon, Marquard; les Frères étudiants: Romain et Bonagratia; les Frères lais: Justin, Martin, Fidèle, Augustin et Maurice firent la même déclaration. Les Frères étudiants non profès: Amand, Ange et André déclarèrent qu'il y avait trois ans qu'ils étaient dans l'Ordre, qu'ils n'avaient pas fait leurs vœux, n'ayant pas l'âge requis, mais qu'ils étaient très résolus de les faire et de rester dans l'Ordre.

Les opérations de l'inventaire étant terminées, le Commissaire, le P. Gardien et le P. Vicaire signèrent le procès-verbal. Le 3 Janvier suivant, Lochmann revint au couvent, assisté de Jacques Vogelin, maître menuisier, et de Félix Biehler, maître charpentier, tous deux de Landser, choisis comme experts; après serment et visite exacte des bâtiments ils les estimèrent à la somme de 4 700 livres. Nouvelle visite de la municipalité au couvent, le 4 Mars, tous les religieux y sont encore, et ils renouvellent leur déclaration de vouloir vivre et mourir en Capucins.

Cependant les trois étudiants qui n'avaient pas fait profession, et n'avaient plus aucun espoir de la faire, avaient quitté le couvent pour rentrer dans leurs familles. Le nombre des religieux fut par là même réduit à 19, qui continuèrent à mener la vie conventuelle, en attendant que le Département ait désigné des maisons de vie commune.

Mais il fallait, conformément à la loi, procéder à l'élection d'un supérieur et d'un économe. Elle eut lieu le 18 Mars, le P. Gélase fut élu Supérieur et le P. Wenceslas économe; les supérieurs légitimes étaient ainsi écartés : les Pères François-Antoine et Alain, Gardien et Vicaire.

Nous l'avons déjà dit, en droit une telle élection était nulle, cependant entre religieux déterminés à mener la vie commune, et le véritable supérieur continuant à résider dans la maison, on pouvait la tolérer comme étant de pure forme et faite uniquement au point de vue légal.

Mais le bruit ne tarda pas à se répandre que le Département avait l'intention de désigner le couvent de Blotzheim comme maison de vie commune et d'y transférer les religieux de Landser.

Aussitôt les habitants de cette bourgade et de plusieurs autres villages environnants adressèrent une pétition au Département pour demander la conservation du couvent. Les signataires faisaient valoir toutes sortes de raisons. L'enclos du couvent, contenant trois arpents de terre médiocre, avait été estimé 4 000 livres «et ne pourrait être surenchéri que par l'amateur le plus acharné.» Quant aux bâtiments, le moindre changement que l'on voudrait y faire, demanderait des réparations très coûteuses. Puis les Capucins ayant manifesté le désir de continuer la vie commune, et la Nation devant leur payer leur pension, peu importait que ce fût à Landser ou à Blotzheim. Il y avait plus de cinquante villages autour de Landser, à deux lieues à la ronde qui souffriraient du départ des Capucins, dont ils appréciaient les services spirituels. Quant aux services temporels, nul n'ignore le zèle des Capucins à soulager les pauvres et leur dévouement dans les incendies. Les citoyens de Landser et des paroisses des environs osent donc espérer que le Département accueillera leur demande, et conservera le couvent de Landser tant qu'il plaira aux Capucins de continuer la vie commune.

Cette requête eut le sort de beaucoup d'autres, si elle fut écartée par le Département, elle prouvait du moins que les Capucins de Landser n'avaient point perdu les sympathies des habitants.

Un nouveau récolement d'inventaire eut lieu le 6 Septembre, rien ne manquait parmi les meubles dont la présence avait été constatée l'année précédente. Les religieux profitèrent de la présence de la municipalité pour demander qu'il leur fût permis de se partager les meubles et effets du couvent. Le Directoire du District d'Altkirch rejeta leur demande comme contraire à la loi. Il le leur permit cependant plus tard, quand il eut décidé leur translation à Neuf-Brisach.

Le 13 Septembre, par ordre du Département, la dispersion avait eu lieu : quelques-uns avaient consenti à se rendre à Neuf-Brisach, les autres avaient repris leur liberté, un seul était entré dans les rangs du clergé constitutionnel.

A la fin du mois de Septembre 1791, «il ne restait plus au couvent de Landser qu'un octogénaire infirme et paralysé, et un autre vieillard attaqué de la fièvre et paralysé,» écrit Lochmann, membre du District, qui ne se sentait pas le courage de les expulser, et était d'accord en cela avec la municipalité. «Je ne puis me résoudre d'ouvrir son tombeau, dit-il, pour l'y faire descendre.» Ces deux religieux étaient le P. Sévère et le F. Justin, qui furent encore tolérés à Landser pendant quelque temps.

Quand le couvent fut mis en vente, il fut acheté par un médecin nommé Frédéric Schweitzer qui le revendit le 4 Octobre 1803 à un certain Achille Audebert, à la condition expresse de respecter l'Eglise et de ne jamais consentir à sa démolition. Dès que cet individu mal famé fut entré en possession du couvent, il detruisit l'Eglise et fit servir le sanctuaire à des usages immondes. Avant d'aller se noyer dans le Rhin, il avait vendu ce qui restait de la propriété aux époux Méro, qui la léguèrent à leurs enfants, ceux-ci la vendirent aux Pères Rédemptoristes le 8 Mai 1842. Ils l'occupèrent jusqu'en 1870, construisirent une nouvelle église, et lors du Kulturkampf, ils le cédèrent aux Sœurs de Niederbronn. En cette année 1921, les Fils de Saint Alphonse ont repris possession de l'ancien couvent des Capucins de Landser, et ils y ont établi le noviciat de leur Province d'Alsace.

L'autel du vieux couvent se trouve dans l'Eglise du Petit-Landau, aux bords du Rhin, et au moment de la première vente de la maison, les ornements, tableaux et reliques furent transportés secrètement dans l'Eglise paroissiale de Landser, où ils se trouvent encore.(1)

---

2. Couvent de Neuf-Brisach.

Zaiguélius, Maire de Neuf-Brisach, Bouché et Rebeté, Officiers Municipaux, et Grèbe, Procureur de la commune, firent l'inventaire du couvent des Capucins, le 26 Juin 1790. Les religieux leur déclarèrent que «vivant d'aumônes, et les règles de leur Ordre leur prescrivant la pauvreté, ils n'ont jamais été dans le cas de tenir registres dans l'intérieur de la maison, mais que leur Père temporel avait la recette des aumônes et des Messes, et qu'il était chargé de toutes les dépenses.»

Après avoir fait la description des meubles et effets, les Commissaires interrogèrent les religieux sur leurs déclarations.

Le P. Remi Fabri, de Sélestat, Gardien, 43 ans, déclara vouloir finir ses jours dans son Ordre conformément à ses vœux.
Les Pères :

Joseph-Marie Gourmand, de Strasbourg, vicaire, 41 ans,
Hyacinthe Wilhelm, d'Ensisheim, 81 ans,
Yves Gaillot, de Comar, 62 ans,

---

(1) Communic. du R. P. Collet Congr. Ss. Redempt.

Mathias Frey, de Hattstatt, 70 ans,
Maximin Fortmeister, de Battenheim, 42 ans,
Antoine Klein, du Val de Villé, 44 ans.
François-Xavier Maltzacher, de Colmar, 32 ans, firent la même
déclaration.
Les Pères :
Christophe Schlienger, de Hattstatt, 28 ans,
Arbogaste Hagé, de Strasbourg, 29 ans,
Edouard Muller, de Colmar, 27 ans, déclarèrent qu'ils voulaient
rester dans l'Ordre «quant à présent, sauf dans la suite jouir de
l'avantage que leur accorde l'Assemblée Nationale, de se retirer
où bon leur semblera moyennant la pension qui sera fixée à cet
égard.»
Le Frère Martin Weisskopf, de Colmar, 60 ans, frère lai,
déclara vouloir finir ses jours dans son Ordre conformément à
ses vœux.
Les Frères :
Luc Mathias, de Weyersheim-à-la-Haute-Tour, 61 ans,
Jules Miesch, de Wettolsheim, 61 ans,
Maxime Wernert, de Soultz, 59 ans,
Candide Gassmann, de Gundolsheim, 22 ans, font la même déclaration et ajoutent: «tant que les Règles d'icelui seront suivies, se
réservant de jouir du bénéfice du décret au cas que lesdites Règles
seraient changées.»
Tous persévéraient dans les mêmes dispositions, quand Meyer,
Commissaire nommé par le District de Colmar, Jos. Ant. Béchelé,
Notable de Colmar, Franç. Xav. Grèbe, Pocureur de la commune
de Neuf-Brisach, H. Moreau, greffier de la Municipalité, Thom.
Bouché et Nic. Edmond, Officiers Municipaux, vinrent au couvent
pour le récolement d'inventaire.
Après avoir constaté que tout était en place, mais qu'il ne
restait plus en caisse que 483 livres, 10 sols, 9 deniers, «en raison
des dépenses de la maison,» ils se mirent en devoir d'interroger les
religieux sur leurs intentions.
Le P. Remi, Gardien, opta encore pour la vie commune, ainsi
que le P. Joseph-Marie, vicaire, et les Pères Hyacinthe, Mathias et
Maximin.
Les Pères Yves, Antoine, Arbogaste et Edouard firent la
même déclaration, «se réservant néanmoins de quitter au cas où
la vie commune ne put leur convenir. Les Pères François-Xavier
et Christophe, ainsi que les Frères Luc, Jules, Maxime et Candide
préfèrent également la vie commune excepté dans le cas «où on
voudrait les incorporer dans une société qui ne put leur convenir.»
Ensuite les Commissaires parcoururent la maison «pour en observer l'étendue, la capacité et la solidité, afin que la législature puisse
en connaissance de cause se décider sur la résidence qu'il échet
d'assigner aux religieux qui ont opté pour la vie commune, et que

les maisons ne soient point chargées de plus de religieux qu'elles
n'en peuvent décemment contenir, où étant, nous avons estimé que
l'emplacement du couvent, de l'Eglise, ensemble de tous les bâtiments peuvent être de la contenance d'environ un arpent et demi,
y compris le jardin, que tous les bâtiments sont solides et la toiture
en bon état, que la maison pourrait contenir aisément 20 Capucins,
en leur assignant une cellule telle que les Capucins en ont, et en
plus quelques pièces qui pourraient servir pour les malades et les
étrangers, le tout moyennant quelques petites réparations. Comme
le susdit couvent est le seul immeuble ou bien national qui se
trouve dans la ville de Neuf-Brisach, de la classe de ceux sur lesquels notre mission s'étend, nous l'avons fait évaluer par le S. Giroy,
Maître Maçon aux fortifications de Neuf-Brisach, qui l'a estimé,
après serment, à 16000 livres.»

Cette inspection minutieuse du couvent par les Commissaires
était l'annonce du choix de cette maison comme lieu de réunion
pour les religieux qui choisiraient la vie commune. Le Département
publia en effet un arrêté en ce sens le 13 Mai. Mais en attendant
les religieux ne manifestaient pas l'intention de sortir, ils étaient
au complet, et à s'en tenir aux déclarations faites jusqu'à cette
époque, on rangerait tous les Capucins de ce couvent dans la caté-
gorie des religieux fidèles. Cependant le couvent de Neuf-Brisach
fut de tout le Haut-Rhin celui qui fournit le plus de jureurs. Le
P. Gardien donna l'exemple, non pas, il est vrai, dès l'établissement
de l'église constitutionnelle, mais plus tard, quand il eut à choisir
entre le schisme et la déportation, il n'hésita pas à prêter serment.
On comprend dès lors qu'il ne fut pas capable de retenir dans le
droit chemin ceux dont il avait la garde, et qui devaient connaître
plus ou moins ses intentions. Quelques-uns décidés avant tout à
prêter serment, auraient échappé à son influence, mais d'autres,
ceux qui se rétractèrent en 1792, n'auraient probablement pas donné
le scandale de leur adhésion au schisme, si celui, qui était leur
chef, avait montré plus d'énergie.

Au mois de Mars, le P. Arbogaste fit défection. Au mois d'Avril,
la Municipalité de Neuf-Brisach prévint le Directoire du Département «que plusieurs Capucins de cette ville seraient intentionnés
de prêter le serment civique, mais auparavant ils désiraient quitter
leur froc. D'aussi louables intentions nous engagent à vous prier
de nous dire ce que nous avons à faire,» écrit le Maire, «les susdits
Capucins seraient fort aises de pouvoir quitter leur costume avant
l'élection des prêtres, pour pouvoir prétendre à devenir fonctionnaires publics.»

La Municipalité voulut se renseigner sur les intentions des
religieux, et elle leur demanda, le 14 Mai, s'ils voulaient se charger
de fonctions pastorales «au désir de M. l'évêque du Département.»

Le P. Remi, Gardien, les Pères Joseph-Marie, Vicaire, Maximin et François-Xavier optèrent pour la vie commune, en ajoutant
qu'ils ne pourraient reconnaître l'évêque du Département qu'autant

qu'il aura été reconnu par le Pape.

Les Pères Yves, Mathias, Antoine et Christophe déclarèrent qu'ils reconnaissaient l'évêque du Département, et qu'ils se feraient un devoir de faire en tout ce qu'il prescrirait.

Le P. Hyacinthe opta pour la vie commune, et ajouta au sujet de la question de l'évêque «qu'il ne pouvait y répondre catégoriquement, vu que son âge de 84 ans le mettait hors d'état d'apprécier l'objet de la question.»

Quant au P. Edouard, il avait suivi l'exemple du P. Arbogaste, il avait prêté serment, et il était déjà Directeur au Séminaire Episcopal de Strasbourg. Cependant cette option, qui semble définitive, ne l'est pas pour tous. Des quatre Pères qui déclarent reconnaître l'évêque du Département, un seul entrera dans l'église constitutionnelle, le P. Antoine, et il en sortira au bout de six mois en faisant une rétractation publique de sa faute. Le P. Gardien continuera sa résidence au couvent jusqu'à la dispersion, et le P. François-Xavier, qui a déclaré ne pouvoir reconnaître l'évêque du Département, prêtera serment avant longtemps et acceptera une cure.

Tant il est vrai, et ce qui se passe au couvent de Neuf-Brisach nous le prouve une fois de plus, que ce n'est pas d'après leur option pour ou contre la vie commune qu'il faut juger les religieux de 1790, ni même d'après une déclaration sympathique ou antipathique au schisme que l'on peut les classer parmi les religieux fidèles. Il faut les suivre de près pendant le cours de la Révolution afin de comprendre leurs incertitudes, leurs hésitations en face d'événements auxquels ils n'étaient pas préparés, il faut les voir aux prises avec les difficultés au milieu desquelles ils ont dû vivre, et alors seulement on pourra juger de leur fidélité ou infidélité à leur vocation.

Le couvent de Neuf-Brisach avait été désigné par le Département comme maison de vie commune, mais un petit nombre de Pères seulement consentit à y rester. D'autres se joignirent à eux, venus d'Ensisheim et de Blotzheim, mais leur nombre fut toujours restreint. Au mois de Décembre 1791, il ne restait au couvent que 6 Pères et 3 Frères. Ce nombre était inférieur à celui fixé par la loi, aussi le District de Colmar décida de les transporter à l'Abbaye de Lucelle. Il vota même 200 livres «pour les voituriers qui devaient transporter à Lucelle décemment et dans une voiture couverte et close les six Pères et les trois Frères Capucins de Neuf-Brisach qui persistaient dans la vie commune, et pour le transport de leur mobilier dans un fourgon.»

Ils trouvèrent à Lucelle 18 Cisterciens qui n'avaient pas encore quitté l'Abbaye, puis 3 Récollets et un Cordelier vinrent se joindre aux 12 Capucins, dont 3 Pères venus de Blotzheim, et avec ces éléments disparates la vie commune dura un mois à l'Abbaye de Lucelle.

Le 12 Janvier 1792, le P. Etienne d'Autrevant, vicaire du couvent de Blotzheim, écrivit au District pour lui annoncer sa résolution et celle de ses confrères «de se retirer chez leurs parents, amis ou bienfaiteurs pour y mener la vie privée.»(1)

Chapitre XII.

Les Couvents des Capucins d'Alsace.

1. Couvent de Blotzheim.

«Le couvent, lisons nous dans l'inventaire du 27 Mai 1790, est situé hors du Bourg de Blotzheim, mais sur le ban et territoire dudit lieu, lequel est d'une grande étendue, consistant en un grand réfectoire, et 33 chambres grandes et petites, y est aussi une grande église attenante, et un grand enclos consistant en jardin potager. L'emplacement peut contenir cinq arpents environ.»

Il nous donne ensuite les options des religieux.

Le P. Patient Frech, de Sélestat, 65 ans, Gardien, déclare vouloir vivre et mourir en capucin.

Les Pères : Etienne Meulesau, d'Autrevant, vicaire, 50 ans,
    Victorin Krebs, de Sélestat, 61 ans,
    François-Ignace Braun, de Turkheim, 66 ans,
    Electus Weiss, de Sélestat, 60 ans,
    François de Sales Stæbler, de Wittenheim, 29 ans,
    Othmann Bosch, de Steinbourg, 33 ans,

«déclarent vouloir rester Capucins, mais à ce qu'il soit libre à chaque famille réunie dans les maisons assignées de s'élire elle-même un supérieur pour deux ou trois ans au plus ; il pourra être confirmé et aussi déposé. Le Provincial (s'il en existe un) ne pourra faire sa visite que pour la régularité, et ne pourra changer quelqu'un sans le consentement de la famille.»

Les Pères: Faustin Klingelmeyer, de Strasbourg, 66 ans,
    Floribert Vœgelin, de Colmar, 64 ans,
    Césaire Riss, de Rouffach, 56 ans,
    Félicien Fleury, de Porrentruy, 30 ans,

font la même déclaration que le P. Gardien, ainsi que le P. Elzéar

(1) A. Dép. Colm. L. 14. 31, 8 4.

Næigelé, de Thann, 31 ans, qui ajoute cependant la même restriction que le P. Etienne.(1)

Ces restrictions, on le voit, étaient schismatiques, et n'étaient autre chose que le résumé de la loi, les religieux le comprirent, aussi il n'en est plus question dans les autres interrogatoires.

Des pétitions se signaient à Blotzheim et aux environs pour la conservation du couvent des Capucins.

M. Erhard, curé du Grand-Huningue, écrivit à l'Assemblée Nationale, au nom de M. De Sombreuil, Doyen rural, pour envoyer des suppliques des Municipalités de Blotzheim, Bartenheim, Hésingue, Michelbach-le-Bas, Ranspach, Michelbach-le-Haut, Attenschwiller, Heguenheim, Grand-Huningue, Buschwiller, Ville de Huningue, demandant le maintien du couvent des Capucins de Blotzheim : «Ces charitables Pères ont gagné nos cœurs, nous désirons de les conserver, d'autant plus qu'ils sont très nécessaires à Blotzheim pour le pèlerinage qui est audit lieu, et situé à côté de leur couvent.»

Le curé profitait de l'envoi de ces pétitions pour prévenir le Comité Ecclésiastique qu'«il est incontestable que tous les biens ecclésiastiques en Alsace ne produiront pas de quoi payer les deux tiers des curés et religieux sur le pied projeté. Les curés pauvres, les religieux mendiants sont ici en grand nombre, mais nullement à charge, ils sont plutôt la ressource des familles bourgeoises.»

Cette pétition et toutes celles du même genre qui arrivaient à l'Assemblée Nationale, étaient transmises au Comité Ecclésiastique, dont elles ne modifiaient pas les idées. Il les déposait dans ses Archives, où elles sont encore comme la preuve de l'attachement des populations d'Alsace envers les Capucins.(2)

Le 24 Février 1791, Gaspard Grunenberger, Membre du Directoire du District d'Altkirch, et Jean Michel Valentin, Commis et Régistrateur dudit District, assistés de Joseph Kessler, Maître Maçon, et de Joseph Bœglin, Maître Charpentier, tous deux de Buschwiller, de Jean Lang et de François Schermesser, tous deux bourgeois laboureurs de Blotzheim, vinrent au couvent pour le récolement d'inventaire et l'estimation de la propriété.

Elle se composait d'un enclos, ceint d'un mur, de la contenance de cinq arpents et trois quarts, dans l'enceinte duquel sont contenus les bâtiments ci-après savoir:

Le bâtiment de l'église, de la longueur de 65 pieds sur 40 de large, et celui du chœur de 55 pieds sur 30, et 26 de hauteur jusqu'au toit,
le tout estimé .... 6000 livres ;
celui du cloître, le noviciat, le provincialat, l'infirmerie, la cuisine, le bâtiment des hôtes et différentes chambres au-dessus, et sur eux le grenier, et la cave au-dessous de 102 pieds sur 40 de large, plus les deux bâtiments attachés à ceux ci-dessus, l'un sur le

(1) A. Nat. F 19 6111.
(2) A. Nat. D. XIX. 58. N°248.

levant, l'autre sur le couchant, chacun des deux de 66 pieds sur 25.
Tous ces bâtiments renferment 35 chambres, petites et grandes,
non compris celles nommées d'autre part,
le tout estimé .... 12000 livres ;

Le bâtiment de la buanderie, l'écurie, la petite remise pour
serrer le bois, le tout en mauvais état et de 46 pieds sur 30,
estimé .... 1250 ;
finalement, le terrain compris dans ledit enclos, consistant en un
potager en partie verger et en partie vigne, estimé ensemble
......1250
au total .... 19370 livres.

Ensuite les Commissaires interrogèrent les religieux sur leurs
intentions :

Le P. Patient Frech, Gardien, déclara vouloir rester avec ses
confrères Capucins de cette province pour observer sa Règle aussi
longtemps qu'il le pourra.

Les Pères : Etienne, Floribert, Victorin, François-Ignace,
Electus, Césaire, Elzéar, François de Sales, Othmar et Félicien et
les Frères Maurice, Prosper, Paulin, Angélique, Bernardin et David
firent la même déclaration.

Le P. Faustin demanda à se retirer au couvent de Haguenau
ou du moins dans le Bas-Rhin.

On le voit, les capucins de Blotzheim avaient oublié leurs
restrictions précédantes, ils ne demandaient plus qu'une chose :
vivre en communauté avec leurs confrères d'Alsace, et observer leur
Règle jusqu'à la fin.

Des religieux venus d'autres couvents de Capucins s'étaient
réunis à eux pour mener la vie commune; dès lors il fallait, d'après
la loi, procéder à l'élection d'un supérieur et d'un économe. Etaient
présents les Pères : Patient, Faustin, Armand, Victorin, François-
Ignace, Electus, Hippolyte, Césaire, Jean-Paul, Etienne, Thibaut,
Léopold, Norbert, Elzéar, François de Sales, Othmar et Félicien,
et les Frères : Maurice, Prosper, Paulin, Antoine, Angélique, Bernardin, Vital et David, en tout : 17 Pères et 8 Frères.

Dans cette élection présidée par Hertzog, Maire de Blotzheim,
le P. Etienne fut élu supérieur, et le P. Othmar économe.

Mais l'évèque du Département réclamait des prêtres pour son
église, et l'on interrogea les Capucins pour savoir s'ils consentiraient à accepter des fonctions pastorales.

Au moment de l'arrivée des Commissaires, les Pères Etienne,
Patient, et Electus étaient absents; les Pères Faustin, Victorin,
Floribert, François-Ignace, Césaire, Elzéar et François de Sales
refusèrent pour cause d'âge ou d'infirmités, le P. Félicien était
également absent, mais ses confrères répondirent qu'il était hors
d'état de faire les fonctions pastorales.

Les autres Pères ne furent pas interrogés, ils avaient déjà
répondu à cette question dans leurs couvents respectifs.

La vie commune continua à Blotzheim pendant quelques mois encore, mais des vides se faisaient de temps à autre dans ce couvent devenu pour ainsi dire une prison, et avant la fin de l'année il ne restait plus que quelques Pères qui se réunirent d'abord à ceux de Neuf-Brisach, et enfin se retirèrent à l'Abbaye de Lucelle où la vie commune prit fin au mois de Janvier 1792.

La vente des meubles avait eu lieu à Blotzheim au mois de Décembre et elle avait rapporté 1239 livres 15 sols. Il ne restait plus au couvent que le crucifix en bois du réfectoire, qui était devenu, au dire des prêtres constitutionnels, un objet de vénération pour les prêtres réfractaires et leurs adhérents.

Aussi dans les premiers mois de 1792, le curé jureur du Grand-Huningue écrivait au Département: «Les rebelles des environs, ayant épuisé tous les moyens des réfractaires, ont recours aux miracles, et débitent que le crucifix délaissé au réfectoire des ci-devant Capucins de Blotzheim verse visiblement des gouttes de sang et des larmes. Tous les partisans de l'astuce accourent et jettent l'alarme.»

Le curé demandait au Département de donner des ordres pour transporter ce crucifix hors de Blotzheim, ou du moins le mettre à l'église et faire remplacer avant tout le curé et le vicaire de Blotzheim.

Le Département dut aussi s'occuper de cette affaire et sur son ordre le crucifix de bois des Capucins fut transporté à l'église paroissiale.

---

2. Hospice des Trois-Epis.

C'est seulement le 12 Mars 1779, que les Capucins d'Alsace, par suite d'un traité passé avec l'Ordre de Malte, se chargèrent du service de la Chapelle et du pèlerinage de Notre-Dame des Trois-Epis. Depuis longtemps déjà, les Capucins de Colmar et de Weinbach étaient invités chaque année aux principales fêtes, à titre de prédicateurs et de confesseurs auxiliaires pendant que les Antonites desservirent le pèlerinage.

Quand l'Ordre de Saint Antoine de Viennois eut été supprimé par la Commission des Réguliers, le Chapitre Général de l'Ordre se prononça à l'unanimité pour l'union avec l'Ordre de Malte, et c'est ainsi que l'Ordre de Saint Jean de Jérusalem, dit aussi Ordre de Malte, prit possesion des biens des Antonites, et demanda aux Capucins de leur succéder aux Trois-Epis.(1)

(1) Nous empruntons ce qui concerne les Trois-Epis à l'intéressant travail de M. le Chanoine Beuchot, Curé de Saint Joseph à Colmar: Notre Dame des Trois-Epis dans la Haute Alsace. Rixheim. 1 vol. in 8° 1891. pp. 121 et seq.

Une fois installés au prieuré, les Capucins ne tardèrent pas à conquérir les sympathies des populations circonvoisines; mais leur séjour n'y fut pas de longue durée, il fut brusquement interrompu par la Révolution.

Le 10 Mars 1790, des Commissaires se présentèrent au couvent en exécution des Lettres patentes du Roi sanctionnant la loi votée par l'Assemblée Nationale contre les Ordres religieux.

La communauté des Trois-Epis se composait alors de trois Pères et d'un Frère convers, savoir:

P. Louis Minery, de Niederentzen, 59 ans, supérieur;
P. Victorin Weinum, d'Ingwiller, 44 ans; (1)
P. Luc Riehl, de Niederseebach, 38 ans;
F. Mathieu Lièvre, de Fort-Louis, 35 ans, frère lai.

Ils comparurent devant les Commissaires, et en réponse à l'interpellation qui leur fut faite conformément à la loi, ils déclarèrent que leur intention «était de rester dans leur Ordre et de ne jamais sortir de leur maison, à moins que ce ne fût par mutation ou changement de sujets, comme cela se pratiquait dans leur Ordre, ou encore par force majeure, se soumettant avec toute la soumission aux décrets de l'Assemblée Nationale sanctionnés par le Roi.»

Au sujet de l'inventaire que les Commissaires avaient à dresser aux termes de la loi, les Capucins commencèrent par déclarer qu'ils n'avaient «ni argenterie, ni argent monnayé, ni médailles, point de meubles précieux, mais, tout au plus ce qu'il fallait à des religieux mendiants.» Sommés ensuite de conduire les agents à la sacristie, ils s'y refusèrent formellement, «alléguant que les vases sacrés et tous les autres effets appartenaient en propriété à l'Ordre de Malte, qui les avait confiés et laissés à leur garde pour le service du culte divin, et que ledit Ordre ayant obtenu des privilèges et des exemptions particulières, il n'y avait pas lieu de faire une déclaration détaillée de ces objets.»

Il s'en faut, en effet, que, pour sa part, l'Ordre de Malte ait accepté avec une résignation muette les décrets de spoliation votés par l'Assemblée Nationale. Aussitôt après l'abolition des dîmes, Emmanuel de Rohan, Grand-Maître de Malte, s'empressa de protester, et fit remettre au Roi Louis XVI une lettre dans laquelle il énumérait les privilèges que l'Ordre invoquait en sa faveur.

Cette lettre fut remise, au nom du Roi, à l'Assemblée. Le Président en donna lecture à la séance du 30 Novembre 1789, et bien que le député Camus eût fait observer que la meilleure réponse à faire, était de supprimer tous les établissements de l'Ordre en France, l'Assemblée évita pourtant de se prononcer et fit ajourner la motion. (2)

---

(1) Le P. Victorin fut remplacé peu de temps après par le P. Charles-Marie Kessler, venu du couvent de Soultz et âgé de 27 ans.
(2) Moniteur Universel, N° du 4 Décembre 1789.

Plus tard, le 20 Avril 1790, quand l'Assemblée décida de confier aux Directoires des Départements l'administration des biens «déclarés par le décret du 2 Mars 1789 être mis à la disposition de la Nation», l'Ordre de Malte figura en tête des établissements qui étaient provisoirement exceptés de cette mesure.

Plus d'une année se passa ainsi sans que les Capucins de Notre-Dame des Trois-Epis fussent molestés autrement que par le spectacle des ruines que la Révolution accumulait de toutes parts dans le royaume. Il ne semble pas pourtant qu'ils se fussent bercés de la moindre illusion sur le sort qui leur était réservé, en face des tracasseries sans cesse croissantes, que l'on se plaisait à exercer contre le clergé réfractaire, et en particulier contre les religieux. Quoiqu'il en soit ils continuèrent à se retrancher derrière l'Ordre de Malte, et ils jouirent, fort peu de temps il est vrai, des pensions que la loi leur avait allouées, et que l'on négligeait de leur solder.

Le 19 Mars 1791, ils adressèrent la pétition suivante «A MM. les Président et Membres du District de Colmar. Supplient très blée Nationale, ayant par un Décret accordé une pension aux humblement les Capucins établis aux Trois-Epis, disant que l'Assemreligieux, et étant trois Pères avec un Frère, membres de la ci-devant Province d'Alsace, ne recevant plus de secours des autres couvents, ils se voient obligés de s'adresser à MM. du District pour les supplier de vouloir bien les soulager, aux désirs du décret de l'Assemblée Nationale et ferez bien. Trois-Epis 19 Mars 1791.»

Se basant sur la loi du 20 Mars 1791, le Directoire du Département avait pris le 23 Août suivant un arrêté en vertu duquel les Capucins des Trois-Epis devaient être transférés à Neuf-Brisach, s'ils n'aimaient pas mieux opter pour la vie privée. Quand cet arrêté leur fut signifié, ils déclarèrent unanimement «qu'ils renonçaient pour leur part à la vie commune et aux couvents nationaux, et qu'ils préféraient la vie privée, se proposant de desservir le pèlerinage jusqu'à ce qu'ils fussent remplacés, au cas que l'Ordre de Malte n'eût le pouvoir de les conserver aux Trois-Epis.» Deux jours après, le S. Giraud, secrétaire-greffier, qui avait reçu cette déclaration écrivait aux Administrateurs du Département: «Les Capucins étaient très surpris de notre mission, ils se persuadent qu'il y a exception pour eux et invoquent la protection de l'Ordre de Malte.»

Malheureusement, en optant pour la vie privée, les Capucins tombaient sous le coup de l'arrêté du Département du 23 Juillet, par lequel ils étaient tenus «de quitter l'habit de leur ci-devant Ordre,» et de quitter le lieu de leur résidence, sous peine d'y être contraints par la force publique. D'un commun accord, ils résolurent de céder sur le premier point, sauf, en ce qui concernait la résidence, à invoquer leur qualité de mandataires de l'Ordre de Malte. A cet effet, ils adressèrent, à la date du 8 Septembre 1791, la requête suivante à l'Administration du Département:

A Messieurs les Président
et Administrateurs du Directoire

Supplient humblement frère Louis, né Minery, frère Luc Riehl, frère Charles-Marie Kessler, et frère Mathieu Lièvre, Prêtres du ci-devant Ordre des ci-devant Capucins, en qualité d'Administrateurs pour desservir le Prieuré des Trois-Epis et pour remplir les fondations dudit Prieuré qui appartient à l'Ordre de Malte disant : qu'étant éloignés de la ville, il ne leur est pas possible malgré toutes les diligences de se conformer jusqu'ici à l'arrêté du Département du 23 Juillet dernier, en vertu duquel, ayant choisi la vie privée, ils sont tenus de quitter l'habit de leur ci-devant Ordre, ils ont recours à votre discrétion, Messieurs, et vous prient de surseoir encore douze jours à l'exécution du susdit arrêté.

Quant au lieu qui fait leur dernière demeure et qu'ils sont également tenus de quitter en vertu du même arrêté, ils osent observer à la sagesse du Directoire, qu'étant nommés et installés par l'Eminentissime Ordre de Malte pour desservir un Prieuré et une fondation qui lui appartiennent, et s'étant soumis à l'acquittement des susdites charges par un contrat du 12 Mars 1779, ratifié à la Vénérable Chambre du Trésor, et enregistré au ci-devant Conseil Souverain d'Alsace avec ledit Eminentissime Ordre, dont les droits et propriétés ont été jusqu'ici conservés dans leur intégrité ; et qu'en conséquence de cette exception ledit Ordre reste en droit, tant et aussi longtemps que ledit Prieuré lui appartiendra, d'en faire desservir les charges spirituelles et temporelles sous les mêmes conditions et par les mêmes personnes qu'il avait choisies. Ce considéré, Messieurs, les suppliants ne peuvent abandonner le prieuré aux Trois-Epis sans manquer à la fidélité du contrat, ils espèrent que la sagesse du Département mieux instruite, ordonnera le rapport de son arrêté du 23 Août dernier et les dispensera de s'y conformer pour ce qui touche le lieu de leur demeure, et ferez bien.»

Mais dès le 12 Septembre, des commissaires du District se présentèrent de nouveau aux Trois-Epis, à l'effet de faire exécuter les ordres du Département. A cette nouvelle sommation, les Capucins répondirent que «jamais ils n'avaient entendu faire aucune protestation ni contre les arrêtés du Département qu'ils respectent infiniment, mais qu'ils ont cru devoir faire leurs représentations sur les fonctions dont ils sont chargés, et qu'ils s'empresseront aujourd'hui de satisfaire au moins dans la huitaine aux ordres susdits, pendant lequel temps ils se pourvoieront des linges et habits nécessaires au lieu du costume qu'ils ont porté jusqu'ici.»

En même temps le S. Cumat, curé de Niedermorschwihr, présenta aux Commissaires les pouvoirs qu'il tenait du Grand Bailli de l'Ordre de Malte, il invoqua à son tour les privilèges et exemptions de l'Ordre et demanda le maintien des Pères Capucins en attendant qu'il fût pourvu à leur remplacement.

Cette opposition embarrassa le Directoire du District, mais les Administrateurs du Département ne s'arrêtèrent pas à de tels scrupules. On commença par aviser l'évêque constitutionnel du Haut-Rhin, Arbogaste Martin, d'avoir à se charger des fondations du pèlerinage. Celui-ci fit répondre par Albert, son premier vicaire épiscopal, «qu'il n'attendait que la remise des titres pour, après en avoir pris inspection, prendre à cet égard les mesures les plus convenables.» Il ne manquait donc plus que la sentence finale, qui fut rendue à la séance du 31 Octobre 1791; elle portait: «que l'église des Trois-Epis serait fermée, et les clefs remises entre les mains de l'Administrateur des biens de l'Ordre de Malte, avec défense de l'ouvrir pour aucun culte.»

Cédant à la force, les Capucins des Trois-Epis se dispersèrent, et ne trouvant plus dans la patrie un asile assuré, ils se décidèrent à prendre le chemin de l'émigration et de l'exil.

Nous ajouterons au récit du savant Chanoine, qu'après le départ des Capucins, deux de leurs confrères vinrent habiter les Trois-Epis et s'y trouvaient encore en 1792 : le P. Joseph-Marie Gourmand, de Strasbourg, Vicaire du couvent de Blotzheim, et le Frère Urbain Cottel, de Fréland, frère convers du couvent de Weinbach. Pendant la Révolution, la chapelle fut fermée, mais c'était toujours un lieu de pèlerinage pour les fidèles des environs qui ne cessaient pas d'y venir prier. On le voit par des rapports de gendarmes qui faisaient de temps à autre des apparitions dans le but de s'emparer des prêtres réfractaires qui se risquaient à venir célébrer la messe dans la chapelle.

Après de longues négociations entre l'Evêque de Strasbourg et le Préfet de Colmar, l'autorisation d'ouvrir la chapelle fut accordée le 31 Janvier 1804, et le P. Laurent Mangold, Récollet de Rouffach, fut chargé de desservir le Pèlerinage. Il s'occupa d'abord de ramener aux Trois-Epis l'Image miraculeuse qui était exposée dans l'église d'Ammerschwihr. La translation eut lieu le 2 Juillet 1804, et la plupart des ecclésiastiques qui prirent part à la fête, étaient des confesseurs de la foi, échappés des prisons révolutionnaires, ou revenus de l'exil, voire même de la déportation. L'orateur de la fête fut le P. Thaddée Gschickt, d'Ammerschwihr, Capucin du Grand Couvent de Strasbourg.(1)

Après le départ du P. Laurent Mangold, c'est un Capucin, le P. Léopold Gœttelmann, de Meistratzheim, du Couvent de Soultz, qui desservit le Pèlerinage jusqu'à sa mort en 1823. Ensuite les Pères Rédemptoristes occupèrent ce poste pendant deux ans, puis des prêtres séculiers jusqu'à l'arrivée en 1842 des Pères du Précieux Sang, qui y restèrent jusqu'en 1874. Ceux-ci furent chassés par le Kulturkampf, et furent remplacés par des prêtres séculiers jusqu'au retour des Pères Rédemptoristes qui ont maintenant la direction du Pèlerinage.

____

(1) Un prêtre, nommé Antoine Gerber, dont on trouve le nom dans l'Histoire du pèlerinage des Trois-Epis, est donné assez souvent comme Capucin, bien qu'il n'ait jamais appartenu à l'Ordre. (Frayhier, p. 224.)

Il était né à Ammerschwihr, le 24 Janvier 1761, et l'enquête de l'an XII aux Archives de l'Evêché en parle en ces termes: «Presbyter sæcularis ab anno 1787, in vinea Domini multum laboravit. Vitam agit laudabilem, fama et confidentia gaudet.» Il mourut le 27 Novembre 1834. L'Ordo de 1835 lui donne le titre de «Antiquus Primissarius in Ammerschwihr.» Il y exerçait cette fonction depuis 1787.

Chapitre XIII.

Couvent de Belfort.

Le couvent de Belfort, bien que situé en Alsace et dans le Département du Haut-Rhin, ne faisait pas partie de la Province des Capucins d'Alsace, mais de celle de Franche-Comté. Il fut désigné par le Département comme maison de vie commune pour les Capucins de Colmar et de Weinbach, c'est pour cette raison qu'il intéresse les Capucins d'Alsace.

Nous n'avons pas retrouvé l'inventaire de ce couvent, mais nous savons par le tableau de la Province de Franche-Comté, envoyé au Comité Ecclésiastique par le Provincial, que les religieux dont les noms suivent, se trouvaient à Belfort en 1790 :

P. Claude-François Praileur, de Magny, 42 ans, Gardien ;
P. Mathias Magnin, de Cerre-les-Noroy, 44 ans, vicaire ;
P. Pierre-Bérard Bonnot, d'Hyèvre, 77 ans ;
P. Cyprien Trouillot, de Fontenelle, 65 ans ;
P. Raymond Bonnot, de Dambelin, 61 ans ;
P. Fabien Lacave, de Vesoul, 46 ans ;
P. Othon Tournoux, de Danjoux, 46 ans ;
P. Donat Hauty, de la Villeneuve, 39 ans ;
P. Louis Sauvage, de Beulotte-Saint-Laurent, 37 ans ;
P. Félix Jeannot, de Soye, 32 ans ;
F. Samuel de Belmont, de Servance, 72 ans, frère lai ;
F. Florentin Fériot, de Cours-les-Belvoir, 39 ans, frère lai ;
F. Pierre-François Grosjean, de Chalonvillars, 24 ans, frère lai.

Quelle a été l'option de ces religieux lors de l'inventaire? Nous l'ignorons. Mais nous voyons par la lettre suivante adressée à l'Assemblée Nationale que tous n'avaient pas opté pour la vie commune :

«Les Religieux Capucins de Belfort s'adressent à l'Assemblée pour se plaindre du retard dans le paiement de leur pension. Au mois de Mai 1790, ils ont opté pour la vie privée, et depuis lors on leur a refusé leurs quartiers. Le Procureur Syndic du District prétend qu'il existe un décret défendant de payer. D'autres disent que les religieux mendiants ne peuvent être payés avant que les supérieurs n'aient envoyé la liste des religieux. Or les listes ont été remises.

Les religieux de Belfort les plus soumis de l'Alsace à la nouvelle constitution se plaignent des affronts qu'ils ont reçus de la part des gens qui se sont vantés que les religieux sortants ne recevraient rien d'eux en témoignage de l'indignation sur leur option de quitter le couvent de Belfort.

Belfort, le 10 Janvier 1791.

> Fr. Fabien, ancien aumônier des hôpitaux de Strasbourg et de Belfort; Fr. Mathias, Capucin, vicaire; Fr. Florentin; Fr. Pierre-Bérard; Fr. Pierre-François; Fr. Othon; Fr. Donat.»

En revanche, si l'Administration ne payait pas la pension aux Capucins de Belfort, elle ne faisait pas de difficulté pour leur délivrer des certificats de bonne conduite:

«Nous, les Maire et Officiers Municipaux de Belfort, District du même lieu, Département du Haut-Rhin, où le contrôle et le papier timbré ne sont point en usage, certifions que les Frères Capucins composant la communauté de Belfort, se sont comportés en bons citoyens, qu'ils ont mérité par leurs services la reconnaissance de toute la paroisse.

En foi de quoi nous avons fait apposer le cachet ordinaire de notre ville.

Fait à Belfort, ce 10 Janvier 1791.

> Chardoillet, Clavet, Genty, Stourm, Gasnier, Lapostole, Antonin, secr.»(1)

En dehors de ceux que nous avons cités plus haut et qui avaient opté pour la vie privée, il y en avait donc d'autres qui étaient restés au couvent. Mais les uns et les autres étaient traités sur le même pied au point de vue de la pension qu'on ne leur payait pas, et ils étaient réduits à la misère.

Dans les premiers jours de Janvier, le P. Claude-François et le P. Raymond étaient venus déclarer au Maire qu'il n'y avait plus de vivres au couvent que pour deux jours, et comme le Directoire du Département du Haut-Rhin venait d'annoncer que le paiement des pensions était retardé, les deux Capucins demandaient un traitement provisoire. Ce secours était d'autant plus nécessaire que cinq religieux avaient annoncé qu'ils allaient se réunir à la communauté de Belfort, les Pères:

Romain Salive, de Villersexel, du couvent de Vesoul,
Gaspard Bourrelier, de Jussey, du couvent de Poligny,
Théodore Bouchet, de Fancogney, du couvent de Fancogney,
Guillaume Jeannotty, de Fancogney, du couvent de Fancogney,
Constant Posty, de Dambelin, du couvent de Vuillafans.

Il est à croire que leur pension leur fut enfin soldée, car au mois de Mars suivant, le Directoire du District de Belfort demandait la conservation du couvent des Capucins de Thann, réclamée par de nombreuses communes des environs, «et attendu que l'enclos

____

(1) A. Nat. D. XIX. 8. No 677 bis.

de la Capucinière de Belfort peut n'être que d'un très petit avantage
à la Nation, que la vente en sera difficile, et que dans chacune des
maisons de Thann et de Belfort il y a un logement suffisant pour
le nombre de religieux voulu par la loi, le District de Belfort estime
qu'il y a lieu de conserver ces deux maisons.»

Mais le Directoire du Département du Haut-Rhin avait pris le
21 Mai un arrêté, approuvé par l'Assemblée Nationale, qui transférait à Belfort une partie des Capucins de Colmar. Ceux-ci qui
admettaient bien la vie commune, mais seulement avec des religieux de leur province, refusèrent d'y aller, et optèrent pour la vie
privée. Pour la même raison ceux de Weinbach et de Thann que
l'on désigna aussi pour Belfort, renoncèrent également à la vie
commune.

En même temps, et probablement aussi pour la même raison,
des départs éclaircirent les rangs des Capucins de Belfort. A la fin
du mois de Mai ils n'étaient plus que cinq, quand le Directoire
leur fit demander s'ils voulaient se charger de desservir des cures.
Tous refusèrent, et ils restèrent néanmoins au couvent.

Au mois d'Octobre, le Procureur Syndic du District avisa le
Département que les Officiers du Génie avaient demandé «la Capucinière» pour y établir un hôpital, mais qu'un arrêté serait probablement nécessaire pour en expulser les cinq religieux qui y
étaient encore. Il se plaignait en même temps que la Municipalité
de Belfort, eût de sa propre autorité, destiné le couvent au logement
des volontaires nationaux. «Il en résultera des dégradations, dit-il,
et par là même des réparations qui seront dispendieuses. Au surplus, c'est un acte arbitraire, et un abus de pouvoir de la part de
la Municipalité qui n'a pas consulté le District.» Le Procureur
priait le Département de la rappeler à l'ordre, «car il est indis-
pensable de maintenir chacun à sa place.»

Les cinq Capucins de Belfort, jugeant que désormais la position
était intenable, annoncèrent au District, le 14 Novembre 1791, leur
départ, sans déclarer où ils voulaient se retirer.(1)

____

(1) A. Dép. Colmar. L. 13. 804. — A. Nat. D. XIX. 8. N° 677 bis.

Chapitre XIV.

Notices individuelles.

1. Grand Couvent de Strasbourg.

1 Beck François Augustin, P. Janvier de Sélestat, Gardien, né le 23 Mars 1740, profès le 27 Septembre 1757, mourut en déportation.(1)

2 Kempff Jean Louis, P. Héribert de Mutzig, Vicaire, né le 23 Octobre 1726, profès le 17 Mars 1747, mourut en déportation.(1)

3 Maurer François, P. Marin d'Ingersheim, né le 14 Avril 1717, profès le 4 Juin 1736, avait été Provincial d'Alsace, mourut en déportation.(1)

4 Dantzer Joseph Théobald, P. Ignace de Thann, né le 4 Avril 1717, profès le 13 Janvier 1737, prit un *exeat* au District de Strasbourg pour aller au couvent de Thann, et il déclara au District de Belfort lors de son arrivée, qu'en cas de suppression de Thann, il se retirerait dans sa famille. Après la dispersion, il séjourna encore en Alsace. «Le 19 Décembre 1792, l'an I de la République, 40 électeurs du District d'Altkirch dénonçaient des prêtres résidant à Ligsdorff.» Parmi eux se trouvaient le P.

---

(1) Inconnu à Frayhier. — Tous ceux qui s'occupent de l'histoire religieuse d'Alsace connaissent l'«*Histoire du clergé catholique d'Alsace avant, pendant et après la Révolution*, par l'abbé C. A. F(rayhier). Colmar 1876. 1 Vol. in 8º de 495 pp. Tous ont utilisé ce précieux instrument de travail, qui a demandé à l'auteur des recherches considérables surtout à l'époque où il a été composé, car les dépôts d'Archives n'étaient point alors aussi accessibles qu'ils le sont aujourd'hui. Depuis lors les Archives ont été plus ou moins classées et inventoriées, des découvertes ont été faites par les chercheurs, l'histoire du clergé catholique d'Alsace demanderait à être corrigée et complétée, selon le vœu de l'auteur lui-même. Ce travail pourrait facilement se faire depuis le classement des Archives diocésaines par MM. Chappé et Kieffer, Archivistes diocésains; et nous faisons des vœux pour qu'un amateur de l'histoire religieuse d'Alsace entreprenne la revision de cet ouvrage, qui est du plus haut intérêt pour le clergé d'Alsace.

Nous ne ferons qu'une critique au sujet de cet ouvrage de l'abbé Frayhier. Il commence son calendrier républicain le 23 Septembre, il est ainsi en retard d'un jour, l'an 2 de la République commença le 22 Septembre 1793. Voir l'Histoire du Calendrier républicain dans la préface du travail de P. Caron: «*Concordance des calendriers Républicains et Grégorien.*» Paris 1905. in 8º. 48pp. — Nous désignerons par cette note: «Inconnu à Frayhier» les Capucins qui ne se trouvent pas dans sa statistique.

Ignace Dantzer, le P. Bernard Zislin, Capucin, un Cordelier et un Récollet, comme n'ayant pas prêté le serment civique. Comme le P. Ignace était à proximité de la frontière, nous avons tout lieu de croire que, pour échapper à de nouvelles dénonciations, il se retira en Suisse d'où il ne revint plus.(1)

5 Pierron Joseph, P. François-Jean de Strasbourg, né le 1 Juin 1720, fils de Christophe «scribæ Argentinensis, originaire de Dieuze, et de Anne Double, de Port-sur-Saône,» profès le 2 Décembre 1742, mourut en déportation.(2)

6 Armspach Louis, P. Florentin de Rouffach, né le 25 Août 1729, profès le 6 Juillet 1752, mourut en déportation.(3)

7 Ruoff Jean, P. Albert de Soultz, né le 29 Août 1734, profès le 14 Mai 1755, mourut en déportation.(3)

8 Streicher Jean Philippe Félix, P. Edmond d'Obernai, né le 21 Juin 1737, profès le 15 Décembre 1760, mourut en déportation.(3)

9 Lux Jean, P. Donat de Lixhausen, né le 18 Décembre 1742, profès le 30 Juin 1766, mourut en déportation.(3)

10 Blétry Denis Matthieu, P. Parfait de Belfort, né le 10 Juillet 1747, profès le 29 Septembre 1767. En 1780 il était Aumônier de marine sur la *Renommée*. Il ne suivit pas ses confrères au-delà du Rhin, il prit un *exeat* au District de Strasbourg pour celui de Belfort où il declara se fixer. Il y prêta le serment civique qui n'est pas le serment schismatique, le 12 Novembre 1791, et le 16 Septembre 1792, on lui signifia la loi du 16 Août précédent avec ordre d'avoir à s'y conformer. Il dut se déporter, car à partir de ce moment nous le perdons de vue.(4)

11 Bader Simon, P. Bernardin de Blotzheim, né le 28 Octobre 1756, profès le 24 Septembre 1777. Il se déporta, et nous le voyons le 18 Vendémiaire an IX, faisant à Altkirch la promesse de fidélité à la Constitution. Il se retira à Blotzheim, où il n'exerçait pas de fonctions. En 1804, il desservit pendant quelque temps la paroisse catholique de Bâle. Plus tard, il devint vicaire à Lautenbach; en 1812 curé de Niedersoultzbach; en 1816 curé d'Oderen; en 1827 il donna sa démission et resta comme vicaire à Oderen, où il mourut en 1834.(5)

12 Gschickt Jean-Baptiste, P. Thaddée d'Ammerschwihr, né le 29 Mars 1755, profès le 16 Janvier 1778. Au lieu de suivre ses confrères au-delà du Rhin, bien qu'il eût demandé un passeport, il se retira dans sa paroisse natale «à la fin de 1790, y resta cinq

---

(1) A. Dép. Str., Reg. des pensions, 1792. — A. Dép. Colm. L. 739. 804 — Inconnu à Frayhier.

(2) Etat civil de Strasbourg. Paroisse Saint Pierre-le-Vieux. — Inconnu à Frayhier.

(3) Inconnu à Frayhier.

(4) Arch. Nat. Colonies : Aumôniers. Série D. — A. Dép. Colm. L. 614. 804.

(5) A. Dép. Col. sous-préf. Altkirch-Mulhouse. Fonds non classé. — Arch. Evêché enquête de l'An XII. — Chronica Prov. helvet. Capucin. (1884) p. 665. — Frayhier le nomme sans dire qu'il était Capucin. p. 247.

mois, puis passa à Orschwihr. On ne sait ce qu'il est devenu depuis. Ses père et mère son morts depuis plus de dix ans, il ne possède ni meubles ni immeubles ni succession.» Nous croyons qu'il resta en Alsace jusqu'à la loi du 26 Août 1792, car il toucha au District de Colmar tous ses quartiers de pension pour 1791. Il dut se déporter alors, et il ne rentra qu'à la fin de la Révolution. En l'an XII, il était à Ammerschwihr, où il faisait les fonctions de vicaire. D'après Sitzmann, Monseigneur Ræss, Evêque de Strasbourg, aurait fait ses premières études sous la direction du P. Thaddée. Il mourut à Ammerschwihr, le 23 Février 1814. (1)

13 Studer Gaspard, P. Hugolin de Diefmatten, né le 23 Novembre 1756, profès le 1 Octobre 1778. En Avril 1791, il est à Erstein où il fait deux baptêmes «ex commissione R. D. Baccara, Rectoris in Erstein.» Il mourut en déportation. (2)

14 Rooss Xavier, P. Roch d'Ensisheim, né le 21 Novembre 1761, profès le 15 Février 1782. Il émigra, car on trouve le nom de Xavier Rooss sur une «Liste d'émigrés dont les biens des Pères et Mères doivent être séquestrés.» Le 14 Frimaire an IX (5 Décembre 1800). Xavier Rooss se présenta devant le Maire d'Ensisheim pour déclarer qu'il était ancien Capucin du Couvent de Strasbourg, qu'il venait du Couvent d'Oberkirch (Bade) et qu'il était rentré dans sa patrie pour élire son domicile à Thann. Il s'était déporté en 1793, et il était rentré le mois précédent. Il déclarait en même temps faire sa soumission aux lois afin de pouvoir exercer le culte. L'année suivante, nous le retrouvons à Strasbourg, le 12 Nivose an IX (3 Janvier 1801). Quatre citoyens de cette ville attestent devant le Juge de paix du IV. arrondissement qu'ils connaissent Xavier Rooss, qu'il est resté au Grand Couvent jusqu'au mois de Mai 1791, et qu'il s'est déporté en 1793. Le Préfet du Bas-Rhin appuie auprès du Ministre de la Police Générale le 27 Pluviose (17 Janvier) suivant la demande de Xavier Rooss sur les bons témoignages qu'il a reçus à son sujet. A la réorganisation du culte il fut nommé curé de Bisel, où il mourut en 1811. (3)

15 Prossé Jean Georges, P. Jonathas d'Ensisheim, né le 9 Mai 1763, profès le 9 Mai 1784. Il émigra, car on trouve son nom sur une «Liste d'émigrés dont les biens des Pères et Mères doivent être séquestrés en vertu de la loi du 17 Frimaire.» A son retour de l'exil, il resta dans le Haut-Rhin, et le Préfet de ce Département, dans son rapport au Ministre de l'Intérieur du 10 Brumaire an X (23 Octobre 1801), écrit à son sujet : Georges Prossé réside à Vœgtlinshoffen, 36 ans, ministre désintéressé, assez bon orateur,

(1) Arch. de l'Evêché. Enquête de l'an XII. — A. Dép. Colm. L. 616. — Sitzmann, Dictionn. V°. Ræss — Frayhier, p. 307.
(2) Inconnu à Frayhier.
(3) Arch. Nat. F7 7832 (5755) — A. Dép. Colm. L. 480 — Arch. Evêch. Enq. an XII. — Frayhier. p. 319, 422 — Fuess. Die Pfarrgemeinden des Kantons Hirsingen.

aimé de sa commune, a fait la soumission.» Il fut nommé curé
de Bartenheim, puis de Magstatt-le-Bas, de nouveau à Bartenheim, enfin de Niedermorschwihr, et il mourut en 1831.(1)

16 Mey Sébastien, P. Gallus d'Ammerschwihr, né le 9 Février 1760,
profès le 19 Octobre 1783. Il émigra, mais son père Simon Mey
était mort le 26 Septembre 1790, laissant deux enfants: Sébastien
et Agathe Mey, religieuse du Tiers-Ordre à Ensisheim. Catherine
Mey, veuve de Mathieu Gerber, sœur unique de Simon, et héritière, se mit en possession de la succession. Mais Sébastien et
Agathe avaient droit, de par la loi, aux successions ouvertes
depuis le 14 Juillet 1789. Sébastien étant émigré, il en résultait
que la Nation, aussi de par la loi, héritait en son lieu et place et
avait droit à la moitié de la succession de Simon son père. Après
inventaire, et défalcation faite des sommes payées par Catherine
Mey pour apothicaire, frais d'enterrement 400 livres, messes
pour le défunt 150 livres, tous les habits du mort distribués aux
pauvres selon l'usage, et autres payements faits et authentiqués
par les Municipaux, il restait une somme de 3744 livres, 3 sols,
dont la Nation prit la moitié comme part de Sébastien.

Il rentra, croyons nous, après le Concordat, à Ammerschwihr où il devint vicaire et il n'était connu que sous son nom
de religieux: «Pater Gall.» Il fit avant de mourir une fondation
à l'église de sa paroisse et il décéda le 26 Janvier 1828.(2)

17 Kreyder Jean André, P. Corneille d'Andlau, né le 7 Avril 1762,
profès le 22 Avril 1784, se déporta au-delà du Rhin. Le 15 Messidor an II (3 Juillet 1794), Joseph Kreyder, son père, demanda au
Directoire du Département d'être excepté des peines portées par
la loi du 17 Frimaire an II, contre les pères d'émigrés. Le Directoire répondit qu'André Kreyder, déporté par la loi du 26 Août
1792, n'était pas dans la classe des ci-devant nobles, et que son
cas ne tombait pas sous le coup de la loi. Il ne rentra en France
que sept ans plus tard. «Le 3 Messidor an IX (22 Juin 1801) s'est
présenté devant nous, Préfet du Bas-Rhin, André Kreyder, Capucin du Grand Couvent de Strasbourg, prêtre déporté, natif
d'Andlau, lequel a déclaré qu'il venait de rentrer dans sa patrie
pour y vivre soumis aux lois et a fait entre nos mains la promesse d'être fidèle à la Constitution. De quoi a été dressé procès-
verbal que le déclarant a signé avec nous. *André Kreyder.*
Laumond, Préfet.»

Il se retira d'abord à Meistratzheim ; en 1803, on le trouve
curé à Gerstheim, et l'enquête de l'an XII fait de lui cet éloge:
«Religione, pietate, animarum zelo, sua in functionibus capa-
citate et assiduitate laudabilis, et suis ovibus carisssimus

---

(1) A. Dép. Colm. L. 480. — Arch. Nat. F19.866. — Frayhier p. 254. Il ne le donne
pas comme Capucin.

(2) A. Dép. Colm. Déportés L. 455. 616. Communic. de M. l'abbé Frœhly, curé
d'Ammerschwihr. — Frayhier, p. 315, le dit simplement Franciscain.

Pastor.» Plus tard il devint curé de Hatten, Niederrœdern, vicaire de Hochfelden, curé d'Altenach et enfin il se retira à Dannemarie où il mourut en 1834. Sa pension, comme celle de tous les religieux, avait été réduite au tiers, et il ne recevait plus que la maigre somme de 233 frs.(1)

18 Hurst François Jacques Valentin, P. Clément de Kaysersberg, né le 27 Avril 1762, profès le 22 Avril 1784, mourut en déportation.(2)

19 Schaller Jacques, P. Blaise d'Ammertswiller, né le 13 Mars 1762, profès le 21 Octobre 1784. Il se déporta, et l'an III, sa mère, Anne Marie Dietner, demanda au Département mainlevée du séquestre mis sur ses biens à cause de l'émigration de son fils «qui s'était laissé entraîner par le torrent de ses confrères, et avait émigré,» sans que la pétitionnaire y ait eu aucune part. Elle produisait un certificat de civisme, et la preuve par témoins qu'elle lui avait fait écrire pour l'engager à rentrer en France, mais qu'elle n'en avait jamais reçu de réponse. Le Département fit droit à sa demande le 24 Nivose an III (13 Janvier 1795). A son retour en France, il fut d'abord nommé vicaire de Niederbetsch-dorf, dont il devint curé en 1805, il mourut le 7 Août 1815, après avoir nommé comme exécuteur testamentaire son confrère et voisin le P. Corneille Kreyder, curé de Hatten, chargé de faire une fondation à la paroisse.(3)

20 Riehl François Louis, P. Jérémie de Meistratzheim, né le 16 Octobre 1762, profès le 29 Octobre 1784, mourut en déportation.(4)

Frères convers.

1 Moritz Jean, F. Charles de Kruth, né le 26 Septembre 1711, profès le 3 Juillet 1739, mourut en déportation.

2 Beltz François Joseph, F. Jonas de Soultz, né le 28 Mars 1743, profès le 3 Juin 1765, mourut en déportation.

3 Zimmermann François Antoine, F. Bérard de Kientzheim, né le 7 Septembre 1750, profès le 16 Septembre 1771, mourut au couvent de Hasslach (Bade) en 1809.

4 Gyss François Joseph, F. Boniface d'Obernai, né le 16 Septembre 1751, profès le 23 Septembre 1772, mourut en déportation.

5 Weibel Sébastien, F. Xavier d'Ammerschwihr, né le 24 Février 1752, profès le 14 Juillet 1784. Lors de la dispersion il prit un exeat à Strasbourg pour le District de Colmar où il déclara se retirer à Ammerschwihr, il y toucha ses deux premiers quartiers de 1791. Comme son nom ne figure plus dans la suite sur les listes de pensionnaires, nous croyons que c'est vers le mois de

---

(1) A. Dép. Stras. Dir. Dép. Reg. 46. — Arch. Ev. Enq. de l'an XII. — Frayhier p. 286. 404. 596. — Tableau général des Pensions. in 4º Paris. 1817.
(2) Inconnu à Frayhier.
(3) A. Dép. Colm. Emigrés. déportés L. 467. — Reg. Evêch. — Frayhier, p. 292. 400.
(4) Inconnu à Frayhier.

Juin 1791 qu'il prit le chemin de l'exil. Il alla jusqu'à Rome, et l'on trouve son nom dans la collection des Archives Vaticanes *De Caritate S. Sedis erga Gallos.*» Il fut envoyé au couvent des Capucins de Ferrare. Il rentra en France, et nous le trouvons à Ammerschwihr fournissant les pièces nécessaires pour obtenir sa pension: son extrait de naissance, le certificat d'état religieux, la promesse de fidélité à la Constitution de l'an VIII et un certificat d'union avec l'Evêque du Diocèse. Il continua d'habiter sa paroisse natale, obtint du Gouvernement en 1825 un secours de 70 frs., et mourut le 8 Septembre 1830. (1)

6 Igert Séverin, F. Junipère d'Ingersheim, né le 16 Décembre 1752, profès le 11 Octobre 1781, mourut en déportation. (2)

Frères donnés ou Affiliés:

Jacques Kuchlé, 84 ans, attaché à la maison depuis 53 ans,
Fidèle Bœhler, 45 ans, attaché à la maison depuis 12 ans,
Antoine Wæchter, 26 ans, attaché à la maison depuis 8 ans.

Ces Frères donnés ou Affiliés, attachés au service du couvent, peut-être par le Tiers-Ordre, en tout cas sûrement par un acte passé entre eux et le couvent (on leur donne parfois le nom de «Servitial») étaient considérés par les Départements comme des Frères Convers, et payés comme tels, quand ils pouvaient produire leur acte d'affiliation au couvent. Nous n'avons rien trouvé aux Archives sur les trois Affiliés du Grand Couvent de Strasbourg. Comme ils sont restés avec les Pères jusqu'à la dispersion, ils les ont peut-être suivis en déportation.

Petit Couvent de Strasbourg.

1 Arth Antoine Joseph Félix, P. Hartmann de Hochfelden, né le 13 Septembre 1722, profès le 6 Juillet 1741, Provincial d'Alsace.

Il est l'auteur des ouvrages suivants:

1. Christliche Weltweisheit, oder Beweis von der Göttlichkeit der christlichen Religion und von der Seuche heutigen freygeisterischen Irrlehre, so, wie anderer vorhergegangenen Neuerungen. Von P. Fr. Hartmann dermals Provincial der Ehrw. PP. Kapuziner elsæssischer Provinz. Kempten verlegts Clement Lingg 1784—1785. 4 vol in pet 8º: 1. vol. 496 pp. — 2. vol. 743 pp. — 3. vol. 896 pp. — 4. vol. 644 pp.

---

(1) Etat civil d'Ammerschwihr. — Le Rohellec, Liste des Ecclésiastiques réfugiés dans les Etats Pontificaux. p. 99.

(2) Très probablement il a passé quelque temps dans la Province des Capucins d'Assise. Aux Archives Générales de l'Ordre à Rome se trouve un manuscrit, écrit par Fr. Junipère. Ce manuscrit appartenait autrefois aux Archives de la Province d'Assise.

2. Geistliche Wissenschaft sich in den Geistes Trübseligkeiten heilsamst zu trösten. Von P. Fr. Hartmann dermals Provincial der PP. Kapuziner Elsässischer Provinz. Colmar. Gedruckt bey Johann Heinrich Decker, Königl. Buchdrucker. 1786. 1 in 8°. 656 p.

3. Wissenschaft der Heiligen, das ist Betrachtungen von der Kindheit, der Offenbarung, dem Leiden und Tode unseres Herrn Jesu Christi. Von P. Fr. Hartmann, ehemaliger Provinzial der P.P. Kapuziner elsässischer Provinz. Gedruckt und verlegt in der Hochfürstlichen Kemptischen Hofbuchdruckerei. 3 vol. in gr. 8°: 1. vol. 782 pp., 1787 — 2. 1088 pp. 1788 — 3. vol. 604 pp., 1789.

Après l'expulsion des religieux du Petit Couvent, le P. Hartmann se retira à Petersthal (Bade), et il y séjourna pendant la Révolution. Une lettre d'un P. Epiphane, de la Province de Cologne, aux Archives Générales de l'Ordre à Rome, signale la présence dans cette ville du Provincial d'Alsace en 1807. C'est le seul renseignement que nous avons trouvé à son sujet. Il est toutefois certain qu'il ne revint pas en Alsace, mais le lieu et la date de sa mort sont inconnus. (1)

2 Botta Antoine Louis, P. Mathieu de Wissembourg, né le 26 Février 1747. Il était secrétaire du Provincial, et résidait avec lui au Petit Couvent. Après le départ des religieux, il alla mener la vie commune au couvent de Colmar, mais ce ne fut pas pour longtemps, car les religieux durent abandonner le couvent en Juin 1791. Le P. Mathieu déclara vouloir se fixer à Volgelsheim, District de Colmar, mais il résida à Heiteren où il toucha sa pension en 1791. Le 24 Janvier 1793, il prit à Colmar un passeport pour Bâle en exécution de la loi du 26 Août 1792, et il passa le Rhin. Il rentra en Alsace quelques années plus tard, et le 5e Complémentaire an V (21 Septembre 1797), nous le trouvons résidant à Lautenbach-Zell, et prenant un passeport au canton de Soultz pour se déporter en vertu de la loi du 19 Fructidor an V (5 Septembre 1797). Lors de la réorganisation du culte, il fut nommé primissaire à Issenheim, puis vicaire à Ensisheim où il mourut le 14 Janvier 1810. (2)

3 Galetto . . ., P. Daniel d'Obernai, Gardien, 52 ans en 1790, passa le Rhin et mourut en déportation. (3)

4 Antoine . . . ., P. Eugène de Strasbourg, Vicaire, 35 en 1790. En 1785, il était au Petit Couvent, et en même temps professeur de Théologie à la Commanderie de l'Ordre de Malte à Strasbourg. Il mourut en déportation. (3)

---

(1) Frayhier ne le nomme pas, et il ne cite que son frère cadet : Le P. Réginald de Hochfelden.

(2) Arch. Dép. Colm. L. 864 1077. — Arch. Municip. Colm 2. H. 3. — Reg. de l'Evêché. — Frayhier, p. 277, 302, 418.

(3) Inconnu à Frayhier.

5 Helly Jean Michel, P. Nazaire de Sélestat, né le 3 Mai 1723, profès
le 22 Août 1743, mourut en déportation. (1)

6 Cromer Marc Antoine, P. Marc-Antoine de Soultz, né le 27 avril
1718, profès le 4 Novembre 1737. Vers la fin de 1790, il fut dénoncé
à la Municipalité de Strasbourg, à l'occasion d'une lettre trouvée
aux environs du couvent et portant son adresse. Cette lettre,
écrite par une nièce du Père et venant de Saverne, faisait l'éloge
de la lettre pastorale du Cardinal de Rohan, et annonçait que le
Doyen de Saverne avait fait un voyage au delà du Rhin, qui
l'avait grandement consolé. L'affaire en resta là, mais la lettre
fut envoyée à la Municipalité comme contenant des manœuvres
antirévolutionnaires, et manifestant des sentiments anticonstitutionnels. Le P. Marc-Antoine passa le Rhin et mourut en déportation. (1)

7 . . . . . ., P. Raphaël de Geispolsheim, né le 3 Mars 1725, profès
le 12 Septembre 1747. Les épreuves de la Révolution lui furent
épargnées, et il eut le bonheur de mourir dans son couvent vers
la fin de 1790.

Il est l'auteur d'un ouvrage intitulé : «Anweisung einen
ewigen neuen und alten Kalender einzurichten von P. F. Raphael
Kapuziner der elsässischen Provinz, Kehl und Durlach, gedruckt bei J. G. Müller ältern, Markgräflicher Badenscher Hof-
und Kanzleibuchdrucker. 1788. pet. in 8° 188 pp. (1)

8 Freyd . . . ., P. Fridolin de Triembach, né le 30 Janvier 1738,
profès le 30 Octobre 1763. Il se déporta au delà du Rhin, et au
bout de quelques années, voyant que le retour en Alsace devenait
impossible, et que la vie de communauté était sérieusement
menacée dans les couvents de la Province d'«Autriche Antérieure»,
où il s'était réfugié, il alla demander asile à la Province des
Capucins du Tyrol. Il fut accueilli comme un Frère, et le Nécrologe de la Province fait de lui la mention suivante : «Pater
Fridolinus Freyd, natus in Triembach in Alsatia, 30 Jan. 1738,
Seraphicam vestem induit 30 Oct. 1762. Ex patria Religiosis,
Sacerdotibus, ipsi religioni infesta, 1797 ad nos confugit, nec
fideli tantum S. functionibus opera, sed maxime virtutum
exemplo plurimum profuit. In loquendo parcus, in oratione
assiduus, incessu modeste gravis, in conversatione mitis et utilis,
humilem, pauperem, vulneratum Jesum semper in oculis, in
manibus, in corde habebat, atque ita ejus vestigia pressit, ut
ipse nobis egregium humilitatis, paupertatis ac patientiæ exem-
plar fieret. Dira siquidem multis annis in pede sustinuit, ea
animi fortitudine, ut nulla unquam querela, imo vix gemitus
excideret. Ne ulli molestus esset, in ultima senectute nullius
opem admisit, neque choro unquam abesse voluit, etsi nec pe-
dem absque magno dolore movere posset, et Superiores ad sibi
parcendum urgerent. Nolo, aiebat, tam metæ propinquus cessare,
Deus meretur. Semper gratias agebat quod ipsum profugum

(1) Inconnu à Frayhier.

recepissemus, patientiam cum inutili homine haberemus. Tandem nil habens quod Superiori resignaret, placidissime ad præmia sempiterna abiit, ut bene confidere possumus, 27 Sept. 1816, Feldkirchii. »(1)

9 Etspiller Georges Thibaut, P. Pie de Thann, 44 ans en 1790, après la dispersion des religieux se retira à Thann dans sa famille, où il fut rejoint par son frère Antoine Etspiller, Cordelier, de Liebfrauenberg, autrement dit: Sainte-M-arieau-Chêne, couvent situé sur la paroisse de Gœrsdorf. En Août 1796, Mathieu Knœpfler, citoyen et négociant de Thann, adressa une pétition au Département du Haut-Rhin pour demander que ses beaux-frères: Georges Thibaut Etspiller, ex-Capucin et Antoine Etspiller, ex-Cordelier, prédicateurs, le premier à Thann, le second à Erstein, soient considérés comme déportés et non comme émigrés. Ils ont fait leur déclaration à Thann le 4 Oct. 1792, en exécution de la loi du 26 Août précédent, et ils ont pris des passeports pour la Suisse. Ils ont néanmoins été portés sur la liste des émigrés et il demande leur radiation que le Département lui accorde le 21 Thermidor an IV (9 Août 1796). Le P. Pie ne revint pas en Alsace et mourut en déportation. (2)

10 Jux François Antoine, P. Serenus de Soultz, né le 22 Novembre 1747, vécut à l'étranger pendant la Révolution. Dès que la paix fut rendue à l'Église, il revint à Soultz, fit sa soumission au Concordat, le 9 Prairial an X (29 Mai 1802), et fut nommé vicaire à Soultz, où il mourut le 8 Avril 1821. Sa pension de religieux réduite à 233 francs, lui fut servie jusqu'à sa mort. (3)

11 Steigmuller Sébastien, P. Macaire de Saint-Pierre, dans la Forêt-Noire, passa le Rhin avec ses confrères, et quelques années plus tard il sollicita son admission dans l'Ordre de Saint-Benoît, à l'Abbaye de Saint-Pierre dans la Forêt-Noire où l'un de ses oncles était déjà moine. Il usait de l'autorisation accordée par le Pape aux Evêques de France : «Concedendi facultatem religiosis cujuscumque Ordinis aut Congregationis in aliud institutum transeundi, quamvis regula in hoc vigens minus foret austera, quam in eo in quo professionem emiserunt. »

Le catalogue « Abbatum, Monachorum et Conversorum Abb. S. Petri in Silva Nigra, Ord. S. Benedicti,» en fait mention en ces termes:

«Sebastianus Steigmuller, Sanct Petrinus Silvæ Nigræ, natus 26 Oct. 1752, professus Ordinem S. Francisci Capucinorum in Alsatia, 28 Oct. 1776, in Revolutione Gallicá diu exul a sua Provincia, tandem cum licentia Ordinarii transiit ad Ordinem Benedictinorum. Professus inter nos 29 Junii 1797, Sacerdos adhuc inter Capucinos ordinatus 13 Junii 1778, obiit 28 Junii 1820. » Cette abbaye ayant été supprimée en 1805, Sébastien

(1) Arch. Prov. Tyrol. Cap., Mortuarium, IV. 29. — Inconnu à Frayhier.
(2) Inconnu à Frayhier. — On trouve quelquefois Expieler au lieu d'Etspiller.
(3) Arch. Nat. F7 7986 (9224) — Arch. Evêch. Enquête de l'an XII — Revue d'Alsace 1905, *L'église et la paroisse de Soultz.* — État civil de Soultz — Frayhier, pp. 344, 418. — Tableau des pensions, Paris 1817.

Steigmuller se retira à Saint-Pierre, puis à Fribourg-en-Brisgau où il mourut le 28 Juin 1820. (1)

12 Beck André, P. Léger de Guebwiller, né le 23 Mai 1758. En 1796, son Père adressa au Département du Haut-Rhin une pétition exposant qu'André Beck a été déporté par la Municipalité de Strasbourg au delà du Rhin en 1791, que lorsque la loi rappelait les déportés, il est venu à Réguisheim chez sa tante en mai 1792, et y est resté jusqu'au 25 Sept. suivant, et il a obtenu un passeport en exécution de la loi du 26 Août pour se déporter. Son père demande qu'il soit réputé non émigré mais déporté, afin d'entrer en jouissance de ses biens. Le Département fit droit à sa demande le 19 Thermidor an IV (6 Août 1796). Il rentra en France à cette époque comme beaucoup de prêtres déportés, et il resta à Guebwiller jusqu'au coup d'État du 18 Fructidor an V (4 Septembre 1797). Il dut alors reprendre le chemin de l'exil, après s'être muni d'un passeport auprès de l'Administration du Canton de Soultz. Le 5 Vendémiaire an IX (2 Septembre 1800), il rentra à Strasbourg, et fit devant le Maire la promesse de fidélité à la Constitution de l'an VIII. Il fut nommé, en Juin 1802, vicaire à la Cathédrale et il occupa ce poste jusqu'en 1808. Il exerça pendant ce temps les fonctions de secrétaire particulier de Mgr. Saurine, puis il fut nommé vicaire à Colmar, où il resta jusqu'en 1825. Le mauvais état de sa santé le contraignit à cesser tout ministère, il se retira à Guebwiller où il mourut en 1845, à 87 ans. (2)

13 Muth. . . . . . ., P. Maurice de Seppois, âgé de 43 ans en 1790, se trouvait en 1794 au couvent des Capucins d'Engen (Bade) avec le P. Adelbert de Sélestat, Gardien d'Obernai, et le P. Bonagratia de Colmar, que nous retrouverons plus loin. Ceux-ci partirent au bout d'un an, le P. Maurice ne les suivit pas et il mourut en déportation. (3)

Frères convers.

1 Eber . . . . ., F. Crispin d'Innenheim, 50 ans en 1790.

2 Conrad Jean, F. Romain d'Ungersheim, né le 18 Décembre 1752. En 1817 il résida à Strasbourg où il toucha sa pension de religieux. (4)

3 Scheliger . . . . ., F. Longin de Fessenheim, 42 ans en 1790. Nous n'avons rencontré sur aucun document les noms des Frères Crispin et Longin, aussi nous sommes portés à croire qu'ils se retirèrent avec les autres religieux dans les couvents de la rive droite du Rhin et qu'ils moururent en déportation.

(1) Inconnu à Frayhier. — Freiburger Diœcesanarchiv, 1880, p. 254
(2) A. Dép. Colm. L. 618. 1077. — Arch. de l'Evêché. — Chan. Schickelé, J. Ch. Jæglé (Revue catholique d'Alsace, 1909. p. 354). — Abbé Kieffer, Verzeichnis der Mitglieder des Bischœflichen Ordinariats (Strassburger Diœzesanblatt. 1911. p. 258). Chan. Gass, Die Geistlichen Beck wæhrend der Revolution. (Strassb. Diœzes. 1917 p. 243). - Frayhier, p. 163. 301. Il fait erreur en le disant mort à Guéberschwihr.
(3) Communicat. du P. Jean-Bapt. Baur, Cap. Historiographe de la Province du Tyrol. — Inconnu à Frayhier.
(4) Frayhier, 292.

3. Couvent de Haguenau.

1 Kieffer François Mathias, P. Tibère de Benfeld, Gardien, né le 3 Octobre 1731, profès le 27 Septembre 1750. Il émigra pendant la Révolution, et, à son retour, il se retira à Barr. L'enquête de l'an XII parle de lui en ces termes : «Franciscus Mathias Kieffer, natus Benfeld, commorans in Barr. Publicus concionator et præpositus conventus fuit. Nullas peragit functiones sed zelosissima caritate succurrit. Constitutio physica sat robusta, sed annis et labore consumpta. Vir religiosissimus et pietate commendabilis, et quamvis ætate provectus multa tamen cum utilitate ad opus ministerii vacat; atque catholicis cum zelo et fructu prodest. Pensione non gaudet.» Une note des archives de l'évêché ajoute qu'il mourut à Barr, le 23 Août 1805. (1)

2 Angsthelm : . ., P. Maur de (Krautergersheim?), Vicaire, 52 ans en 1790, mourut en déportation. (2)

3 . . . ., P. Chrysostome de Thann, né le 4 Juin 1714, profès le 3 Novembre 1736, mourut, croyons nous en 1790, en Avril ou Mai, car il n'en est jamais question dans la suite. (3)

4 Neu. . . . ., P. Lucius de Behlenheim, né le 22 Juillet 1721, profès le 21 Novembre 1741. Il mourut en Alsace, à une date inconnue, mais probablement en 1791; une liste de pensionnaires du District de Haguenau de 1791 porte son nom avec cette mention : « mort le . . . . » (4)

5 Baumeyer. . . . ., P. Pantaléon de Guebwiller, né le 28 Octobre 1719, profès le 22 Août 1742. Nous perdons sa trace après la dispersion des religieux en 1791, nous pensons qu'ils les suivit dans leur retraite, et qu'ils mourut en déportation. (5)

6 Angsthelm . . . ., P. Himère de Krautergersheim, né le 7 Septembre 1725, profès le 19 Mars 1746, mourut en déportation. (6)

7 Elgæs Joseph, P. Évariste de Colmar, né le 13 Mars 1725, profès le 27 Avril 1749. Sur une liste dressée par Laurent, Vicaire épiscopal et secrétaire de Brendel de «Ceux qui pensent bien pour la loi et le bon ordre» on trouve le nom du P. Évariste. Nous ne croyons pas cependant qu'il ait prêté serment, quoiqu'en dise le vicaire épiscopal, du moins on n'en trouve aucune preuve,

---

(1) Arch. de l'Evêché, Enquête de l'an XII. — Frayhier pp. 311. 402.
(2) Frayhier, 299.
(3) Inconnu à Frayhier qui ne le cite pas dans la liste du personnel du couvent, p. 73. Nous ne le connaissons que par ce que son nom se trouve sur la liste envoyée par le Provincial au Comité Ecclésiastique.
(4) Arch. Dép. Strasbourg. L. 137.
(5) Frayhier p. 300 le confond avec Fran. Dominique Baumeyer, P. Dominique de Guebwiller, Capucin de Sélestat, que nous rencontrerons plus loin.
(6) Frayhier, 73, 299.

et nous pensons que lui aussi passa le Rhin et mourut en déportation. (1)

8 Wilhelm François Antoine, P. Guillaume de Strasbourg, né à
Strasbourg, paroisse Saint Pierre-le-Vieux, le 26 Janvier 1739.
Lors de la dissolution de la communauté, il prit le chemin de
l'exil, mais au moment de passer le Rhin, « le 24 Juillet 1791, il
fut arrêté à Stattmatten avec *Duber* et *Admas*, comme lui Capucins de Haguenau. Reinbold, curé de Sesenheim, Michel Kœbler
et Laurent Wolff, prêtres. Ils furent amenés à Fort-Louis, et
emprisonnés aux Capucins. Le District de Haguenau prévint le
15 Juillet le Département, qui ordonna de les envoyer à Strasbourg, où ils firent leur déclaration devant la Municipalité conformément à la délibération du 12 Juillet précédent. » Pour éviter
l'internement à Strasbourg, le P. Guillaume préféra se déporter.
Il se réfugia au couvent des Capucins de Langenargen (Wurtemberg), et après la suppression de ce couvent, il trouva un asile
dans celui de Wangen (Wurtemberg) où il mourut le 9 Mai 1824,
à 85 ans. (2)

9 Pimbel François Joseph, P. Placide d'Obernai, né le 18 Novembre
1746, refusa le serment et séjourna à l'étranger pendant la Révolution. Il revint à Obernai avant le Concordat, et lors de l'organisation définitive du diocèse, en 1803, nous le voyons figurer
sur la liste des prêtres habitués de la paroisse. Il ne jouissait
que du tiers de sa pension de religieux, soit 233 francs, et en
1820, l'Evêque de Strasbourg le signale à la bienveillance du
Gouvernement, en raison de son âge, 74 ans, et des ses infirmités. Il mourut à Obernai, le 11 Janvier 1824. (3)

10 Hagé François Antoine, P. Benoît de Strasbourg, né dans cette
ville, paroisse Saint Laurent, le 11 Mars 1755 (4), avait été Lecteur

<hr>

(1) Arch. Mun. Strasbourg. Culte cathol. Prêtres constit. IV. 44. — Frayhier 73, 305.
(2) Ne serait-il pas possible de retrouver sous ces noms dénaturés par le scribe
ceux du P. Tibère et du P. Evariste Elgées? — Arch. Dép. Strasbourg, Direct. du
Départ. Registre. 10, Séance du 27 Juillet. — Comm. du P. J. Baur, Cap. Histor.
de la Prov. du Tyrol. — Frayhier, p. 325, cite parmi les religieux insermentés un
Récollet nommé aussi Wilhelm, et mort également en 1824, qu'il ne faut pas confondre avec le P. Guillaume Wilhelm Capucin. On ne trouve pas de Récollet de
ce nom sur la liste envoyée par le Provincial des Récollets d'Alsace au Comité
Ecclésiastique. (Arch. Nat. D. XIX.) Et comme l'Ordo de 1825 annonce la mort
survenue en 1824 de «Wilhelm, Ord. S. Fran. Recollect.», nous pensons que ce
Wilhelm est venu de l'étranger.
(3) Arch. de l'Evêché, Enquête de l'an XII. — Arch. Nat. F 19 1172 B. — Tableau
des pensions. — Frayhier, 317, 406.
(4) Son Père «Joannes Michael Hagé, ecclesiae Cathedralis famulus, anno 1770,
die 8 Septembris, pluribus vulneribus crudeliter ab homicidis et furibus nocturnis
onustus, hora circiter decima matutina in Ecclesiâ Cathedrali hujus urbis inter
columnam structilem tertiam prope inferiores fenestras ex latere putei occisus
inventus est, maritus Mariæ Magdalenæ Klingelmeyer, et die decima ejusdem
mensis et anni ex decreto Inclyti Senatus Majoris hujus urbis a me infrascripto
Parocho ad S. Laurentium sepultus est in Cœmeterio S. Urbani extra portam
Lanionum. L. Streicher, Parochus.
État civil, décès. Paroisse S. Laurent.

— 151 —

de Théologie au couvent de Weinbach, mais il trompa les espérances que les Supérieurs avaient fondées sur sa science théologique. Car si presque tous les étudiants en théologie de Haguenau adhérèrent au schisme, on peut affirmer, sans crainte de se tromper, que cette défection doit être attribuée aux leçons et à l'exemple du P. Benoît.

Dès le mois de Février, il avait écrit aux Commissaires du Roi envoyés en Alsace pour y calmer l'effervescence des ésprits et y faire observer la loi sur la Constitution Civile. Nous n'avons pas retrouvé sa lettre ni la réponse que lui firent les Commissaires, le 20 Février. Mais nous en avons retrouvé une autre, signée d'un pseudonyme, et qu'on lui attribue. Elle est adressée à M. Levrault, Procureur de la Commune de Strasbourg:

« Monsieur,

«Comme Français, citoyen actif et ami de la Constitution, je m'adresse à vous, comme membre de la Société des Amis de la Constitution, pour informer cette respectable et utile Société, que passant par plusieurs endroits de l'Alsace, j'ai ouï dire que les Capucins resteront sur l'ancien pied, parceque leur Provincial, dans une lettre circulaire adressée à tous ses religieux des deux Départements, le leur a promis sur une lettre de quelqu'un de vos députés à l'Assemblée Nationale. Or comme vous devez être instruit des intentions de l'Assemblée, et que vous avez actuellement les trois Commissaires à Strasbourg, je vous prie de faire instruire officiellement les Capucins de la vérité, car si on ne leur prouve pas le contraire de l'assertion de leur Provincial, ils le croiront de bonne foi, et ils résisteront, quoique innocemment, aux décrets de l'Assemblée Nationale. Aussi m'a-t-on dit à Saverne, qu'ils ont élu les mêmes supérieurs qu'ils avaient auparavant, c'est à dire: *pro forma.*

«J'espère que cette déclaration vous fera plaisir, et que vous employerez tous les moyens possibles de dissiper ces nuages aux braves Capucins que je respecte et honore, et surtout de faire parvenir la voix de la vérité à tous les individus.

«J'ai l'honneur de vous prévenir que j'ai adressé copie de cette lettre à M. Dietrich, Maire de notre ville, recommandable à tous égards par les soins infatigables qu'il se donne pour le soutien de la Constitution; en outre qu'à mon retour d'Allemagne, où je passerai quelque mois, j'aurai l'honneur de vous faire mes très justes remerciements pour la réussite de cette affaire que je vous recommande très particulièrement, ayant l'honneur d'être,

Monsieur,

votre très humble serviteur
Joseph Malli, bourgeois de Paris.(1)

Haguenau, le 1 Février 1791.»

____

(1) Arch. Municip. Stras., Société des Amis de la Constitution. II. 399. — Culte cath. prêtres constit. IV. 44.

Le P. Benoît dénonce donc son Provincial aux autorités administratives, car on ne peut douter qu'il soit l'auteur de cette lettre. Les Amis de la Constitution ne s'y sont pas trompés, bien qu'il essaie de donner le change. Aussi quand il annonce ce qu'il a appris à Saverne sur les élections des Supérieurs, c'est de son couvent de Haguenau qu'il veut parler, et ce sont ses confrères qu'il dénonce. Veut-il encore détourner l'attention de sa personne en annonçant que le «Bourgeois de Paris» projette un voyage de quelques mois en Allemagne? C'est possible. Cependant il ne faut pas oublier que dès le mois de Février 1791, il était facile de prévoir la pénurie de prêtres jureurs en Alsace. Les autorités avaient escompté le serment des religieux, ceux-ci refusant de le prêter, dès cette époque, le Maire de Strasbourg, d'accord avec l'évêque du Bas-Rhin, avait songé à faire appel aux prêtres d'Allemagne, et avait peut-être chargé le P. Benoît et d'autres de recruter le ramassis des diocèses et des cloîtres allemands pour combler les vides du clergé constitutionnel. Nous aurions ainsi l'explication de ce voyage en Allemagne que l'on ne peut comprendre autrement.

Quoi qu'il en soit, une note de Laurent, secrétaire de l'évêque Brendel, du 11 Avril, annonce que le P. Benoit est disposé à prêter le serment ainsi que 9 autres Capucins de Haguenau, et en plus, son frère cadet, le P. Arbogaste Hagé, trois Pères Augustins de Haguenau, trois Capucins de Neuf-Brisach et quelques prêtres séculiers. Cette liste avait été dressée d'après des indications douteuses, plusieurs protestèrent contre l'insertion de leurs noms, et refuseront plus tard de prêter le serment. Mais elle n'avait qu'un but, faire croire au grand nombre des jureurs, afin de dissiper les hésitations de quelques uns et les décider à prêter serment. Cependant les élections eurent lieu, le 4 Avril et les 8 et 9 Mai 1791, et le journal se hâta d'en donner connaissance au public, mais nous ne trouvons sur aucune de ces listes le nom de Hagé. (1) En attendant il se contenta de la desserte du pèlerinage de Marienthal, que l'évêque Brendel lui confia le 9 Mai 1791. Il y resta quelques mois, mais il n'oublia pas avant son départ de réclamer pour lui et ses deux vicaires, ainsi que pour son sacristain, un traitement du Département. Mais Marienthal n'était pas paroisse, et ne figurait pas au budget. On finit cependant par lui accorder 100 francs par mois. C'était peu, aussi lorsque l'évêque du Haut-Rhin, Arbogaste Martin, l'appela à Colmar, pour être du nombre des vicaires épiscopaux, il n'eut garde de refuser. Dans le conseil de l'évêque composé en partie de prêtres venus d'Allemagne et peu recommandables il fut avec les deux frères Graff, Dominicains, et son propre frère, Xavier Hagé, P. Arbogaste, que nous rencontrerons plus loin, du nombre de ceux qui surent conserver la dignité sacerdotale. En Juin 1792, il fut nommé Supérieur du Séminaire, mais comme les

____

(1) Strassburgische Zeitung, 6 Avril.-12 Mai.

candidats faisaient défaut, il fut élu en Décembre, curé de Wihr-au-Val à l'unanimité des 63 votants.

Pendant la Terreur il s'était retiré à Steinbrunn-le-Bas, il ne donna aucun gage au gouvernement jacobin, aussi le regardait-on comme «un prêtre dangereux qui cherche par ses insinuations fanatiques à soulever les esprits pour amener la contre-révolution.» Il fut du nombre des prêtres constitutionnels arrêtés en 1794, emprisonnés à Besançon puis à Ribeauvillé, et qui ne furent libérés qu' après trois mois d'une dure captivité.

Sous le Directoire il eut une large part à la reconstitution de l'évêché du Haut-Rhin, et il fonda avec son frère Xavier l'imprimerie épiscopale de Folgensbourg, plus tard transférée à Huningue. Leur but était «de se faire l'écho de l'imprimerie ecclésiastique de Paris, de traduire Les Annales de la Religion, Le Journal hebdomadaire du Synode National et les encycliques des évêques constitutionnels, tout cela pour le salut de la religion et l'honneur du clergé.» Cette entreprise cependant ne survécut pas au Synode National réuni à Paris.

Vers la fin de la Révolution, François Antoine Hagé fut nommé à la cure de Sigolsheim, et l'Administration du Canton de Riquewihr faisait à son sujet les observations suivantes: «bon républicain, menant une vie régulière, se renferme dans l'exercice de ses fonctions, a des mœurs, jouit de l'estime et de la confiance de ses paroissiens.»

Cette estime et cette confiance n'étaient cependant pas générales. Il y avait deux services religieux dans l'église de Sigolsheim, celui de Hagé et celui d'un prêtre non jureur, Fr. X. Bressler, ancien Augustin de Ribeauvillé. De là des conflits et des chicanes, si bien que le Maire Mouhat dut décider que les bourgeois qui suivraient l'office des constitutionnels n'entreraient à l'église qu'un quart d'heure après l'issue du premier.

Il avait probablement été question de le nommer, au moment du Concordat curé légitime de Sigolsheim, mais les habitants qui ne le désiraient pas, adressèrent une pétition au Préfet de Colmar le 26 Prairial an X (15 Juin 1802) demandant de ne pas leur donner comme curé le Cn. Hagé « frère de celui qui a mérité votre improbation.» Le Préfet fit droit à leur demande, et en 1804, Hagé fut nommé curé de Holtzwihr, où il mourut le 21 juin 1809. (1)

---

(1) Arch. Dép. Col. L. 624. 631. 614. 935. 616. — V. 15. — Chan. Beuchot, Le Séminaire Épiscopal du Haut-Rhin pendant la Révolution. Rev. Cathol. d'Alsace 1894. p. 363. — Arch. de Evêché, Enquête de l'an XII. — Frayhier p. 195. 212. 341. 412. — Le Journal imprimé par les deux Hagé avait pour titre: *Jahrbücher der Religion. Folgensbourg, in der bischœfl. Buchdruckerei des Ober-Rheins.* Il ne parut que du 26 Août au 16 Novembre 1797. — Dietrich, *Notice historique sur le village de Sigolsheim,* p. 90. fait erreur en lui donnant comme nom de religion le nom d'Arbogaste. C'est celui de son frère Xavier, Capucin de Neuf-Brisach.

11 Keilbach Jean Jacques, P. Meinrad d'Oberseebach, né le 25 Juillet 1751, ordonné le 21 Décembre 1776, prêta serment. Au mois de Mai 1791, il fut élu curé de Soultz-les-Bains, mais il fut mal accueilli par la population, si bien qu'au mois d'Octobre, il se plaignait au Département des troubles qui avaient eu lieu dans sa paroisse, des dégâts faits à la maison curiale, des injures et des menaces qui lui avaient été adressées. «Différents particuliers avaient excité une émeute populaire, ils avaient porté le scandale jusqu'à interrompre le service divin, briser les fenêtres de la maison curiale, lâcher les injures et les menaces les plus graves contre le curé constitutionnel.» Emu de ces dénonciations, et voulant faire respecter la loi, le Département ordonna au Commandant Général des 5. et 6. Divisions militaires d'envoyer à Soultz-les-Bains une compagnie de volontaires, et chargea la Municipalité de rétablir l'ordre sous peine d'être déclarée responsable des dommages. Mais les baïonnettes des soldats ne lui apportèrent pas le respect de ses paroissiens, il préféra abandonner la place, et se retirer dans le Haut-Rhin, où il administra successivement: Wihr-au-Val, Lutterbach, Hundsbach puis Rantzwiller où il fut nommé au Concordat. De 1816 à 1820 il fut vicaire à Magstatt-le-Bas, puis il fut nommé le 18 Mars 1820 curé de Magstatt-le-Haut, où il mourut deux jours après, le 20 Mars. Pendant qu'il administrait Lutterbach, il fut englobé dans la déportation des prêtres ordonnée par les Représentants du peuple Hentz et Goujon, à propos de l'affaire d'Hirsingue. Ils furent transférés à Besançon, le 26 Septembre 1794. De là ils furent ramenés à Ribeauvillé par ordre de Foussedoire, et enfin mis en liberté au mois de Novembre. Keilbach persista dans son attachement à la Constitution Civile. Au moment du Concordat il ne fit aucune rétractation, l'Evêque Saurine n'en ayant pas exigé des jureurs, et ce n'est qu'en 1815, après la mort de l'Evêque, qu'il se soumit définitivement. (1)

12 Jenn Thibaut, P. Bernard d'Ammertswiller, né le 28 Août 1758, était Lecteur de Théologie, et refusa le serment. On trouve cependant son nom sur la liste de Laurent, secrétaire de Brendel, comme disposé à prêter le serment, et désirant le vicariat de Marienthal. La *Strassburgische Zeitung* l'avait nommé parmi ceux qui avaient prêté serment, ou étaient disposés à le faire. Le P. Bernard envoya au Journal la protestation suivante: «Sur la liste des prêtres qui ont prêté le serment de la Constitution civile, ou qui s'offrent à le prêter, je lis N° 8, Bernard, Père Capucin, né Jenn d'Ammertswiller, Professeur de Théologie. Je proteste énergiquement contre la présence de mon nom inséré malgré moi sur cette liste livrée à l'impression et mise sous les

---

(1) Arch. Dép. Stras. Direct. du Dép. Reg. 13. Séance du 29 Oct. 1791. — Arch. Dép. Colmar L. 624. 925. — Arch. Evêché. — Frayhier, p. 91. 115. 340. 347. — E. Ehrhard, Die Pfarrei Sulzbad. p. 25.

yeux du public, et j'exige que mon nom soit effacé sur la liste
ci-dessus mentionnée.

« Donné à Haguenau, le 10 Avril 1791.

P. Bernard, Capucin. »(1)

Malgré cette protestation publique il fut élu le 12 Avril, Curé
de Kirchheim, Odratzheim, Scharrachbergheim et Trænheim.

Il se retira dans son pays natal, et c'est Ammertswiller qui
est donné comme son dernier domicile, quand son émigration
fut constatée par le Département le 12 Nivose an II (1er Janvier
1794).

Il avait deux frères, prêtres séculiers : Jacques Jenn, né le
18 Novembre 1752 ; et Ignace Jenn, né le 25 Septembre 1766.
Tous trois avaient émigré ou plutôt s'étaient déportés. En 1795,
leur mère Barbe Dietmann, épouse de feu Jacques Jenn, avait
demandé main-levée du séquestre apposé sur leurs biens. Il
lui fallait prouver par témoins qu'elle avait fait écrire au Capucin
déjà parti, de revenir, et de se soumettre aux lois. Le 25 Nivose
an III (14 Janvier 1795) le Département du Haut-Rhin ordonna
la levée du séquestre, mais il arrêta qu'il serait fait un inventaire
de tous les biens, et que les parts des trois émigrés seraient
vendues au profit de la Nation.

A son retour de la déportation, le P. Bernard fut d'abord
primissaire à Balschwiller, puis il se retira à Ammertswiller,
où il mourut en 1818. (2)

13 Schniderlé (alias : Schneiderlein.) . . . , P. Athanase de Réguisheim, né le 15 Janvier 1759, ordonné le 18 Décembre 1784, refusa
le serment et alla continuer la vie conventuelle dans la Province
« Austriæ Anterioris » des Capucins (Bade et Wurtemberg).

D'après le «Constanzer Schematismus von 1821», il était à
à cette époque au couvent de Radolfzell. En 1834, il se trouvait seul
prêtre, avec deux Frères convers, dont un Alsacien, au couvent
de Staufen. Le couvent ayant été supprimé par le Gouvernement
cette année-là, le P. Athanase alla habiter une maison particulière, où il célébrait la messe en raison de son grand âge. Il
y mourut le 17 Juin 1838. (3)

14 Surgant Jean Claude, P. Chrysogone de la Rivière (Territoire de
Belfort) 24 ans en 1790, prêta serment à Haguenau et retourna
dans son pays natal. En 1793, on le trouve vicaire a Guebwiller,
et il déclare au District de Colmar «être intentionné de se rendre
à l'armée du Rhin en qualité d'aumônier. » Le besoin ne s'en
faisait pas sentir, aussi il vint à Reppe comme administrateur

---

(1) Arch. Mun. Stras. Cultes. IV. 44. — *Strassburgische Zeitung*, 13 et 14 Avril 1791.
(2) 1r Supplément à la liste des émigrés. Arch. Nat. AD XII 11. — Arch. Dép.
Colmar L. 446. — Reg. de l'Evêché. — Frayhier, p. 284. 310. Il fait erreur en
donnant à Thibaut Jenn comme nom de religion le nom de P. Léopold.
(3) P. J. B. Baur O. M. C.: *Beiträge zur Chronik der Vorderœsterreichischen Kapuziner-Provinz*. Freiburger Diœzesan-Archiv, 1886. p. 189 ; 1888. p. 318 : Necro-
logium Friburgense : 1827-1877.

de cette paroisse, où il déclara, le 22 Nivose an II (11 Janvier 1794), abdiquer l'état et les fonctions sacerdotales, conformément au décret de la Convention Nationale. On le trouve encore sûr un état des pensionnaires du Département du Mont-Terrible comme domicilié à Porrentruy, puis il disparaît. (1)

15 Roth François Antoine, P. Festus d'Uffheim, né le 15 Septembre 1767, ordonné prêtre le 18 Décembre 1790, prêta serment trois mois plus tard, et fut élu curé intrus de Riespach. Il y resta trois ans et six mois, jusqu'à l'organisation définitive du diocèse, et il fut alors nommé curé de Geispitzen. D'une santé débile, il dut se retirer du ministère en 1812, et il mourut en 1813. (2)

16 Verling . . . .,P. Georges-Antoine de . . . . . ., 22 ans en 1790. Il fut le seul des étudiants de Haguenau qui ne prêta pas serment. A partir de ce moment il disparaît et nous pensons qu'il suivit ses confrères en déportation. (3)

17 Robert Antoine, P. Adelphe de Neuf-Brisach, né le 2 Novembre 1766, ordonné le 29 Mai 1790, prêta serment à Haguenau, et en Juin il se retira à Neuf-Brisach. Vers le mois de Septembre il fut nommé vicaire à Saint-Pierre-le-Jeune à Strasbourg, et il occupa ce poste jusqu'à sa nomination de vicaire à Neuf-Brisach, en Avril 1792. En 1793, il devint curé de Wolfgantzen, puis de Riedisheim. Au Concordat il fut nommé curé de Waltenheim, d'où il passa à Bruebach où il rétracta son serment, enfin à Geispitzen où il mourut le 29 Mars 1829. (4)

18 Hatterer Georges, P. Dominique de Landser, né le 4 Décembre 1766, prêta serment, et il fut élu, dans les premiers jours de Mai 1791, curé de Kuttolsheim, dont il prit possession à la fin du mois. Quinze jours plus tard il se plaignait au Département de n'avoir éprouvé depuis son installation que des injures, des insultes et des menaces de la part des habitants, animés par Martin, ci-devant curé et Schmitt, Maître d'école. Il demandait de la troupe pour sa protection. Le Département ordonna l'envoi de 15 hommes de troupe à Kuttolsheim pour y tenir garnison. La position n'était pas tenable malgré la garnison, il dut se retirer et accepter le poste de 2ᵉ vicaire à Saint-Louis de Strasbourg. Bien que le manque de prêtres jureurs ait contraint l'évêque Brendel d'envoyer Hatterer desservir provisoirement certaines paroisses comme Romanswiller, Allenwiller et annexes, il restait cependant au vicaire de St-Louis assez de loisir pour soigner ses sermons et les livrer à l'impression. C'est alors qu'il

---

(1) Arch. Dép. Colmar. L. 616. 965. — Arch. Nat. F19 1115.

(2) Arch. de l'Evêché, Enq. de l'an XII.— Frayhier. p. 117. 204. — Chan. Schickelé. Le Doyenné du Sundgau, Paroisse de Riespach, Rev. Cathol. d'Alsace. 1898. p. 894

(3) Frayhier, p. 324.

(4) Arch. Dép. Colmar L. 925. 631. — Arch. de l'Evêché, Enq. de l'an XII. — Frayhier p. 117. 347.

publia : *Rede über die mangelhaften Begriffe vieler Christen, gehalten in der Pfarrkirche zu St. Louis, Strassburg,* 1791, in 12°
de 18 pp.

Rede von der Religionsduldung . . . . . *gehalten in der Pfarrkirche zu St. Louis, Strassburg,* 1792, bey Simon, in 8° de 16 pp.

Vers le milieu de l'année 1792, il disparut de St-Louis, il
avait quitté la France avant la loi du 26 Août 1792, preuve évidente qu'il avait rétracté son serment et par la même il était
réputé émigré. Les biens de son père, Etienne Hatterer, de
Landser, furent mis sous séquestre, et quand celui-ci demanda
main-levée, sous prétexte que son fils n'était plus sous puissance
paternelle, étant Capucin dépuis 1787, le Département répondit
qu'il n'était pas prouvé que le père avait fait son possible pour
empêcher l'émigration de son fils, et décida le 25 Prairial an II
(13 Juin 1794) qu'il n'y avait pas lieu à délibérer. Hatterer ne
rentra en France qu'en Mai 1802 ; il fut quelque temps vicaire
à Andlau, et lors de l'organisation définitive du diocèse, il fut
nommé vicaire à Landau. Le curé était M. Gary, auparavant
curé d'Obersteinbrunn, qui n'avait j'amais prêté serment, avait
combattu les curés constitutionnels, et devait pardonner difficilement à son vicaire d'avoir été du nombre des jureurs pendant
deux ans.

Aussi il le juge sévèrement dans l'enquête de l'an XII.
« Nullum in eo agnosco talentum quod ecclesiasticis functionibus
sit relativum, écrit-il, defuit insuper zelo et docilitate, unde
nunquam aliquid fiet de eo. » De Landau, Hatterer fut nommé
curé d'Obersteinbrunn, puis vicaire à Kingersheim en 1815, et
à Brumath en 1816. Cette même année il fut nommé curé de
Rixheim, puis de Buhl en 1818. A peine installé dans cette
paroisse, il fut indignement calomnié par le Maire ; il sollicita
un autre poste et fut envoyé à Batzendorf. Il y resta jusqu'en
1823, et il demanda l'autorisation de quitter le ministère, « et ad
vitam religiosam denuo reverti. » Avec la permission de son
Évêque il sollicita son admission dans la Province des Capucins
de Suisse, et il mourut au couvent de Bulle le 6 Septembre 1841,
à 75 ans.(1)

19 Graff Georges, P. Jérôme de . . . . , âgé de 26 ans en 1790,
est porté sur la liste de Laurent, secrétaire de Brendel, comme
« adhérant à la loi du serment et promis de se sister le 15 de ce
mois (d'Avril) pour prêter le serment prescrit par la Loi, il a
pris un passeport pour aller dans le Haut-Rhin. » Dans les
premiers jours de Mai 1791, il fut élu à la cure d'Ergersheim, et
il avait été désigné par l'évêque pour administrer Niederrœdern.
Il refusa d'occuper ce poste, et au mois de Juin il était à Oberschæffolsheim. Il y resta un an, et il y rétracta son serment, car

---

(1) Arch. Dép. Stras. Dir. du Dép. Reg. 9. — Cat. de la Bibl. Chauffour. — Arch.
de l'Évêché, Enq. de l'an XII. — Nécrologe de la Province des Capucins de
Suisse. — Frayhier, 114. 282. 397. 402.

en Octobre 1792, six citoyens domiciliés dans le Département demandaient sa déportation en vertu de la loi du 2⁵ Août. Le District déclara que cette demande était légale, elle fut notifiée à Graff avec sommation d'avoir à s'y conformer. Son nom fut inscrit sur le 1er supplément de la liste des émigrés, et l'émigration fut constatée par le Département le 19 Vendémiaire an II (10 Octobre 1793). Dès lors il disparaît. Il dut mourir en déportation car il ne revint pas en Alsace en 1800. (1)

20 Ruch Jean Baptiste, P. Alexandre de Sélestat, né le 4 Janvier 1768. D'après un registre de l'Evêché, (2) « Presbyter factus fuit tempore revolutionis, » il aurait donc été ordonné par Brendel, et à la Pentecôte de 1791. « Nous venons d'avoir une ordination constitutionnelle à la Cathédrale, Brendel a fait deux prêtres, Capucins défroqués de Haguenau, je crois, un diacre, un sous-diacre et un tonsuré en tout 5, » écrit un Strasbourgeois. (3) Le rapprochement de ces deux textes nous permet de croire que Ruch prit part à cette ordination, car il n'était pas prêtre avant cette date. Il fut d'abord vicaire à Marienthal où le P. Benoît Hagé était curé, où plutôt desservait la chapelle du Pèlerinage. Le 12 Janvier 1792 Brendel le nomma 2e vicaire à Saint-Georges de Haguenau, où il ne resta que quelques mois, car en Octobre il était administrateur de Schirrhein, et il réclamait en cette qualité son traitement. (4) Il y était encore en Mai 1793, car il s'y fit délivrer un certificat de civisme. Il est possible, qu'à la suppression du culte il soit revenu à Haguenau.

« Varias functiones in diversis communitatibus obivit, » dit l'Enquête de l'an XII citée plus haut, on peut y comprendre la paroisse Saint Georges. (5) Le 20 Prairial an XI (9 Juin 1803), il fut frappé d'interdit par Mgr Saurine pour avoir refusé la paroisse d'Essingen (Canton de Landau), où il venait d'être nommé. Il finit par accepter, fut transféré à Wintzenbach en 1805, et à Altenstadt en 1819. Il mourut le 25 Juin 1837. Il ne rétracta qu'en 1815 son serment de la Constitution Civile. (6)

21 Bernou François Barthélemi, P. Tibère de Soultz, né le 2 Avril 1768, reçut les ordres d'un évêque constitutionnel. « Tibère, ancien Capucin, ordonné sur l'Ochsenfeld, dit Frayhier, fonctionna à Berrwiller. »(7) Ce serait donc dans le Haut-Rhin qu'il aurait été ordonné. Or Arbogaste Martin élu le 30 Mars 1791 à

(1) Arch. Mun. Stras. Culte, IV. 41. 47. — Arch. Dép. Stras. L. 137-Dir. du Distr. Reg. 17 séance du 18 Oct. 1792. — Frayhier. 113. 282. Il le confond avec son homonyme Georges Graff, qui n'était pas Capucin, mais bien Tiercelin de Nancy, né à Sarre-Union, et mort à la Petite Pierre en 1812.
(2) Arch. de l'Evêché, Enq. de l'an XII.
(3) Arch. Mun. Stras. Comité de Surv. II. 368.
(4) Arch. Dép. Stras., Distr. de Haguenau, Séances des 14 Févr. et 25 Oct. 1792.
(5) Abbé Guerber, Histoire de Haguenau. II, 846.
(6) Frayhier p. 117, 347, 397.
(7) id. p. 207.

Colmar, sacré à Paris par Gobel le 13 Avril, prit possession de sa Cathédrale le 17. Ce serait donc après cette date qu'aurait eu lieu « sur l'Ochsenfeld » cette curieuse ordination que personne ne connaît, et à laquelle aurait participé Bernou. Quoi qu'il en soit, il avait déjà prêté serment, et le *Journal de Strasbourg* publia son élection à la cure de Duttlenheim qu'il dut refuser.(1) Au mois de Septembre il écrivait au District de Colmar « qu'après avoir quitté son froc de Capucin, il avait fait les fonctions de vicaire à Surbourg, du 19 Juin au 15 Août 1791, avec les pouvoirs de l'évêque du Bas-Rhin, puis il avait administré Altenstadt jusqu'au 20 Septembre, qu'il avait quitté voulant se rapprocher de son lieu natal.» (2) Il faisait fonction de 2° vicaire à Soultz dont le curé était un de ses confrères, le P. Joseph Antoine Moguntz, et le 1er Décembre il fut élu à l'Hôtel de Ville de Colmar curé de Berrwiller à l'unanimité des 63 votants. Il eut l'administration de la paroisse de Soultz après la fuite honteuse de Moguntz, et il ne tarda pas à devenir un personnage important dans le diocèse du Haut-Rhin. Membre du presbytère chargé de diriger le diocèse à la mort de l'évêque Arbogaste Martin, il prit une part active à l'élection du successeur Berdolet le 27 Avril, ainsi qu'aux synodes tenus à Soultz en préparation du concile national de 1800. (3)

A la réorganisation du culte, il fut nommé curé de Wittelsheim sans avoir rétracté son serment de la Constitution Civile. Au reste l'évêque Saurine n'avait exigé cette rétractation d'aucun prêtre, et ce n'est qu'en 1815, qu'elle fut imposée par l'Administration du diocèse. Saurine protégeait les constitutionnels et il n'hésitait pas à les défendre devant les autorités civiles. L'Évêque écrivit au Préfet du Haut-Rhin pour se plaindre du Maire de Wittelsheim «qui ne cesse de contrarier, de vexer, de tourmenter le desservant Bernou. Il a provoqué une délibération du Conseil Municipal pour loger la sage-femme dans la maison curiale, et il a dit au desservant que s'il voulait rétracter en chaire son serment, il serait aimé de tous, qu'il serait leur curé toute sa vie, que rien ne lui manquerait, mais que s'il continuait à refuser la rétractation, il n'aurait rien. »

«Ce Maire, continue l'Évêque, se fait donc solliciteur de rétractations, fauteur de schisme et de fanatisme, au mépris des devoirs de sa place, sans respect pour les ordres donnés à cet égard plus d'une fois par le Gouvernement. Si on laisse faire les gens de cette espèce, les querelles religieuses recommenceront, et avec elles les inconvénients qui en sont inséparables.

---

(1) Strassburgische Zeitung, 12 Mai.
(2) Arch. Dép. Colmar, L. 626. 864.
(3) Frayhier, p. 111, 119. 207. 211. 346. 431. 432. — Ingold, Grégoire et l'église constitutionnelle d'Alsace, p. 56, 66.

L'oubli du passé est le vrai et le seul remède à ces maux. C'est pour cela que le Gouvernement l'a tant recommandé. Comme vous avez à cœur non moins que moi de bien remplir ses vues, je ne doute pas que vous ne rappeliez à l'ordre ce Maire, et tous ceux qui ne tendent qu'à troubler en remuant le passé. »(1)

Son serment était donc le seul reproche que l'on faisait à Bernou, et l'enquête de l'an XII le constate et ajoute : « fama et auctoritate gaudet. » Cependant pour le bien de la paix son changement s'imposait. Il fut envoyé à Soppe-le-Haut, puis en 1811 à Wittersdorf, et enfin à Muttersholtz, où il mourut le 25 Mai 1824.

Frères convers.

1 Baur . . ., F. Dominique de Thann, né le 19 Juin 1719, profès le 27 Septembre 1751, mourut en déportation.(2)

2 Blumberger Justin, F. Justinien de. . . ., 50 ans en 1790, mourut en déportation.(3)

3. Ingelfinger Jean Louis, F. Jean Louis de Ribeauvillé, né 4 Juillet 1747, resta à Haguenau et vers la fin de l'année 1791 il prit un exeat pour Ribeauvillé.(4) Il y était encore à la date du 13 Thermidor an II (31 Juillet 1794), et exerçant la profession de jardinier.(5) Il se retira plus tard à Obernai, où il mourut en 1823.(6)

4 Haberthur Jean, F. Félix de Soultz, 40 ans en 1790, se retira d'abord à Wuenheim, puis à Soultz, où il se maria avec une protestante. En 1803, il demanda et obtint du Cardinal Caprara validation de son marige.(7)

5 Schmitt. . . ., F. Christian de . . . . ., 27 ans en 1790, demanda à la Municipalité de Haguenau un exeat pour Phalsbourg, où il voulait se retirer au couvent des Capucins. Ensuite il disparaît.(8)

---

(1) C'est aux Archives Nationales et dans la série V. des Archives Départementales que l'on trouve le plus grand nombre de lettres de Mgr. Saurine, correspondance administrative, et lettres personnelles adressées à Bortalis, Conseiller d'État, et aux Préfets des Départements. C'est là que l'on peut constater avec preuves à l'appui et sa sévérité injustifiée, nous dirions presque son aversion pour les prêtres non jureurs, et ses préférences imméritées pour ceux qui comme lui avaient prêté le serment. C'est là aussi que l'on saisit sur le vif la mentalité de ce tenant des doctrines gallicanes qu'il pousse à l'extrême, et qui amènent au bout de sa plume des hardiesses qui scandalisent. Il y a des lettres adressées à des prêtres fidèles, aux Préfets, à propos des Pèlerinages de Marienthal et des Trois-Epis, qui étonnent et déconcertent. Nous ne parlons pas de son servilisme à l'égard de la puissance civile. Il fut bon administrateur, il sut organiser son diocèse, mais il réussit à s'aliéner le cœur de ses prêtres et de ses fidèles, rien d'étonnant qu'à sa mort il ait laissé peu de regrets.

(2) Frayhier, p. 300.

(3) id. p. 301.

(4) Arch. Dép. Stras. Distr. Haguenau, 17 Nov. 1791. — Arch. Dép. Colmar L. 631.

(5) Arch. Dép. Colmar L. 629.

(6) Frayhier, p. 310.

(7) Arch. Dép. Colmar L. 615. 864. — Arch. Nat. AF IV 1907. — Frayhier, p. 303.

(8) Arch. Dép. Stras. Distr. Haguenau Reg. 4. — Frayhier, 321.

4. Couvent d'Obernai.

1 Bodemer François Joseph, P. Adelbert de Sélestat, Gardien, né le 19 Mars 1735, se déporta au delà du Rhin. En 1794, il se trouvait au couvent des Capucins de Engen (Bade). Il y resta un an, et il vint se fixer au Petersthal (Bade). Il rentra en France au Concordat, et mourut vicaire à Ebersheim le 10 Mars 1807 (1).

2 Biehli François, P. Richard d'Ungersheim, né le 28 Février 1744, capucin depuis 1765, vicaire, fut nommé par ses confrères économe de la maison, et il y resta jusqu'à la dispersion (2). Il se déporta, et il fut inscrit sur le 1ᵉʳ supplément de la liste des émigrés, le 12 Nivose an II (1ʳ Janvier 1794), comme ayant eu son dernier domicile à Ungersheim. Il y revint au moment du Concordat, et fut nommé administrateur de sa paroisse natale, où il mourut le 23 Août 1818 (3).

3 Hutsch Joseph Frédéric, P. Hermann de Sélestat, né le 9 Mars 1712, profès le 4 Novembre 1736, présent au Département avec le P. Alban Heym, une requête pour être exempté de l'internement à Strasbourg ordonné par l'arrêté du 12 Juillet 1791, vu leur âge et leurs infirmités constatées par les médecins. Le District de Benfeld approuva la pétition, «vu que les droits de l'humanité réclament en faveur des deux exposants». Mais le Département ajouta cette clause : «à charge par eux de quitter leur costume religieux et leur couvent». Le P. Hermann prit le chemin de l'exil à la fin de 1791, et mourut en déportation (4).

4 . . . ., P. Reinard d'Obernai, né le 6 Août 1724, profès le 6 Décembre 1744. En l'absence du nom de famille que nous n'avons pu retrouver, nous manquons de renseignements sur ce religieux.

5 . . . ., P. Anastase de Saverne, né le 18 Mars 1726, profès le 20 Mai 1746. Même remarque que pour le précédent.

6 Kann . . . ., P. Léonard de Stutzheim, né le 22 Août 1724, profès le 14 Septembre 1746. Même remarque que pour le précédent.

7 Heym Urbain, P. Alban d'Erstein, né le 18 Septembre 1728, profès le 15 Mai 1748, obtint avec le P. Hermann Hutsch la dispense de l'internement à Strasbourg. A la fin de 1791, il était encore à Obernai, il faisait toucher sa pension par procuration, «étant hors d'état de comparoir en personne». Puis nous perdons sa trace »(5).

---

(1) Frayhier, 163, 409.
(2) Arch. Dép. Stras. Distr. Benfeld, Reg. 3. 14 Juillet 1791.
(3) Reg. de l'Évêché. — Frayhier, 276. 418.
(4) Arch. Dép. Stras. Dir. Dép. Reg. 11 ; Distr. Benfeld, Reg. 3.
(5) Arch. Dép. Stras. Distr. de Benfeld, Reg. 3. — Inconnu à Frayhier ainsi que les quatre précédents.

8 Durrwell . . . . ., P. Pancrace de. . . . . , 54 ans en 1790, déclare
le 18 Octobre 1791 fixer sa résidence à Thann. On le trouve
inscrit sur le 1er supplément de la liste des émigrés par décision
du Département du 27 Août 1793, comme ayant eu son dernier
domicile à Thann. Après la Révolution il vint se fixer à Soultz,
nous ignorons la date de sa mort(1).

9 Billing Georges, P. Raymond de Wuenheim, né le 6 Décembre
1742, capucin depuis 1761, ordonné en 1766, quitta Obernai vers
le mois de Septembre 1791, car il touche le quatrième quartier
de cette année à Colmar au mois d'Octobre et il déclare résider
à Gundolsheim. Il est probable qu'il émigra pendant la Terreur,
mais il est certain qu'il rentra en France vers 1795, car le
5e complémentaire an V (20 Septembre 1797), il résidait à
Wuenheim, et il prit un passeport en exécution de la loi du
19 Fructidor an V. Il ne rentra qu'au Concordat, et il revint
dans sa paroisse natale, disent les Registres de l'Evêché, qui
nous apprennent aussi qu'avant d'être à Obernai, il avait rempli
les fonctions de curé pendant quinze ans au Fort-Louis. Il
mourut le 27 Mai 1814 (2).

10 Gross François Antoine, P. Cyprien de Gundolsheim, né le
25 Décembre 1745, quitta Obernai dans le courant de Juillet, et
vint déclarer au District de Colmar qu'il se retirait à Gundolsheim.
Il ne se déporta qu'après la loi du 26 Août 1792, il passa à l'Abbaye
de Muri (Suisse) en 1793, et rentra au Concordat dans sa paroisse
natale où il rendit au curé pour le ministère tous les services
que lui permettaient ses infirmités. Il mourut le 27 Janvier 1830(3).

11 Meyer François Joseph, P. Ildephonse de Réguisheim, né le
27 Avril 1747, sortit de France. Il fut inscrit sur le 3e supplément
de la liste des émigrés, et son émigration fut constatée par le
Département le 19 Vendémiaire an II (10 Octobre 1793). Il rentra
par Strasbourg, et prit un passeport à la Mairie pour Réguisheim

---

(1) Arch. Dép. Colmar L. 804. — Frayhier, 279. 418. — Nous ne connaissons
pas d'autre Capucin du nom de Durrwell dans la Province d'Alsace en 1790. Les
autres Durrwell que l'on trouve cités ailleurs étaient morts avant cette époque
ou ne portaient pas ce nom. Gasser : *Le Livre d'or de la ville de Soultz*, p. 104,
nomme François Ant. Durrwell, né à Soultz le 13 Mars 1718, Capucin sous le
nom de P. Joseph (?), mais il était mort avant 1790. Il cite, p. 103, le P.
Bonaventure et le P. Ferdinand, tous deux fils de Jean Louis Durrwell et
d'Apolline Reymann. « L'un d'eux, dit-il, vivait encore au couvent de Thann au
moment de la Révolution, et fut inscrit sur la liste des émigrés le 27 Août 1793 ».
Le P. Bonaventure (né le 24 Juin 1730, profès le 11 Août 1750) était certainement
mort en 1790. Quant au P. Ferdinand, les documents que nous connaissons le
nomment non pas Durrwell, mais Durr comme on le verra plus loin.

(2) Arch. Dép. Colmar, L. 814. 1917. — Gasser, Wuenheim (Revue d'Alsace, 1912).
— Reg. de l'Evêché, Enq. de l'an XII — Frayhier, 301. 418.

(3) Arch. Dép. Colmar L. 618. 864. 925. — Arch. Evêché, Enq. de l'an XII — Revue
Cathol. d'Alsace : Le P. Benjamin de Gundolsheim, Juin, Juillet, Août 1920. —
Frayhier, 226. 307. 417. — Arch. de l'Abbaye de Muri (Suisse).

le 9 Fructidor an X (27 Août 1802). Il se retira à Soultzmatt, devint vicaire de Niederentzen, puis en 1811 curé d'Oberentzen où il mourut le 10 Avril 1816 (1).

12 Wagner Nicolas, P. Générosus d'Obernai, né le 18 Novembre 1748, quitta Obernai au mois d'Août 1791 pour venir résider à Strasbourg, où on le trouve encore en 1792. Il dut se déporter en exécution de la loi du 26 Août, mais il revint à Obernai en 1795, car il y fait son adhésion à la Constitution de l'an III. Il s'exila de nouveau après la loi du 19 Fructidor an V, pour rentrer au Concordat à Obernai où il se fixa et où il mourut en 1818 (2).

13 Kirchmeyer François Antoine, P. Illuminé de Thann, né le 19 Avril 1753, déclara au District de Belfort qu'il arrivait de Wissembourg, et qu'il voulait résider à Thann. Il y resta jusqu'au 11 Juin 1792 et retourna à Obernai. Après la loi du 26 Août, il passa à l'étranger, il était par là même assimilé aux émigrés et les biens de sa mère furent mis sous séquestre. Celleci demanda mainlevée, et le 1 Thermidor an II (19 Juillet 1794) le Département du Haut-Rhin considérant « Que la Nation toujours grande et bienfaisante autant qu'elle est juste et sévère, en arrêtant que les biens des pères et mères des émigrés seraient mis sous séquestre, a voulu ôter à ces parents lâches et perfides le moyen de faire subsister nos ennemis, et aussi établir une exception pour ceux qui n'ont pas contribué à l'émigration de leurs fils ; considérant que la pétitionnaire a tout fait pour empêcher l'émigration de son fils, que celui-ci était majeur, et qu'en quittant le territoire de la République, ce fanatique n'a fait que prévenir la déportation, ordonne la levée du séquestre». Kirchmeyer ne rentra en France qu'en 1800. Le 3 Vendémiaire an IX (25 Septembre 1800), il fit à Colmar la promesse de fidélité à la Constitution de l'an VIII, et pendant quelque temps il remplit les fonctions de vicaire à Thann. Au Concordat, il fut nommé curé de Michelbach (Thann). Cette paroisse était divisée, aussi l'enquête de l'an XII dit de lui : « Sacerdos aliter pacificus, sed pacem odientes ad unionis tramitem reducere efficacius forsan potuisset», aussi il fut transféré à Kembs, et en 1816 à Leimbach, où il mourut le 21 Mars 1829 (3).

14 Weiss Jean Pierre, P. Valentin de Stutzheim, naquit le 14 Juillet 1757 d'une famille de cultivateurs dont sept enfants sur dix entrèrent dans les ordres : Trois furent prêtres séculiers, deux autres firent profession dans l'Ordre des Ermites de Saint Augustin, un était Chanoine régulier, enfin le Capucin qui fait

---

(1) Arch. Mun. Stras. Émig. II. 70. — Reg. de l'Evêché. — Frayhier, 289, 418.

(2) Arch. Mun. Stras. IV. 43. — Arch. Dép. Stras. Dir. Dép. Reg. 20, 2 Mai 1792. — Arch. Evêché Enq. an XII. — Gyss, histoire d'Obernai, II, 416. — Frayhier, 324, 406.

(3) Arch. Dép. Colmar L. 448; V. 41. — Arch. Evêché Enquête de l'an XII. — Frayhier, 285. 435.

l'objet de cette notice. Il suivit les cours de l'Université Épiscopale de Strasbourg, et l'on trouve le nom de Pierre Weiss sur le Registre parmi les élèves d'humanités en 1777. Nous ne possédons aucun renseignement sur son entrée en religion, mais nous avons tout lieu de croire qu'à l'exemple de ses confrères il sollicita son admission au noviciat dès la fin de ses études classiques. En 1790, il était à Obernai, et lors de la dipersion des religieux en 1791, il se retira chez l'un de ses frères, curé de Ransbach, près de Landau. Celui-ci refusa le serment, et mourut en émigration aux environs de Heidelberg. Nous ignorons si le P. Valentin suivit son frère au delà du Rhin, il est certain toutefois qu'il fut inscrit sur le 3e supplément de la liste des émigrés, comme ayant eu son dernier domicile à Ransbach, et que cette émigration fut constatée par le Département le 19 Vendémiaire an II (10 Octobre 1793).

Mais cette inscription sur la liste, faite la plupart du temps à l'insu des intéressés par leurs ennemis, n'est pas une preuve d'émigration. Nous connaissons des prêtres qui n'ont j'amais quitté la France, et qui ont cependant été inscrits sur les listes d'émigrés de Départements où ils n'avaient j'amais résidé. Le P. Valentin revint donc, croyons nous, à Obernai après le départ de son frère, et il resta au poste d'honneur pendant les jours de la persécution. « Du fond des cachettes improvisées par la piété des fidèles, dit Mgr Schickelé, bravant tous les dangers, il sortait nuitamment, et circulait entre Obernai et Molsheim, sous le nom de *Père Velten*, pour secourir les âmes en détresse. Il lui arriva un jour d'être surpris et arrêté à Molsheim, et déjà il se trouvait en route pour être écroué à Strasbourg, lorsque, arrivé à Ergersheim, les hommes de cette commune l'arrachèrent aux griffes des gendarmes et le remirent en liberté ».

Vers la fin de la Révolution, le P. Valentin desservit Duttlenheim jusqu'au retour de l'ancien curé Lorencino en Mai 1802, et adhéra au Concordat en qualité d'administrateur de cette paroisse le 9 Fructidor an X (27 Août 1802). En 1803, il fut envoyé à Weitbruch qu'il desservit jusqu'au 1 Octobre 1810. Les registres de l'Évêché disent de lui : « Bene audit, nulla unquam aderat discordia ». De Weitbruch il fut nommé à Marienthal en qualité de vicaire, et le 1 Janvier 1819, curé d'Eschau, où il mourut le 24 Février 1843 à 86 ans. Sur sa tombe on lit l'inscription suivante : (1)

---

(1) Volksfreund. An 1887. — Mgr Schickelé : *Un Unicum*, sept frères prêtres. Rev. Cath. d'Alsace, 1912, p. 894. — Arch. Nat. AD XIII 11. — Arch. Evêché Enquête de l'an XII. — Frayhier, 160. 296. 384. 385.

HIC JACET PETRUS VALENTINUS WEISS

ORDINIS OLIM CAPUCINORUM
QUI INFAUSTO REVOLUTIONIS TEMPORE
OB FIDEM MULTA PERPESSUS
PER ANNOS XXIV HUJUS LOCI PASTOR VIGILANTISSIMUS
PIETATE ET VIRTUTE INSIGNIS
BONO CUIQUE DEFLETUS
OBIIT 24 FEBRUARII 1843

ÆTATIS SUÆ 86.

R. I. P.

Frères Convers.

1 Obermuller François Joseph, F. Aurelius de Sélestat, né le
  1er Octobre 1726, profès le 4 Mai 1750, touche au District de
  Benfeld tous ses quartiers de 1791, et disparaît, mort probablement en déportation.

2 Werdt François Joseph, F. Remi d'Erstein, né le 28 Novembre
  1734, profès le 18 Octobre 1754, était malade en 1790. Le
  10 Octobre 1791, Antoine Ottmann, bourgeois d'Erstein, fondé
  de pouvoir du F. Remi, demande son 4e trimestre de 1791. Le
  F. Remi ne peut comparaître étant en démence, ainsi qu'il est
  constaté par un certificat de la municipalité d'Erstein du
  4 Octobre 1791 (1).

3 Knecht...., F. Michel de ...., âgé de 56 ans en 1790, touche
  ses quatre trimestres de 1791 au District de Benfeld, et disparaît.

4 Lidolff......, F. Daniel de ...; âgé de 52 ans en 1790, resta
  pendant l'année 1791 dans le District de Benfeld. Plus tard nous
  le trouvons sur une liste de religieux du District d'Altkirch
  comme résidant à Sausheim, puis nous perdons sa trace (2).

5 Beck André, F. Ephrem de Gueberschwihr, âgé de 43 ans en
  1790, se déporta lors de l'expulsion. Il trouva un asile dans la
  Province des Capucins du Tirol. Le Nécrologe de la Province
  lui consacre la notice suivante : «F. Ephrem, Andreas Beck,
  in Provincia Alsatica Laicus, natus 7. Nov. 1752. Pulsus tumul-
  tuantibus Gallis, in nostra refugium quæsivit et invenit, ac
  semper se exhibuit non solum indefessum in laboribus, verum
  etiam in omni virtute eximium, in orationis spiritu, zelo pauper-

---

(1) Arch. Dép. Stras. Distr. Benfeld Reg. 3. 10 Octobre.
(2) Arch. Dép. Colmar L. 789.

tatis, gravitate. Ad patriam cœlestem transiit Schlandernæ 19 Dec. 1828, diuturnis doloribus ut aurum igne probatus » (1).

Mader Antoine, frère donné, demanda à être porté sur l'état des pensionnaires du district de Benfeld, tant pour le passé, que pour l'avenir. Il présenta, en 1791, un extrait du protocole passé entre lui et les Capucins d'Alsace, portant engagement contracté à son égard par le couvent d'Obernai. Le District fit droit à sa demande (2).

---

5. Couvent de Sélestat.

1 Sigrist..., P. Prudent d'Obernai, Gardien, 52 ans en 1790, mourut en déportation. En 1795, il se trouvait avec le P. Provincial dans le Petersthal (Bade) (3).

2 Joos François Joseph, P. Christian de Kientzheim, né le 18 Mars 1718, profès le 3 Juillet 1739, avait été Provincial d'Alsace.

Il a publié :

1° Wohlgebahnte Himmelsstrasse, das ist: Klare und gruendliche Unterweisungen, wodurch alle Weltliche und Geistliche Personen sattsam belehret werden durch den dreyfachen Weg, næmlich der Reinigung, der Erleuchtung und der Vereinigung, den Gipfel ihrer Standesvollkommenheit, ohne grosse Beschwerniss zu besteigen, und die ewige Glückseligkeit sicher zu erwerben durch P. F. Christianum von Kienzheim Capuziner der Elsæssischen Provinz. Strassburg. Gedruckt bey Franz Levrault, der Kœniglichen Intendanz bischœfl. Universitæt Buchdr. MDCCLXXIV. gr. in 12. Tom. 1. 486 pp. Tom. 2. 772 pp.

2° Andacht und Tugendbuch zur Ehre der schmerzhaften Mutter Gottes zu drey Ahren, durch P. F. Christianum von Kienzheim, Capuciner der Elsæssischen Provinz. Colmar. H. Decker. 1780. pp. 384 et 170 pp. (4)

3° Kurze Unterweisungen Ueber die Regel der Minder-Brueder des heiligen Vaters Francisci, gestellt durch Fragen und Antworten, gedruckt zu Solothurn Anno 1736; nun aber in

---

(1) La date de naissance du F. Ephrem donnée par le Nécrologe n'est pas exacte. D'après la liste envoyée par le Provincial au Comité Ecclésiastique (Arch. Nat. D. XIX), il était âgé de 43 ans en 1790. Il était donc né en 1747 et non en 1752. — Mortuarium Prov. Tyrol. Sept. Cap. IV. 467.

(2) Arch. Dép. Stras. Distr. Benfeld, Reg. 8, 28 Décembre 1791.

(3) Inconnu à Frayhier.

(4) Les deux premières parties contiennent des prières et des exercices de piété, la troisième, des exhortations à mener une vie pénitente et vertueuse.

etwas verbessert zum Unterricht der Professen des Kapuziner-Ordens durch P. F. Christianum von Kienzheim, Capuciner der Elsaessischen Provinz. Strassburg, Gedruckt bey Franz Levrault, , der bischœflichen Universitaet Buchdrucker. 1781. 1 in 12° 280 pp.

Après la dispersion il émigra en Suisse. Nous ignorons le lieu et la date de sa mort en déportation.

3 Bertrand. . . , . , P. Grégoire de . . . . , vicaire, 51 ans en 1790, mourut en déportation (1).

4 Armbruster Mathieu, P. Alexis de Sélestat, né le 6 Juillet 1709, profès le 17 Septembre 1730, était le *Senior* de la Province d'Alsace, et par l'âge, et par les années de profession.

Lors de l'évacuation du couvent, il resta à Sélestat, et peu après il présenta une requête au District pour être exempté des dispositions de la délibération du Département du 12 Juillet 1791, qui ordonnait l'internement à Strasbourg de tous les prêtres qui n'avaient point prêté le serment. Le District donna une réponse favorable « vu que le grand âge et les infirmités de l'exposant excitent l'humanité à lui accorder l'exception » (2). Le Département fut du même avis quand il apprit que le P. Alexis était aveugle, mais il eut soin d'ajouter : « jusqu'à ce qu'il en soit autrement ordonné ». Cela ne tarda guère. La loi du 26 Août 1792, en ordonnant la déportation des prêtres réfractaires, exceptait les sexagénaires et les infirmes qui devaient être reclus au chef-lieu du Département « dans une maison dont la Municipalité aurait l'inspection et la police ». A Strasbourg, ce fut le Séminaire que l'on désigna pour recevoir les vétérans du sacerdoce (3).

Les premiers arrivés furent des prêtres séculiers, puis le P. Gervais Fischer, Capucin de Molsheim. Dans les premiers temps, les reclus avaient demandé l'autorisation de célébrer les Saints Mystères. La Municipalité céda à leurs instances, et mit à leur service les ornements de la Cathédrale. On leur accorda même la permission de sortir en ville de temps à autre, mais cette permission ne tarda pas à leur être retirée.

Au mois de Janvier 1793, un ancien Jésuite, Louis Roos de Sélestat, se présenta de son plein gré à la réclusion. Il a écrit ses mémoires, qui lui donnent droit au titre d'historien de la réclusion et de la déportation des prêtres du Bas-Rhin. Après lui arrivent au Séminaire : Le P. Réginald Arth, Capucin de

---

(1) Inconnu à Frayhier.

(2) Arch. Dép. Stras. Distr. Benf. Reg. 3, 3 Août 1791. — Dir. Dép. Reg. 11, 4 Août.

(3) Chan. Beuchot : Les Prêtres sexagénaires et infirmes du Bas-Rhin pendant la Révolution. Revue Cath. d'Alsace, 1894, pp. 672 et seq. — Nous empruntons à cet intéressant travail ce qui concerne les Capucins, en le complétant par ce que nous avons découvert dans les Archives. — Chan. Gass : Das Priesterseminar als Priestergefængnis. Strassburger Diœzesanblatt, 1914, p. 171.

Wissembourg, frère du P. Provincial, le P. Michel Trœstler, Capucin de Thann, le P. Joseph Dietrich, Capucin de Phalsbourg, le P. Alexis Armbruster, Capucin de Sélestat, le P. Patient Frech, Capucin de Blotzheim, le P. Eustache Pfaffenzeller, Capucin de Berg-Zabern, le P. Ambroise Machrich, Capucin de Weinbach, le P. Faustin Klingelmeyer, Capucin de Blotzheim, puis encore des prêtres séculiers, des Récollets, des Bénédictins, des Chartreux, des Augustins, et d'anciens Jésuites. «Quel triste spectacle, écrit le P. Roos, que ces vénérables vieillards entassés en si grand nombre, en proie à tant de privations et à un si malheureux sort». Ce n'était cependant que le commencement de leur Calvaire.

Au mois d'Octobre, quand l'ennemi approcha des lignes de Wissembourg, la Commune de Strasbourg prit le parti d'éloigner «les bouches inutiles». «On décida de traduire les séminaristes à Dijon», sauf à les envoyer provisoirement à Besançon. Dans la soirée du 15, on les prévint fort tard d'avoir à se tenir prêts pour le lendemain à 5 heures du matin. La plupart d'entre eux se succédèrent aux autels, à partir de minuit, pour y célébrer le Saint-Sacrifice pour la dernière fois.

A l'heure convenue les voitures étaient prêtes, mais le départ n'eut lieu qu'à dix heures, au milieu d'un immense concours de la population strasbourgeoise. A Erstein, l'un des prisonniers se trouva mal, on le crut mort pendant une heure. A Sélestat, le convoi s'arrêta en dehors de la ville, assez longtemps cependant pour que la population pût apporter à ces malheureux toute sorte de rafraichissements. Avant de partir on prit la précaution de compter les prisonniers, «comme on compte les moutons à la boucherie», puis on se mit en route pour Colmar, où l'on arriva à une heure avancée de la nuit. Les prisonniers trouvèrent un gîte à l'Hôtel des Deux Clefs. Le lendemain au moment du départ, il fallut renoncer à emmener deux malades : le curé de Lembach, et le P. Alexis Armbruster, Senior des Capucins d'Alsace, qui avait 84 ans, en avait passé 63 dans l'Ordre, et était aveugle. Tous deux furent recueillis à l'Hôpital dans la salle des malades évangéliques, c'est là que mourut le P. Alexis, mais nous n'avons pas retrouvé son acte de décès (1).

5. Jehl Mathieu, P. Henri de Grussenheim, né le 22 Décembre 1713, profès le 30 Juillet 1733, se retira dans son pays natal. En raison de son âge et de ses infirmités, il fit réclamer son 4e trimestre au District de Benfeld par Antoine Sur, citoyen de Grussenheim, «étant hors d'état de comparoir en personne» (2).

L'année 1792 s'écoula pour le P. Henri dans une tranquillité relative, mais la loi du 26 Août 1792, qui déportait les prêtres

---

(1) Inconnu à Frayhier.

(2) Arch. Dép. Stras. Distr. Benf. Reg. 3, 14 Octobre 1791.

réfractaires et condamnait à la réclusion au chef-lieu du Département les sexagénaires et infirmes, vint réveiller bientôt ses appréhensions. Le Collège de Colmar, désigné comme maison de réclusion, ouvrit ses portes le 6 Octobre 1792 (1). Neuf prêtres séculiers s'y trouvaient reclus à cette date, mais bientôt l'on vit arriver les religieux. N'étant pas fonctionnaires publics, ils ne pouvaient être condamnés à la réclusion que sur la dénonciation de six citoyens domiciliés dans le Département. Mais à cette époque de jacobinisme à outrance, il était facile de recruter des signataires qui étaient prêts à jurer que la présence d'un prêtre vieux et infirme dans une commune était un danger permanent pour la République, et que sa réclusion devenait une nécessité. C'est ainsi que l'on vit arriver au Collège de Colmar : le P. Florent Rominger, Capucin d'Ensisheim, le P. Sévère Weber et le P. Projectus Meyer, Capucins de Landser, le P. Yves Gayot, Capucin de Neuf-Brisach, le P. François-Ignace Braun et le P. Electus Weiss, Capucins de Blotzheim, le P. Burckhard Gebhard et le P. Barthélemi Krafft, Capucins de Weinbach, le P. Henri Jehl, Capucin de Sélestat, le P. Pacifique Haderbeck, Capucin de Colmar, puis des prêtres séculiers, des Bénédictins, des Augustins, des Récollets, en tout 33 prêtres.

Dans les premiers temps, la situation des prêtres reclus au Collège ne fut pas des plus dures, ni leur consigne des plus sévères. On leur avait désigné un local convenable pour la célébration de leur culte ; ils pouvaient sortir de l'enclos du Collège, mais il fallait obtenir la permission signée au moins de deux Commissaires chargés de la police ; il leur était également permis de recevoir des visites, mais les visiteurs devaient au préalable obtenir une permission signée de deux Commissaires. Ces mesures vexatoires ne suffisaient cependant pas à calmer les craintes du Directoire du Département, qui voyait toujours dans les prêtres, quels qu'ils fussent, les ennemis implacables de la Nation. Sous le vain prétexte que ces vieillards infirmes, pour la plupart, cherchaient à séduire et à fanitiser la jeunesse du Collège, il décida le 5 Avril 1793 de les transférer au Dépôt d'Ensisheim, où ils arrivèrent le 8 du même mois.

Bientôt le nombre des reclus augmenta à Ensisheim, surtout après le triomphe de la Montagne à la Convention, le 31 Mai.

Le contre-coup de cet événement se fit sentir jusqu'aux extrémités du pays et il en résulta une recrudescence de persécution. On écroua successivement le F. Martin Weisskopf, frère lai Capucin de Weinbach, et le P. Herménégilde Mathebs du

---

(1) Nous empruntons ces détails aux articles publiés par M. le Chan. Beuchot, les prêtres sexagénaires et infirmes du Haut-Rhin pendant la Révolution, dans **La Revue Cath.** d'Alsace 1898, p. 846 et seq.

même couvent, des prêtres séculiers, des Récollets, des Bénédictins (1).

Le régisseur du Dépôt d'Ensisheim, Remy, traitait durement ces malheureux vieillards, et spéculait sur la nourriture. « Les vieux gens ont bon appétit, écrivait-il aux Administrateurs du Département, ces gens sont de vieux prêtres ; ils sont ridicules, gourmands et friands, accoutumés la plupart à la seule momerie du Deo gratias ». Or, ainsi que le constate le geôlier, « le nombre majeur n'a pas le sol, » et en effet, sur un état du 20 Frimaire an II (10 Décembre 1793) nous voyons que sur 44 détenus, 32 portent la mention : « n'a point de revenus, » et la maigre pension de 400 livres, allouée par le Gouvernement, suffisait à peine à ces malheureux pour se procurer le strict nécessaire. Lorsque l'ennemi eut forcé les lignes de Wissembourg, le régisseur, ayant appris que le Département du Bas-Rhin avait fait conduire les prêtres reclus à Besançon, recourut encore au Département : « Si malheureusement l'ennemi tentait un coup sur nos limites, écrivait-il, comment garderais-je moi seul au Dépôt cette bande de 41 *J. F.* » ?

Le Département prêta l'oreille aux plaintes du régisseur, et en hiver il décréta leur translation à Chaumont (Haute-Marne). 32 reclus furent jugés capables d'entreprendre le voyage, sept seulement restaient à Ensisheim car deux des reclus étaient morts : un prêtre séculier, et le P. Henri de Grussenheim, qui mourut le 8 Octobre 1793 (2).

6 Herzog François Joseph, P. Martin de Colmar, né le 12 Février 1718, profès le 6 Juillet 1740. Nous le trouvons pensionné à Sélestat jusqu'à la fin de 1791, puis il disparaît, il dut se déporter et il ne revint pas (3).

7 Baccara Mathias, P. Barnabé de Colmar, né le 12 Mars 1720, profès le 6 Juillet 1741, était encore à Sélestat en Juillet 1791, et il demandait dispense de l'internement à Strasbourg « vu son âge et ses infirmités ». Le Département la lui accorda le le 6 Août. En Octobre il touche encore son dernier trimestre de 1791, puis il disparaît (4).

---

(1) M. le Chan. Beuchot cite encore comme Capucin un nommé : Jean Michel Schoff de Lutterbach, Capucin de Weinbach. On le trouve, il est vrai, désigné comme tel sur une liste des Arch. de Colmar. (L. 615), né à Rixheim, et âgé de 72 ans. Mais, d'après Frayhier, il était Chanoine de Lautenbach. Il y avait bien au couvent de Weinbach un P. Hippolythe Schott, originaire de Thann, mais il avait les prénoms de François Antoine, et il était né en 1734. Au reste, une déclaration des Capucins en réclusion à Ensisheim (L. 631) affirmant qu'ils n'ont ni pension, ni revenu quelconque, ne porte pas la signature de Schoff, ni revenu quelquonque, ne porte pas la signature de Schoff, ni de Schott.

(2) Arch. Dép. Colmar L. 615.

(3) Arch. Dép. Stras. Distr. Benf. Reg. 3, 6 Octobre 1791. — Frayhier ne nomme pas Herzog ni les deux précédents.

(4) Arch. Dép. Stras. Dir. Dép. Reg. 11. — Distr. Benf. Reg. 3, 5 Octobre 1791. — Inconnu à Frayhier.

8 Weiber François Joseph, P. Jean Claude de Sélestat, né le
7 Septembre 1727, profès le 24 Février 1746, qui avait fait deux
années de théologie à l'institut international des Pères Capucins
à Bologne (Juillet 1751 - Juin 1753), déclara le 4 Août 1791 à la
Municipalité de Sélestat, qu'en exécution de l'arrêté du Directoire
du Département du 12 Juillet précédent, il fixait son domicile
à Strasbourg, rue de l'Epine. Il y touche encore son dernier
trimestre de 1791, puis il disparaît pendant le reste de la Révolution. Il mourut à Sélestat le 18 Juillet 1802 (1).

9 Vogelsang . . . . ., P. Rupert de . . . . ., 53 ans en 1790, ne nous
est connu que par une liste des Capucins de Sélestat en Janvier
1792, et nous ne possédons aucun renseignement à son sujet (2).

10 Perrot Jean Baptiste, P. Osmond de Colmar, né le 11 Mars 1737,
disparaît sans laisser de trace (2).

11 Jung Jean Michel, P. Ladislas de Stutzheim, né le 14 Novembre
1749, capucin depuis 1770, alla chercher un asile dans les couvents
de la rive droite du Rhin, et rentra en 1801. Un registre de
l'Evêché en parle en ces termes : « P. Ladislaus, Capucinus,
laboravit in vinea Domini usque ad Revolutionem in urbibus
Argentina, Haguenau et Selestat. Tempore Revolutionis quæsivit et invenit asylum apud confratres trans Rhenum. Felix
si feliciori gauderet sanitate ! Oriens visitavit illum infirmitate
quæ aliquando vix sinit illum respirare, quare ab alio prohibetur
munia graviora exercere. Animi dotes nihilominus compensant
corporis debilitates. A tribus annis in Wasselonne commoratur.
Est sacerdos bene instructus, Ordinis sui et sacerdotalis digni-
tatis non obliviosus, animarum saluti addictissimus, ad audien-
das confessiones semper paratus. Evacuatus expectans expectat
pensionem a munificentissimo gubernio promissam ». Un autre
registre le dit né à Stotzheim, retiré à Wasselonne à la réorganisation du culte et mort le 6 Octobre 1804 (3).

12 Huck Stanislas, P. François de Rœschwoog, né le 17 Mars 1749,
était capucin depuis 20 ans quand éclata la Révolution, et il
avait été lecteur de théologie pendant neuf ans au couvent de
Sélestat. Il resta au couvent jusqu'à la dispersion, et il continua
à résider en ville exerçant les fonctions de son ministère en
secret quand il ne fut plus possible de le faire en public. Il
réussit à rester en Alsace pendant la Terreur, non sans avoir
couru mille dangers. En l'an V, il fut arrêté, et l'on trouva

<hr>

(1) Arch. Mun. Stras. Culte cath. IV. 43. — Arch. Dép. Stras. Dist. Benf. 3,
30 Septembre 1791. — Arch. Evêché, Registres. — Frayhier, 325, 408. Il cite,
p. 296, un Jean François Weber, Capucin, né le 15 Novembre 1743, ayant son
dernier domicile à Erstein, reclus, et retiré à Erstein après la Révolution. Mais
ce Jean François Weber (1743-1828) n'était pas capucin ; avant la Révolution il
avait été curé de Weitbruch pendant 25 ans. (Arch. Evêché, Enquête an XII).
(2) Inconnu à Frayhier.
(3) Arch. Evêché, Enquête de l'an XII. — Frayhier, 311, 388, 389.

parmi ses papiers un acte de mariage célébré par lui. C'eut été suffisant quelques mois plus tôt pour l'envoyer à la mort, ou au moins en déportation. Mais on vivait alors plus ou moins sous le régime de la loi du 3 Ventose an III (21 Février 1795) qui avait proclamé la liberté des cultes, aussi le P. François fut mis en liberté le 8 Germinal an V (28 Mars 1797), comme n'étant pas déporté, et n'ayant pas quitté le territoire français.

Après le coup d'État du 18 Fructidor, il se déporta, mais il revint au bout de quelque jours à Sélestat, où il fut arrêté le 23 Brumaire an VI (13 Novembre 1797). Il avoua avoir passé le Rhin au Fort-Vauban avec un passeport en règle, et être rentré depuis trois mois, n'ayant séjourné que dix jours sur la rive droite, il fut conduit le lendemain à Strasbourg où il resta oublié en détention, du moins on serait tenté de le croire, jusqu'au 13 Pluviose an VI (1 Février 1799). Il fut condamné à la déportation à l'Ile de Ré, où il arriva en compagnie de 12 autres prêtres d'Alsace le 16 Germinal suivant (5 Avril). Il quitta l'Ile de Ré dans le courant de 1800, il se hâta de rentrer en Alsace et il se retira à Rœschwoog. Au Concordat il fut maintenu à la tête de la paroisse de Runtzenheim qu'il desservait depuis quelque temps, et l'Enquête de l'an XII, faite par le curé de Bischwiller pour son canton, fait l'éloge du zèle du P. François. Il fut transféré en 1807 à la cure de Bernhardswiller, et en 1810 il fut dénoncé au Ministre de la Police sous prétexte qu'il avait dit que Napoléon était l'Antéchrist. L'Évêque Saurine prit sa défense et prouva que cette accusation n'était qu'une calomie. Néanmoins le P. François fut emprisonné pendant plusieurs mois à Strasbourg. L'Évêque le nomma ensuite vicaire à Villé, où il mourut le 1er Avril 1823 à l'âge de 73 ans (1).

13 Denny . . . . . ., P. Aloys de . . . ., 31 ans en 1790. Le seul renseignement que nous avons trouvé à son sujet nous apprend qu'en 1791, étant domicilié à Ebersheim, il réclama son quatrième trimestre au District de Benfeld, puis nous le perdons de vue (2).

14 Keller Jean Jacques, P. Gaspard de Guéberschwihr, né le 6 Mars 1758, resta à Sélestat jusque vers la fin de l'année 1791, car il réclama aussi son quatrième trimestre au District. D'après Frayhier, il aurait été reclus au Séminaire de Besançon, puis déporté. Faute de preuves, nous préférons nous en tenir aux indications de la liste des émigrés, qui nous apprend que Jacques Keller Capucin, dont le dernier domicile a été Guéberschwihr, a été déporté en exécution de la loi du 26 Août 1792, et que son émigration fut constatée par le Département le 18 Vendémiaire an III (10 Octobre 1794). Il se retira donc à l'étranger,

(1) Rev. Cath. d'Alsace: Une page de l'histoire des Capucins en Alsace, 1914, 1919. Le Capucin et l'Antéchrist, 1921. — Frayhier, 288, 334, 383.
(2) Inconnu à Frayhier.

et il ne revint en Alsace qu'en Juillet 1801. Le 17 Thermidor an X (5 Août 1801), il envoya au Ministre de la Police Générale, en qualité de Capucin déporté, sa promesse de fidélité à la Constitution de l'an VIII, il résidait à Guéberschwihr et se disait «intentionné d'exercer les fonctions religieuses du Culte Catholique, Apostolique et Romain». L'enquête préfectorale du 1 Brumaire an X (23 Octobre 1801) sur les candidats aux cures dit de lui : «on le connaît à Guéberschwihr comme un homme pacifique et de bonne conduite». Il resta néanmoins vicaire à Guéberschwihr, et y mourut en fonction le 11 Février 1822 (1).

15 Minery Jean Georges, P. Silvère d'Ensisheim, né le 11 Février 1759, est encore à Sélestat en Janvier 1792, puis il disparaît pendant tout le temps de la Révolution pour ne reparaître que vers le milieu de 1800 à Ensisheim. Le 6 Vendémiaire an IX (28 Septembre 1800) il fait à Colmar le serment de fidélité à la Constitution de l'an VIII, dans l'intention de continuer à exercer le culte. « Il jouit de la confiance publique », dit de lui le Préfet de Colmar dans son enquête du 1 Brumaire an X (23 Octobre 1801). Au Concordat il est encore à Ensisheim et il dessert l'annexe de Pulversheim. Cela ne semble pas suffisant au curé cantonal, ancien assermenté, qui ajoute dans son enquête : «Alias præter missæ celebrationem nec multum bonum nec multum malum peragit, perrobustus». Malgré cette note peu bienveillante, il fut cependant nommé curé de Munckhausen (Haut-Rhin), quelques années plus tard, puis de Kingersheimen 1812, et enfin en 1815 de Sausheim, où il mourut le 29 Avril 1834 (2).

16 Ebonnet Joseph Louis, P. Conrad de Sélestat, né le 30 Mars 1763, avait quitté le couvent au commencement de 1792.

D'après Frayhier (3), il aurait desservi le Val-de-Villé pendant la Révolution. C'est probable, car l'enquête épiscopale de l'an XII dit qu'il a rendu service pendant cette époque dans les diocèses de Bâle et de Strasbourg, sans indiquer les paroisses qu'il a desservies. Cependant l'abbé Nartz (4) ne le cite que comme desservant de Lalaye en 1807, et ne le nomme pas parmi les prêtres qu'il signale dans le Val pendant la Révolution. Il émigra cependant à une époque qu'il est impossible de préciser, car en 1802, Joseph Louis Ebonnet, Capucin de Sélestat, arrivait à Strasbourg avec un passeport daté d'Augsbourg, le 24 Juin 1802,

---

(1) Arch. Dép. Stras. Dist. Bénf. Reg. 3. 6 Octobre 1791. — Frayhier, 285. 417, le dit né le 28 Avril 1762. — Arch. Nat. Liasse des émigrés, AD XII 11. F 7 7897 (3743) — F 19 856.

(2) Arch. Dép. Colmar V. 41. — Arch. Nat. F. 19 856. — Arch. Évêché Enquête de l'an XII. — Frayhier, 315. 412.

(3) Frayhier, 305. 392. — Il cite p. 130 un nommé Ebonnet Louis, curé de Triembach (Villé), mort à Lalaye en 1813, qui doit être le même que le capucin. — État civil de Lalaye, Communication de l'abbé Joder, curé de Lalaye.

(4) Le Val-de-Villé, Recherches Historiques, Strasbourg, 1887 in 8º p. 500.

il y faisait sa déclaration de soumission au Concordat, et il était autorisé à se rendre à Sélestat (1).

A cette époque il fut pendant quelques mois vicaire à Villé puis, lors de l'organisation définitive du diocèse, il fut nommé curé de La Petite Pierre et envoyé de là à Lalaye où il mourut le 6 Juillet 1813 (1).

17 Gassmann Philippe, P. Séverin de Gundolsheim, né le 25 Octobre 1762, rentra dans sa paroisse natale dans le courant de l'année 1792. Le curé intrus était le Récollet Elzéar Fink ; le P. Séverin administra plusieurs baptêmes, dont on conserve encore les actes, les parents ne voulant pas faire baptiser leurs enfants par le curé constitutionnel. La loi du 26 Août sur la déportation le força à quitter la France, il se retira à l'étranger le 18 Septembre 1792, et il fut inscrit sur la liste des émigrés le 19 Vendémiaire an II (10 Octobre 1793), comme ayant eu son dernier domicile à Ebersheim, et possédant des biens à Gundolsheim. Le 13 Prairial an X (2 Juin 1802), il signa sa soumission au Concordat à Gundolsheim où il était rentré, puis il fut nommé curé de Rimbach-Zell et ensuite de Bergholtz-Zell, où il mourut le 30 Novembre 1822 (2).

18 Baumeyer . . . . . ., P. François-Dominique de Guebwiller, né le 3 Octobre 1764 était encore à Sélestat en Janvier 1792. Il ne faut pas le confondre avec le P. Pantaléon Baumeyer de Guebwiller, du couvent de Haguenau, qui mourut en déportation. Le 30 Juillet 1791, un nommé Baumeyer fut élu à Colmar curé de Gundolsheim à l'unanimité des 132 votants. Il est possible que ce soit le capucin dont le nom proposé par un des électeurs a réuni tous les suffrages, mais il est certain qu'il ne fut pas donné suite à cette élection grâce au refus de l'élu, car ce fut le Récollet Fink qui occupa ce poste, et l'on ne trouve aucun prêtre du nom de Baumeyer parmi les assermentés du Haut-Rhin. Le P. François-Dominique se retira dans sa paroisse natale, où il fut en butte aux poursuites du curé intrus Daigrefeuille, qui abdiqua plus tard et devint Préfet à Mayence. Celui-ci dénonça le capucin comme « prêtre dangereux » dans une lettre à un membre du Directoire du Haut-Rhin en 1792 (3).

Aussi nous sommes portés à croire que le P. François-Dominique émigra au moins après la loi du 26 Août 1792. Il rentra cependant lors de l'accalmie qui suivit le décret du 3 Ventose an III (21 Février 1795), et il dut rester dans le pays pendant quelques années, car le 2 Messidor an VI (20 Juin 1790) nous trouvons Dominique Baumeyer, Capucin, domicilié à Guebwiller qui prend un passeport à la Municipalité du Canton de Soultz en exécution

(1) Arch. Nat. F. 7 7992 (1288).

(2) Arch. Dép. Colmar L. 617. — Arch. Nat. Liste des émigr. AD XII 11. F 7 7980 (9224). — Arch. Evêché. — Frayhier, 281 ; 414 ; 417.

(3) Arch. Dép. Colmar L. 614. — Revue d'Alsace, 1910, p. 183.

la loi 19 du Fructidor an V (5 Septembre 1797). Le 19 Frimaire an IX (19 Décembre 1800), il fit devant le Préfet de Colmar la promesse de fidélité à la Constitution de l'an VIII, et demanda à exercer le culte. En 1803, on le trouve vicaire à Lautenbach, plus tard curé de Lautenbach-Zell. Il se retira du ministère le 15 Avril 1841, et mourut la même année (1).

19 Schmalz . . . . ,P. Marc de . . . . ., 26 ans en 1790, était encore à Sélestat en Janvier 1792, puis il disparaît (2).

20 Muller . . . ., P. Eusèbe de . . . . ., 26 ans en 1790, disparaît dès 1791.

Frères convers.

1 Walter Jean Michel, F. Sixte d'Erstein, né le 10 Avril 1732, profès le 6 Juillet 1752, se déporta. Le 5 Nivose an II (25 Décembre 1793), le Comité de surveillance d'Erstein constate qu'il s'est absenté sans que son existence en France ait été justifiée jusqu'à présent, aussi le District de Benfeld, séant à Barr, le déclare émigré, ses biens seront vendus. Comme nous ne le retrouvons dans la suite, nous pensons qu'il mourut en déportation (3).

2 Woltly Nicolas, F. Massée de Soultz, né le 22 Décembre 1729, profès le 25 Septembre 1754, quitta Sélestat vers le milieu de 1791 pour aller à Neuf-Brisach. Il touche le dernier trimestre de cette année à Colmar et son mandat est signé : J. B. Ulmer (P. Jean-Baptiste de Colmar), qui perçoit la pension de plusieurs Capucins domiciliés à Neuf-Brisach à cette époque. Le 1er Mai 1792, il vient se fixer à Soultz où la Municipalité lui délivre le 14 Mars 1793 un certificat de civisme comme « ci-devant frère Capucin ». Le 23 Floréal an VII (12 Mai 1799) « l'Administration Municipale du Canton de Soultz, sur l'attestation de trois citoyens domiciliés à Soultz et à Guebwiller, certifie que Nicolas Woltly, domicilié à Soultz, est vivant, qu'il réside en France depuis le 9 Mai 1792, sans interruption, qu'il n'est donc ni émigré ni détenu pour cause de suspicion ou de contre-révolution, qu'il a payé ses impositions et sa contribution patriotique, qu'il n'est porté sur aucun rôle d'indigents, qu'il n'a pas été payé de sa pension depuis le 2 trimestre de l'an IV, qu'il n'a recueilli aucune succession, et qu'il a prêté à Soultz le serment de Liberté-Égalité le 3 Septembre 1702». Nous ignorons la date se sa mort (4).

(1) Arch. Dép. Colmar L. 1077 ; V. 41. — Arch. Evêché Enquête de l'an XII. — Frayhier, 300. 413.

(2) Arch. Dép. Stras. Distr. de Benf. Reg. 3. — Inconnu à Frayhier ainsi que le suivant.

(3) Arch. Dép. Stras. Distr. Benf. Reg. 3.

(4) Arch. Dép. Colmar L. 1072.

3 Reichart Jean, F. François de . . . ., né le 30 Octobre 1756, avait pris l'habit dans la Province d'Alsace le 21 Octobre 1783 et fait profession en 1784. Il disparaît dès 1792. «Il vint en Tirol en 1799 et y fut charitablement accueilli par les Capucins du Tirol. C'était un religieux pieux, grave, obéissant, soigneux et modeste. Pendant les deux dernières années de sa vie, empêché par son extrême vie, las de se livrer à ses trauvaux habituels, il employa tous ses soins à se préparer à la mort. Il était hydropique, et mourut d'une attaque d'apoplexie, le 9 Avril 1836, au couvent de Bregenz (1).

4 Bingler Joseph, F. Pierre de Flaxlanden, né le 26 Mai 1767, vint dans son pays natal où il était encore en 1792. Il émigra probablement après la loi du 26 Août, car on trouve son nom sur la liste des émigrés, comme domicilié à Flaxlanden, où « il ne possède rien ». Le 8 Février 1810, il était de retour et avait toutes ses pièces en règle pour sa pension. Il est mort, très probablement au couvent des Capucins de Dornach (Bâle), le 22 Décembre 1823 (2).

Kuentz Clément, *Servitial* des capucins de Sélestat, réclama son traitement en 1791 au District de Benfeld. «Il ne pouvait apporter son acte d'affiliation, parceque lors de la dissolution des religieux les registres y relatifs avaient été egarés ou emportés par les ci-devant Provinciaux», mais il est notoire qu'il a été *servitial* au couvent de Sélestat. Le District se rendit à ces raisons, et accorda la pension le 5 Novembre 1791. Mais l'affaire vint devant le Directoire du Département le 18 Novembre. Clément Kuentz présenta un certificat du P. Barnabé, dernier supérieur du couvent à la date du 1er Novembre. Mais ce certificat ne pouvait remplacer l'acte d'affiliation rédigé en bonne et due forme, et le Département refusa la pension (3).

---

(1) Communication du R. P. Jean Baptiste Baur, Archiviste de la Province des Capucins du Tirol.

(2) Arch. Dép. Colmar L. 478. 741. — V. 37. — Arch. Nat. Liste des émigrés, AD XII 11. — Frayhier, p. 276 le nomme sans indiquer que c'est un Frère. — Le P. Siegfried Wind, Geschichte des Kapuzinerklosters von Dornach, 1909, 133, parle d'un frère Pierre d'Alsace mort au lieu et à la date ci-dessus indiqués.

(3) Arch. Dép. Stras. Distr. Benf. Reg. 3, 5 Novembre 1791. — Dir. Dép. Reg. 16, 18 Novembre 1791.

6. Couvent de Molsheim.

1 Schlegel François Denis, P. Dagobert de Rouffach, né le 14 Août 1724, profès le 14 Juillet 1744, Gardien, se retira, après la dispersion, au couvent de Waghæusel, en Bade On lit dans la Chronique de ce couvent à la date de 1793 : « R. P. Dagobertus ex Provincia Alsatica, Definitor, Custos et actualis Guardianus in Molsheim.» En 1802 il vint à Strasbourg avec un passeport daté de Bruchsal le 16 Juillet. Il fit sa soumission au Concordat et fut autorisé à se retirer à Rouffach. Agé et infirme, il y vécut comme prêtre habitué et mourut le 5 Juillet 1807 (1).

2 Zængel Jean Thibaut, P. Fidèle d'Obernai, né le 15 Août 1744, Vicaire, se réfugia aussi dans un couvent au delà du Rhin, pendant la Révolution. Le 23 Floréal an X (13 Mai 1802) il se présenta devant le Préfet du Bas-Rhin, venant de la rive droite, et se déclara prêt à faire sa soumission au Concordat. Il se retira à Obernai, fut nommé administrateur d'Illkirch et plus tard confesseur à Marienthal, il résidait à Haguenau, et enfin curé de Krautergersheim où il mourut le 5 Mai 1812 (2).

3 Zipfel Thomas, P. Thomas de Soultz, né le 2 Février 1717, profès le 30 Juillet 1735, dut se retirer au delà du Rhin, en raison de son grand âge, car nous n'avons sur lui aucun renseignement (3).

4 Fischer Martin, P. Gervais de Guebwiller, né le 13 Juin 1723, profès le 21 Novembre 1741, était resté à Molsheim après la dissolution de la communauté. Il espérait probablement qu'on l'y laisserait achever sa vie en paix. Mais au mois d'Octobre 1792, six citoyens « domiciliés dans le Département demandèrent au District la déportation du P. Gervais, ex-capucin, demeurant à Molsheim ». Il avait obtenu l'autorisation de dire la Messe dans l'église de la Chartreuse; on l'accusait de conspiration contre la République. Le District arrêta que la loi du 26 Août précédent lui serait notifiée avec sommation d'avoir à s'y conformer (4).

Le malheureux vieillard avait donc le choix entre la déportation et la réclusion à Strasbourg, il prit ce dernier parti, il fut le premier capucin écroué au Séminaire, il y entra vers la fin de 1792.

---

(1) Arch. Nat. F 7 7996 (3092) — Arch. Evêché Enquête de l'an XII. — Frayhier, 321. 417.
(2) Arch. Nat. F 7 7972 (5502). — Arch. Evêché Enquête de l'an XII. — Frayhier, 326. 384. 385. 406.
(3) Inconnu à Frayhier.
(4) Arch. Dép. Stras. Distr. Reg. 17, 18 Octobre 1792. — Chan. Gass, Album de Molsheim, 1911.

Dès le 4 Janvier, il écrivait à la Municipalité de Strasbourg pour réclamer sa pension qui ne lui avait pas été payée depuis le mois d'Octobre. Il en avait besoin pour différents objets, « réunissant, dit-il, dans sa chétive machine, outre la vieillesse, toutes les infirmités. » La Municipalité renvoya sa pétition au District, qui ne répondit pas. Aussi il renouvela sa demande au mois de Juillet, ajoutant que « le lit et les autres meubles lui ont été prêtés par des personnes charitables » (1). La réponse, deux mois plus tard, fut un ordre de translation des reclus à Besançon. Nous avons déjà parlé, à propos du P. Alexis Armbruster, des privations endurées par les reclus du Séminaire, et de leur départ de Strasbourg le 14 Octobre 1793. Nous les avons suivis jusqu'à Colmar où l'on dut laisser à l'hôpital le P. Alexis. De Colmar, le triste convoi prit la route de Belfort par Rouffach et Cernay, escorté par un détachement de Chasseurs à cheval qui ne leur manquèrent pas d'égards tant qu'ils furent en Alsace. Mais à peine entrés dans le Comté, ils furent « traités comme des criminels et des traîtres à la Patrie ». A Baume-les-Dames, ils passèrent la nuit en prison, et le 21 Octobre ils arrivèrent à Besançon, où ils furent internés dans un cachot. Le 26 Octobre on les transféra au Séminaire, au bruit des trompettes et du tambour et au chant du Ça ira. Ils y seraient morts de misère et de froid, si la charité des fidèles n'avait pris à cœur de subvenir aux besoins des prisonniers. Plusieurs y succombèrent, d'autres durent être transportés à l'hôpital où on les avait encore oubliés un an plus tard. Mais avant d'arriver à Champlitte, le gros des compagnons de malheur dut encore une fois changer de résidence à Besançon, et on les transféra au couvent des Capucins. Là, nos religieux étaient chez eux, la situation au reste était meilleure qu'au Séminaire. Mais l'heure du départ sonna bientôt, et par Marnay, où ils reçurent un accueil cordial, par Gray, où on les menaça de mettre le feu à la prison et de les bruler vifs, ils arrivèrent enfin à Champlitte, où ils furent enfermés dans un couvent (2).

Entassés dans deux chambres au nombre de 37, ils souffrirent tout d'abord pendant quelque temps de cette promiscuité,

---

(1) Arch. Mun. Stras. Police, Prisons II. 128.

(2) Dans un article de la Revue Catholique d'Alsace, 1894, 672 : Les Prêtres sexagénaires et infirmes du Bas-Rhin pendant la Révolution, auquel nous avons emprunté ce qui précède, M. le Chan. Beuchot ne compte à Champlitte que 26 Prêtres, 2 Ermites et 4 Frères, en tout 32. Un état des Prêtres en reclusion à Champlitte dressé par l'Administration du lieu, le 12 Messidor an II (30 Juin 1794), et que nous avons trouvé aux Arch. Nat. (F 19 468) porte 37 noms tant de Prêtres que de Frères lais, y compris 2 Ermites. — Sauzai : *Histoire de la Persécution Révolutionnaire dans le Doubs*. Tome IV, pp. 70 et 661, qui donne la liste des Prêtres du Bas-Rhin envoyés à Champlitte, indique également 37 Prêtres et Frères lais dans cette dernière maison de reclusion.

mais des élargissements successifs, et aussi la mort de quelques-
uns des prisonniers, donnèrent aux autres un plus grand espace,
et ils attendirent dans une situation moins intolérable l'heure
de la délivrance. Elle sonna enfin à la suite d'une pétition
qu'ils adressèrent au Représentant du peuple, Foussedoire, en
mission en Alsace. Celui-ci l'envoya au Département qui la
renvoya au District, lequel s'en remit « à la sagesse et à la
justice du Représentant du peuple ». Celui-ci donna l'ordre de
les rapatrier (Septembre 1794).

Nous n'avons pas pu découvrir ce que devint le P. Gervais
après sa libération. Rentra-t-il à Guebwiller? Préféra-t-il aller
demander asile à ses confrères de Suisse ou du Pays de Bade?
Nous l'ignorons (1).

5 Fink Georges Michel, P. Chérubin de Strasbourg, né le 5 Septembre 1722, à Strasbourg, paroisse Saint-Laurent, profès le
21 Novembre 1741, qui avait fait avec le P. Valère de Sélestat
(François Joseph Bœhrer) les études de théologie dans l'institut
international des Pères Capucins à Bologne, du Juin 1749 au
mois de mai 1751 (2), administra la paroisse de Wolxheim du
31 Mars au 18 Mai, après le départ du curé Kirchhoffer, devenu
curé intrus de la paroisse Saint-Jean aux Ondes, érigée
dans l'église du Grand Couvent des Capucins à Strasbourg. C'est
le seul document que nous ayons trouvé à son sujet, aussi nous
sommes portés à croire qu'il se réunit à ses confrères au delà
du Rhin et qu'il mourut en déportation (3).

6 Funk . . . ., P. Mansuet d'Altdorf, né le 28 Septembre 1723,
profès le 24 Mars 1747, disparaît complètement.

7 Hoffmann Antoine, P. Fructueux de Rouffach, né le 15 Juin 1734,
profès le 7 Février 1755, déclara au District de Strasbourg, le
le 26 Octobre, se retirer dans le Haut-Rhin. Il vint à Rouffach,
et il toucha son dernier quartier de 1791. Ensuite nous perdons
sa trace (4).

8 Keimpf . . . . ., P. Amédée de Molsheim, né le 27 Août 1736.

9 Gœtz Georges, P. Léon de Ribeauvillé, né le 11 Décembre 1739.

10 Schmalzer Nicolas, P. Gabriel de Mulhouse, né le 10 Décembre
1742, déclara à la Municipalité de Strasbourg vouloir se fixer
dans cette ville. Il était porteur de la lettre suivante qu'il remit
à son adresse:

---

(1) Frayhier, 280. 343.

(2) Communication du R. P. Basile, Archiviste de la Province des Capucins de
Bologne.

(3) Registres paroissiaux de Wolxheim. Communic. de M. l'abbé Brauner.

(4) Inconnu à Frayhier ainsi que les deux précédents et les trois suivants

Molsheim, le 24 Juillet 1791.

Monsieur,

Le porteur de la présente est le P. Gabriel, cy-devant prédicateur Capucin de cette ville. Je pense et je dois dire tout le bien de lui, qu'il n'a jamais prêché ni parlé contre la Constitution, que tout au contraire, il n'a cessé de parler en sa faveur, et qu'il a même été détesté, pour raison de ce, de ses chefs et une partie de ses confrères. Si ce même Père Gabriel n'a pas prêté le serment, il avait des raisons dans ce moment qui n'auront pas lieu dans un autre moment. Avant que de se faire Capucin il était Calviniste. Si dans ce moment il avait prêté le serment, on aurait dit qu'il était Calviniste, et qu'il veut le redevenir. C'est le seul Capucin duquel je pourrais dire avec vérité du bien, et c'est en conséquence celui que je vous recommande particulièrement. Si mon témoignage peut mériter un égard, ce sera envers ledit Père Gabriel qui doit valoir, un homme comme lui nous est même nécessaire, il est bon sujet et il peut mériter votre attention.

Widenlœcher
procureur de la commune.

A Monsieur Thomassin
Officier municipal
à Strasbourg.

Le Procureur de la commune de Molsheim envoya copie de la même lettre au Procureur Syndic du District de Strasbourg. Celui-ci ne manqua pas de recommander à son tour le porteur en lui remettant le billet suivant: Je vous adresse, mon cher, un Capucin défroqué, il paraît qu'il se destine à être vicaire.

Salut
Acker (1).

Le P. Gabriel ne pouvait manquer d'être accepté à bras ouverts dans l'église constitutionnelle avec de telles recommandations. Cependant nous n'avons pas rencontré son nom parmi ceux qui occupèrent des postes après avoir prêté serment, et à partir de ce moment nous perdons absolument sa trace.

11 Hartmann François Joseph, P. Sébastien d'Eschentzwiller, né le 8 Mars 1755, se déporta à une époque que nous ne pouvons préciser, mais cela lui valut d'être inscrit sur le 4e supplément de la liste des émigrés, comme ayant eu son dernier domicile connu à Nordheim. L'émigration fut constatée par le Département le 19 Fructidor an III (5 Septembre 1795) (2). Cette émigra-

<hr>

(1) Arch. Mun. Stras. Culte cath. IV. 43.
(2) Arch. Nat. Liste des émigrés. AD XII 12.

tion devait lui peser, si tant est qu'il ait réellement émigré, aussi
en l'an IV, nous le trouvons en détention à Strasbourg ; comme
émigré rentré il était passible de la peine de mort.

Le 3 Messidor an IV (21 Juin 1796), il avait été arrêté à
Soultz-les-Bains, chez la Citoyenne Catherine Bass par le Citoyen Mitschler, Brigadier de la Gendarmerie nationale à la
résidence de Molsheim. Le Citoyen Woog, commissaire de police,
avait dressé l'inventaire des effets saisis dans sa retraite, parmi
lesquels se trouvaient deux cahiers d'actes de baptêmes et de
mariages, et un certificat de résidence délivré par le Conseil
général de Marlenheim. Il avait exercé le culte en vertu des
lois du 11 Prairial an III et 7 Vendémiaire an IV, mais il devait
être traduit devant le tribunal pour cause de non-prestation de
serment ; le rapport officiel ajoutait qu'il était «faible d'esprit.»

Le 6 Messidor (5 Juin), il comparut devant le tribunal-cri-
minel du Département du Bas-Rhin, et l'accusateur public re-
quit contre lui la peine de mort, conformément aux dispositions
des lois des 29 et 30 Vendémiaire an II (20 et 21 Octobre 1793).
Cependant le tribunal hésitait à appliquer ces lois barbares de
la Terreur, d'autant plus que le Ministre de la Justice par une
lettre du 26 Germinal précédent (15 Avril 1796), relativement
au jugement du prêtre Kappler, annonçait que, pour prévenir
des erreurs semblables à celle qui avait été commise dans
l'affaire dudit Kappler, il avait fait demander la restriction de
la peine de mort contre les prêtres réfractaires, même actuellement détenus (1).

Le Commissaire du pouvoir exécutif réclama de nouveau
l'application de la loi ; le Tribunal déclara, le 3 Fructidor
(20 Août), qu'il attendait dans «un respectueux silence que la
loi lui soit définitivement rendue». Le Commissaire revint à la
charge, et rappela au Tribunal que la loi du Brumaire punissait
de deux années d'emprisonnement les Juges convaincus de n'a-
voir point fait exécuter les lois. Le Département lui-même se
plaignit amèrement au Ministre de la Police de «ces incertitudes affectées pour l'exécution de la loi du 3 Brumaire, qui ont
ravivé l'espoir des prêtres réfractaires et ceux de leurs sectaires
enthousiastes » (2).

Nous ignorons comment se termina ce conflit, mais on se
trouvait alors à une époque de réaction, et malgré les récrimi-
nations des agents terroristes, de nombreux prêtres étaient mis

---

(1) Quel est ce Kappler ? A-t-il été mis à mort dans les premiers mois de 1796,
comme on pourrait le conclure des termes du Ministre ? Nous l'ignorons.
Frayhier ne le nomme pas dans sa liste des prêtres mis à mort pendant la
Révolution, et il ne cite qu'un Kappler, curé de Soufflenheim au Concordat,
et mort à Brumath en 1823 (p. 139, 382).

(2) Arch. Nat. F 19 1015. F 7 7191. — Arch. Mun. Stras. Culte cath. IV.

en liberté. Nous sommes portés à croire que le P. Sébastien jouit de cette faveur, en tout cas, il est certain que la loi de Brumaire ne lui fut pas appliquée.

Il se déporta l'année suivante après la loi du 19 Fructidor an V, pour échapper aux mains de la justice, qui cette fois ne l'eut pas épargné. Il rentra quelque temps avant le Concordat et administra Itterswiller, dont il devint définitivement curé en 1803. L'enquête de l'an XII en parle en ces termes : « Nihil quod ad munus optimi sacerdotis pertinet, omittit, unde, fama, fiducia et æstimatione gaudet. » D'Itterswiller il fut transféré à Mackenheim où il mourut le 18 Mars 1830 (1).

12 Bopp François Dominique, P. Josué de Sélestat, né le 4 Août 1760. Sur le registre des pensions du District de Strasbourg pour 1791, on le voit payé pour les trois premiers quartiers de cette année, puis on lit en marge: Mort. Il mourut donc avant le mois d'Octobre 1791 (2).

13 Hermann Jean-Baptiste, P. Charles de Kientzheim, né le 2 Juillet 1766, était étudiant, ainsi que les jeunes religieux qui suivent, au moment de la Révolution. L'enquête de l'an XII nous apprend que le P. Charles fut ordonné prêtre à Ettenheim (Bade), qu'il remplit les fonctions de vicaire en Allemagne jusqu'à son retour en France en 1802. Il se retira à Kientzheim où il fut nommé vicaire et il y mourut le 19 Avril 1824 (3).

14 Haas. . . . . ., P. Denis de Rouffach, né le 22 Janvier 1767.

15 Hermann-Jean Baptiste, P. Silvain de Sélestat, né le 4 Août 1768.

16 Muller Antoine Joseph Médard, P. Fintan de Sélestat, né le 7 Juin 1768, émigra ainsi que les deux précédents et ils ne revinrent plus (4).

17 Comes François Augustin, P. François-Joseph de Saverne, né le 24 Août 1768, passa aussi sur la rive droite du Rhin, et séjourna dans les couvents de Capucins de cette région. Il rentra après la Révolution à Saverne où nous le trouvons comme vicaire en 1803. En 1805, il fut nommé vicaire à Epfig, puis il revint à Saverne, et ce doit être alors qu'il devint professeur au collége de cette ville, comme le rapporte Frayhier. Il mourut en cette ville le 22 Janvier 1840 (5).

---

(1) Arch. Évêché, Enquête de l'an XII. — E. Ehrhard, Die Pfarrei Sulzbad, 27. — Frayhier, 169. 282. 402.

(2) Arch. Dép. Stras. Reg. des pensions, 1791.

(3) Arch. Évêché, Enquête de l'an XII. — Frayhier, 309. 414.

(4) Inconnu à Frayhier ainsi que les deux précédents.

(5) Arch. Évêché, Enquête de l'an XII. — Frayhier, 303. 394. — Un registre de l'Évêché donne deux Capucins de ce nom, portant en religion le nom de François-Joseph ; celui que nous venons de citer et un autre, né le 6 Février 1733, retiré à Saverne au Concordat et mort le 22 Janvier 1840, à 107 ans ; ce dernier n'a jamais existé.

Frères convers.

1 Christophe François Antoine, F. Protais de Saverne, né le
7 Janvier 1727, profès le 20 Janvier 1750, toucha sa pension au
District de Strasbourg pendant l'année 1791 et le premier trimestre de 1792. Il résidait à Molsheim. Le 11 Avril 1792, il prit
un exeat pour le District de Haguenau où il déclare fixer sa
résidence à Willgottheim où il était encore en 1793 (1).

Il continua à résider dans le pays, rendant aux prêtres cachés
et à ceux qui se hasardaient à rentrer dans leurs paroisses tous
les services qui étaient en son pouvoir. Il souleva par là la
colère des patriotes, et il mérita d'être dénoncé par les journaux.
Dans son N° du 19 Vendémiaire an IV (1 Octobre 1795), DER
REPUBLIKANISCHE WÆCHTER (Le Gardien républicain)
publiait un article virulent contre les prêtres insermentés et le
F. Protais:

«Les calotins insermentés de cette contrée pullulent
comme l'ivraie. Ils abusent des fêtes de l'Égise en les prenant
comme masques de leurs repaires d'assassins. Six à huit de ces
coquins se réunissent le jour de la fête d'un saint Patron, ils
trament des projets pour entraver la liberté, ils délibèrent et se
soutiennent mutuellement; ils y distribuent la consigne de
Rohan, ils organisent la hiérarchie et la contre-révolution, pour
finir en vrais calotins par des banquets et des bacchanales,
pendant lesquels le F. Protase, un ex-capucin de Saverne,
remplit les fonctions de Maître-Cuisinier. Ce Protase s'est evadé,
il y a seize ans, de Molsheim, pour s'en aller à Carlsruhe et
devenir un homme libre. Son frère et son beau-frère, Joseph
Meyer, procureur de la Municipalité de Saverne, ramenèrent le
renégat par leur zèle religieux. En effet l'individu obtint, par un
pèlerinage à Rome, l'absolution plénière de sa faute et son retour
dans son cloître. Et maintenant ce même Protase est devenu le
directeur de cuisine et le chargé d'affaires du corps des agents
secrets de Rohan. Récemment encore, à la Saint Michel, cet
individu a, assure-t-on, donné des preuves magnifiques de son
art culinaire à Otterswiller près Saverne, où le curé insermenté
Schwartz, revenu tout récemment de l'autre rive du Rhin, avait
arrangé un festin.»

Plus loin le journaliste dénonce un certain nombre de prêtres
auxquels il joint: «A Steinbourg, Protase, ex-frère capucin,
agent spirituel. Tous ces individus sont des calotins insermentés
qui sont revenus de l'exil. Le *Gardien Républicain* espère que la
loi les fera de nouveau marcher. Que leur chemin soit maudit,
et qu'ils reçoivent là-bas l'accueil que méritent de tels fripons
qui se disent des Apôtres » (2).

---

(1) Arch. Dép. Stras. Reg. des Pensions, 1792. — Distr. Haguenau, Reg. 12,
11 Avril 1793.
(2) *Strassburg. Zeitungen*. 1774-1800. Bibl. de la Ville de Strasbourg.

On le voit, le vieux frère capucin était aussi cordialement détesté par le journal que les prêtres réfractaires : dénonciations, injures, calomnies, malédictions, toutes les armes étaient bonnes contre ces ennemis de la Révolution. Nous ignorons ce que devint dans la suite le F. Protais.

2 Clementz Jean Michel, F. Louis de Ruestenhart, né le 18 Septembre 1731.

3 Kugel. . . ., F. Vitus d'Obernai, né le 2 Janvier 1740.

4 Charpion Antoine, F. Georges de Colmar, 36 ans en 1790, prit un exeat le 3 Octobre pour le District de Benfeld, où il toucha sa pension pendant l'année 1792. En 1794 il était en réclusion au collège de Colmar, nous ne savons à quel titre. Nous ne le retrouvons plus qu'en 1811. Le 20 Octobre, l'Évêque de Strasbourg, Saurine, écrit à Portalis que le Sr. Pallas, curé de Saint-Pierre-le-Jeune, a été dénoncé pour avoir refusé la bénédiction nuptiale à un ex-frère capucin. L'Évêque demande au Ministre si le Gouvernement exige que la bénédiction nuptiale soit donnée à tous ceux qui la demandent. « Il m'avait paru jusqu'ici, écrit l'Évêque, que le Gouvernement ne se mêlait pas de ces sortes de bénédictions ». Le mariage n'eut pas lieu, et Charpion ne reparaît plus qu'en 1817 (1). Il adresse alors au Roi Louis XVIII une pétition dans laquelle il dit qu'il a servi dans un couvent d'Alsace pendant 24 ans, qu'il a refusé le serment et qu'il a été emprisonné 25 mois jusqu'à la mort de Robespierre; il termine en demandant un secours (2). Ensuite il disparaît.

5 Fligauff Henri, F. Godefroid de Kaysersberg, né le 17 Février 1755, profès en 1784, quitta Molsheim en 1792 pour se retirer dans son pays natal. Il s'y maria en l'an II, et en 1803 il demanda et obtint du Cardinal Caprara validation de son mariage (3).

---

7. Couvent de Wissembourg.

1 Arnold François Thibaut, P. Constance de Thann, né le 4 Octobre 1727, profès le 28 Mai 1749, Gardien, émigra en 1791. Le séquestre fut mis sur les biens de sa mère en l'an II. Aussi Pierre Arnold, citoyen de Thann, en qualité d'héritier de feu Elisabeth Lehotte, sa mère, adressa au District de Belfort une pétition pour mainlevée du séquestre mis sur les biens de sa mère sous prétexte d'émigration de François Thibaut Arnold, absent depuis 35 ans. Le Directoire du District, considérant que, si le séquestre a été

---

(1) Arch. Nat. F 19 849.
(2) Communication du R. P. Collet, Congr. SS. Red.
(3) Arch. Nat. Papiers Caprara. AF IV 1907.

mis, c'est par l'impossibilité de constater la résidence de Fr.
Thib. Arnold, que les témoins entendus par le Comité de Surveillance de Thann ont déclaré que ledit Capucin était absent
de Thann depuis de longues années, et que conséquemment sa
mère n'a pas coopéré à son émigration, estime que la loi du 17 Frimaire n'est point applicable dans le cas, et approuve la mainlevée du séquestre.

Le 19 Messidor an II (7 Juillet 1794), le Département considérant qu'il est prouvé que Fr. Thib. Arnold n'a pas été chez ses
parents, ni à Thann depuis 30 ans, que sa mère était âgée de
96 ans et privée de ses sens depuis plusieurs années, permet la
levée du séquestre, et arrête que le District de Belfort fera procéder au partage des biens, pour que la part dudit émigré
soit mise dans la main de la Nation. Le P. Constance ne rentra
pas au Concordat et nous en concluons qu'il mourut en déportation (1).

2 Arth Jean Jacques, P. Réginald de Hochfelden, né le 22 Avril
1725, profès le 17 Avril 1744, Vicaire, était le frère cadet du Provincial d'Alsace. Lors de la dispersion de la communauté de
Wissembourg, il vint à Hochfelden, avec un exeat en date du
29 Octobre 1791, et la municipalité attesta qu'il n'était pas sorti du royaume depuis les six derniers mois ; aussi sa pension lui
fut payée pendant l'année 1792. En Janvier 1793, il fut arrêté à
Hochfelden par Miron, lieutenant de gendarmerie, qui le décou-
vrit caché dans la cave de Marie Arth, sa sœur, et il fut conduit
à Strasbourg pour y être mis en reclusion au Séminaire en exécution de la loi du 26 Août 1792. On trouva également dans sa
cachette des vases sacrés et des ornements d'église ; il déclara
les avoir achetés de la communauté des Capucins de Wissembourg avant sa dissolution et que le produit en avait été partagé entre tous les religieux. Le Département proclama à son
tour que cet achat était contraire à la loi qui déclare propriété
de la Nation les objets provenant des maisons religieuses supprimées, et il arrêta que le calice et les ornements resteraient dé-
posés au bureau du bien public jusqu'à plus ample information
qui pourrait avoir lieu sur les effets de ladite maison supprimée.
Le lendemain de son arrestation, six citoyens de Hochfelden
demandèrent sa déportation sous prétexte que ce vieillard « se-
couait les torches du fanatisme, semait la discorde dans le canton et empoisonnait de son hypocrisie la terre de la liberté qu'il
était indigne d'habiter». Au Grand Séminaire de Strasbourg, où
il fut amené sous bonne escorte «comme un général,» écrit le
P. Roos, le P. Réginald se trouva en compagnie de plusieurs de
ses confrères, comme nous l'avons dit en parlant du P. Alexis
Armbruster.

---

(1) Arch. Dép. Colmar L. 629. — Inconnu à Frayhier. — Une note dans un
registre de l'Évêché le dit mort le 8 Septembre 1803.

Tous étaient âgés, tous étaient plus ou moins infirmes, tous étaient réduits aux plus dures privations, que la charité des fidèles s'empressait cependant d'adoucir dans la mesure du possible. Leur pension ne leur était pas payée régulièrement, ils ne pouvaient par là même se procurer les choses indispensables, le lit et les draps du P. Réginald avaient dû lui être fournis par ses parents.

De Strasbourg il fut transféré à Besançon, puis à Champlitte, et enfin il fut mis en liberté (1).

Il revint à Hochfelden. Mais les lois sur la reclusion des prêtres sexagénaires et infirmes étaient toujours en vigueur, il n'y avait plus, il est vrai, qu'un petit nombre d'entre eux en détention, mais de temps à autre, l'Administration centrale du Département, cédant aux sollicitations de quelque Jacobin de village, faisait rechercher des malheureux prêtres pour les interner de nouveau.

Le coup d'État du 18 Fructidor an V (4 Septembre 1797) ralluma la persécution comme aux plus mauvais jours de la Terreur. Les prêtres rentrés durent se déporter de nouveau, tandis que les sexagénaires et infirmes étaient une fois de plus condamnés à la reclusion. Sur le vu d'un procès-verbal du 2 Brumaire an VI (23 Octobre 1797) constatant l'état précaire de santé de Jean Jacques Arth, prêtre sujet à la déportation, l'Administration centrale du Bas-Rhin, considérant qu'il ne pourrait pas être transporté sans courir les plus grands risques pour sa vie, arrêta qu'il lui serait accordé une prolongation de 15 jours, à charge à lui de faire constater après ce délai son état de santé (2).

Il se croyait peut-être oublié, mais les persécuteurs ne voulaient pas lâcher leur proie. L'Administration centrale du Département ayant appris qu'un prêtre nommé Arth, demeurant à Hochfelden, sujet à la reclusion, prétextant en être exempt pour cause d'infirmités, abusait de cette exemption et de son influence pour exiter le fanatisme et troubler la tranquillité publique, arrêta le 13 Nivose an VII (2 Janvier 1799) que l'Administration du canton de Hochfelden ferait une enquête, et aurait soin de déployer à l'égard de cet individu les moyens de surveillance que les circonstances exigeraient. L'Administration du canton répondit le 27 Nivose (16 Janvier) que ledit Arth n'exerçait point publiquement, mais « qu'il ne laissait pas de nourrir du fonds de son réduit les préjugés stupides et les vues parricides du fanatisme. » Sur cette dénonciation rédigée, on le voit, dans les plus purs termes révolutionnaires, le Département arrêta que ledit Arth serait envoyé en reclusion à Strasbourg.

---

(1) Arch. Dép. Stras. Dir. Dép. Reg. 28 21 Janvier 1793. — Distr. Hag. Reg. 7, 14 Mars 1792, 21 Janvier 1793, 11 Mars 1793. — Aff. Gén. Liasse 21. — Arch. Mun. Stras. Police, II. 128.

(2) Arch. Dép. Stras. Admin. Dép. 19 Brum. an VI.

Il ne fut arrêté cependant à Hochfelden que le 6 Messidor an
VII (24 Juin 1799), il fut amené à Strasbourg, interrogé par
l'Administration centrale, et en vertu de la Circulaire du Ministre de la Police du 14 Brumaire an VII (4 Novembre 1798),
comme insermenté sexagénaire et infirme, il fut condamné à
être enfermé dans la maison de reclusion de Strasbourg, qui
occupait une dépendance de l'ancien Raspelhaus. Il y retrouva
plusieurs de ses confrères et de ses compagnons d'infortune des
prisons de Besançon et de Champlitte, mais ce ne fut pas pour
longtemps car il mourut « le 6 Fructidor an VII, vers minuit à
79 ans à l'hôpital des détenus », disent les registres de l'état civil,
(24 Août 1799). (1) Dieu lui épargna les souffrances d'une translation à Auxerre, à laquelle furent condamnés la plupart des
prêtres reclus au *Raspelhaus*. L'Administration ignorait cependant sa mort, car on trouve son nom sur la liste de ceux qui
doivent être déportés en vertu d'un arrêté du Directoire Exécutif du 9 Thermidor an VII (27 Juillet 1799).

3 Rentz Ignace, P. Lucien de Sélestat, né le 7 Février 1715, profès
le 3 Novembre 1737, s'exila, on trouve son nom sur le 3e supplément de la liste des émigrés. Son émigration fut constatée par
le Département le 19 Vendémiaire an II (10 Octobre 1793), il
mourut en déportation (2).

4 Meistermann Martin, P. Isidore de Pfaffenheim, né le 13 Août
1725, profès le 20 Mai 1745, déclara le 23 Juillet 1791 à la Municipalité de Wissembourg se retirer à Pfaffenheim. Le 23 Janvier
1792, il prêta serment à Colmar, et on le trouve dans la suite
exerçant les fonctions de vicaire à Rouffach. En l'an II, la
Municipalité de Pfaffenheim le cite sur un « État des Prêtres
domiciliés dans la paroisse : M. Meistermann, 68 ans, vicaire de
ce lieu, ci-devant Capucin domicilié à Wissembourg, il n'est pas
de grand esprit ».

Comme il avait prêté serment, nous ne savons pas pourquoi
il était en détention à Colmar ; il revint à Rouffach où on le
trouve encore en l'an VII, ayant toutes ses pièces en règle pour
sa pension, c'est à dire, ayant prêté tous les serments et n'en
ayant rétracté aucun. Ensuite il disparaît (3).

5 Roussi Dominique Casimir, P. Pétrone de Turkheim, né le
4 Mars 1728, émigra. On trouve son nom sur le 3e supplément
de la liste des émigrés, comme ayant eu son dernier domicile à
Wissembourg. Le Département du Bas-Rhin constata son émigration le 19 Vendémiaire an II (19 Octobre 1793). Il rentra en
1802, se fixa à Colmar et fit sa soumission au Concordat, le

---

(1) Arch. Dép. Stras. Admin. Dép. Brum. an VI. Mess. an VII. — Arch. Mun.
État civil. — Le P. Réginald, né le 22 Avril 1725, n'avait à sa mort que 74 ans.
— Frayhier, 274. 343.

(2) Arch. Nat. Émigrés. AD XII 11. — Frayhier, 291.

(3) Arch. Dép. Colmar L. 615. 629. 631. 864. 865. 866. 925. — Frayhier, 200. Il
ne le donne pas comme Capucin.

11 Prairial an X (31 Mai 1802). Les registres de l'Évêché le signalent à Colmar : « Parochiæ officiis nunquam deest, infirmus, non cessat ab orando ». Il y mourut le 2 Décembre 1805 (1).

6 Huessler André, P. Elie de Wingersheim, 54 ans en 1790, desservait la paroisse Saint-Jean à Wissembourg comme curé depuis 1778. Au commencement de la Révolution, le P. Elie semble avoir été attiré, comme d'autres prêtres du reste, par les grands mots de Liberté et de Fraternité. On pourrait du moins le conclure de la rédaction d'un acte de baptême célébré par lui le 19 Juin 1790, au retour de la délégation de la Garde Nationale de Wissembourg, envoyée à Strasbourg pour la Fête de la Fédération du Bas-Rhin. L'enfant fut baptisé « *A la Gloire et pour la Défense de la Liberté Française,* » et l'acte fut rédigé « *au bruit du canon, du tambour et de la musique militaire* », il est signé : « *P. Elie, Capucin, Curé et Aumônier de la Garde Nationale de Wissembourg* ». Mais ses illusions tombèrent bientôt, et on le voit signer avec le P. Vincent, son vicaire, et 59 autres curés et chapelains du District une protestation contre la Constitution Civile du Clergé. Il refusa donc le serment, et la Municipalité demanda au P. Gardien s'il consentirait à se charger de la paroisse. Sur son refus, Xavier Hagé et François Bernou, tous deux Capucins et jureurs, vinrent administrer la paroisse comme curé et vicaire, du 2 Août au 22 Septembre 1791. Le P. Elie s'était retiré provisoirement à Berg-Zabern, probablement au couvent des Capucins. Nous le savons par une lettre adressée par un Citoyen Piquet au Maire de Strasbourg et datée de Fort-Louis, le 13 Août 1791 : « Dans le courant de cette semaine j'ai passé à Berg-Zabern où j'ai appris de bonne part que M. d'Osmont, Colonel de Neustrie, y avait passé, et qu'avant son départ il y aurait fait ses dévotions ; en partant et quittant le P. Elie, Capucin, ci-devant curé de Wissembourg, il doit lui avoir serré la main, en l'assurant que ce sera lui qui sous peu le réinstallera dans ses fonctions dans ladite ville » (2).

Le P. Elie ne séjourna pas longtemps à Berg-Zabern, du moins nous croyons qu'il revint plus d'une fois à Wissembourg dans les premiers mois de 1792. Cette fois ce ne fut pas un obscur citoyen Piquet qui le dénonça aux poursuites de la justice, mais le citoyen Jean Jacques Kemmerer, ancien professeur à Mannheim, nommé par l'évêque Brendel professeur au Séminaire et vicaire épiscopal. Le Séminaire, à peu près vide, laissait des loisirs à ce prêtre venu d'outre-Rhin pour initier les Alsaciens aux beautés de la Constitution Civile, et il s'était fait journaliste. Le 16 Mars 1792, il dénonçait en ces termes le Capucin : « Le P. Elie de Wissembourg continue ses apparitions aristocratiques, il

---

(1) Arch. Nat. Émigrés. AD XII 11. — F 7 7986 (9224). — Arch. Évêché Enquête de l'an XII — Frayhier, 292. 411.
(2) Arch. Mun. Stras. Comité de Surv. II. 368.

loge chez le Maître de poste Lau. C'est dans sa maison qu'il catéchise les enfants et réunit ses clubs aristocratiques » (1).

Malgré ces dénonciations, le P. Elie continuait à desservir sa paroisse; il prodiguait les secours de la religion à ses ouailles, qui de leur côté pourvoyaient à ses besoins. Sa retraite habituelle était chez le cordonnier Berger. Un jour il faillit être pris, et il ne fut sauvé que grâce à l'humanité d'un protestant nommé Scherer, qui le prévint à temps du dessein formé par les Jacobins de le surprendre la nuit suivante. Ces dangers continuels n'abattaient pas son courage, ses voyages à Wissembourg étaient toujours aussi fréquents et on l'y trouve encore célébrant des baptêmes et des mariages en Septembre 1797. Quand la loi du 19 Fructidor an V eut été promulguée, il dut cesser son ministère et il ne reparut qu'en Messidor an VIII (Juillet 1800). Il put alors se montrer au grand jour, mais sans sa bure de Capucin, et il voulut reprendre, envers et contre tous, son ministère dans son ancienne église de Saint-Jean. En vain ses amis essayèrent-ils de l'en détourner; il remonta en chaire le XXIV° Dimanche après la Pentecôte, et commentant l'Évangile du jour, il parla sur le Jugement dernier. Pendant son sermon il aperçut dans l'église des agents venus pour s'emparer de sa personne. Alors mû comme par un pressentiment, il cita au Tribunal de Dieu les persécuteurs de l'Église, et en prononçant ces paroles : « Nous comparaîtrons tous devant le Tribunal de Dieu, » il tomba dans la chaire, frappé d'apoplexie. Il mourut le 30 Novembre, fête de son Patron Saint André. Sa dépouille mortelle fut portée au cimetière, au milieu des regrets de la population, mais sans aucun signe extérieur de religion ; car en dehors des églises les cérémonies religieuses n'étaient pas encore tolérées (2).

7. Sègne Pierre Joseph (3), P. Victor de Buc, près Belfort, âgé de 49 ans en 1790, prêta serment à la Cathédrale de Strasbourg, le 14 Août 1791 comme aumônier *ad interim* de l'hôpital militaire. Il continua ses fonctions jusqu'au jour où la Terreur imposa l'abdication aux prêtres. Il écrivit alors la lettre suivante :

Citoyen Maire,

Au commencement de la Révolution j'ai prêté mon serment civil pour le bien et le bonheur de la République Française. Aujourdhui, pour les mêmes raisons, je renonce à toutes les

---

(1) *Die neuesten Religionsbegebenheiten in Frankreich.* 14 Mærz 1792. Nr. 88.

(2) Landsmann, *Wissembourg pendant la Révolution Française.* Revue Cath. 1894-1895. — Steffan, *Geschichte der katholischen Pfarrei Weissenburg,* 1916. — Frayhier, 284. 400.

(3) Nous ne connaissons pas l'orthographe exacte de son nom; il signe tantôt Sègue, tantôt Signe, Sègne.

fonctions sacerdotales et à l'aumônerie du grand hôpital militaire de cette ville ; je ne t'envoie pas mon brevet, je n'en ai pas reçu. Je souhaite de tout mon cœur que la République prospère en tout.

Salut fraternel. Je suis ton concitoyen.

Pierre Joseph Sègue, aumônier.

Strasbourg, le 5 Frimaire an II (25 Novembre 1793) de la République une et indivisible.

Au citoyen Monnet, Maire de la ville de Strasbourg

à Strasbourg (1).

8 Wagner Jean Pierre, F. Sigisbert de Rohrbach (Deux-Ponts), né le 8 Juin 1743 (2).

9 Carlen Dominique, P. Vincent de Guebwiller, 34 ans en 1790. Il était vicaire de la paroisse de Wissembourg, et signait avec le P. Elie, son curé, et 59 autres curés et chapelains du District une protestation contre la Constitution Civile du Clergé. Ensuite il disparaît (3).

10 Wilhelm Jean Népomucène, P. Jean Népomucène d'Ensisheim, né le 19 Juin 1753, fut envoyé à Obernai en Juillet 1791, et il toucha sa pension au District de Benfeld au mois d'Octobre. Il sortit de France en exécution de la loi du 26 Août 1792, et il rentra pendant l'accalmie qui suivit la mort de Robespierre. Il y était encore en Août 1797, car le 4 Fructidor an V (21 Août 1797), le citoyen Zeller, apothicaire à Ensisheim, écrivit au Ministre de la Police, Sotin, pour se plaindre que l'on n'ait pas célébré la fête du 10 Août dans cette commune. « Ce n'est pas étonnant, dit-il, si l'on considère la façon de penser du citoyen Romain Lœtsch, agent provisoire, qui a un frère capucin émigré. Il tolère trois Capucins non assermentés, savoir: Mutz, Didelande Wermelinger, et Népomuc Wilhelm, qui est un instigateur sans égal». Et pour qu'on ne l'accuse pas de dénoncer à la légère, il prend soin d'ajouter : « Ce que je vous avance est fondé sur les pilotis de la vérité » (4). Cette dénonciation demeura sans effet, le Ministre eut à peine le temps de la recevoir, quand éclata le coup d'État du 18 Fructidor (4 Septembre), et tous les prêtres durent prendre une seconde fois le chemin de l'exil. Les

---

(1) Arch. Mun. Stras. C. 5J. IV. 42.
(2) Inconnu à Frayhier ainsi que le précédent.
(3) Frayhier, 127.
(4) Arch. Nat. F 7 7284 (1885).

trois Capucins d'Ensisheim furent de ce nombre, et deux mois
plus tard Georges Antoine Wilhelm d'Ensisheim demandait à
entrer en possession de quelques effets mobiliers laissés par son
fils Népomuc Wilhelm, Capucin, ayant résidé dans cette commune, et étant sorti de France en exécution de la loi du 26 Août
1792, lesquels effets étaient chez le citoyen Ignace Lœtsch,
d'Ensisheim. L'Administration du Canton donna un avis
favorable. Mais l'Administration du Département, considérant
que Wilhelm n'était porté sur aucune liste d'émigrés ni de déportés, et que, quand même il serait considéré comme déporté,
ses biens ne seraient pas moins advenus à la République, parce
que son héritier ne les avait pas réclamés dans le délai voulu
par la loi du 26 Fructidor an IV (12 Septembre 1796), ordonna
qu'il en serait fait inventaire, et qu'ils seraient vendus au profit
de la Nation (1).

Le P. Jean Népomucène avait cherché un asile en Suisse
le 2 Vendémiaire an VI (23 Septembre 1797), et il ne revint que
quatre ans après et il rentra à Ensisheim, dont il devint vicaire
au Concordat. « Il jouit de la confiance, » écrit le Préfet du
Haut-Rhin à son sujet au Ministre des Cultes, et l'enquête épiscopale de l'an XII ajoute: « Indefessus in administratione paro-
chiae». Aussi une pétition fut envoyée au Préfet pour le
demander comme curé d'Ensisheim. Mais il resta vicaire de
sa paroisse natale où il mourut le 27 Août 1806 (2).

11. Heitz Nicolas, P. Médard de Dahlenheim, 34 ans en 1790, desservait les paroisses de Capswihr et de Schweighoffen (Palatinat).
Il eut un moment d'hésitation, et il se déclara même «prêt à
offrir ses services à la Nation au cas qu'elle voulut le choisir
pour desservir une cure». Mais il comprit bientôt son erreur,
il émigra et mourut en déportation. On le trouve porté sur les
3e et 4e suppléments de la liste des émigrés, comme ayant eu
son dernier domicile à Capswihr et Dahlenheim, et l'émigration
fut constatée par le Département le 19 Vendémiaire an II (10 Octobre 1793) et le 5 Thermidor an II (25 Juillet 1794) (3).

12. Wagner Jean Michel, P. Antonin de Thann, né le 6 Juillet 1757,
desservait la cure de Bruchweiler, annexe de Busenberg (Palatinat). Il émigra, après être revenu à Thann, et son émigration fut constatée par le Département du Haut-Rhin le 27 Août

---

(1) Arch. Dép. Colmar L. 476. 515.

(2) Arch. Nat. Enquête Préf. 1 Brum. an X. F 19 866. — Arch. Évêché Enquête
an XII. — Arch. Dép. Colmar V. 19. — État civil d'Ensisheim. — Frayhier,
325, 412. — Revue cath. d'Alsace 1896, 580.

(3) Arch. Nat. Liste émigr. AD XI 11. 12. — Frayhier, p. 283, cite deux Capucins
du nom de Heitz. Médard et Nicolas; c'est le même personnage sous deux
noms différents.

1793. Il ne rentra que le 3 Thermidor an X (23 Juillet 1802), et il reçut, ce jour-là, un passeport comme émigré rentré. Il fut nommé au Concordat vicaire de sa paroisse natale; l'enquête de l'an XII dit de lui: «Morbo forsan insanabili laborans, ex omni parte, tam pietate quam zelo, scientia cæterisque digni sacerdotis dotibus ornatus est.» Il mourut à Thann, le 21 Avril 1812 (1).

Frères convers.

1 Rœsslin Laurent, F. Jean d'Illfurth, né le 16 Août 1747, se retira à Illfurth, où on le trouve pensionné pendant toute la Révolution. Le 13 Nivose an II (2 Janvier 1794), le Comité de Surveillance d'Illfurth le déclara suspect et le fit mettre en arrestation pour avoir osé dire que: «tous les patriotes étaient des fripons». Ensuite nous perdons sa trace (2).

2 Groll Melchior, F. Dunstan de Saint-Hippolyte, né le 17 Janvier 1747, revint dans son pays en 1791. Mais l'année suivante, ayant égaré les papiers nécessaires pour le paiement de sa pension de religieux, il en demanda un duplicata au District de Wissembourg. Celui-ci fit droit à sa demande, mais à condition que le frère apportât la preuve qu'il n'avait pas quitté l'empire depuis 6 mois, et qu'il avait satisfait à toutes les obligations imposées depuis lors par les décrets, particulièrement celui du 14 Août 1792, sur le serment de Liberté-Égalité. En l'an V, il était encore à Saint-Hippolyte (3).

3 Wessner Jean, F. Damase d'Oberbergheim, né le 24 Mars 1758, se retira à Bergheim, où il mourut le 14 Juin 1822 (4).

4 Dallebach (alias Thalebach et Tallepach), F. Victor d'Aubure, né le 25 Octobre 1765, vint en 1791 chez son père à Bergheim, et, l'année suivante, on le trouve pensionné à Lièpvre (5).

---

(1) Arch. Évêché Enquête an XII. — Frayhier, 296. 435.

(2) Soltner, *Vie de l'abbé Bochelé*, Rixheim. 1897.

(3) Arch. Dép. Colmar L. 629. 631.

(4) Arch. Dép. Colmar L. 631. 864. — Abbé Hans, *Urkundenbuch der Pfarrei Bergheim*, 1894, 251. 821.

(5) Arch. Dép. Colmar L. 631. 865.

8. Hospice de Fort-Louis.

1 Person . . . . , P. Abondance de Molsheim, né le 17 Juillet 1731, profès le 4 Mai 1750, Supérieur, mourut en déportation (1).

2 Bellot . . . . . , P. Aloys de Belfort, né le 16 Juillet 1719, profès le 17 Avril 1743, mourut en déportation (2).

3 Werlen Gervais, P. Narcisse d'Ensisheim, né le 8 Août 1720 profès le 20 Avril 1745, mourut en déportation (3).

4 Claquin Joseph Antoine, P. Julien d'Erstein, né le 23 Janvier 1731, profès 16 Juillet 1750, était aumônier de l'hôpital militaire de Fort-Louis. Après l'évacuation de la maison, il réclama son traitement d'aumônier qui ne lui avait pas été payé depuis trois ans. Le District de Haguenau d'abord, puis le Département lui répondirent que l'organisation civile du clergé ne reconnaissait pas les aumôniers militaires, et qu'il eut à se faire payer par le Trésorier de la guerre. Il émigra, fut inscrit sur le 1er supplément de la liste ; son émigration fut constatée par le Département le 19 Vendémiaire an II (10 Octobre 1793), et il mourut en déportation (4).

5 Vogel François Joseph Philippe, P. Bruno de Colmar, né le 20 Novembre 1749, administra avec le P. Julien la paroisse de Fort-Louis après le départ du curé Freytag le 28 Juin 1791, jusqu'au 28 Février 1792, date de leur émigration. Avaient-ils prêté serment ? Nous n'en avons pas la preuve. Ils touchent, il est vrai, leur traitement, mais comme nous les voyons demander au District de décider une absence de plusieurs jours qu'ils ont dû faire pour éviter d'être maltraités, comme on les en avait menacés, nous porte à croire, ou bien qu'ils avaient rétracté le serment, ou, ce qui est plus probable, qu'ils refusaient de le prêter définitivement. Ils quittèrent Fort-Louis le 28 Février 1792, et le jour même le mobilier du couvent fut vendu par le District. Nous croyons que le P. Bruno alla jusqu'à Rome, car dans la liste des prêtres réfugiés dans les États Pontificaux nous trouvons «Vogel, C. de Colmar, à Matelica».

---

(1) Frayhier, 75. 317.

(2) Frayhier, 301.

(3) Frayhier, 325.

(4) État civil d'Erstein. — Arch. Dép. Stras. Distr. Haguenau Reg. 7, 8 Février 1792 ; Dir. Dép. Reg. 18, 16 Mars 1792. — Arch. Nat. Émig. AD XII 11. — Frayhier, 277. — Sitzmann, Dict. s. v. Kœhler, dit que ce Vicaire Général de Strasbourg, né à Erstein en 1808, reçut sa première instruction d'un ancien *Capucin* de son endroit natal. Il fait erreur. Les deux seuls Capucins originaires d'Erstein, les PP. Julien et Alban, moururent en déportation. Il s'agit probablement du P. F. X. Richert, *Cordelier* de Haguenau, né en 1767, et mort à Erstein en 1850.

Il trouva donc un asile au couvent des capucins de cette ville et nous croyons qu'il y mourut (1).

6 Pfister Simon, P. Engelhard de Bernhardswiller (Obernai), né le 29 Octobre 1751, se déporta, et rentra après la Révolution à Obernai où il mourut en 1823 (2).

Frère Convers.

Bœhrer . . , F. Donat de Sélestat, 33 ans en 1790, qui avait pris l'habit le 7 Octobre 1778, se réfugia dans la Province des Capucins du Tyrol, qui l'ont inscrit dans leur Nécrologe : « F. Donatus Bœhrer, Alsata, indutus 7 Octobris 1778. Cum in Gallia sacra et profana ruerent, ad nos se contulit. S. Vestem iterum induit, optimis moribus ornavit, usque ad mortem firmus retinuit, 18 annis, potissium ut vigil ac modestissimus janitor inter nos exactis, febri ectica extinctus est Bludenti 24 Novembris 1815» (3).

---

9. Hospice de Berg-Zabern.

1 Duerr Sébastien, P. Joachim de Soultz, né le 21 Janvier 1731, profès le 17 Mars 1753, desservait depuis 1783 la cure royale de Berg-Zabern. Il se déporta et ne revint plus (4).

2 Pfaffenzeller Jean Georges, P. Eustache de Guebwiller, né le 23 Juin 1723, profès le 20 Mai 1746, exposa au District de Wissembourg, le 9 Mai 1791, qu'il avait été envoyé à Berg-Zabern par le Provincial pour y aider les Pères qui sont Curés royaux, «dont les incommodités de l'âge et une surdité des plus fortes le rendent maintenant incapable ». Il était décidé à se retirer à Wissembourg pour y finir ses jours. En réponse à la pétition de ce religieux âgé et infirme, le District décida de lui allouer 400 Livres pour son 1er trimestre de 1791.

On l'y laissa quelque temps en paix, mais en exécution de la loi du 26 Août 1792 qui condamnait à la reclusion les prêtres insermentés sexagénaires et infirmes, il fut amené à Strasbourg, dans les premiers mois de 1793. Il était tellement affaibli que lorsqu'on lui demanda depuis quand il était en reclusion, il répondit

---

(1) Arch. Dép. Stras. Distr. Haguenau Reg. II, 1er Février, 12 Mars, 18 Avril, 12 Juin 1792. — Dir. Dép. Reg. 18, 16 Mars 1792. — Le Rohellec, *Liste des Écclésiastiques et religieux exilés pour la foi dans les États Pontificaux*, 1918, Tours, 196. — Frayhier, 324, le met parmi les insermentés.

(2) Frayhier, 347.

(3) Mortuarium Prov. Tyr. Septemtrionalis Capucinorum IV. 27. — Frayhier, 302, ne le donne pas comme frère convers.

(4) Frayhier, 284.

qu'il ne s'en souvenait plus. Il n'en fut pas moins jugé capable d'être transféré à Besançon en 1794. Mais il ne fut pas envoyé à Champlitte. Nous avons tout lieu de croire qu'il fut du nombre des six qui furent transportés à l'hôpital de Besançon, et qu'il mourut avant le 28 Octobre 1794. A cette date les quatre survivants envoyèrent une pétition au Représentant du peuple, Sevestre, pour réclamer leur liberté, et son nom ne s'y trouve pas (1).

3 Ackermann François Ignace, P. Philippe de Rouffach, né le 15 Avril 1736, profès le 21 Novembre 1756, alla demander asile aux Capucins du Pays de Bade. En 1798, étant au couvent de Bade, il délivra un extrait de baptême d'un enfant de Niederrottenbach, dont il était curé depuis 1779. Il avait emporté les registres et le sceau de la paroisse. Le Département du Bas-Rhin, dès qu'il eut connaissance de l'enlèvement des registres demanda au Directoire exécutif, le 16 Brumaire an VII (6 Novembre 1798), d'exiger du Margrave de Bade et de l'Évêque de Spire, résidant à Bruchsal, la reddition de ces livres paroissiaux (2).

L'enquête de l'an XII nous fournit d'autres renseignements sur le P. Philippe : « Parochus in Klingenmunster, Capucinus, per 30 annos commoratus est in Hospitio Tabernis Montium, partim qua parochus in Oberrottenbach et Duerrenbach, partim qua parochus in Berg-Zabern et Niederrottenbach tempore Revolutionis. Finita deportatione, ecclesiam Berg-Zabern et Pleisswiller cum annexis usque ad novam organisationem administravit. Constitutio physica est quidem robusta, ælas vero infirma, ita quidem ut propter senectutis infirmitates ecclesiam hanc Klingenmunster difficilem non diutius possit rite et cum fructu administrare ». Il mourut curé de Klingenmunster le 23 Décembre 1807 (3).

4 Hérissé Jean Jacques, P. Jacques d'Oberaspach, né le 26 Mars 1750, profès le 11 Novembre 1772, desservait depuis deux ans les cures royales d'Oberrottenbach et Duerrenbach (Deux-Ponts). Il se retira à Ungersheim après la dissolution et il résida dans cette commune jusqu'après la promulgation de la loi du 21 Avril 1793. Il prit alors au mois de Mai un passeport pour la Suisse.

---

(1) Arch. Dép. Stras. Distr. Wissembourg, 9 Mai 1791. — Arch. Mun. Stras. Police. Prison, II. 128. — Sauzai, op. cit. IV, 70. 661. — Chan. Beuchot, op. cit. — Frayhier, 290. 343.

(2) Arch. Dép. Stras. Aff. Gén. Liasse N° 75.

(3) Arch. Évêché Enquête de l'an XII. — Frayhier, 291. 299. 395. 396. Il cite, 299 : Ackermann Philippe, Carme Déchaussé, dernier domicile Berg-Zabern, né à Rouffach le 15 Avril 1736, ancien curé de Berg-Zabern et annexes. Il revint en 1795, et administra Berg-Zabern. Après le Concordat, curé de Klingenmunster ». En comparant cette notice avec celle de l'Évêché, on voit que ces deux individus ne sont qu'un seul et même personnage : Ackermann n'existe pas en tant que Carme Déchaussé, mais seulement en tant que Capucin, François Ignace sont ses prénoms et Philippe est son nom de religion.

Le 27 Ventose an V (13 Mars 1797), son frère, François Hérissé, cultivateur à Bollwiller, demanda que les biens du Capucin mis sous séquestre, par suite de son émigration, fussent rendus à ses héritiers présomptifs. Il prouvait tant par des actes de la Municipalité que par le témoignage de neuf citoyens de cette commune, que Jacques Hérissé, parti en Mai 1793, devait être considéré non comme émigré mais comme déporté.

Son père avait fait de son côté les mêmes démarches. Il attestait que son fils avait quitté la maison paternelle depuis 20 ans, et que, depuis 3 ans avant la Révolution, il ne l'avait pas revu ; qu'ayant appris son inscription sur la liste des émigrés, il avait cherché à savoir le lieu de sa retraite « pour l'amener à la hauteur de la Révolution et lui en faire goûter les bienfaits », mais ses recherches étaient demeurées infructueuses. Par ailleurs le Directoire du District de Belfort et le Comité de surveillance d'Aspach certifiaient que François Hérissé s'était toujours conduit en bon républicain.

L'Administration du Département du Haut-Rhin, s'appuyant sur la loi du 22 Fructidor an III (8 Septembre 1795), décida que les biens seraient rendus aux héritiers, à charge à eux de justifier qu'aucun d'eux n'était prévenu d'émigration. Le P. Jacques dut rentrer en France à cette époque comme beaucoup d'autres prêtres, mais bientôt la loi de Fructidor vint le contraindre à se déporter de nouveau, ou à mener la vie errante des Missionnaires.

Il choisit ce dernier parti, et pendant deux ans il réussit à échapper aux poursuites des gendarmes. Il avait pris néanmoins un passeport à la Municipalité d'Ungersheim le 5e Complémentaire an V (21 Septembre 1797).

Mais le 24 Vendémiaire an VIII (18 Octobre 1799), Fourcade, Commissaire du Directoire près l'Administration Municipale du Canton de Thann, apprit que l'ancien moulin à foulon des Capucins, situé entre Thann et Vieux-Thann, et appartenant au nommé Ritter, ci-devant frère lai des Capucins de Thann, et pensionné de la République, servait de repaire à des prêtres réfractaires. Il avait même aperçu un matin deux individus, un homme et une femme, *en habit de parure*, roder autour du moulin, et il avait conclu que c'était pour se confesser ou pour se marier. Aussitôt il réquisitionna un sergent et six hommes de la 106e demi-brigade cantonnée à Thann et par des chemins détournés il arriva au moulin. Il aperçut alors les deux mêmes individus tournant leurs pas de ce côté, et qui disparurent à la vue des soldats. Dès lors il n'avait plus de doute, il y avait un prêtre en cet endroit. Le Commissaire somma le Frère Ritter, propriétaire du moulin, de lui dire s'il n'y avait pas de prêtres réfractaires cachés dans la maison. Sur sa réponse négative, la recherche commença, et amena la découverte d'un individu caché dans le grenier, il fut interrogé sur-le-champ et il déclara se nommer Jacques Hérissé, Capucin du couvent de Berg-Zabern. Il avoua qu'il était sans domicile, *qu'il errait tantôt ici et tantôt là, et qu'il ne subsistait que du produit de ses messes et des bienfaits de ses bons amis.* Le commissaire le fit amener à Cernay d'où on le conduisit à Colmar.

Mais l'Administration centrale du Département du Haut-Rhin se trouvait dans un grand embarras. Il est vrai que la loi de Fructidor an V condamnait à mort les déportés rentrés. Mais les différents Ministres de la Police Générale n'avaient pas tous été du même avis dans l'application de la loi. Les Circulaires s'étaient succédées les unes aux autres amenant des variations dans la jurisprudence, parfois devant le même tribunal. Ainsi, par exemple, à Colmar, le Cistercien Bernard Fels et le Capucin Sébastien Gross, déportés rentrés, avaient été envoyés à l'Ile de Ré, tandis que l'abbé Bochelé, déporté lui aussi, avait été traduit devant une commission militaire qui l'avait condamné à mort et fait exécuter.

Il y avait également des décisions contradictoires au sujet des receleurs de prêtres réfractaires. Lecarlier, Ministre de la Police, avait fait mettre en liberté des femmes de Thann qui avaient recélé un prêtre. Malgré cette décision le Commissaire de Thann annonçait qu'il allait faire arrêter Ritter, receleur de Jacques Hérissé.

Toutes ces divergences jetaient les Administrateurs du Département dans l'embarras et la perplexité ; le Commissaire penchait pour la sévérité, il demandait qu'on exécutât dans sa rigueur *la loi salutaire du 19 Fructidor. Dès que les prêtres réfractaires n'ont plus à redouter la peine capitale, ils sont rentrés en foule, la déportation ne les effraie pas, et il n'est pas de manœuvres secrètes qu'ils n'emploient pour travailler l'opinion, la République n'a pas d'ennemis plus irréconciliables et plus acharnés.* L'Administration du Département hésitait à employer les mesures de la Terreur, et, d'accord avec le Ministre de la Police, elle décida que le P. Jacques serait traité non comme émigré rentré, puisque du reste ses biens avaient été rendus à ses héritiers, mais comme prêtre déporté rentré, et qu'il serait envoyé à l'Ile de Ré.

Sur ces entrefaites le Ministre avait reçu des lettres lui annonçant qu'il n'y avait plus de place à l'Ile de Ré, ni à l'Ile d'Oléron, et qu'il était nécessaire de surseoir à l'envoi d'autres déportés. D'un autre côté, 16 citoyens d'Aspach-le-Bas avaient envoyé au Département une pétition attestant que le P. Jacques était infirme, qu'aucune plainte n'avait été formulée contre lui, qu'il n'avait jamais suscité aucun trouble contre les principes de l'heureuse Révolution Française. Cette pétition fut envoyée au Ministre qui décida que Jacques Hérissé serait mis en liberté et placé sous la surveillance de la Municipalité d'Aspach-le-Bas.

Le 5 Prairial an X (25 Mai 1802), il fit sa soumission au Concordat à Aspach, et il fut nommé administrateur de Largitzen. En 1815, il se retira à Thann où il remplit les fonctions de vicaire et il mourut le 18 Septembre 1818 (1).

Frère convers.

Heisser Sébastien, F. Grégoire de Walbach, né le 30 Mars 1753, profès le 27 Septembre 1780, émigra et ne revint plus (2).

---

10. Hospice de Landau.

1 Goniat David, P. Basile de Strasbourg, Supérieur, né le 1er Août 1756, paroisse Saint-Pierre-le-Jeune (3), demanda, de Spire, en l'an III, l'autorisation de venir à Strasbourg pour y toucher le dernier trimestre de sa pension de 1792. Le Département répondit que «l'incivisme de l'exposant ayant été le motif de sa déportation, et les lois n'accordant aucune pension à ceux qui sont notés de ce vice, il n'y avait lieu à délibérer, et que l'exposant sera porté sur la liste supplétive des émigrés par le Directoire du District de Wissembourg» (4).

Le P. Basile ne connut jamais la réponse du Département, il ignorait également que son nom était inscrit sur le 4e supplément de la liste des émigrés depuis le 5 Thermidor an II (23 Juillet 1794), autrement il ne se serait pas exposé à la peine de mort dont il était passible comme émigré rentré, et appartenant à une famille suspecte (5).

---

(1) Arch. Nat. F. 7 7685 (100), F 7 7986 (9226). — Arch. Dép. Colmar L. 414. 484 444. 621. — Arch. Évêché Enquête an XII. — Frayhier, 283. 422. 435.

(2) Frayhier, 282.

(3) Frayhier, 282. 332. 397, donne au P. Basile les prénoms et l'âge de son frère Joseph Laurent Goniat (1758-1806), qui était Docteur en droit canon, prédicateur à la Cathédrale, précepteur en Russie depuis le commencement de la Révolution, plus jeune de deux ans que le Capucin, et inscrit aussi sur la liste des émigrés. Le nom doit être orthographié: GONIAT, c'est ainsi que le père signe l'acte de baptême de son fils. — Arch. Mun. Stras. État civil.

(4) Arch. Dép. Stras. Dir. Dép. Reg. 49, 5 Vend. an III.

(5) Son père, Jean Baptiste Goniat, domicilié à Strasbourg, âgé de 70 ans, veuf avec trois enfants: une fille âgée de 39 ans, veuve; un fils de 37 ans, ci-devant capucin déporté, et un fils prêtre, de 35 ans, gouverneur à Saint-Pétersbourg, était détenu au ci-devant Séminaire par ordre de la Municipalité, comme homme suspect. Il exerçait la profession de graissier avant la Révolution, vivait de son commerce, était déclaré «fanatique, ayant des relations avec les fanatiques». — Arch. Mun. Stras. Police, II. 192.

Il se réfugia au couvent des Capucins de Waghæusel (Bade) avec le F. Bernard, que nous rencontrerons plus loin. Il était rentré dès 1800, et était domicilié à Strasbourg, rue de la Citadelle 40. Au mois de Juin suivant, l'Évêque lui confia provisoirement l'administration de la paroisse de Landau, en 1803 il le nomma curé de la Citadelle à Strasbourg, puis le 20 Mars 1811 curé de Mulhouse où il mourut le 1ᵉʳ Février 1814 (1).

2 Berger Jean-Baptiste, P. Alexis de Haguenau, né le 2 Octobre 1726, profès le 1ᵉʳ Octobre 1749, mourut en déportation (2).

3 Mœller Jean Joseph, P. Constantin d'Ensisheim, né le 23 Juin 1759, vint à Strasbourg dans les premiers jours d'Août 1791, et prêta le serment à la Cathédrale le 14. D'abord il desservait les paroisses d'Ernolsheim, de Kolbsheim, d'Ergersheim et d'Osthoffen pendant quelques semaines. Peu après il fut nommé 2ᵉ Vicaire à Saint-Pierre-le-Jeune, et au mois de Septembre 1792, il demanda et obtint un exeat pour le District de Colmar, «où il espérait se rendre utile». Il fut élu curé de Feldkirch et il prêta, le 17 Octobre, le serment de Liberté-Égalité à Bollwiller dont il était en même temps administrateur (3). Il fut du nombre des 116 prêtres constitutionnels, pasteurs et rabbins arrêtés par ordre du Représentant du peuple, Hentz, après l'affaire d'Hirsingue, emprisonnés à Besançon et ensuite ramenés en détention au château de Ribeauvillé, où on ne leur rendit la liberté qu'au bout de trois mois. Pour obtenir son élargissement il s'était adressé aux Municipalités de Feldkirch et de Bollwiller, qui délivrèrent ces certificats de civisme et de bonne conduite au District de Colmar, qui estima que le Représentant du peuple «pouvait prononcer l'élargissement d'un patriote que des mesures de sûreté générale auraient dû excepter d'une proscription jugée nécessaire, vu qu'il avait réuni les suffrages de ses concitoyens patriotes». Cependant le District avait soin de demander que «le dit Mœller se retirerait à Ensisheim, son lieu natal». Trop heureux de sortir de prison, il accepta toutes les conditions mises à son élargissement, et il vint à Ensisheim, mais ce ne fut pas pour longtemps. Le 12 Floréal an III (1ᵉʳ Mai 1795) nous le trouvons en possession de la cure de Burnhaupt-le-Bas. Il a voulu laisser à la postérité le souvenir de son passage dans cette paroisse, et il a écrit au registre de catholicité une préface, dans laquelle il nous révèle certains faits que nous ignorerions autrement.

---

(1) Arch. de l'Évêché.

(2) Inconnu à Frayhier.

(3) Arch. Mun. Stras. Culte Cath. IV. 43. 44. — C. 51. — Arch. Dép. Stras. Distr. Reg. 17, 9 Septembre 1792. — Arch. Dép. Colmar L. 631. 865. 804. 925. — Guerber, *Bruno Franz Leopold Liebermann*, Freiburg 1880, 99-102.

Après nous avoir dit qu'il était Capucin, il affirme que « episcopali auctoritate in sæcularium presbyterorum ordinem receptus », il fut *canoniquement* élu et installé curé de Feldkirch et Bollwiller.

Pendant la persécution du tyran Robespierre, son église fut dévastée, il en fut chassé, et il fut emprisonné à Besançon avec tous les prêtres « Christo et religioni fidelibus ». Après sa libération il ne put pas rentrer à Feldkirch où régnait la division, et où ses partisans ne lui procuraient pas le nécessaire. A cette époque, le siège épiscopal était vacant par la mort de l'intrus Martin, arrivée en 1794, aussi Mœller, de sa propre autorité, s'installa à Burnhaupt, à la demande des paroissiens « quibus non erat, nous dit-il, qui spiritualem religionis panem frangeret ». Il le croyait peut-être, mais le vrai curé de Burnhaupt était resté caché dans la paroisse et il administrait les secours de la religion aux fidèles, ne laissant à l'intrus comme paroissiens que quelques patriotes (1).

Comme curé de Burnhaupt, Mœller prit part à l'élection de l'évêque schismatique Berdolet et aux synodes tenus à Soultz en 1798 et en 1800. Au Concordat il fut nommé curé de Village-Neuf, mais il ne réussit pas à établir la paix et la concorde dans la paroisse, néanmoins l'Évêque Saurine le promut curé de Marckolsheim en 1812. Après la mort de l'Évêque les Vicaires Généraux déléguèrent le curé de Benfeld pour faire une enquête à Marckolsheim sur les faits reprochés au curé et qui se rattachaient au tableau désavantageux qu'avait fait d'un curé d'Alsace l'*Ami de la religion et du Roi*, du 1er Novembre 1815. Il s'agissait de la rétractation du serment que l'Évêque Saurine n'avait pas exigé de ses prêtres au Concordat, et que les Vicaires Généraux imposèrent en 1816.

Mœller dut se soumettre, mais il fut déplacé et nommé à Heiteren en 1816. Il se retira du ministère en 1823 et mourut le 21 Juillet de cette année (2).

Frère Convers.

Stæbler Jean, F. Bernard de Kingersheim, né le 15 Juillet 1737, se réfugia avec le P. Basile au couvent de Waghæusel, de là il alla au couvent de Haslach (Bade), où il mourut le 25 Avril 1809.

Joseph Bossard, « Servitial », affilié à l'Ordre.

---

(1) Mgr Schickelé, *Le Doyenné du Sundgau*, Rev. cath. d'Alsace 1898, 428.
(2) Arch. Evêché Enquête an XII. — Frayhier, 89. 110. 116. 209. 212. 341. 347. 423.

11. Hospice de Wasselonne.

1 Bouillon . . . ., P. Florin de Soultz, Supérieur, né le 26 Janvier 1737, se réfugia dans la Province des Capucins du Tyrol, et mourut au couvent de Meran, le 17 Mars 1801 (1).

2 Schwend. . . . . ., P. Eléonor de Marckolsheim, né le 4 Janvier 1720, profès le 3 Novembre 1738.

3 Anselme Jean Ignace, P. David d'Eguisheim, né le 10 Juillet 1735, se déporta et fit sa soumission au Concordat le 30 Thermidor an X (18 Août 1802) à Colmar où il se fixa. «Vitæ ratione laude dignus». Il mourut à Colmar le 16 Juillet 1815 (2).

4 Collet Jean, P. Séraphin d'Ensisheim, né le 26 Septembre 1746, capucin depuis 1765, se trouve porté sur une liste d'émigrés dont les biens des pères et mères doivent être séquestrés en vertu de la loi du 17 Frimaire. On le rencontre encore domicilié à Issenheim, et prenant un passeport au canton de Soultz, le 1er Vendémiaire an VI (22 Septembre 1797) en exécution de la loi du 19 Fructidor an V (5 Septembre précédent).

  Au Concordat il fut nommé à Issenheim où il mourut en 1811. Est-ce lui qui administra secrètement Ballersdorf pendant la Révolution, et dont la signature se trouve dans les actes de baptêmes : P. Séraphin de Dannemarie (3)?

Frère convers.

  Vogt. . . . ., F. Pie de . . . . . ., né le 10 Mai 1755.

———

12. Couvent de Colmar.

1 Grillot Joseph Anselme, P. Anselme de Strasbourg, né le 20 Avril 1735, profès le 18 Février 1754, Gardien, resta à Colmar pendant l'année 1791. Au mois d'Avril suivant il déclara se retirer au District de Benfeld; ce n'est que le 5 Avril 1793, qu'il prit à Strasbourg un passeport pour la Suisse. Il fut inscrit sur le 4e supplément de la liste des émigrés, et son émigration fut

———

(1) P. Agapit Hohenegger, Cap., *Das Kapuzinerkloster zu Meran*, Innsbruck, 1898, 194. — Inconnu à Frayhier ainsi que le suivant.

(2) Arch. Évêché Enquête de l'an XII. — Arch. Dép. Colmar V. 41. — Frayhier, 299. 412.

(3) Arch. Dép. Colmar L. 480. 1077. — Frayhier, 303. 418. — Mgr Schickelé, *le Doyenné du Sundgau*, Rev. Cath. d'Alsace, 1898, 192.

constatée par le Département le 19 Frimaire an III (9 Décembre 1794). Il se retira à Soleure, de là nous perdons sa trace (1).

2 Bumann. . . . , P. Augustin de Bollwiller, âgé de 54 ans en 1790, se retira d'abord à Bollwiller, puis il émigra, et on le voit à Soleure avec le P. Anselme, et il disparaît comme lui.

3 Fimbel Barthélemi, P. Léger d'Ottmarsheim, né le 28 Janvier 1717, profès le 15 Juillet 1737, vint dans son pays natal. Quand le Département, par son arrêté du 2 Novembre, eut ordonné l'internement à Colmar de tous les prêtres réfractaires au serment, le P. Léger demanda et obtint dispense, le 22 Novembre suivant, et il continua de résider à Ottmarsheim. Il y était encore à la date du 27 Floréal an II (16 Mai 1794), avec cette note : Ex-religieux toujours attaché à la vie monastique, administrateur d'Ottmarsheim (2).

4 Huffel Mathias, P. Laurent de Colmar, né le 5 Mars 1724, profès le 12 Mai 1744, se retira aussi à Ottmarsheim. Le 7 Décembre 1791, le curé intrus lui donna le certificat de résidence imposé par l'arrêté du Département du 2 Novembre, afin de pouvoir rester à Ottmarsheim. Grâce à l'intervention de Reubell, il obtint de rester dans le Haut-Rhin, mais le 3 Vendémiaire an VI (25 Septembre 1797), il demanda « à aller finir ses vieux jours à Colmar ». L'Administration du Canton de Habsheim émit un avis favorable, mais le Département « vu que le pétitionnaire ne prouve pas qu'il à prêté les serments prescrits par la loi », déclara qu'il devait être considéré comme prêtre sujet à la déportation.

Il se déporta donc dans la Province des Capucins du Tyrol, et il mourut au couvent de Bezau le 12 Mars 1802 (3).

5 . . . . , P. Honoré de Soultz, né le 19 Février 1723, profès le 14 Juillet 1744. Le P. Anselme et le P. Augustin annoncèrent au District sa mort survenue le 24 Février 1791.

6 Kruch François Antoine, P. Chrysologue de Sélestat, né le 3 Septembre 1727, profès le 2 Décembre 1746, ne quitta Colmar qu'en Février 1792, et se fixa à Sélestat. Il avait réussi à échap-

---

(1) Né à Strasbourg, paroisse Saint-Pierre-le-Jeune, «filius clarissimi Domini Francisci Grillot, procuratoris fisci civitatis Argentinensis, et Dominæ Annæ Mariæ (Schæfferin. Patrinus fuit Prænobilis Dominus Josephus de Charlier, eques, receptor generalis redituum regiorum in hac provincia. Matrina D. M. Francisca Petit». État civil. — Arch. Dép. Colmar L. 631. — Chan. Beuchot, le clergé de la Haute-Alsace en exil pendant la Révolution., 1896, 32. Inconnu à Frayhier. — Arch. Mun. Stras. Police II. 422.

(2) Arch. Dép. Colmar L. 614. 615. 616. 627. — Inconnu à Frayhier.

(3) Arch. Dép. Colmar L. 614. 620. 627. 923. — Inconnu à Frayhier. — Sterbebuch der Pfarrei Bezau (Communication du P. Pierre Baptiste Zierler, Historiographe de la Province des Capucins du Tyrol).

per à la réclusion décrétée par la loi du 26 Août 1792, mais six citoyens le dénoncèrent comme contre-révolutionnaire, et demandèrent sa déportation. Le 10 Fructidor an IV (27 Août 1796), l'accusateur public près le Tribunal Criminel du Haut-Rhin demanda au Département si Antoine François Kruch, Capucin et aumônier militaire de Colmar, était porté sur la liste des émigrés, ou sur celle des déportés. Nous ignorons la réponse du Département, mais nous savons que par un jugement, rendu le 20 Fructidor an IV (6 Septembre 1796), le Tribunal Criminel du Haut-Rhin condamna François Kruch à la réclusion au Collège de Colmar comme déporté septuagénaire. « Le danger qu'il y aurait à mettre les prêtres reclus en liberté, écrit l'accusateur public, dérive de la division qui existe entre eux et les prêtres fidèles aux lois de l'État. Il est constaté que la grande majorité des prêtres qui ont refusé de prêter serment, n'aime pas le Gouvernement, et ne cherche dès lors pas à le faire chérir de leurs adhérents. Je crois cependant d'après les rapports qui m'ont été faits, qu'il n'y aurait pas d'inconvénients à renvoyer Kruch dans sa famille ». Mais il ne fut pas relâché. Parmis les reclus du Collège il retrouva trois de ses confrères : François Weber, P. Sévère de Thann ; Claude Mathias Haderbeck, P. Pacifique de Hattstatt ; et Nicolas Baumann, P. Irénée d'Ingersheim. Tous les reclus furent libérés le 21 Messidor an V (9 Juillet 1797), mais ce ne fut pas pour longtemps, la loi de Fructidor an V leur rouvrit les portes de la prison. Bien que les médecins eussent déclaré qu'il était intransportable même en voiture, il n'en fut pas moins conduit à Ensisheim, où tous les prêtres reclus furent inhumainement traités par le geôlier que l'Administration départementale dut destituer. Tous y auraient péri de misère sans la charité des habitants d'Ensisheim. En Août, sous prétexte qu'ils excitaient les habitants à la rébellion, ils furent transférés à Auxerre au nombre de 12, parmi lesquels se trouvaient deux Capucins, et ils furent internés au Petit Séminaire. Le 23 Brumaire an VIII (20 Novembre 1797), nous trouvons leurs signatures au bas d'une pétition, que les prêtres alsaciens reclus à Auxerre, adressèrent aux Consuls pour demander leur liberté. Ce ne fut cependant que le 24 Floréal an VIII (14 Mai 1800) que sur avis favorable du Maire d'Auxerre, François Antoine Kruch fut mis en liberté par le Préfet avec autorisation de se retirer à Colmar. Le 3 Vendémiaire an X (25 Septembre 1801), sa pension fut liquidée après qu'il eut produit les pièces nécessaires, entre autres, sa prestation de serment à la Constitution de l'an VIII. A la suite une note d'une écriture postérieure porte la mention : Décédé. Il mourut à Colmar le 30 Pluviose an XII (20 Février 1804) (1).

---

(1) Arch. Nat. AA 8 (363) - F 7 7620 (1269); F 7 7696 (880) - Arch. Dép. Colmar L. 618; 620. 925. — Arch. Dép. Stras. Dir. Dép. Reg. 18. — Chan. Beuchot, *Les Prêtres sexagénaires et infirmes du Haut-Rhin*. Rev. cath. d'Alsace. 1899, 51 et seq. - État civil de Colmar. - Arch. Mun. Sélestat, Dénonciations. - Inconnu à Frayhier.

7 Fuchs Jean, P. Marcellin de Pfaffenheim, né le 1er Février 1728, profès le 13 Juillet 1747, resta à Colmar en 1791, et après la loi du 26 Août, il se déporta en Suisse, où on le signale à Einsiedeln « Aux Confédérés » (1).

8 Haderbeck Claude Mathias, P. Pacifique de Hattstatt, né le 3 Mars 1735, resta à Colmar en 1791, puis en 1792 il demanda un exeat pour le District de Saint-Dié. Il revint sur cette demande, et délara se retirer au District de Benfeld en Juin 1792. Dans les premiers mois de 1793 nous le trouvons en réclusion au Collège de Colmar, en exécution de la loi du 26 Août, comme sexagénaire, et le 8 Avril, il fut transféré à Ensisheim. Au cœur de l'hiver, on jugea bon de les déporter à Chaumont (Haute-Marne). Sur les 41 reclus d'Ensisheim, 9 furent jugés incapables de supporter le voyage, les 32 autres, le P. Pacifique était du nombre, durent l'entreprendre malgré leur âge et leurs infirmités. Il ne furent libérés qu'au printemps de 1795, et pendant son séjour à Chaumont il avait été inscrit deux fois sur la liste des émigrés.

Le 18 Floréal an III (Mai 1795), il était de retour à Colmar, quand on lui demanda de prêter le serment exigé par l'arrêté du District du 26 Germinal précédent. Il fit remarquer que cet arrêté ne lui semblait concerner que ceux qui faisaient du ministère, or il était affligé d'une grande surdité, et il ne croyait pas pouvoir en conscience le prêter. Il promit cependant soumission aux lois civiles de la République, et à la loi du 3 Ventose sur l'exercice du culte (2).

En 1796, il fut reclus une seconde fois au Collège de Colmar en vertu du Décret du 3 Brumaire an IV, et il ne fut libéré que le 21 Messidor an V (10 Juillet 1797). Le 5 Vendémiaire an VI (26 Septembre 1797) l'Administration du Département le déclara une troisième fois sujet à la réclusion en exécution de la loi du 19 Fructidor. Mais en compulsant les listes d'émigrés, elle s'aperçut qu'il y avait été inscrit à deux reprises différentes, même pendant son séjour à Chaumont, et sûrement à son insu, comme cela arriva à tant d'autres, et qu'il ne pouvait produire aucun acte de radiation. Dès lors la loi du 19 Fructidor lui fut appliquée sans pitié. On lui donna deux jours pour sortir de la République par Bâle en passant par Bourg-Libre. Il revint en 1802 à Colmar, et y mourut le 5 Octobre 1815 (3).

---

(1) Arch. Dép. Colmar L. 864. — Chan. Beuchot, *Les Prêtres du Haut-Rhin en exil pendant la Révolution*, 49. — Inconnu à Frayhier.

(2) Arch. Dép. Colmar L. 631. 617. — Chan. Beuchot, op. cit., Revue Cath. d'Alsace, 1898, 847, 905 et seq. 1899. 52. 59.

(3) Arch. Nat. AD XII 11. 12. — Arch. Dép. Colmar L. 620. — Arch. Évéché Enquête de l'an XII. — Frayhier, 282. 412.

9 Lorentz Martin, P. Ursicin d'Oberrœdern, âgé de 52 ans en 1790,
quitta Colmar le 23 Novembre 1791, à destination de Stundwiller,
District de Wissembourg, et il disparaît.

10 . . ., P. Jourdain de Battenheim, 52 ans en 1790, quitta Colmar
en Mai 1791. Nous ignorons ses nom et prénoms, dès lors il nous
a été impossible de le retrouver dans la suite. Son passage est
signalé à l' Abbaye de Muri (Suisse) en 1793. Il mourut au couvent des Capucins de Bregentz (Tyrol) en 1800 (1).

11 Moguntz François Antoine, P. Joseph Antoine de Wissembourg, né le 4 Mars 1759 (2), profès en 1777, ordonné prêtre
à Strasbourg, le 5 Mai 1782, fut le mauvais génie du couvent
de Colmar et il faillit entraîner dans la révolte contre le Provincial et dans le schisme les jeunes religieux de cette maison. Le
19 Janvier 1791, le Directoire du Département du Haut-Rhin, à
l'instigation de la Municipalité, avait pris un arrêté interdisant
aux Supérieurs de déplacer les religieux à moins qu'ils ne
l'eussent demandé. Malgré cette ingérence du pouvoir civil,
sollicitée probablement par le P. Josph Antoine, le Provincial
l'envoya au couvent de Soultz. De là il écrivit, le 30 Janvier, à
la Municipalité de Colmar pour se plaindre du Provincial en
raison de ses « lettres térribles et de ses obédiences, » du
P. Gardien qui « traitait de désobéissants ceux qui ne voulaient
pas partir, » et il priait la Municipalité de l'autoriser à revenir à
Colmar (3). Le Provincial, P. Hartmann de Hochfelden, protesta
contre l'arrêté du Département par une lettre du 8 Février 1791 (4).
Il avoue avoir déplacé le P. Joseph Antoine, et avoir voulu
étendre la même mesure aux jeunes religieux de Colmar, puis
il continue: « J'ose, Messieurs, exposer au tribunal de votre
région, que l'Ordre des Capucins, supprimé en France par la
loi constitutionnelle, n'étant point supprimé par le Souverain
Pontife qui seul avait le droit de l'instituer, l'approuver, l'autoriser et le confirmer, ne peut être censé supprimé *in foro interno*,
aux yeux et dans le cœur des Capucins. Tous mes confrères me
doivent obéissance en vertu de leurs vœux solennels, et par conséquent en vertu du même commandement de Dieu, qui oblige,
Messieurs, vos enfants à vous obéir . . Il me suffira, Messieurs,

---

(1) Inconnu à Frayhier ainsi que le précédent. — Arch. Abbaye de Muri.

(2) Baptisé le 5 par le P. Boniface de Steinfelden, Capucin, Curé de Wissembourg :
« Filius Domini Martini Moguntz Salmbacensis, civis modo et vulgo *Staffel-
gericht*, et Mariæ Magdalenæ Heller, hujatis ». — Arch. Dép. Stras. Pensions,
Liasse 392, nᵒ 73.

(3) Arch. Dép. Colmar L. 613.

(4) Arch. Dép. Colmar L. 614. Cette lettre porte la date de Strasbourg, 8 Février
1792. Mais cette date est fautive. A cette date, le P. Joseph Antoine était curé
intrus depuis six mois, et il y avait près d'un an que le P. Provincial avait
quitté Strasbourg, les couvents de cette ville ayant été évacués en Mai 1791.

de vous dire que des demandes, des avis de M. le Président de
Salomon, Maire respectable de votre Ville, de M. . . . , membre
de votre District, des Officiers Municipaux de Neuf-Brisach,
m'imposaient, me sollicitaient, m'engageaient à faire des chan-
gements contre le consentement des intéressés ».

Cette protestation énergique fit rentrer dans l'ordre la communauté de Colmar après le départ du P. Joseph-Antoine. Celui-ci
ne resta pas longtemps au couvent de Soultz.

Il prêta serment au mois de Mai 1791, et, le 17 Juillet, il fut
élu curé de cette paroisse par 163 voix sur 168 votants.

A l'exemple de l'évêque du Haut-Rhin, qui dénonçait les
prêtres fidèles, Moguntz, devenu curé de Soultz, dénonça à Reubell,
Procureur Général Syndic du Département, ceux qui résidaient
dans cette ville: « Je voudrais que vous puissiez trouver le moyen
de les faire partir à la fois,» écrivait-il, le 8 Février 1792. La loi
du 26 Août 1792 le débarrassa des prêtres réfractaires qui durent
prendre la route de l'exil, et il continua son ministère intrus
jusqu'au jour où il fut lui-même arrêté. Il fut du nombre des
16 prêtres constitutionnels, pasteurs et rabbins arrêtés par ordre
du Représentant du peuple, Hentz, après l'affaire d'Hirsingue, et
qui furent emprisonnés à la citadelle de Besançon, puis au château de Ribeauvillé, où on ne leur rendit la liberté qu'au bout
de trois mois (1).

Cependant, Moguntz était «un citoyen paisible, et qui avait
prêché la tolérance,» dit une note envoyée au Représentant du
peuple, Foussedoire. Mais le discrédit dans lequel était tombé
le clergé constitutionnel, et d'autres causes encore le décidèrent,
le 24 Pluviose an III (12 Février 1795), à déclarer au District de
Colmar qu'il se retirait au District de Wissembourg. La vraie
raison, c'est qu'il avait donné à Soultz le scandale de son mariage. Cette union sacrilège, qui eut lieu, écrit-il dans sa supplique
au Cardinal Caprara, «mense Frimarum anni III,» c'est-a-dire,
en Novembre-Décembre 1794, quelques mois après son retour
de Ribeauvillé, scandalisa l'évêque intrus Berdolet. Il en parle
dans une lettre à Grégoire en 1799, et lui annonce que Moguntz
est Commissaire du Directoire du côté de Wissembourg. Après
le Concordat, Moguntz demanda et obtint du Cardinal Caprara
validation de son mariage le 13 Août 1803 (2).

---

(1) Arch. Dép. Colmar L. 615. 616.

(2) Arch. Dép. Colmar L. 925. — Arch. Dép. Stras. Pensions. Liasse 392. —
Arch. Nat. Papiers Caprara. AF IV 1907. — Ingold, *Grégoire et l'église constitutionnelle d'Alsace*, 1891, 100. — *L'église et la paroisse de Soultz*, Revue
d'Alsace 1905, 352. — Frayhier, 110. 200. 341.

12 Johner Laurent Bernard, P. Jonas de Sélestat, né le 20 Mai 1762,
était lecteur de théologie au couvent de Colmar. Le 16 Avril
1792, il déclara au District de Colmar se retirer au District de
Saint-Dié. S'il y alla, ce ne fut pas pour longtemps, et il ne
tarda pas à se déporter, car nous le trouvons rentrant en France,
le 5 Fructidor an X (23 Août 1802), et prenant à la Mairie de
Strasbourg un passeport pour Sélestat. Au concordat il fut
nommé curé de Mussig, puis en 1810 de Dambach où il mourut
le 16 Septembre 1812 (1).

13 Thomas Thibaut Jean Charles, P. Silvestre de Massevaux, né le
13 Avril 1760, prêta serment, et il fut élu le 14 Septembre 1791,
dans l'église des Dominicains de Colmar, par 103 voix sur 104
votants, curé de Rimbach-Zell, et il fut installé le 8 Octobre
suivant.

En Juin il annonça au District de Colmar qu'il venait d'être
élu curé de Bourbach-le-Bas; il y était encore quand il fut aussi
englobé dans l'édit de proscription du Représentant Hentz, et
emprisonné à Besançon et Ribeauvillé, où il ne fut libéré que le
29 Vendémiaire an III (20 Octobre 1794). L'année suivante, on
le rencontre à Sewen où il déclare le 26 Prairial an III (14 Juin
1795) vouloir exercer le culte catholique. Il desservait en même
temps Kirchberg, où on le voit dans les années précédant le
Concordat (2).

Le Préfet du Haut-Rhin, dans son rapport au Ministre des
Cultes du 1er Brumaire an X (23 Octobre 1801), dit que Thibaut
Thomas réside à Kirchberg où il a été nommé par l'évêque
constitutionnel, qu'il a prêté tous les serments, et qu'il mérite
une note favorable pour son civisme. Il voulait donc le maintenir
à Kirchberg lors de l'organisation définitive, et il envoya à
l'évêque une pétition des habitants demandant Thomas comme
curé. L'Évêque renvoya la pétition avec cette note: « Le
Cⁿ. Thibaut Thomas a été mis par le Cⁿ. Préfet au Nº 3, c'est-à-dire
déclaré exclus de toute place, c'est la seule raison qui m'a
empêché de satisfaire les réclamants.» Il fut nommé à Staffelfelden, d'où il fut envoyé plus tard à Kirchberg. C'est dans
cette dernière paroisse qu'il rétracta, et seulement en 1815, son
serment schismatique. Il y mourut le 17 Juillet 1832 (3).

---

(1) Arch. Dép. Colmar L. 631. 864. — Arch. Mun. Stras. Emigr. II. 70. —
Frayhier, 310. 405.

(2) Arch. Dép. Colmar L. 614. 617. 864. 865. 925.

(3) Arch. Nat. F 19 866. — Arch. Dép. Colmar V. 19. — Arch. Évêché Enquête
de l'an XII. — Mgr Schickelé, *Le Doyenné de Massevaux*, Rev. cath. d'Alsace,
1900, 620. — Frayhier, 206. 207. 340. 348. 431. 434.

14 Gross Sébastien, P. Benjamin de Gundolsheim, né le 12 Janvier
1765, Capucin depuis le 21 Avril 1784, rentra dans sa paroisse
natale en Mai 1791 (1).

La cure était occupée par un intrus qui ne réunissait autour
de lui que de rares fidèles. Celui-ci dénonça le Capucin comme
la cause première des troubles qui avaient éclaté à Gundolsheim,
et le P. Benjamin dut commencer, en 1792, la vie errante qu'il
mena en Alsace jusqu'à la fin de la Révolution, car il n'émigra
jamais. En 1795, quand l'exercice du culte devint plus ou moins
libre, il revint à Gundolsheim, et les registres paroissiaux renferment de nombreux actes de baptêmes et de mariages célébrés
par lui. Au 18 Fructidor il dut reprendre la vie de missionnaire,
et, le 7 Mars 1799, il fut arrêté chez son Père malade, qu'il venait
visiter. Il avoua dans son interrogatoire, qu'il n'avait jamais
émigré, et qu'il avait exercé les fonctions sacerdotales. Il fut
donc condamné à la déportation à l'Ile de Ré où il arriva le
29 Octobre 1799. Il fut libéré au bout de cinq mois, et, le
3 Octobre 1800, il renouvelait devant le Préfet de Colmar sa
promesse de fidélité à la Constitution de l'an VIII. Au Concordat
il fut nommé vicaire à Eguisheim, et en 1818 curé de Walbach
où il mourut le 15 Août 1838.

15 Amilhaut Jean Jacques, P. Marcellien de Vieux-Brisach, né le
15 Décembre 1761, prit à Colmar, le 3 Juillet 1792, un passeport pour
Lucelle. Était-ce pour mener la vie commune dans cette abbaye
où Cisterciens et Capucins vécurent ensemble pendant quelques
mois ? C'est possible. Mais ce ne fut que pour peu de temps, et
il se déporta en Suisse ou ailleurs. Nous serions portés à croire
qu'il se réfugia à Vieux-Brisach (Bade) d'où il était originaire.
En 1799 on le trouve à Attenschwiller où il fut nommé curé au
Concordat. En 1810 il fut nommé à Guéwenheim, en 1816 à
Michelbach - le - Haut, enfin en 1823 à Largitzen où il mourut le
15 Janvier 1829.

L'Ordo de 1817 le met parmi les prêtres qui devaient
rétracter le serment de la Constitution Civile du Clergé. Mais
l'Ordo de 1818 annonce que son nom a été mis par inadvertance
sur la liste. Il n'avait pas en effet à rétracter un serment qu'il
n'avait pas prêté (2).

16 Hirn Philippe, P. Apollinaire de Sigolsheim, né le 4 Décembre
1762, profès le 13 Septembre 1785, ordonné prêtre le 20 Septembre
1788, prêta serment, et fut élu à Colmar, le 19 Juillet 1791, curé
de Dessenheim par 134 voix sur 135 votants. De là il passa à

---

(1) Nous ne faisons que résumer dans cette notice un article publié par nous
dans la Revue catholique d'Alsace, 1920, 344 et seq. sur le P. Benjamin de
Gundolsheim, Capucin, déporté à l'Ile de Ré.

(2) Arch. Dép. Colmar 2. H. 3. — L. 864. — Arch. Évêché Enquête de l'an XII.
— Frayhier, 299. 346. 423.

Bennwihr où il abdiqua la prêtrise le 1 Thermidor an II (19 Juillet 1794). Après l'emprisonnement des prêtres à Besançon et à Ribeauvillé, dont il fit partie, il revint à Bennwihr. Le 3 Mai 1798, il fut élu curé de Bettendorf par les fidèles de cette paroisse «d'après les décrets du concile national de 1797, sous la présidance du C Grœll, curé d'Hirsingen.» Il passa trois ans à Bettendorf, et y mourut le 23 Septembre 1801, «soutenu par les prières et les exhortations de Joseph Steiner, curé de Grentzingen,» dit le registre des décès, qui porte les signatures de 6 curés intrus qui assistèrent à la cérémonie (1).

17 Kiener Pierre, P. Innocent de Houssen, né le 27 Juillet 1762, ne prêta point serment et vint à Houssen. Le 21 Juin 1791, «le S. Zickel, Brigadier de la Gendarmerie de Colmar, fut requis de se transporter à Houssen, et de se saisir de la personne du S. Wendling, curé de Houssen, et du P. Innocent, Capucin, se trouvant audit Houssen, et de les conduire dans une hôtelerie où autre maison convenable de cette ville, pour y rester sous bonne et sûre garde jusqu'à ce qu'il en fut autrement ordonné. Ils étaient accusés d'avoir dans une brasserie participé à l'embauchage de plusieurs Grenadiers du Régiment de Royal Liégeois, pour les faire passer à l'armée de Condé. La maréchaussée se transporta à Houssen la nuit suivante, mais les deux accusés avaient pris la fuite, on disait qu'ils étaient partis pour le Sundgau. Ils étaient même allés plus loin, ils avaient passé le Rhin, croyant leur vie en danger (2).

Mais un décret d'amnistie fut publié dans les premiers jours de Septembre 1791, les fugitifs rentrèrent, et le P. Innocent adressa requête à l'Administration pour être payé de sa pension pour 1791. Il y fut fait droit le 19 Novembre. Il resta à Houssen au moins jusqu'à la loi du 26 Août 1792. Nous ignorons s'il se déporta alors, mais nous savons qu'il était de retour à Houssen en 1795. Il exerça d'abord le culte en cachette, puis bientôt ouvertement et publiquement à la demande de ses compatriotes. L'Administration l'apprit, et une expédition en règle fut organisée pour s'emparer du prêtre réfractaire. Un Commandant de bataillon, un Lieutenant de Gendarmerie avec leurs hommes, commandés par le Commissaire du Gouvernement, Schaub, partirent dans la nuit du 8 Nivôse an IV (29 Décembre 1795), et marchèrent sur Houssen. Mais les sentinelles postées aux abords du village signalèrent la présence de l'ennemi par des coups de

---

(1) Arch. Dép. Colmar L. 614. 615. 616. 861. 865. 866. — Mgr Schickelé, *État de l'Alsace avant la Révolution*, 53. — *Notes sur la partie Alsacienne du diocèse de Bâle*, Rev. cath. d'Alsace, 1897, 428. *Le doyenné du Sundgau, paroisse de Bettendorf*, ibid, 1898, 199. — Frayhier, 196 213. 341. — Fues Fr. Joseph, *Die Pfarrgemeinden des Cantons Hirsingen*, Rixheim, 1879, 429.

(2) Arch. Dép. Colmar L. 613. 614. 625.

fusil. La troupe se voyant découverte, démasqua la pièce de canon qu'elle traînait à sa suite, et c'est au pas de charge qu'elle entra dans le village, et alla se ranger en bataille près de l'église.

La maison du curé où logeait le P. Innocent fut cernée, il dut en sortir par une échelle, et il alla se cacher dans un poulailler, où il fut saisi et emmené par la troupe ainsi que l'homme qui l'avait logé. Le Commissaire rentra en triomphe à Ribeauvillé avec sa troupe, et il se hâta de rendre compte au Département du succès de son expédition (1).

Mais on se trouvait alors à une époque de détente, les prêtres déportés rentraient en grand nombre, aussi le P. Innocent fut mis en liberté et il reprit son ministère. Après la loi du 19 Fructidor, il dut s'expatrier. Son exil dura trois ans. Le 4 Vendémiaire an IX (26 Septembre 1800), Innocent Kiener fait devant le Préfet du Haut-Rhin la déclaration «qu'il est intentionné d'exercer les fonctions religieuses du culte catholique», et il promet fidélité à la Constitution de l'an VIII. L'année suivante, 1er Brumaire an X (23 Octobre 1801), le Préfet dans son rapport au Ministre le signale comme «un homme paisible et tranquille», mais il fait erreur en le donnant comme prêtre constitutionnel. Au Concordat le P. Innocent fut nommé curé de Zimmerbach, il se retira du ministère le 14 Août 1825 et il mourut le 21 Janvier 1829 (2).

18 Kleinpeter Simon, P. Florien de Gambsheim, né le 28 Octobre 1762, rentra dans son pays en 1791, puis il disparaît. A la réorganisation du culte il fut nommé vicaire à Saint Georges de Haguenau, puis en 1811 curé de Walbourg où il mourut le 6 Novembre 1818 (3).

19 Krafft Jean, P. François-Barthélemy de Rœdersheim, né le 15 Novembre 1765, Capucin depuis 1786, ordonné prêtre en 1789, revint à Rœdersheim en 1791, et émigra. On trouve trois Jean Krafft sur la liste des émigrés, comme ayant eu leur dernier domicile à Rœdersheim, Weinbach et Obermorschwihr; l'un d'eux est certainement le Capucin de Colmar, un autre doit être le P. Barthélemy de Rœdersheim, du couvent de Weinbach, que nous retrouverons plus tard, le troisième est inconnu, à moins que ce ne soit l'un des Capucins inscrit une seconde fois. Les 28 Fructidor an VIII (15 Septembre 1800), un nommé Jean Georges Krafft de Rœderheim, fait à Colmar la promesse de fidélité à la constitution de l'an VIII. Il se retira à Rœdersheim dont il devint curé. Il se démit de ses fonctions en 1827, et mourut le 12 Février 1831 (4).

---

(1) Chan. Beuchot, *Le clergé de la Haute-Alsace en exil pendant la Révolution*, Rev. cath. d'Alsace, 1896, 202. 213.

(2) Arch. Nat. F 19 866. — Arch. Évêché Enquête de l'an XII. — Arch. Dép. Colmar V. 41. — Frayhier, 312. 419.

(3) Arch. Dép. Colmar L. 864. — Arch. Évêché. Il est donné à tort comme Récollet. — Frayhier, 171. 312, en fait aussi un Récollet.

(4) Frayhier, 286. 418.

20 Emmering . . . . , P. Marian de Mensdorf, 26 ans en 1790, quitta Colmar en 1791 pour rentrer à Mensdorf (1).

Frères Convers.

1 Anselme Jean Claude, F. Modeste de Benfeld, né le 27 Janvier 1721, profès le 24 Septembre 1752, se retira chez son frère à Benfeld, puis il entra en 1798 à l'hôpital de Colmar où il mourut en 1800.

2 . . . . . . , F. Thibaut de Meistratzheim, 50 ans en 1790. Nous ignorons son nom de famille, par là même nous manquons de renseignements à son sujet.

3 Rieth . . . . , F. Morand d'Ungersheim, 42 ans en 1790, se retire en 1791 au District de Benfeld, et disparaît.

4 Haberthur . . . . , F. Jean-Baptiste de Soultz, né le 11 Mars 1756, revient à Soultz et disparaît.

5 Walter Joseph, F. Joseph de Ballersdorf, né le 27 Août 1754, émigra. On le trouve sur le 1er supplément de la liste des émigrés, comme domicilié à Ballersdorf, et son émigration fut constatée par le Département le 27 Août 1793. Il rentra en 1803 et revint à Ballersdorf (2).

6 Furd Joseph, F. Vital d'Ottmarsheim, né le 2 Octobre 1762, vint au couvent de Soultz en 1791. Le 3 Juin il écrivit à la Municipalité pour déclarer «qu'il avait reconnu l'évêque du Haut-Rhin, persuadé que tous les religieux étaient de cet avis. Convaincu du contraire, et les opinions étant libres, il déclare ne plus vouloir le reconnaître, et aller au couvent de Blotzheim pour y vivre selon sa règle». Le Département l'y autorise et prévient la Municipalité de Soultz de veiller à ce que le départ du suppliant ne soit pas «impulsé». L'année suivante il est de retour à Ottmarsheim, puis il disparaît (3).

Antoine Sussenthaler, 30 ans, du Val-de-Villé,

Joseph Christen, 26 ans, de Michelbach Frères donnés, ou «Servitiaux», n'ayant probablement pas encore leur acte d'affiliation, disparaissent.

---

13. Couvent d'Ensisheim.

1 Fabri François-Xavier, P. Raynald de Sélestat, Gardien, né le 5 Février 1739, profès en 1757, se rendit à la maison de vie commune de Neuf-Brisach, désignée pour les Capucins d'Ensis-

---

(1) Inconnu à Frayhier. — Nous connaissons un Mensdorf dans le Grand-Duché du Luxembourg qui sera probablement le lieu d'origine du P. Marian.
(2) Arch. Nat. AD XII 11. — Arch. Dép. Colmar L. 864. V. 37. — Frayhier, 296.
(3) Arch. Dép. Colmar L. 613. 741.

heim, puis il émigra. En 1795, on le trouve avec le P. Provincial dans le Petersthal puis il se réfugia chez les Capucins du Tyrol. Le Nécrologe de cette Province lui consacre la notice suivante :

«P. Raynaldus Franciscus Fabri, natione Gallus, in Thann Alsatiæ 5. Februarii 1739 ingressus terram, Ordinem nostrum intravit 21. Novembris 175; in Provincia Alsatica, in qua novitiorum Magister, Lector, Guardianus ac Definitor fuit, ex quo doctrina ejus, virtus, et prudentia patent. Ex infausta Deo, Religioni, Sacerdotibus et Religiosis præsertim Gallia cum innumeris fugit, et in Badensi ditione aliquamdiu meliora expectans, iterumque hoste veniente recedere compulsus, Brigantium venit, ubi per 30 annos verum se exhibuit in omni virtute eximium, vultu et prudentia venerabilem, omnibus benevolum, omnibus contentum. Vox querula aut aliis distrahens aut gloriabunda ex ore ejus egressa non est. Paucissimus verborum, iucundus tamen erat dum tempus loquendi esset; et qui nulli rei se ingerebat, dum pro consilio rogaretur, sapientiæ et intellectus spiritu se imbutum, ac multa experientia edoctum ostendebat. Monasterio nunquam egressus est nisi ad excipiendas Monialium in Thalbach confessiones. Ad summum usque senium hoc illis præstitit officium summo earum fructu. Tandem Senior Provinciæ, annorum 87, quorum saltem 70 servitio divino diligentissime impendit, a Patre cœlesti ad recipiendam tot laborum et bonorum operum mercedem evocatus fuit Brigantii (Bregenz) 7. Julii 1826. Vir humilis enixe rogaverat ut epistolæ funebri nil insereretur, nisi ut Fratres pro egentissimo misericordiæ divinæ homine Deum deprecarentur».

(Il exerça successivement les charges de maître des novices, de lecteur, de gardien et de définiteur. Au commencement de la Révolution, il se réfugia dans le grand duché de Bade, puis au couvent des Capucins de Bregenz (Vorarlberg), où il demeura trente années. Son aspect était vénérable, sa prudence consommée, son affabilité parfaite envers tous. Il se montrait toujours content, n'avait de reproches ni de blàmes pour personne, ne se louait jamais. Très silencieux en toute autre occasion, il parlait volontiers en récréation, et parfois sa gaîté y était des plus spirituelles. Il évitait de se mêler des emplois ou des occupations des autres; mais quand ses conseils étaient requis, il les accordait de telle façon qu'on le reconnaissait manifestement favorisé du don de sagesse et d'intelligence, et éclairé par une singulière expérience des choses. Il ne sortait jamais du couvent, sinon pour aller entendre les confessions des religieuses de Saint-Dominique du monastère de Thalbach, ce qu'il fit, à leur grand avantage, jusqu'à ses dernières années. Il mourut âgé de 87 ans, dont soixante-dix de religion) (1).

(1) Mortuarium Provinciæ Capucinorum Tyrol. Septent. IV. 43, qui le dit par erreur né à Thann. — Frayhier le nomme, page 318, sous le nom de « Regnault ».

2 Schacherer Louis, P. Jean d'Altkirch, Vicaire, né le 8 Novembre 1742, quitta le couvent en 1791. Le 14 Septembre, un nommé Schacherer fut élu, par 120 voix sur 122, curé d'Ungersheim. Si c'est le P. Jean, et c'est possible, bien qu'il n'ait pas prêté serment, car dans ces réunions les électeurs portaient leurs suffrages sur le premier venu dont le nom était prononcé, il refusa certainement. Car pour son dernier trimestre de cette année il ne toucha que 175 frs, le quart de sa pension annuelle de religieux, sans le traitement de curé. En Janvier il déclara au District de Colmar se retirer à Blotzheim, puis il de déporta; on signale son passage à l'Abbaye de Muri en 1793. Le 20 Thermidor an X (8 Août 1802), il prit à la Mairie de Strasbourg un passeport comme émigré rentré, il se retira à Altkirch, où il remplit les fonctions de vicaire, et y mourut le 19 Septembre 1806 (1).

3 Bœhrer François Joseph, P. Valère de Sélestat, né le 30 Mars 1722, profès le 6 Juillet 1742, et qui avait fait deux années de théologie, avec le P. Chérubin de Strasbourg, au collège international des Capucins de Bologne (1749-1751), ne quitta Ensisheim qu'en 1 92, et il se retira à l'Abbaye d'Einsiedeln. Afin de s'y rendre utile, il transcrivit pour la Bibliothèque de l'Abbaye deux chroniques de la ville de Zoug, du XVᵉ siècle, de 115 et 95 pages. Ces deux manuscrits sont notés au *«Catalogus Codicum manuscriptorum qui in Bibliotheca Monasterii Einsiedeln O. S. B. asservantur, par le P. Gabriel Meyer.* Einsidlæ 1899. p. 430.

Le Bibliothécaire de l'Abbaye a joint à la copie du P. Valère la note suivante: «Hæc omnia conscripsit summa diligentia Rev. P. Valerius Bœhrer, natus 30 Martii 1722 Selestadii in Alatia, Ord. FF. Min. S. Francisci Capucinorum Provinciæ Alsatiæ, Ensishemii professus, anno 1796, dum hic in Eremo pro religione degeret». Il mourut en déportation (2).

4 Spannagel Thomas Jean, P. Zacharie de Niedermorschwihr, né le 19 Décembre 1726, profès le 8 Août 1747, se retira dans sa paroisse natale, mais quoi qu'en dise Frayhier, 206, nous ne croyons pas que le P. Zacharie ait prêté serment. En 1792, le Maire d'Ensisheim signale sa présence dans cette ville avec le P. Valère: «Gens très paisibles, dit-il, desquels je n'ai aucune connaissance d'un acte contraire à la loi». Il est vrai que l'arrêté du Département du 2 Novembre 1791 ordonnait l'internement à Colmar des prêtres réfractaires; mais les prêtres infirmes pouvaient en être dispensés moyennant un certificat du curé intrus de leur résidence, surtout lorsque personne ne demandait leur déportation. Nous n'avons pas retrouvé

---

(1) Arch. Dép. Colmar L. 614. 864. 925. — Arch. Mun. Stras. Émigr. II. 70. — Arch. Évêché Enquête de l'an XII. — Frayhier, 320, 419. 422. — Arch. Abbaye Muri (Suisse).

(2) Inconnu à Frayhier.

cette autorisation du curé, mais nous constatons l'absence
du P. Spannagel sur la liste des reclus à Colmar donnée
par le Chanoine Beuchot. Nous y voyons figurer un
Spannagel, mais il a pour prénom: Sébastien, est né à
Katzenthal en 1720, il a pour nom de religion : Dagobert, et était
Récollet de Kaysersberg. Cependant sur un état des prêtres et
religieux d'Eguisheim à la date du 14 Thermidor an II (1er Août
1794) on lit: «Thomas Spannagel, ci-devant Gardien au couvent
des Capucins d'Ensisheim, accablé d'infirmités, actuellement
détenu au collège de Colmar, pensionné à 800 livres ; ledit
C. Spannagel s'est pendant tout l'espace qu'il habite en cette
commune comporté en homme paisible, et n'a fréquenté d'autre
compagnie que celle du curé. Il s'est toujours montré digne d'un
républicain français par son ardent dévouement à la Révolution
et à la chose publique; ses paroles et ses actes en sont la preuve».
Il nous semble difficile de concilier la réclusion à Colmar avec
ce républicanisme dont on veut affubler le religieux dans ce
certificat de complaisance. Si la réclusion était certaine, il n'y
avait qu'un mot à dire par la Municipalité d'Eguisheim: c'est
que le P. Spannagel avait prêté serment. Ce mot elle ne le dit
pas. Aussi jusqu'à ce que l'on ait apporté d'autres preuves,
nous ne pouvons pas ranger ce Capucin parmi les assermentés.
Le 2 Vendémiaire an VI (23 Septembre 1797), il prit au canton
d'Ammerschwihr un passeport pour la Suisse, en exécution de
la loi du 19 Fructidor précédent. Il avait alors 71 ans ; il ne
revint pas de la déportation (1).

5 Rominger Jean Melchior, P. Florent d'Orschwihr, né le 3 Février
1723, profès le 15 Mars 1748, rentra dans sa famille en 1791.
L'année suivante il fut mis en réclusion à Colmar, puis envoyé
à Ensisheim. Quand ces malheureux furent transférés à Chaumont, il fut du nombre des neuf qui furent dispensés de ce
voyage ; il était «rempli d'infirmités, et affligé de fréquentes
diarrhées». Après la mort de Robespierre on les ramena à Colmar,
et ce n'est qu'au printemps de 1795, à force de requêtes et de
démarches auprès des représentants du peuple, qu'ils obtinrent
de rentrer «provisoirement dans leurs familles». Jean Rominger
et d'autres citoyens d'Orschwihr, parents du P. Florent, obtinrent
de prendre chez eux « cet être septuagénaire, du ci-devant ordre
des Capucins, enfermé à Colmar où il manque de soins ».

La loi du 19 Fructidor, qui déportait les prêtres, condamnait
une fois de plus à la réclusion les sexagénaires. Mais le 4 Vendémiaire an VI (25 Septembre 1797), les médecins ayant constaté
que le P. Florent ne pouvait pas être transporté, le Département,
considérant que « sa présence à Orschwihr ne sera pas nuisible
à la chose publique, et ne pourra subvertir l'ordre et la tranquillité publique », l'autorise à rester chez lui en surveillance. Il

____

(1) Arch. Dép. Colmar L. 925, 960.

avait alors 74 ans, il avait goûté les horreurs des prisons révolutionnaires, nous avons tout lieu de croire que la mort lui épargna une nouvelle détention (1).

6 Vetter Jean, P. Salomon de Pfaffenheim, né le 9 Janvier 1730, profès le 12 Septembre 1753, avait refusé d'abord de reconnaître l'évêque du Haut-Rhin, mais bientôt il changea d'avis et prêta serment. Il fut élu, le 14 Septembre 1791, dans l'église des Dominicains de Colmar, curé de Munckhausen à l'unanimité des 94 votants. Il refusa ce poste, et le 30 Novmbre il fut élu curé de Mont-Libre, ci-devant Kaysersberg. Les tribulations commencèrent immédiatement pour le pauvre curé. Il y avait de nombreux prêtres et religieux réfugiés à Kaysersberg, le Maire les favorisait secrètement. Vetter dénonça au Département puis au Représentant du peuple «ce despote qui faisait déserter sa paroisse». Il en appelait aux patriotes de Mont-Libre, au Juge de paix qui toujours l'avait soutenu. Il se défendait d'être un fanatique. «Si je l'étais, disait-il, je serais en Allemagne comme bien d'autres de cette espèce». Le Maire le fit emprisonner à Soultz sous prétexte de fanatisme. Il y resta jusqu'à la mort de Robespierre, et le Département le mit alors en liberté avec ordre de se retirer à Pfaffenheim.

Le 15 Vendémiaire an V (6 Octobre 1796), il prit l'administration de la paroisse de Fessenheim, il y prêta le serment de haine le 11 Vendémiaire an VI (2 Octobre 1797), et il y mourut le 12 Thermidor an VI (30 Juillet 1798) (2).

7 Dreyer Mathias Jean Michel, P. Symphorien de Sélestat, né le 21 Février 1730, profès le 25 Septembre 1753, fut emprisonné à Colmar à la demande de la Municipalité d'Ensisheim «certiorée que le nommé Mathias Dreyer, dit Symphorien, aumônier du Dépôt, encore en fonctions, par une affectation téméraire, a, dès les premiers instants de l'heureuse Révolution, distribué des libelles tant au Dépôt que dans la ville, qu'il colporte de prétendus Mandements de l'Évêque de Bâle, et des lettres du Pape, dont il a fait lecture dans les familles».

La détention ne fut pas de longue durée. Le 18 Juin on le trouve au couvent de Colmar, et le 11 Juillet il déclare se retirer à Sélestat où on le rencontre encore à la fin de 1791, puis il disparaît (3).

8 ....., P. Paulin de Molsheim, né le 31 Octobre 1731. Nous croyons qu'il mourut au milieu de ses frères au couvent probablement en 1790. En Janvier 1791, le P. Gardien annonça que le

---

(1) Arch. Dép. Colmar L. 122. 620. 924. 1072. — Chan. Beuchot, *Les prêtres sexagénaires du Haut-Rhin*. — Frayhier, 292.

(2) Arch. Dép. Colmar L. 614. 615. 617. 626. 864. 925. — Frayhier, 207. — Liste des membres de l'Archiconfrérie du Rosaire à Fessenheim (Haut-Rhin), page 65.

(3) Arch. Dép. Colmar L. 613. 925. — Arch. Dép. Stras. Distr. Benf. Reg. 3 et 19 — Frayhier 304.

nombre de ses religieux était descendu à 17 par le départ de l'un, et le décès des autres. Nous pensons le P. Paulin était du nombre de ces derniers.

9 Duerr Jean-Baptiste, P. Ferdinand de Soultz, né le 8 Février 1738, après avoir déclaré en 1791 vouloir se retirer à Soultz, disparaît pendant toute la Révolution. Il est inscrit sur la liste des émigrés à la date du 19 Vendémiaire an II (10 Octobre 1793). Le 4 Thermidor an X (23 Juillet 1802), il fait à Colmar sa soumission au Concordat. Le rapport du Préfet du 1er Brumaire an X (23 Octobre 1801) le dit : «Tranquille et de moyens ordinaires». Il se retira à Soultz où on le trouve jusqu'à sa mort, le 21 Janvier 1811, dit un registre de l'Évêché (1).

10 Dietmann Sébastien, P. Didier d'Enschingen, né le 15 Août 1740, déclara se retirer à Brunighofen, ensuite nous perdons sa trace pendant la Révolution. Le 14 Vendémiaire an IX (6 Octobre 1800), il déclare à Altkirch vouloir exercer le culte. Il desservit pendant quelque temps Bourbach-le-Haut, la maladie le contraignit à abandonner cette desserte, il se retira alors à Bernwiller où il mourut le 12 Décembre 1811. «Ex omni ratione venerabilis senex,» disent les Archives de l'Évêché (2).

11 Boll François Joseph, P. Jean Damascène de Rouffach, né le 29 Janvier 1744, profès le 20 Octobre 1763, déclara tout d'abord qu'il voulait continuer à vivre avec ses frères, mais peu à peu il changea d'avis, et il se laissa gagner par des sollicitations venues du dehors. Il sortit du couvent, et envoya à l'Assemblée Nationale la pétition suivante :

Monsieur le Président,

A la faveur des décrets de l'Assemblée Nationale j'ai quitté le couvent des Capucins où j'ai vécu pendant 29 ans ; plein de confiance aux décrets, je comptais pouvoir jouir paisiblement de ma liberté, et d'être délivré d'une suite de vexations essuyées à cette occasion. Mais, par des manœuvres secrètes et des menées odieuses, on cherche à jeter un mépris sur moi, et à m'empêcher de faire les fonctions de mon état. La lettre incluse, adressée au curé de cette ville, en est une preuve convaincante. Je m'adresse

----

(1) Arch. Nat. F 19 866. AD XI 11. — Arch. Évêché Enquête de l'an XII. — Gasser, *L'église et la paroisse de Soultz*, Rev. d'Alsace, 1905. — Frayhier, 279. 304. 418. — Arch. Dép. Colmar V. 41.

(2) Arch. Dép. Colmar. L. 864. — Sous-Préf. Altkirch-Mulhouse. Fonds non classé. — Arch. Évêché Enquête de l'an XII. — Frayhier, 278. 304. 431.

à vous pour vous supplier de m'indiquer les moyens que j'ai à embrasser pour faire les fonctions attachées à mon caractère.

Je suis avec un profond respect,

Monsieur le Président,

Votre fidèle serviteur

François Joseph Boll,

cidevant P. Jean Damascène, Cap. (1).

Ensisheim, le 2 Février 1791.

La lettre qu'il joignait à sa pétition, était datée de Porrentruy le 23 Janvier, et adressée à Monsieur Fies, Recteur et Curé à Ensisheim, par M. Didner, Official du Diocèse de Bâle. Dans cette lettre le Juge épiscopal approuvait la mesure que le curé avait prise en conseillant au P. Damascène de s'abstenir d'entendre les confessions des fidèles. «L'Assemblée Nationale, disait-il, ne paraissant pas par ses décrets avoir voulu donner autre liberté aux religieux de quitter leurs cloîtres et états, qu'une liberté civile, sans dispenser par là les individus qui profiteraient de cette liberté, de toutes autres démarches qu'ils auraient à faire près de leurs supérieurs respectifs, afin de se faire aussi relever de leurs vœux». Le Président de l'Assemblée ne répondit probablement pas à cette adresse, ou, s'il le fit, ce ne fut que pour conseiller au pétitionnaire de prêter serment, et de quitter le couvent. Il ne tarda pas à le faire. Au mois d'Avril il arrivait à Strasbourg porteur de la recommandation suivante :

Monsieur le Maire,

En exécution de l'écrit inclus, je commence par vous envoyer un excapucin. Je le crois capable pour le service au quel il est destiné ; il serait important qu'il ne revienne pas, crainte de faire passer l'envie à d'autres. Les Ecclésiastiques donnent bien des maux aux personnes qui désireraient voir la Constitution accomplie, cette vermine capucinale surtout de nos côtés est très dangereuse, le peuple leur en croit trop encore, et nos corps administratifs ne mettent point l'ardeur et l'activité qu'il faudrait pour réprimer leurs procédés. Tant que ces fanatiques ne seront pas réduits, nos peuples seront toujours exposés au désordre et à être égarés. Il sera nécessaire, si vous voulez que je vous envoie encore d'autres, de me renvoyer l'écrit de M. Johannot ou de m'écrire.

Je suis avec une considération distinguée, Monsieur,

Votre très humble et très obéissant serviteur

Ensisheim, le 1er Avril 1791.   Dernois.

____

(1) Arch. Nat. D. XIX. 77. No 570.

Je prie M. le Maire de Strasbourg de recevoir, accueillir et placer le mieux possible, les prêtres qui lui seront adressés par M. Dernois, d'Ensisheim, membre du Conseil Général du Département du Haut-Rhin.

J. Johannot (1).

Vers la même époque nous le trouvons vicaire à Saint-Louis de Strasbourg, et en même temps aumônier de l'hôpital civil, il administra aussi, à une époque que nous ne pouvons préciser, Lutterbach et Pfastatt. Plus tard, nous le voyons aumônier des Enfants de la Patrie à Strasbourg, et lors de l'abolition du culte, il abdiqua l'état de prêtre devant le Directoire du District le 4 Frimaire an II (24 Novembre 1793). Il revint, mais cette fois en qualité d'infirmier major, à l'hôpital des Sans-Culottes. Il sollicita même un poste de geôlier dans l'une des prisons de la ville, ou de surveillant à la Maison de ci-devant Darmstatt, qui servait de lieu de détention. Enfin il mit le comble à ses scandales en se mariant à Strasbourg, le 24 Ventose an II (14 Mars 1794) (2).

12 Ziegeldrum Jacques, P. Fulgence de Blotzheim (alias de Val Saint-Amarin), né le 18 Février 1759, se retira à la maison de vie commune de Neuf-Brisach, puis à l'Abbaye de Lucelle. Mais la situation étant devenue intolérable dans cette maison, il alla chercher à l'étranger la vie régulière qu'il ne pouvait plus mener en France, et il trouva un asile dans la Province des Capucins du Tyrol. Il y était encore en 1802, et c'est du couvent de Bregenz qu'il envoya au Cardinal Caprara la supplique suivante :

«Monseigneur,

«Comme notre sort n'est pas encore connu, je ne peux pas me déterminer à rentrer en France, car je ne sais pas si le Saint-Père a dispensé les religieux, ou non. C'est pourquoi je

---

(1) Arch. Mun. Stras. Cult. Cath. IV. 44. — Dernois, né à Ensisheim, successivement Maire d'Ensisheim, juge de paix, membre du Directoire du Département, était un personnage important parmi les révolutionnaires du Haut-Rhin. Chargé de réprimer le soulèvement de Gundolsheim en 1793, il ne put empêcher les malheurs qui signalèrent cette journée. De là un revirement de l'opinion contre lui, qui le força de se réfugier en Suisse. Il fut inscrit sur la liste des émigrés, ses biens furent mis sous séquestre. Il rentra sous le bénéfice de la loi du 22 Nivose an III, il purgea sa contumace, fut acquitté, et rayé de la liste. Dans la suite, il entra dans l'administration militaire et mourut à Dantzig, pendu comme espion, selon les uns, suivant les autres, à la suite de mauvaises spéculations, et sur le point d'être arrêté, il se coupa la gorge (Véron-Réville, 277).

(2) Arch. Dép. Colmar L. 684. 925. — Arch. Dép. Stras. Dir. Dép. Reg. 17. 46. — Arch. Mun. Stras. Cult. Cath. IV. 47. — État civil de Strasbourg M. 144. — Arch. Mun. Stras. Corps municipal Vol II (1791), 405. 429. 483. — Frayhier, 89. 111. 187.

demande très humblement votre sentiment pour la tranquillité de ma conscience. En attendant,

j'ai l'honneur d'être avec le plus profond respect, Monseigneur, votre très humble et très obéissant serviteur

Fr. Fulgence, Capucin, ci-devant aumônier du dépôt général de mendicité établi en Alsace » (1).

Bregenz, ce 14 Mai 1802.

Le Cardinal lui répondit en lui envoyant, le 30 Mai, un Indult de sécularisation à fulminer par l'Évêque de Strasbourg, quand le Père se déciderait à rentrer en France.

L'année suivante il était de retour. Nous le voyons faisant liquider sa pension à Colmar, et recevant de l'Évêque des pouvoirs pour Blotzheim le 5 Prairial an XI (23 Mai 1803), le curé était M. Juif, ancien Cistercien de Lucelle. En 1812, il fut nommé curé d'Oberlarg, en 1821 de Magstatt-le-Haut, où il resta jusqu'en 1830, signant toujours les actes paroissiaux de son nom de religion : Fulgentius Ziegeldrum. Il mourut le 17 Décembre 1831, sans que nous sachions où, son acte de décès ne se trouve pas sur les registres de Magstatt-le-Haut (2).

Frères convers.

1 Perrot Charles, F. Oswald de Colmar, né le 9 Septembre 1720, profès le 2 Juillet 1744, resta au District de Colmar jusqu'au mois de Mai 1792. Il se retira alors au District de Benfeld, qui voulut réduire sa pension à 400 livres. L'affaire alla jusqu'à Paris où l'on déclara que le Cⁿ. Perrot, étant âgé de 70 ans échus, avait droit à une pension de 500 livres. Ensuite il disparaît (3).

2 Schadler François Conrad, F. Berthold de Pfaffenhoffen, né le 15 Août 1737, résida à Ensisheim jusqu'en 1793, puis on le perd de vue.

3 Kohl François-Xavier, F. Béat de Molsheim, né le 26 Juillet 1744, part pour Molsheim en Octobre 1791. Après la Révolution on le retrouve à Orbey.

4 Degrange François Joseph, F. Henri d'Issenheim, né le 31 Août 1755, part pour Issenheim en Août 1791, et se trouve à Soultz

---

(1) Arch. Nat. AF IV 1901.

(2) Arch. Dép. Colmar V. 40. — Arch. Évêché. — Communication de M. le curé de Magstatt-le-Haut. — Frayhier, 256, le donne comme prêtre séculier, et, 201, il le confond avec Michel Muth, Capucin bavarois, P. Fulgence de ...., curé intrus de Zillisheim, mort à Saint-Amarin en 1814.

(3) Arch. Nat. F 19 1126. — Arch. Dép. Colmar L. 631, 864. — Arch. Dép. Stras. Distr. Benf. Reg. 4, 31 Mai 1792.

en l'an II. Il mourut le 18 Septembre 1834 au couvent des Capucins à Zug (Suisse), âgé de 80 ans ; il avait 56 ans de vie religieuse (1).

5 . . . . ., F. Wendelin d'Obernai, né le 25 Novembre 1765, n'ayant pas fait profession, n'avait pas droit à une pension.

6 Antoine Weinschenk, Frère donné ou *servitial*, né à Valff, 48 ans en 1790, touche la même pension que les Frères convers, et, en raison de son âge, il reçoit 300 livres.

---

14. Couvent de Weinbach.

1 Muller Joseph Ignace, P. Siméon d'Obernai, Gardien, né le 30 Mai 1734, profès en 1755, quitta le couvent lors de la dispersion en Juillet 1791, et émigra, car on ne le retrouve plus pendant la Révolution. Il rentra au Concordat et se retira à Obernai où il mourut d'un coup d'apoplexie, le 7 Avril 1810 (2).

2 Rantz Michel, P. Hubert d'Ungersheim, Vicaire, né le 12 Mai 1746, profès en 1766, ordonné prêtre 1771, était encore au District de Colmar à la fin de 1791. Il se déporta ensuite, et son nom est inscrit sur le 1er supplément de la liste, comme ayant eu son dernier domicile à Weinbach, le 12 Nivose an II (1er Janvier 1794). Il ne revint que le 9 Fructidor an X (27 Août 1802), et il prit ce jour là un passeport à la Mairie de Strasbourg pour Ungersheim, où il se retira. Plus tard il fut nommé curé de Berrwiller où il mourut le 27 Février 1818 (3).

3 Machrich Jean, P. Ambroise d'Obernai, né le 29 Juillet 1713, profès le 25 Février 1735, resta au District de Colmar jusqu'au 10 Octobre 1791, jour où il prit un exeat pour Saverne. Un an après, il était en réclusion au Séminaire de Strasbourg, et il fut du nombre de ceux que l'on déporta à Besançon et à Champlitte : nous en avons parlé dans la notice du P. Alexis Armbruster. Pendant sa détention il n'en fut pas moins inscrit sur le 1er supplément de la liste des émigrés, comme ayant eu son dernier domicile à Saverne, le 19 Vendémiaire an II (10 Octobre 1793) (4). Les déportés de Champlitte furent ramenés en Septembre 1794, mais

---

(1) Mortuarium Provinciæ Helveticæ Capucinorum.

(2) Arch. Évêché Enquête de l'an XII. — Frayhier, 316, 406.

(3) Arch. Dép. Colmar L. 864. — Arch. Mun. Stras. Émigr. II. 70. — Arch. Nat. AD XII 11. — Frayhier, 291, 418. — Arch. Évêché Enquête de l'an XII.

(4) Arch. Dép. Colmar L. 864. — Arch. Dép. Stras. Dist. Haguenau Reg. 7, 15 Mars. — Arch. Mun. Stras. Police 1793, II. 128. — Chan. Beuchot, op. cit., Revue cath. d'Alsace, 1894, 674 et seq.

ils ne furent pas pour cela mis en liberté, et le P. Ambroise Machrich fut emprisonné dans la maison d'arrêt d'Andlau. «C'est par une mesure générale des Représentants du peuple, Saint-Just et Lebas, écrit le Comité Révolutionnaire de Saverne à celui de Sélestat, le 11 Ventôse an III (1 Mars 1795), que Ambroise Macherich, âgé de 82 ans, a été mis en détention à Andlau. Comme il a séjourné longtemps à Saverne chez son frère, et s'y est bien comporté, et comme ce système de terreur n'existe plus, nous vous exhortons à élargir cet octogénaire et à l'envoyer par devers nous». Le Comité Révolutionnaire de Sélestat répondit le 15 Ventôse (5 Mars) : «Si cet individu, frères et amis, a prêté les serments du 26 Décembre 1790, et du 17 Avril, son élargissement ne souffrira aucune difficulté, sinon, la loi du 22 Floréal an II prononce trop formellement sur son cas, pour que nous puissions le changer. Néanmoins, si vous l'exigez, nous pourrions le faire conduire sous bonne et sûre garde devant vous, et vous mettre par-là à même de prendre telle décision que votre sagesse et votre justice pourront vous dicter.» Le Comité de Haguenau insista, et le P. Ambroise fut conduit à Saverne «sous la garde et la surveillance d'un planton». Ce ne fut que sur un arrêté du Représentant du peuple Richou que ce vénérable vieillard octogénaire fut mis en liberté le 2 Floréal an III (21 Avril 1795) et autorisé à se retirer à Obernai, chez ses parents qui en avaient fait la demande au Représentant (1).

Mais la persécution recommença avec la loi du 19 Fructidor, qui remettait en vigueur toutes les lois contre les prêtres, c'est-à-dire la déportation et la réclusion. L'Administration Centrale du Bas-Rhin le rappela aux municipalités, ajoutant que tous les prêtres, reclus ou en surveillance, seraient conduits à Auxerre. L'Administration de Saverne s'adressa directement au Ministre de la Police et lui exposa que «Ambroise Macherich, logé chez son frère à Saverne, et âgé de 89 ans, ne peut sans danger être transporté à Auxerre. Les médecins ont constaté qu'il est aveugle de l'œil gauche, et que le droit est faible, il risque également de le perdre aussi ; qu'il est atteint d'un rhumatisme depuis quelques mois au bras gauche, qui l'empêche de pouvoir se servir dudit bras, qui pourrait lui causer une apoplexie ; qu'il a l'ouïe très dure, qu'il est affecté d'une hernie, et depuis quelques années d'une diarrhée qui le tourmente à tout moment, en outre il ne peut plus marcher ni quitter sa chambre» (2).

Nous n'avons pas la réponse du Ministre, mais quand on connaît la haine forcenée du haut personnel du Directoire contre les prêtres catholiques, quand on a lu la fameuse circulaire du 7 Décembre 1797, contresignée : Reubell, véritable code

---

(1) Arch. Dép. Stras. Reg. Corresp. du Comité Rév. de Haguenau.
(2) Arch. Nat. F 7 7620 (1629). — Arch. Dép. Stras. Admin. Dép. Reg. 109, 6 Vend., — Frayhier, 287. 349. 395.

de persécution, et qui contient ces paroles significatives : «Par
une surveillance active, continuelle, infatigable, rompez leurs
mesures, entravez leurs mouvements, désolez leur patience»,
on est quelque peu étonné de voir l'Administration du Bas-Rhin
décider que le P. Ambroise serait dispensé du voyage d'Auxerre,
et qu'il resterait en surveillance à Saverne. Il échappa ainsi à la
dernière persécution, plus heureux que plusieurs de ses confrères,
et il mourut à Saverne le 3 Germinal an XII (24 Mars 1804).

4 Mathebs Joseph, P. Herménégilde de Bergheim, né le 5 Octobre
1718, profès le 6 Juillet 1737, fut dispensé de l'internement à
Colmar vers la fin de 1791, et autorisé à résider à Bergheim. La
Municipalité avait attesté ses infirmités, mais le Département
voulut avoir l'avis du curé constitutionnel de Bergheim. Il est
à croire que celui-ci donna une réponse favorable, car le
P. Herménégilde ne fut amené à Ensisheim, où les reclus avaient
été transférés, qu'à l'automne de 1793. Il ne fut pas jugé capable
d'être transféré à Chaumont, il fut du nombre des neuf malheureux qui durent rester à Ensisheim, livrés aux brutalités
d'un geôlier sans entrailles. On n'omit pas de l'inscrire sur la
liste des émigrés à la date du 19 Vendémiaire an III (10 Octobre
1794) avec la mention : *Reclus*.

Cependant sur la demande de Jean Richart, Catherine Kien
et consorts, le District de Colmar autorisa l'élargissement du
P. Herménégilde, vu qu'il ne pouvait recevoir en détention
les soins dont il avait besoin. On lui permettait de se retirer à
Bergheim, où il devait rester sous la surveillance de la Municipalité. Comme nous ne le retrouvons plus dans la suite, nous
avons tout lieu de croire qu'il ne dut pas tarder à mourir à
Bergheim (1).

5 Dors. . . . . ., P. Bienvenu de Ribeauvillé, né le 26 Juin 1729,
profès le 2 Octobre 1748, resta au couvent jusqu'à la dispersion,
puis il se retira à Colmar, où, le 28 Juin 1792, il prit à la
Municipalité un passeport sans désignation de lieu. Il fut hospitalisé à l'Abbaye de Muri en 1793, il en partit au bout de
quelques jours pour une destination inconnue. Il ne revint pas
de déportation (2).

6 Gebhart François Joseph, P. Burckhard de Riquewihr, né le
20 Mars 1729, profès le 30 Juin 1751, prit le 7 Juillet à Colmar
un passeport pour la maison de vie commune de Lucelle. Les
Capucins qui se trouvaient à Lucelle, ayant dû évacuer cette
maison en 1792, le P. Burckhard arriva en réclusion au collège

---

(1) Arch. Dép. Colmar L. 614. 864. 924. — Arch. Nat. AF III. 30. — Frayhier, 288.
— Revue cath. d'Alsace, 1898, 911.

(2) Arch. de l'Abbaye de Muri. — Inconnu à Frayhier.

de Colmar en Janvier 1793, et de là il fut avec les autres envoyé à Ensisheim. Il fut jugé incapable d'être transporté à Chaumont, et, en Août 1794, il fut ramené au collège de Colmar, ainsi que ses malheureux compagnons de réclusion, le 16 Thermidor an II (3 Août 1794). Ce ne fut que le 11 Germinal an III (31 Mars 1795), qu'il fut autorisé à se retirer chez Joseph Richert, «citoyen paisible de Colmar », qui en prenait la responsabilité.

Mais au bout de quelque temps, il préféra se rapprocher de son ancien couvent de Weinbach, et il vint fixer son domicile à Kaysersberg. Le 2 Vendémiaire an VI (23 Septembre 1797), il prit au canton d'Ammerschwihr un passeport pour la Suisse en exécution de la loi du 19 Fructidor. Il passa donc le Rhin, et bientôt se trouvant réduit à la plus grande misère, il envoya la pétition suivante aux « Administrateurs, Président et autres membres du Département du Haut-Rhin à Colmar :

Citoyens,

Vous expose le malheureux Joseph Gebhart, ci-devant Capucin de Weinbach, natif de Riquewihr, domicilié à Káysersberg, âgé de 69 ans, disant qu'il avait été déporté pour la première fois sur le décret du 18 Fructidor dernier, tandis qu'il n'avait jamais été comme sexagénaire dans le cas d'être déporté, ayant toujours été détenu dans les maisons d'arrêt, à Lucelle, de Lucelle à Colmar, de Colmar à Ensisheim au dépôt, d'Ensisheim encore à Colmar, où il a reçu sa liberté, et il aurait été encore une troisième fois au collège de Colmar, sur le décret donné, deux ans passés, en Fructidor ou Vendémiaire, si son asthme à l'étouffer tous les moments, ses rhumatismes et autres maladies, effet de ses longues détentions dans les maisons d'arrêt, ne demandaient pas des remèdes continuels ; et même il aurait été très volontiers une quatrième fois au collège de Colmar sur le décret du 18 Fructidor dernier, s'il n'avait pas été trompé et aveuglé par des gens qui lui ont toujours répondu que cette grâce d'entrer derechef au Collège était accordée seulement pour ceux qui y avaient sisté la dernière fois. Voilà donc le malheur et la raison pourquoi ce vieillard aveuglé et mal instruit par des gens qui n'entendaient pas le décret, malgré soi, malgré la vieillesse et sa grande pauvreté, n'ayant rien sur soi pour se soutenir, se trouvait forcé de prendre une voiture, et de se faire transporter avec grands dépens et incommodité dans la Suisse, à Kirchenbach, et de là depuis trois mois à Waldshut, ville impériale, où il se trouve dans la plus grande misère, abandonné de tout le monde, et sans moyens pour se nourrir, s'habiller, se loger et se soulager dans ses infirmités, maladies et faiblesses. Ah ! qu'il est malheureux pour un homme de son âge, qui a toujours obéi à toutes les lois, excepté une seule fois, d'être privé du lieu de naissance, de l'air de sa patrie, et du soulagement de ses parents, chez lesquels il espérait toujours de pouvoir finir en repos ses derniers jours, de se voir plongé dans la plus grande misère et exil par la seule faute qu'on l'avait mal instruit.

A Waldshut, le 16 Mars 1798
chez la veuve Marie Barbe Heitz.　　　　　Joseph Gebhart.

Cette petition resta sans réponse, et le malheureux P. Burckhard dut attendre jusqu'en 1800 avant de pouvoir rentrer en France. Il revint à Kaysersberg, mais l'âge, l'exil et les privations avaient épuisé ses forces. Incapable de rendre aucun service, il fut réduit à demander un asile à l'hôpital de Kaysersberg où il mourut le 19 Mai 1811 (1).

7 Schott François Antoine Damien, P. Hippolyte de Thann, né le 28 Octobre 1733, profès le 13 Août 1754, était vers 1780 aumônier de marine et aumônier du Bagne à Brest. En 1790, deux mois après l'inventaire de Weinbach, il fut envoyé par le Provincial au couvent de Soultz. Un religieux de cette maison « qu'il ne veut pas nommer, dit-il, par discretion qui est la mère des vertus », avait protesté auprès de la Municipalité contre son envoi et celui d'un autre religieux de Colmar à Soultz. Nous avons déjà parlé de ces appels au pouvoir civil, réprouvés justement par le P. Provincial, dans la notice sur le P. Joseph-Antoine de Wissembourg, du couvent de Colmar. Fort de l'obédience de son supérieur, le P. Hippolyte écrivit au Directoire du Département, et resta au couvent jusqu'au 5 Mai 1791, jour, où tous les religieux de Soultz optèrent pour la vie privée. Il se retira au Grand Huningue, et pour échapper à l'internement ordonné par l'arrêté du 2 Novembre 1791, il obtint du curé intrus le certificat de résidence qui le dispensait de venir à Colmar, où il ne fut jamais reclus. Il émigra, et, le 26 Messidor an X (15 Juillet 1802), il faisait sa soumission au Concordat, il résidait alors à Thann. Peu après il fut nommé à Bourbach-le-Haut. « Sacerdos pius et moribus undequaque recommendabilibus pollere videtur », disent les Archives de l'Évêché. De Bourbach il demanda dispense au Cardinal Caprara de certaines observances de la règle qu'il lui était difficile de garder. Le Cardinal lui adressa le 14 Août 1805 un rescrit qui donnait à son confesseur tous les pouvoirs nécessaires. Il résigna la cure de Bourbach après quelques années et il vint à Marckolsheim comme primissaire.

En 1816 il dut renoncer à exercer le ministère et il mourut le 31 Décembre 1819 (2).

(1) Arch. Dép. Colmar L. 617. 620. 621. 631. 925. 3. H. 3. — Arch. Évêché Enquête de l'an XII. — État civil de Kaysersberg. — Frayhier, 281. 414. — Chan. Beuchot, *Les Prêtres sexagénaires du Haut-Rhin*.
(2) Arch. Dép. Colmar L. 613. 614. — Arch. Nat. Papiers Caprara. AF IV 1903. — Colonies, D. E. — Arch. Évêché Enquête de l'an XII. — Frayhier, 321. 435.

8 Krafft Jean, P. Barthélemy de Rœdersheim, né le 3 Mai 1735, profès depuis 35 ans, se retira dans son pays natal, où il toucha sa pension pour 1791. En 1793, bien que n'étant pas sexagénaire (il n'avait que 58 ans, mais il était estropié), il fut mis en réclusion à Colmar, et envoyé à Chaumont l'année suivante. Après sa libération il dut émigrer et mourir en déportation, car on ne le rencontre plus (1).

9 Wolff Georges, P. Michel-Ange de Spechbach-le-Bas, né le 24 Avril 1743, profès depuis 27 ans, se retira à Orbey en 1791, puis il émigra. On le trouve sur la liste des émigrés à la date du 27 Août 1793, vers cette époque on signale son passage à l'Abbaye de Muri et il mourut en déportation.

10 Carlen Jean, P. Gilles de Guebwiller, né le 18 Octobre 1751, profès depuis 18 ans, rentra à Guebwiller, et émigra. A son retour, il fut nommé vicaire de sa paroisse natale où il mourut le 7 Juillet 1816 (2).

11 Scher Georges, P. Wendelin d'Achenheim, né le 28 Octobre 1752, profès depuis 14 ans, resta dans le District de Colmar en 1791, et le 14 Mai 1793, il passa au District de Strasbourg. Il se retira à Achenheim, où le District de Strasbourg ordonna de lui notifier la loi du 26 Août 1792, avec sommation d'avoir à à s'y conformer. Il ne tint aucun compte de cette sommation, alors six citoyens domiciliés dans le Département demandèrent sa déportation en raison de ce que « depuis longtemps il ne s'occupait qu'à jeter la division entre les citoyens ». La déportation fut ordonnée le 28 Octobre 1792. Il partit, ou plutôt feignit de partir, car le 20 Janvier 1793, un nommé Michel Weiss de Strasbourg le dénonça au District comme ayant exercé les fonctions ecclésiastiques à Achenheim, et dénonça en même temps la Municipalité qui fut citée « à comparoir ». On réussit à s'emparer de Georges Scher, qui fut emprisonné à Strasbourg le mois suivant. Le Directoire du Département décréta le 1er Février 1793, qu'il serait conduit de brigade en brigade jusqu'au prochain port de mer, et la Municipalité d'Achenheim fut suspendue et dénoncée à l'accusateur public comme réfractaire à la loi.

La sentence prononcée contre Scher ne fut pas exécutée pour des raisons que nous ignorons. Celui-ci jugeant sa présence désormais impossible en France, prit à Strasbourg, le 23 Février, un passeport pour Spire.

---

(1) Revue cath. d'Alsace, 1898, 847. — Fraylier, 283, cite trois Jean Krafft qui ne sont qu'un seul et même personnage. Il ne connaît pas le P. Wolff qui suit.
(2) Arch. Dép. Colmar L. 861. — Arch. Évêché Enquête de l'an XII. — Fraylier, 248. 413.

Le 19 Vendémiaire an II (10 Octobre 1793), il était porté sur
le 1er supplément de la liste des émigrés, comme ayant eu son
dernier domicile à Weinbach. Il dut séjourner pendant la
Révolution dans les couvents de la rive droite du Rhin, et le
26 Prairial an IX (14 Juin 1801) « Georges Scher, ex-capucin, rentrant dans la République, et domicilié dans la commune d'Achenheim, arrondissement de Strasbourg, depuis sa sortie du couvent
jusqu'à sa déportation », fit entre les mains du Préfet la promesse
de fidélité à la Constitution. Il revint à Achenheim, fut plus
tard curé d'Avenheim, puis en 1814 de Wangen, il se retira en
1817, et mourut en 1820 (1).

12 Mutz François-Xavier, P. Joseph d'Ensisheim, né le 3 Mai 1759,
profès depuis 11 ans, revint à Ensisheim vers la fin de 1791.
Le 1er Février 1792, «l'an IV de la liberté», il déclara au District
de Colmar «que, l'Assemblée Nationale Constituante s'étant
clairement expliquée le 21 Janvier 1790, qu'elle ne pouvait ni ne
voulait toucher aux dogmes et aux principes de la Religion
Catholique, Apostolique et Romaine, dans laquelle le comparant
entend vivre et mourir, il est prêt à prêter, comme de fait il a
prêté à l'instant, le serment civique ordonné par l'acte constitutionnel ».

Malgré ses prétendues restrictions, c'était bien le serment
schismatique qu'il prêtait, on le comprit si bien qu'on le nomma
aumônier du Dépôt d'Ensisheim. A la date du 6 Thermidor
an II (24 Juillet 1794), il est porté sur un état des prêtres de la
commune d'Ensisheim comme « *Abdicataire,* qui s'est toujours
conformé aux lois, et qui est présentement enfermé aux
Augustins de Colmar ». Peu de jours après survint la chute de
Robespierre suivie de réaction contre les crimes de la Terreur,
et nous croyons que c'est vers cette époque qu'il rétracta son
serment; son emprisonnement à Colmar lui ayant fait faire de
salutaires réflexions. Aussi quelques mois plus tard nous le
voyons dénoncé au Ministre de la Police Générale en compagnie
du P. Jean Népomucène Wilhelm, son compatriote, dont nous
avons déjà parlé, et qui était, dit le dénonciateur, «un instigateur
sans égal». Aussi, lorsque la persécution se déchaîna de nouveau
sous le Directoire, le P. Joseph prit à la Municipalité d'Ensisheim
un passeport pour la Suisse par Habsheim, le 2 Vendémiaire
an VI (23 Septembre 1797). Il rentra, et fut nommé au Concordat
au poste d'aumônier qu'il avait occupé pendant la Révolution et
qu'il conserva jusqu'à sa mort arrivée le 30 Juin 1809 (2).

---

(1) Arch. Dép. Stras. Dir. Dép. Reg. 22 Juillet 1792; Dist. Reg. 17, 31 Mai
18 Octobre 1792, 20 Janvier 1793. — Arch. Mun. Stras. Police Varia II. 419,
423. — Arch. Nat. AD XII 11; F 7 7880 (1450) — Arch. Évêché Enquête de l'an
XII. — Frayhier, 177. Il ne le donne pas comme Capucin.

(2) Arch. Dép. Colmar, L. 615. 616. 414. 864. 626. 924. - Arch. Nat. F 7 7284 (1835).
F IV 1907. — Arch. Évêché Enquête de l'an XII. — État civil d'Ensisheim. —
Frayhier, 201. 412.

13 Buckel Jean-Baptiste, F. Protais de Sigolsheim, né le 1er Novembre 1768, profès depuis deux ans, était étudiant au couvent de Weinbach, et n'était pas encore dans les Ordres. Peu après il fut envoyé, avec les autres jeunes étudiants qui suivent, au couvent d'Ensisheim, et au jour de la dispersion le F. Protais déclare se retirer à Sigolsheim « afin d'aviser aux moyens à prendre pour arriver à la prêtrise ». Il y vint en effet, et en Août 1792, il écrivait au Département pour demander d'être dispensé d'aller à la maison de vie commune de Lucelle, bien qu'il n'ait pas prêté serment. Il est venu à Sigolsheim près de sa mère, et il fréquente le service du curé conformiste, si bien qu'il y a attiré plusieurs familles. Le curé intrus de Sigolsheim appuie la demande de celui qu'il appelle « notre jeune ex-capucin, et quoiqu'il ne soit pas ridicule sur le serment civique, le Département sentira très bien qu'il ne doit pas l'exiger de lui, car cela ne ferait plus le même effet sur l'esprit des personnes sinistrement organisées. — Sigolsheim, le 18 Août 1792. — Deville, curé ». Buckel continua à toucher sa pension, et le 9 Thermidor an II (27 Juillet 1794), n'ayant pas reçu les Ordres, il s'engagea comme volontaire au service de la République. Il se maria en 1798 et il demanda et obtint du Cardinal Caprara validation de son mariage le 26 Septembre 1803 (1).

14 Fritsch François Antoine, F. Samuel de Bindernheim, né le 12 Janvier 1765, profès depuis deux ans. De Weinbach il fut envoyé à Ensisheim, où il déclara le 12 Août 1791 se retirer à Bindernheim, et aviser aux moyens de parvenir à la prêtrise. Cependant il ne reçut pas les Ordres d'un évêque constitutionnel. Il est certain que, lorsqu'il réclame sa pension en 1791 et 1792, il est toujours désigné comme Frère Clerc par le District de Benfeld, et payé en raison de 500 livres, chiffre que l'on prétend abaisser à 300, s'il n'apporte pas la preuve qu'il a fait profession le 28 Octobre 1789. Au mois d'Octobre 1792, il est emprisonné au Séminaire de Strasbourg, il fut libéré en Juin 1793, il obtient un exeat puis il disparaît. Nous croyons qu'il alla continuer ses études de théologie, comme d'autres clercs d'Alsace, dans un Séminaire d'Allemagne, probablement à Augsbourg, et qu'il y reçut les Ordres. Quand il revint au Concordat, il était prêtre, il se retira à Bindernheim, en 1802 il fut nommé vicaire de Rhinau, curé de Nambsheim en 1813, d'Artzenheim en 1815, d'Hessenheim en 1822, il se retira à Marienthal en 1836 et mourut le 22 Novembre 1842 (2).

---

(1) Arch. Dép. L. 615. 616. 864.865. 866.

(2) Arch. Dép. Colmar L. 925. — Arch. Dép. Stras. Distr. Benf. Reg. 3. 4. 19. - Arch. Mun. Stras. Prisons II, 128. - Arch. Évêché. - Frayhier, 306. 403. 405.

15 Hutel (alias Kietel) . . . . ., F. Casimir de Soultz, né le 28 Avril 1768, n'ayant pas fait profession bien qu'il soit dans l'Ordre depuis trois ans, n'est pas considéré comme religieux.

Frères convers.

1 Fuchs François Paul, F. Athanase de Soultz, né le 25 Janvier 1732, 31 ans de profession en 1790, mourut à Soultz le 14 Décembre 1791 en tombant de la fenêtre de sa maison à huit heures du soir (1).

2 Maurer Joseph François, F. Wilfrid d'Horbourg, né le 17 Novembre 1744, profès depuis 24 ans en 1790.

3 Wertz François, F. Sébastien de Colmar, né le 24 Octobre 1745, profès depuis 16 ans en 1790, émigra en 1792, et trouva un asile au couvent de Monte Calvario de Bologne pendant la Révolution (2).

4 Cottel Joseph, F. Urbain de Fréland, né le 17 Mai 1757, profès depuis 7 ans en 1790, ne sortit pas de France. Après l'évacuation du couvent on trouve un nommé Urbain Cottel, ancien frère capucin, comme gardien de la chapelle des Trois-Épis. Ensuite il trouva un emploi à l'hospice militaire de Colmar jusqu'à l'an VI. Il se retira ensuite à Fréland où il produisit les pièces nécessaires pour sa pension. Il y était encore en l'an XII (3).

Peter Laurent, d'Obernai, né le 10 Août 1720, frère donné ou « *Servitial* », en religion depuis 46 ans, eut l'honneur d'être traité comme un religieux et d'être reclus à Colmar et à Chaumont, ainsi que d'être inscrit sur la liste des émigrés, avec la mention : *reclus* (4).

Dorilan Georges, frère donné, né à Zellenberg, le 3 Mai 1759, en religion depuis 8 ans en 1790, fut pensionné comme les Frères convers.

15. Couvent de Thann.

1 Ihler . . . ., P. Balthasar de Thann, né le 27 Janvier 1726, profès le 6 Décembre 1744, Custode et Gardien, se réfugia avec son frère que nous rencontrerons plus loin, dans la province des Capucins du Tyrol. Le Nécrologe de cette province lui consacre la notice suivante ;

(1) Gasser, *Le livre d'or de la ville de Soultz*, 104.
(2) Arch. Dép. Colmar L. 804. — Le Rohellec, *Liste des ecclésiastiques réfugiés dans les États Pontificaux*, 180.
(3) Chan. Beuchot, *Notre Dame des Trois-Épis*, 138. — Arch. Dép. Colmar V. 87.
(4) Frayhier, 200, le nomme Petit.

« R. P. Balthasar Ihler, ortus ex Soultz in Alsatia, 27. Januarii 1726, creatus ob doctrinæ et virtutum merita Definitor, ex illa cum cæteris Regularibus Galliæ eversionis tempore pulsus, fratres suos ad omnia pro Christo toleranda confirmabat. Tandem ad nostram Provinciam fugiens, conceptam de se opinionem abunde implevit. Quod a consuetis exercitiis supererat temporis, in recolenda Christi Passione dulciter impendebat. Inde hausit magnam illam patientiam in ferendis multo tempore pedum doloribus, mirum istum peccati etiam minimi horrorem, quod uberibus lacrymis deflebat, atque insignem in proximorum salute curanda fervorem. Obiit in hydropisi, 16. Junii 1805, octogenarius Feldkirchii ».

(Le P. Balthasar Ihler, Définiteur de la Province d'Alsace, confirma lors de la Révolution ses confrères dans le support de tous les maux. Arrivé dans la Province du Tyrol, il répondit amplement à la bonne réputation dont il jouissait. Ce que les exercices de la communauté lui laissaient de temps libre, il le consacrait à la méditation de la Passion du Christ. Là il puisa la grande patience avec laquelle il supportait les douleurs de sa longue maladie, l'horreur des moindres péchés qu'il pleurait à chaudes larmes, et la ferveur à procurer le salut des âmes. Il mourut de l'hydropisie, le 16 Juin 1805, à Feldkirch) (1).

2 Schœn Joseph, P. Aimé de Rouffach, né le 13 Août 1738, profès le 29 Août 1758, vicaire, refusa le serment et se retira à Rouffach le 3 Septembre 1791. Le curé intrus lui délivra plus tard un certificat de résidence en conformité de l'arrêté du Département, afin de pouvoir s'y fixer, mais en Février 1792, le P. Aimé déclara se retirer au District de Benfeld. Il n'y séjourna pas longtemps, car le 3 Messidor an V (21 Juin 1797), le Département du Haut-Rhin sur l'attestation de l'Administration du Canton de Rouffach déclare que Amad Schœn réside à Rouffach depuis Avril 1792, chez son beau-frère Huffel, qu'il n'est sur aucune liste de déportés ou d'émigrés, qu'il n'a été ni fonctionnaire public, ni pensionné depuis le 1er Janvier 1792, ni dénoncé, qu'il fournit la preuve de sa résidence en France d'Avril 1792 au 21 Prairial an V (1797), et qu'il n'est par là sujet ni à déportation ni à réclusion. Mais trois mois plus tard, le 1er Vendémiaire an VI (22 Septembre 1797), il dut prendre à l'Administration Municipale du Canton de Rouffach, en exécution de la loi du 19 Fructidor précédent (5 Septembre) un passeport pour la Suisse.

Il était déjà rentré en France depuis quelque temps et résidait à Rouffach, quand le Préfet disait à son sujet dans son rapport au Ministre des cultes du 1er Brumaire an X (22 Octobre 1801) : « Capucin résidant à Rouffach, 63 ans, conduite irréprochable, attaché au Gouvernement, mais ne peut être placé qu'au

____

(1) Mortuarium Prov. Tyrol. Septentrionalis Capuc. IV. 3. Ce nécrologe fait erreur en le disant de Soultz. — Inconnu à Frayhier.

3e rang quant à la confiance des habitants ; a fait la soumission ».
Il resta à Rouffach comme prêtre habitué, en raison de sa
mauvaise santé, et il y mourut le 23 Mars 1811 (1).

3 Trœstler Mathieu, P. Michel de Rosheim, né le 17 Février 1719,
profès le 6 Avril 1741, partit le 14 Avril pour Rosheim, District
de Benfeld. Il prit un passeport à la Municipalité, le 15 Septembre 1792, pour obéir à la loi du 26 Août précédent ; cependant
il ne s'en servit pas, et il se retira à Sélestat, où il était encore
le 30 Décembre. Le District de Benfeld chargea la Municipalité
de Sélestat de vérifier sa résidence et « considérant que Trœstler
était travaillé du désir de quitter l'Empire Français, puisqu'il
avait pris un passeport sans réaliser son projet, qu'il a été à
Rosheim depuis le mois de Mai jusqu'à la Toussaint 1792, qu'il
est sexagénaire, et dans le cas de la loi du 10 Août, arrête, qu'il
sera tenu de se rendre à la maison commune de Strasbourg,
pour y rester jusqu'à ce qu'il en soit ordonné autrement».

Il se trouvait à Sélestat en compagnie d'un compatriote, le
P. Robert Albrecht, Récollet de Kaysersberg, plus jeune que
lui de trois ans. Tous deux furent arrêtés en Décembre 1792,
et envoyés à Strasbourg, où ils furent d'abord emprisonnés aux
Ponts-Couverts. En Janvier, tous deux adressèrent une pétition
au Département «demandant d'être élargis des prisons de
Strasbourg », où ils ont été mis, continue le Département, pour
les sauver des suites d'une émeute populaire qui eut lieu dans
cette ville, et dans laquelle ils avaient couru les plus grands
dangers.

C'était la tactique habituelle des Municipalités à cette époque.
Quand une émeute éclatait à l'occasion de prêtres ou de personnes suspectes, les Administrations, ne voulant pas par faiblesse les réprimer, ne trouvaient d'autre moyen pour sauver
les victimes que de les emprisonner pour un temps plus ou
moins long.

Les deux vénérables religieux demandaient donc à échanger
la prison des Ponts-Couverts contre le Séminaire. Le Département y consentit, mais après qu'ils auraient prouvé par le témoignage de six citoyens qu'ils n'avaient point émigré. La
preuve fut faite et ils furent transférés au Séminaire le 24 Janvier
1793. Là du moins ils se trouvaient avec des confrères, mais
tous souffraient de privations de toutes sortes, si bien que le
P. Michel se vit réduit à demander au Département «des draps

______

(1) Arch. Dép. Colmar L. 614. 631. 619. 1049. — Arch. Nat. F 19 866. — Arch.
Évêché Enquête de l'an XII. — Frayhier, 293. 417. Schœn Georges, dont il
parle p. 293, est le même que Schœn Wendelin et se nommait Scher. Le seul
Capucin du nom de Schœn que nous connaissions est Schœn Joseph qu'il
cite en note.

de lit », et l'Administration fut forcée de constater qu'il ne jouissait d'aucun revenu. Il fut transféré en Octobre 1793, avec les autres reclus du Séminaire, à Besançon et à Champlitte, d'où on les ramena le 25 Septembre 1794.

Mais ce n'était pas encore la liberté. Les lois contre les prêtres n'étant pas abolies, le P. Michel fut emprisonné à Andlau, où il eut pour compagnon de captivité le P. Ambroise Machrich, dont nous avons parlé. Le 27 Germinal an III (16 Avril 1795), le Conseil Général de la commune de Rosheim demanda à l'Agent national du District de Sélestat la liberté du Cⁿ Mathieu Trœstler, djt Michel, ex-Capucin, en état d'arrestation à Andlau. Il ajoutait qu'il se chargeait de veiller exactement sur sa personne, et que c'était sur le vœu de la commune qui le réclamait. Le Procureur Syndic de Sélestat répondit que le pouvoir de l'Agent national ne s'étendait pas jusqu'aux mises en liberté, et que d'ailleurs on avait écrit au sujet de ces prisonniers au Comité de Sûreté Générale. Il fallut pour en finir que le Représentant du peuple, Richou rappelât ces tyranneaux de village à des sentiments d'humanité, et, sur une pétition du Cⁿ Rumpler, il fit mettre en liberté les deux vieillards. Le P. Michel est mort à Rosheim le 6 Juin 1795 (1).

4 Zæpfel Nicolas, P. Régnier de Dambach, né 11 Janvier 1725, profès le 17 Mai 1747, se fixa au District de Benfeld, d'où il passa au District de Strasbourg au commencement de 1793. Au mois d'Avril, il fut aussi envoyé en réclusion au Séminaire de Strasbourg, et, malgré sa cécité et d'autres misères, transféré à Besançon et à Champlitte. A partir de ce moment nous perdons la trace de ce vénérable religieux (2).

5 Hurst Jean-Baptiste, P. Pélage de Colmar, né le 19 Février 1727, fit profession le 17 Mai 1747. Dans un répertoire de pensions pour 1791, on trouve les noms des Capucins de Thann qui ont touché les deux premiers trimestres de 1791, par l'entremise du P. Balthasar, ils sont 13 Pères et 5 Frères. Après le nom du P. Pélage on trouve la mention : *Mort*. Ce Père mourut donc entre Avril et Juin 1791 (3).

6 Rauch . . . . , P. Tobie de Cernay, né le 13 Mars 1732, profès le 16 Juillet 1751, se réfugia à Soleure pendant la Révolution, et dut mourir en déportation. Son nom est porté sur un tableau

(1) Arch. Dép. Colmar L. 804. — Arch. Dép. Stras. Dir. Dép. Reg. 22, 6 Juillet 1792 ; Distr. Benf. Reg. 6, 7 Janvier 1793. — Arch. Mun. Stras. Prisons. II. 128. — Arch. Dép. Stras. Reg. Proc. Sélest. 27 Germ. an III. — Frayhier, 295. 843. — Chan. Beuchot, Rev. cath. d'Alsace, 1894, 674. — Arch. Nat. F 19 468. — Sauzay, *Hist. de la pers. rév.*, IV. 661. — État civil de Rosheim.

(2) Arch. Dép. Stras. État civil Dambach ; Dir. Dép. Reg. 18, 21 mars 1790. 27 Mars 1793. — Arch. Mun. Stras. Prisons. II 128. — Frayhier, 298. 343. — Chan. Beuchot, Sauzay, op. cit.

(3) Arch. Dép. Colmar L 702. — Inconnu à Frayhier.

des émigrés du District de Belfort du 5 Juin 1793, comme ayant eu son dernier domicile à Thann (1).

7 Sommereisen Ignace Joseph, P. Oswald de Rouffach, né le 11 Novembre 1729, profès le 17 Avril 1752, résida à Rouffach en 1791, et se déporta l'année suivante. Il rentra en France avant le coup d'État de Fructidor, mais le 5ᵉ complémentaire an V (21 Septembre 1797), il prit à l'Administration centrale du Canton de Rouffach un passeport pour la Suisse, en exécution de la loi du 19 Fructidor précédent. Cette fois il ne revint pas de la déportation (2).

8 Lœtsch Jean, P. Godefroid d'Ensisheim, né le 11 Février 1732, profès le 24 Novembre 1752, écrivit au Département du Haut-Rhin, en Mars 1792 qu'il était âgé de 65 ans (!), qu'il était infirme, et s'était cependant conformé à l'arrêté du Département du 2 Novembre précédent, en venant à Colmar. Mais il est sans ressources, et il demande à se retirer à Wattwiller, où des âmes charitables pourvoieront à son entretien. La Municipalité de Wattwiller atteste qu'il est tranquille et paisible. Il ne reparaît plus qu'à la fin de la Révolution. Jean Lœtsch, résidant à Thann, fait sa soumission au Concordat le 5 Prairial an X (24 Mai 1802). Il n'est pas porté sur les listes du clergé de cette époque, nous en concluons qu'il mourut peu après (3).

9 Ulmer Philippe Jacques, P. Jean-Baptiste de Colmar, né le 8 Février 1744, profès le 3 Juin 1765, déclare au District de Belfort se retirer dans celui de Colmar, puis en 1792, il prend un exeat pour le District de Wissembourg. C'était une dernière étape vers la déportation dont il ne revint pas. Il passa à l'Abbaye de Muri en Mars 1793 (4).

10 Geiger Jean Léonard, P. Félix Marie de Wissembourg, né le 25 Décembre 1756, profès le 21 Août 1776, déclara au District de Belfort le 29 Décembre 1791, se retirer au District de Wissembourg. Il y résidait depuis un an, lorsque six luthériens demandèrent sa déportation, conformément à la loi du 26 Août 1792. Il en appela au District, qui lui répondit qu'il devait se conformer à la loi, puis au Département, qui déclara à son tour que la loi ne souffrait pas d'exception. Il prit donc le chemin de l'exil où il mourut (5).

---

(1) Arch. Dép. Colmar L. 484. — Frayhier, 241. — Rev. cath. d'Alsace, 1895, 701.

(2) Arch. Dép. Colmar L. 631. 864. 1040. — Inconnu à Frayhier.

(3) Arch. Dép. Colmar L. 644. — Arch. Nat. F 7 7956 (9224). — Frayhier ne cite que son homonyme, capucin à Soultz, à qui il donne le nom de religion de celui-ci (313).

(4) Arch. Dép. Colmar L. 631. — Arch. de l'Abbaye Muri. — Inconnu à Frayhier

(5) Arch. Dép. Colmar L. 804. — Arch. Dép. Stras. Dir. Dép. Reg. 29, 12 Février 1793 ; Distr. Wiss. Reg. 2, 5 Novembre 1792. — Frayhier, 281.

11 Zislin Jean-Baptiste, P. Bérard de Sausheim, né le 3 Novembre
   1760, profès le 30 Août 1780, revint à Sausheim et y resta
   jusqu'à ce que les gendarmes vinrent lui notifier la loi du
   26 Août, avec ordre d'avoir à s'y conformer. Il quitta la France
   au mois de Janvier 1793, du moins on le crut. Il fut inscrit sur la
   liste des émigrés à la date du 19 Vendémiaire an III (10 Octobre
   1794). Le séquestre fut mis sur les biens de son frère, qui
   demanda au Département que le Capucin fut regardé non comme
   émigré mais comme déporté par la loi du 26 Août 1792. Le
   P. Bérard intervint à son tour, le 1er Messidor an V (19 Juin
   1797). Il prouva qu'il n'avait jamais quitté Sausheim depuis sa
   sortie du couvent, et que, n'étant ni fonctionnaire ni salarié, il
   ne tombait pas sous le coup de la déportation exigée par la loi
   du 26 Août. Il demanda en conséquence d'être rayé de la liste
   des émigrés, ce qui lui fut accordé. Que devint-il après la promulgation de la loi du 19 Fructidor an V ? Nous l'ignorons. Mais le
   4 Vendémiaire an IX (25 Septembre 1800), il se présenta à la
   Sous-Préfecture d'Altkirch, et il fit la promesse de fidélité à la
   Constitution de l'an VIII. Il se retira à Sausheim, fut nommé
   plus tard curé de Battenheim, puis en 1825 de Heidwiller, où il
   mourut le 18 Juillet 1836 (1).

12 Fladry Jean Louis, P. Quirin de Sélestat, né le 21 Juin 1759,
   profès le 2 Juin 1782, disparaît pendant toute la Révolution. A
   la réorganisation, il fut nommé curé de Rimbach-Zell, vicaire
   de Rossfeld en 1811, dé Habsheim en 1815, curé de Rossfeld en
   1820. Il se retira à Sélestat en 1823, et mourut cette même
   année (2).

13 Saly Joseph, P. Justinien de Wintzenbach, né le 19 Mai 1761,
   profès le 4 Avril 1783, prêta serment, et fut élu à Belfort le
   30 Mai 1791, curé de Rammersmatt à l'unanimité des 69 votants.
   Accepta-t-il ? Il est permis d'en douter. En tout cas, s'il prit
   possession de cette paroisse, il ne fit qu'y passer. Le 7 Juillet
   suivant, l'évêque Martin le chargea d'administrer Bergheim, et,
   le 17 Juillet, il fut élu à Colmar par 152 voix sur 154 votants
   curé de Riquewihr, qu'il préféra à Wolfgantzen où on l'élut
   encore deux jours après. Il fut installé le 15 Août par la Municipalité et par deux membres du District.

   Il abdiqua le sacerdoce, le 16 Thermidor an II (3 Août 1794), se
   maria avec une protestante, le 21 Fructidor an III (7 Septembre
   1795), et continua d'administrer la paroisse pendant quelque
   temps. Il mourut le 13 Avril 1826. L'absence de son acte de

---

(1) Arch. Dép. Colmar L. 621. 715. 739. 477 ; Sous-Préf. Altkirch-Mulhouse, fonds
non classé. — Arch. Évêché Enquête de l'an XII. — Frayhier, 298. 422.

(2) Arch. Évêché. — Frayhier, 306.

décès sur les registres de la paroisse catholique de Riquewihr laisse malheureusement à entendre qu'il est mort comme il avait vécu, loin de l'Église (1).

Frères convers.

1 Jelsch . . . , F. Rufin de Thann, né le 4 Octobre 1718, profès le 7 Février 1745, mourut au milieu de ses Frères au couvent. Dans un répertoire de pensions, dans lequel sont énumérés les religieux du couvent qui ont reçu les deux premiers trimestres de leur pension pour 1791, le nom du Frère Rufin est suivi de la mention: *Mort*. Il mourut à Thann, le 7 Septembre 1791 (2).

2 Degrange François Joseph Antoine, F. Séraphin de Soultz, né le 29 Octobre 1731, profès le 30 Juin 1751, se retira à Soultz et y passa tout le temps de la Révolution (3).

3 Beltz Tobie, F. Benoît de Soultz, né le 28 Octobre 1735, profès le 18 Octobre 1755, vint à Soultz et continua d'y habiter (4).

4 Ritter Louis, F. Alexandre de Wœrth, né le 12 Mai 1751, profès le 11 Mai 1772, resta à Thann, où il avait acheté le moulin à foulon des Capucins, au moins jusqu'en 1797. Il vivait encore en 1817, et il touchait une pension de 100 francs comme Capucin (5).

5 Schaub Jean Henri, F. Nicolas de Jettingen, né le 1er Mai 1750, profès le 15 Mars 1780, disparaît pendant la Révolution; on ne le retrouve qu'en 1817 recevant une pension de 100 francs comme Frère Capucin. Il habitait alors Magstatt-le-Bas.

6 Bitterlé Joseph André, F. Augustin de Barr, né le 16 Janvier 1763, profès le 24 Avril 1786, émigra de bonne heure. Il se réfugia à Rome d'où le P. Général l'envoya dans la Province de Tyrol. Le Nécrologe en parle en ces termes : «F. Augustinus, antea Josephus Bitterlin, Baaræ in Alsatia, 16 Januarii 1763, parentibus hæresi Calvinianæ infectis prognatus, et avulsus a sinu Ecclesiæ educatus, alutarii opificium exercuit. Peregre profectus, uti moris est hujusmodi hominibus, incidit in morbum lethalem, et eximia caritate ac bono exemplo conservi catholici commotus, reconvalescens non tantum hæresi renuntiavit, sed perfectiora

(1) Arch. Dép. Colmar L. 614. 615. 616. 808. 925. 957. — V. 19. — Arch. Évêché Enquête de l'an XII. — État civil de Riquewihr. — Chan. Hans, *Urkundenbuch der Pfarrei Bergheim*, 236, 313.

(2) Arch. Dép. Colmar L. 720. - Arch. Mun. Thann, Liber mortuorum parochiæ.

(3) Arch. Dép. Colmar L. 630. 804. 702. 864. 865. 866.

(4) Arch. Dép. Colmar L. 630. 720. 631. 830. — *L'Église et la Paroisse de Soultz*, Rev. d'Alsace, 1905.

(5) Arch. Dép. Colmar L. 630. 720. — Tableau des pensions, Paris, 1817.

anhelans, religionem seraphicam in patria amplexus est. Exorta
Galliæ seditione, una cum aliis religiosis patria et monasterio
expulsus, Romam, utpote commune tribulatorum refugium
petiit, et a Revmo Patre Generali Provinciæ Tyrolensi adscriptus,
officii sui religiosi et laboris patientis laici ex numero implevit.
Studium orationis, affabilitas faceta, laboris amor eum omnibus
commendabat. Janitoris fidelis officium per plures annos, vesti-
arii seduli usque ad summam senectam sustinuit. Sicut vitæ
viam cucurrit extraordinariam, ita ætatem quoque attigit ultra
communem vitæ humanæ tramitem protractam, utpote ætatis
annum 91, religionis 69. Non vi morbi, sed senio confectus,
vix moribundorum sacramentis confortatus die 22 Junii 1854
Feldkirchii quievit» (1).

(Il était né de parents calvinistes, qui l'avaient élevé
conformément à leurs croyances. Ils lui avaient ensuite fait
apprendre le métier de corroyeur ; puis il voyagea pour se perfectionner dans cet art. Dans une ville où il séjournait, il devint
gravement malade, et fut soigné avec un merveilleux dévouement par son compagnon d'atelier, qui était catholique. Sa
charité l'impressionna au point de le décider à entrer dans le
sein de l'Église. Puis il embrassa la vie religieuse en Alsace.

La Révolution venue, il se réfugia à Rome. De là, il fut
envoyé par le P. Général de l'Ordre dans la Province de Tyrol.
Il y gagna l'affection de tous par son affabilité, sa gaîté et son
grand esprit de prière. Jusque dans sa plus extrême vieillesse,
il demeura chargé du soin du vestiaire. Il mourut à Feldkirch
âgé de 91 ans, dont 69 ans de religion).

Le Frère Augustin de Barr était le dernier survivant de la
Province des Capucins d'Alsace.

7 Kieffer Mathieu, F. Tobie de Merxheim, né le 20 Novembre 1762,
profès le 31 Mai 1787, se fixa dans son pays natal où on le voit
pendant le Révolution (2).

8 Gerspach Jean, F. Arsène de Merxheim, né le 27 Avril 1763,
profès le 4 Juin 1788, se retira d'abord à Merxheim. En 1793,
lors de la levée de 300 000 hommes, il partit pour l'armée, et on
lui délivra un exeat au District de Colmar, afin qu'il pût continuer à toucher sa pension de 300 francs comme religieux. En
l'an VII (1799), il était à Neuf-Brisach, ayant ses papiers en règle
pour sa pension, et pour suppléer à son acte de profession, il se
fit délivrer une attestation de cinq citoyens d'Ensisheim, qui
affirmèrent l'y avoir connu sous le nom de F. Arsène, et avoir
assisté à sa profession (3).

(1) Mortuarium Prov. Tyrol. Septentrionalis Cap. IV. 86.
(2) Arch. Dép. Colmar L. 615. 630. 631. 804. 925. 1072.
(3) Arch. Dép. Colmar L. 629. 630. 631. 864. 865. 866. 925.

16. Couvent de Soultz.

1 Baumann Nicolas, P. Irénée d'Ingersheim, Gardien, né le 6 Novembre 1734, se réfugia dans son pays natal quand le couvent fut évacué. Le 16 Octobre 1791, des troubles éclatèrent à Ingersheim, le curé constitutionnel fut insulté. Le District de Colmar, estimant que les propos tenus par des particuliers contre le curé, et notamment par le Capucin Baumann, étaient de nature à troubler le repos et la traquillité publique, décida le 23 Octobre qu'il y avait lieu d'éloigner d'Ingersheim ledit Capucin à 5 lieues, dans le délai de 24 heures, avec défense de s'en approcher plus près, sous peine d'être conduit par la force publique où il appartiendra. Il se retira à Ribeauvillé d'où il écrivit, le 1er Novembre au Département que, condamné au bannissement sur une dénonciation nullement constatée, il demandait à être entendu. Le Département écarta cette demande, et le P. Irénée, banni de son pays natal, déclara aller fixer son domicile au District de Strasbourg en Mai 1792. Quand la loi du 26 Août eut été publiée, il prit à la Municipalité de Strasbourg un passeport pour la Suisse. Il fut hospitalisé à l'Abbaye de Muri en Mars 1793. On se hâta de l'inscrire sur le 3e supplément de la liste des émigrés, comme ayant eu son dernier domicile à Strasbourg ; l'émigration fut constatée par le Département le 19 Vendémiaire an II (10 Octobre 1793). Il rentra dans les premiers mois de 1795, comme beaucoup de prêtres déportés, mais la Convention, avant de se séparer, déclara par le décret du 3 Brumaire an IV (24 Octobre 1795) remettre en vigueur toutes les lois antérieures contre les réfractaires. Dès ce moment colonnes mobiles et gendarmes recommencèrent la chasse aux prêtres. Le P. Irénée fut arrêté dans les premiers mois de 1796, probablement à Ingersheim, avec l'ancien curé et amené en réclusion à Colmar où il resta jusqu'en Juillet 1797. Alors il revint à Ingersheim.

Mais il tombait sous le coup de la loi du 19 Fructidor an V ; il lui fallut se déporter de nouveau. Il prit un passeport à la Municipalité d'Ammerschwihr, le 4e complémentaire an V (20 Septembre 1797), et il se retira à Neubourg, dans le Margraviat de Bade, il avait alors 64 ans.

Le chagrin le fit tomber en enfance, comme l'atteste un certificat du Magistrat de Neubourg, du 17 Juin 1798. Ses parents demandèrent l'autorisation de le faire revenir à Ingersheim, où il vivrait sous la surveillance de la Municipalité. Pour toute réponse, le Ministre de la Police écrivit en marge de la pétition :

«Si les prêtres sortis en exécution de la loi étaient admis à rentrer sur des certificats d'infirmités survenues depuis, on les verrait bientôt rentrer en foule, et la loi serait illusoire. Ce

Capucin sexagénaire eut pu rester en réclusion. Il a préféré partir, lui-même a fixé son 'sort. Je ne pense pas qu'on puisse l'autoriser à rentrer». C'était une amère dérision de la part du ministre de reprocher au P. Irénée d'avoir préféré la déportation à la réclusion au collège de Colmar. Il était inscrit sur la liste des émigrés, par là-même il eut été déporté malgré lui. Au reste ceux qui étaient en réclusion étaient traités avec une brutalité sans pareille, et on finit par déporter à Auxerre des vieillards qui avaient dépassé 80 ans. La terreur du Directoire s'est montrée non moins inhumaine que la première.

Le P. Irénée trouva cependant à Neubourg des âmes charitables qui eurent pitié de son état et réussirent à lui rendre la santé; car il rentra en France quelques années plus tard, et le 4 Vendémiaire an IX (25 Septembre 1800), il fit à Colmar la promesse de soumission au Concordat. Dans son rapport au Ministre, le Préfet du Haut-Rhin le note comme résidant à Wittenheim, «homme tranquille, dit-il, d'une moralité sans reproche, il exerce les fonctions du culte». Il fut maintenu à Wittenheim, plus tard il fut envoyé à Michelbach-le-Bas, puis à Zæsingen, où il mourut le 3 Juin 1815 (1).

2 Ihler François Joseph, P. Armand de Thann, né le 19 Décembre 1723, profès le 6 Décembre 1745, Vicaire, alla demander asile à la Province des Capucins du Tyrol, dont le Nécrologe nous fournit la notice suivante :

«P. Armandus Ihler, Thannensis, Procenturionis in Legione Gallica filius, abjecto cingulo Castra Seraphica ingressus est in Provincia Alsatica, ubi Concionatoris ac Vicarii munera gessit. Quum in cruenta Galliæ revolutione sacra ac profana omnia sus deque verterentur, una cum aliis omnibus, qui nefarium jusjurandum pejerare renuebant, ejectus, in Helvetiam fugit pluribusque annis in urbe Olten moratus est. Irrumpentibus eo etiam Francis, illud monasterium relinquere coactus, ad nos venit jam senex. Benigne primum ut hospes exceptus, albo mox Provinciæ insertus fuit. Nec pœnituit. Erat enim vir bonus, pacificus, Superioribus ad nutum obediens. Otio præsertim inimicus, semper aut orabat aut manibus laborabat prout variarum artium peritia præstabat. Hac industria, labore scilicet ac somni pomeridiani fuga, se molestissimam melancholiam, qua juvenis affligebatur, felicissime fugasse asserebat. Plurimas pedum præsertim et asthmatis ægritudines mira patientia ac fortitudine tulit, et decennio fere inter nos optime exacto, hydropisi ad patriam non jampridem eripiendam abiit Imstii, 11 Martii 1808 »(2).

---

(1) Arch. Dép. Colmar L. 614. 620. 960. — V. 41. — Arch. Dép. Stras. Pensions. 1792. — Arch. Mun. Stras. Police. II. 421. — Arch. Nat. F 19 465. — F 7 7493 (1538). — Frayhier, 275. 423. 425. — Revue cath. d'Alsace, 1899, 53.
(2) Mortuarium Prov. Tyrol. Septentrionalis Capuc. IV. 12. — Inconnu à Frayhier ainsi que les quatre suivants.

(Il avait été lieutenant à l'armée royale de France, et avait quitté la carrière militaire pour entrer chez les Capucins où il était devenu prédicateur et vicaire du couvent de Soultz. La Révolution l'ayant contraint à s'exiler, il se réfugia en Suisse, où pendant plusieurs années il habita le couvent d'Olten. .. Plus tard il fut admis à faire partie de la Province du Tyrol. C'était un Religieux doux, pacifique, obéissant. Ennemi de l'oisiveté, il était constamment en prière ou au travail. Atteint de douleurs aux pieds, affligé d'une respiration très pénible, il montra une patience et un courage admirables. Il mourut d'hydropisie le 11 Mars 1808 à Imst (Tyrol) âgé de 81 ans dont 62 de religion).

3 ...., P. Luchesius d'Enschingen, né le 29 Novembre 1715, profès le 3 Juillet 1738. De 1759 - 1762 il a rempli la charge de Définiteur provincial. Il était à Soultz au moment de l'inventaire, mais comme on ne retrouve plus son nom sur les listes postérieures, en particulier sur celle du 6 Avril qui donne les noms des religieux avec le montant de leur pension, nous sommes portés à croire qu'il mourut avant cette date (1).

4 Daigue François Joseph, P. Paul de Wasselonne, né le 30 Mars 1717, profès le 30 Juillet 1736, resta à Soultz où on le rencontre jusqu'à sa mort. A une époque que nous ne pouvons pas préciser, il fut mis en arrestation au collège de Colmar. Il réclama sa liberté, disant qu'il n'avait jamais exercé de fonctions, et qu'il n'avait vécu que de sa pension ; il n'avait d'autre infirmité que son âge de 78 ans. Mais son nom ne figure sur aucune liste. Quoi qu'il en soit, il revint à Soultz où il mourut le 11 Messidor an V (29 Juin 1797) (2).

5 Séraphond ...., P. Théodose de Colmar, né le 9 Janvier 1730, profès le 18 Février 1754, avait été Missionnaire Apostolique en Amérique. Il mourut au couvent de Soultz en Juin ou Juillet 1790, avant l'inventaire (3).

6 Anselme François Nicolas, P. Jean Paul de Colmar, né le 31 Octobre 1738, s'exila de bonne heure et mourut en déportation.

7 Juedlin Valentin, P. Théobald de Thann, né le 25 Décembre 1742, se déporta, et l'on trouve son nom sur la liste des émigrés à la date du 5 Juin 1793. Mais il n'était parti qu'en exécution de la loi du 26 Août 1792, et il avait pris un passeport le 22 Octobre suivant. Néanmoins les biens de son père, André Juedlin, le vieux, boulanger à Thann, avaient été mis sous séquestre. Aussi celui-ci adressa une pétition au Département, demandant que,

---

(1) Arch. Générales de l'Ordre des Capucins à Rome.
(2) Arch. Dép. Colmar L. 615. 617. 630. 864. 865. 866. 924. — Gasser, *L'Église et la paroisse de Soultz*, Rev. d'Alsace, 1905.
(3) Arch. Dép. Colmar L. 613. — État civil de Colmar.

vu la date du passeport de son fils, il fut réputé déporté et non émigré. Le Département accueillit la demande, le 14 Vendémiaire an V (5 Octobre 1796). Le P. Théobald ne tarda pas à rentrer, il se retira à Buhl. Mais ce fut pour reprendre l'année suivante le chemin de l'exil avec un passeport de la Municipalité de Soultz du 2 Vendémiaire an VI (23 Septembre 1797). Le 7 Vendémiaire an IX (28 Septembre 1800), il faisait à Colmar la promesse de fidélité à la Constitution de l'an VIII, et était revenu à Thann. « Sacerdos pietate et moribus insignis », disent les Archives de l'Évêché. Plus tard il fut nommé curé de Vieux-Thann, il se retira en 1815 et mourut le 13 Avril 1825 (1).

8 Gœttelmann François Joseph, P. Léopold de Meistratzheim, né le 13 Mars 1755, se déporta et ne reparut qu'au Concordat où on le voit curé de Dieffenbach. En 1812, il fut nommé chapelain des Trois-Épis, où il mourut le 9 Février 1823. Une dalle funéraire, qui se trouve dans le mur (côté extérieur) de la chapelle du pèlerinage, indique le lieu de son repos (2).

9 Kessler François Joseph Michel, P. Charles Marie de Landser, né le 16 Décembre 1753, était à Soultz au moment de l'inventaire, mais peu après il fut envoyé aux Trois-Épis où il resta jusqu'à la fermeture de la chapelle (Octobre 1791). Cependant il avait déclaré au District de Colmar vouloir se retirer au District de Belfort. On le voit à la même époque à Labaroche, mais il ne tarda pas à se déporter. En 1796 on le trouve à Appenzell (Suisse). Il ne rentra qu'au Concordat. Il fut nommé vicaire à Turckheim, et en 1805 curé de Wintzenheim, où il mourut le 29 Novembre 1825 (3).

10 Richard Louis, P. Simon de Grentzingen, né le 8 Août 1748, prêta serment, et devint vicaire de Moguntz à Soultz. Le 20 Juillet 1791, il fut élu à Colmar curé de Wuenheim par 142 voix sur 144 votants, il y resta jusqu'en Juillet 1793, il devint à cette date curé de Niedermorschwihr, puis il disparaît (4).

11 Loetsch Jean, P. Norbert d'Ensisheim, né le 16 Juin 1756, émigra et ne rentra qu'au Concordat. Il fut nommé vicaire à Ensisheim, curé de Hombourg, de Bantzenheim en 1817, de Chalampé en 1834. Il se retira, et mourut à Ensisheim le 22 Août 1836 (5).

(1) Arch. Dép. Colmar L. 484. 618. 1077. — V. 41. — Arch. Évêché Enquête de l'an XII. — Frayhier, 285. 418. 435.

(2) Frayhier, 307. 409. — Scherlen, *Les Trois-Épis*, 31.

(3) Arch. Dép. Colmar L. 804. 925. — Chan. Beuchot, *N. Dame des Trois-Épis*, 133. — Frayhier, 311. 419.

(4) Arch. Dép. Colmar L. 614. 615. 864. 866. 925. — Gasser, *L'Église et la paroisse de Soultz*, Rev. d'Alsace, 1905. — Frayhier, 203.

(5) Arch. Évêché Enquête de l'an XII. — Frayhier, 313.

Frères convers.

1 Kieffer Jean Michel, F. André de Schæffersheim, né le 24 Septembre 1718, profès le 13 Janvier 1751, resta en 1791 dans le District de Colmar, et il se fixa en Janvier 1792 à Schæffersheim, District de Benfeld, où on l'autorisa à toucher sa pension après qu'il aurait déclaré devant le juge de paix qu'il n'avait pris part à aucune dilapidation de deniers ni à la distraction d'aucun papier ou tous autres effets quelconques. Ensuite il disparait (1).

2 Luth Jean, F. Marcel de Griesheim, né le 21 Février 1730, profès le 7 Février 1755, reste à Soultz jusqu'en 1795, puis on le trouve à Obernai en 1799 (2).

3 Hug Mathieu, F. Jérémie de Wettolsheim, né le 21 Septembre 1728, profès le 18 Février 1755, était encore à Soultz en 1796 (3).

4 Mislin . . . ., F. Antoine d'Ensisheim, né le 6 Janvier 1743.

5 Jung Jacques, F. Maur de . . . . ., né le 10 Septembre 1753, fut accusé d'avoir à différentes reprises tenu des propos séditieux contre l'évêque et les prêtres constitutionnels. Il fut mis en arrestation, mais la procédure fut annulée par le décret du 14 Septembre 1791 ; il se retira en 1792 au District de Benfeld. On ne le retrouve plus qu'en 1817. Il arrive d'Allemagne, et il vient réclamer sa pension qui lui est liquidée à Colmar à la somme de 300 francs. Les années suivantes il obtient un secours du Gouvernement à la demande de l'Évêque de Strasbourg (4).

Mindler Jacques, natif d'Egelfingen, en Haute-Autriche, attaché depuis 20 ans au service des Capucins de Soultz, en qualité de *frère à chapeau*, sans avoir fait de vœux, demanda une pension. Le District de Colmar lui répondit qu'en vertu des décrets il n'y avait aucun droit, qu'au surplus le suppliant était d'âge à gagner sa vie par son métier de tailleur (5).

---

(1) Arch. Dép. Colmar L. 854. 925. — Arch. Dép. Stras. Dir. Dép. Reg. 17, 23 Février 1792.

(2) Arch. Dép. Colmar L. 804. 864. 865. 866. 925. — Arch. Dép. Stras. Pensions, Liasse 392. — Gasser, *L'Église et la paroisse de Soultz*, Rev. d'Alsace, 1905.

(3) Arch. Dép. Colmar L. 864. 865. 866. 615. 680.

(4) Arch. Nat. BB 3 931. — F 19 1142 ; 1172 8 — Arch. Dép. Colmar L. 631. 864. V. 37.

(5) Arch. Dép. Colmar L. 611. — L'Assemblée avait en effet décidé que les *Frères à Chapeau* n'avaient droit à aucune pension, à la différence des Frères Donnés qui pouvaient présenter un acte d'affiliation à l'Ordre revêtu de la signature du Supérieur du couvent.

17. Couvent de Landser.

1 Guntz François Martin, P. François Antoine de Scherwiller Gardien, né le 11 Novembre 1741, profès le 3 Septembre 1761, accepta sur la demande de la Municipalité de Landser de continuer à résider au couvent. Mais le Département mit opposition à ce séjour du P. Gardien comme contraire à l'arrêté qui ordonnait l'évacuation du couvent. Le P. François resta dans le District d'Altkirch jusqu'en 1792, il prit alors un exeat pour celui de Benfeld. Il se déporta après la loi du 26 Août avec un passeport qu'il prit à Strasbourg et l'on signale son passage à l'Abbaye de Muri dans les premiers mois de 1794. Il fut porté sur la liste des émigrés le 10 Octobre 1793. Il revint au Concordat à Scherwiller, y resta comme primissaire et y mourut le 6 Juin 1828. En outre de sa pension de religieux fixée à 267 francs, il obtint, en raison de son âge et ses infirmités un secours du Gouvernement, à la demande de l'Évêque de Strasbourg (1)..

2 Hoog François, P. Alain de Dietwiller, Vicaire, né le 20 Juin 1736, profès le 13 Août 1755, alla à la maison de vie commune de Neuf-Brisach, puis à celle de Lucelle, où il était encore en Mai 1792. La vie commune y étant devenue impossible, il alla chercher un asile à l'étranger, et il arriva à Rome. La Commission chargée de distribuer les émigrés, le plaça au Couvent des Capucins du Mont-Calvaire, à Bologne. Il mourut en déportation (2).

3 Weber François, P. Sévère de Thann, né le 21 Septembre 1717, profès le 6 Novembre 1739, resta au couvent après le départ des religieux. François Joseph Meyer, aubergiste à Landser et locataire du couvent, demanda au Département que le P. Sévère et le F. Justin « eu égard à leurs infirmités et pauvreté » pussent occuper gratuitement l'appartement dudit couvent à eux assigné, et ce pendant la durée de son bail. Ils y seraient probablement restés longtemps, car en tant que religieux sexagénaires non assujettis au serment, ils ne pouvaient être reclus que sur la dénonciation de six citoyens domiciliés dans le Département. Il ne fut pas difficile de trouver ces signatures, et le P. Sévère fut envoyé en réclusion à Colmar dans les premiers mois de 1792. Il fut dispensé du voyage de Chaumont ainsi que 8 autres reclus, qui furent laissés à Ensisheim. On comprend cette exemption,

---

(1) Arch. Dép. Colmar L. 614. 739. — Arch. Nat. AD XI 11 ; F 19 1172 B — *Tableau Gén. des Pensions*, Paris, 1817. — Frayhier, 282. 409. — Arch. de l'Abbaye Muri.

(2) Arch. Dép. Colmar L. 739. 864. — Le Rohellec, *Liste des Ecclésiastiques réfugiés dans les États Pontificaux*, 166.

quand on lit sur un état des prisonniers qu'il était paralysé du bras et du pied gauche. Ils furent réintégrés à Colmar en Août 1794, et ce n'est qu'en Avril 1795, que le P. Sévère fut libéré, et relégué à Landser. Mais il avait dû faire la promesse d'y vivre tranquille et soumis aux lois de la République, et sous la surveillance de la Municipalité. Il avait reçu l'hospitalité chez le citoyen Michel Wendling, laboureur, qui le garda chez lui pendant l'année 1795. Mais le décret du 3 Brumaire an IV (24 Octobre 1795) atteignait encore ce vénérable vieillard, paralysé et âgé de près de 80 ans. La Municipalité du Canton avait plaidé sa cause auprès du Département, et elle avait demandé qu'il fut laissé en résidence à Landser. Le Président Monnin répondit par une lettre sèche et brutale: «L'article 10 de la loi du 3 Bumaire commandant impérieusement l'exécution des lois rendues en 1792 et 1793 contre les prêtres réfractaires, sexagénaires et infirmes, et ledit Weber y étant compris, nous ne pouvons que vous inviter à leur stricte exécution».

C'était l'arrêt de mort de ce malheureux vieillard qui mourut à Colmar le 9 Fructidor an IV (26 Août 1796) (1).

4 Muller Jean Pierre, P. Marquard de Tagolsheim, né le 21 Juin 1726, profès le 21 Avril 1745, résida à Walheim en 1792, et peut-être les années suivantes. Il ne prit de passeport qu'après la loi de Fructidor, le 2e Complémentaire an V (18 Septembre 1797), et un état des émigrés et déportés du Canton d'Altkirch du 7 Nivôse an VI (27 Décembre 1797), ledit parti pour la Suisse. Au Concordat, il se retira à Zillisheim. «Homo senex propter exantlatos labores æstimandus», disent les Archives de l'Évêché. Il y mourut le 31 Janvier 1814 (2).

5 Rœsslin . . . . . ., P. Fortunat d'Altkirch, né le 9 Juillet 1725, profès le 14 Septembre 1745, se retira dans son pays natal, et il demanda d'être dispensé d'aller à Colmar en exécution de l'arrêté du 2 Novembre. Le Procureur Syndic lui répondit le 22 Novembre : «En attendant, Monsieur, que le Département ait fait vérifier particulièrement ce que vous lui exposez, que vous êtes trop âgé et trop infirme pour vous rendre à Colmar, et que d'ailleurs vous vous êtes toujours conduit paisiblement, il vous est libre de rester à Altkirch jusqu'à ce qu'il en ait été autrement ordonné». La Providence en ordonna autrement. Sur un État des religieux pensionnés au District d'Altkirch dans les premiers mois de 1791, le nom du P. Fortunat figure, mais avec la mention : *Mort* (3).

---

(1) Arch. Dép. Colmar L. 615, 617. 618. 924. — Chan. Beuchot, *Les prêtres sexagénaires du Haut-Rhin*. — Rev. cath. d'Alsace, 1898, 1899. — État civil de Colmar. — Inconnu à Frayhier.

(2) Arch. Dép. Colmar L. 484. 620. 739. — Frayhier, 425.

(3) Arch. Dép. Colmar L. 614. 739. — Inconnu à Frayhier ainsi que le suivant.

— 243 —

6 Tritsch . . . , P. Wenceslas de Baldersheim, né le 15 Mai 1727, profès le 28 Août 1749, est porté sur la même liste que le précédent avec la mention : *Mort*, le 27 Février 1792 à Riedisheim.

7 Mayer Thibaut, P. Projectus de Heimsbrunn, né le 10 Janvier 1722, profès le 20 Décembre 1750, s'était retiré à Heimsbrunn, quand après la loi du 26 Août, il fut amené en réclusion au collège de Colmar, transféré à Ensisheim en Avril 1793, et de là à Chaumont où il mourut le . . . . . (1).

8 Wermelinger François Joseph, P. Diethlandus d'Ensisheim, né le 26 Janvier 1732, profès le 21 Novembre 1751, vint à Ensisheim en 1791, et toucha tous ses quartiers de cette année à Colmar. Son confrère, Hagé, curé intrus d'Ensisheim, lui donna un certificat de résidence, qui lui permit d'éviter l'internement à Colmar. Cependant il fut emprisonné en l'an II, à Colmar, pour une cause que nous n'avons pas pu découvrir, et quand il eut été libéré en Vendémiaire an III (Septembre 1794), par un arrêté du Représentant Foussedoire, il adressa une pétition au Département pour demander mainlevée des scellés apposés sur ses meubles par la Municipalité d'Ensisheim. Il continua d'y résider malgré les dénonciations, avec plusieurs de ses confrères réfractaires comme lui, ainsi que nous l'avons dit à propos du P. Népomucène Wilhelm. Quand parut le décret de Fructidor il écrivit au Département que suivant le certificat de l'agent de la commune d'Ensisheim, il n'avait jamais été émigré ni déporté, qu'étant sexagénaire et infirme, il ne croyait pas tomber sous le coup de la loi ; il demandait, vu son âge, à être mis en réclusion à Colmar. Après réflexion, et entraîné probablement par ses confrères d'Ensisheim, il préféra la liberté, il retira les pièces déposées au Département, et prit un passeport pour la Suisse le 2 Vendémiaire an VI (23 Septembre 1797). Il rentra en France en 1802, il fit sa soumission au Concordat le 8 Prairial an X (27 Mai 1802), et fut nommé vicaire à Ensisheim. Il y remplit ses fonctions «cum zelo et fructu», disent les Archives de l'Évêché, et mourut le 5 Août 1807 (2).

9 Duerr Sébastien, P. Othon de Réguisheim, né le 30 Janvier 1738, profès le 13 Septembre 1761, fut élu le 14 Septembre 1791, à Colmar, curé de Bilzheim, mais il refusa cette nomination et resta néanmoins dans le District de Colmar. Le 6 Juillet 1792, il prit un passeport pour la maison de vie commune de Lucelle qui était sur le point d'être fermée, mais il n'y alla point. Il attendit les événements, et ce n'est qu'en Mai 1793, qu'il prit un nouveau passeport à la Municipalité de Niederhergheim, et se réfugia en Suisse. Son passage est signalé à l'Abbaye de Muri

(1) Arch. Dép. Colmar L. 739. — Chan. Beuchot, *Les prêtres sexagénaires du Haut-Rhin*. — Rev. cath. d'Alsace, 1898. 1899. — Frayhier, 289.

(2) Arch. Dép. Colmar L. 614. 924. 123. 620. 631. 864. 925. 414. — Arch. Nat. F7 7284. 7986 (9224). — État civil d'Ensisheim. — Arch. Évêché Enquête de l'an XII. — Frayhier, p. 325. 412.

en 1793. Il fut porté sur la liste des émigrés, aussi quand il revint une première fois en 1796, il dut multiplier les démarches, les certificats et les attestations pour faire admettre qu'il était déporté et non émigré. Il dut repartir une deuxième fois après la loi de Fructidor avec un passeport délivré à Meyenheim le 3ᵉ Complémentaire an V (19 Septembre 1797). Il revint à Meyenheim en 1801, et fit la promesse de soumission au Concordat. «Il jouit de la confiance», écrit le Préfet à son sujet. Cependant à cause de son âge il n'accepta aucun poste, et il mourut à Meyenheim le 24 Décembre 1813 (1).

10 Gass François-Xavier, P. Gélase de Molsheim, né le 2 Mai 1757, profès le 21 Janvier 1779, se retira à Ottmarsheim, où on le voit en 1792, puis il se déporta, car on ne le retrouve plus pendant la Révolution. Nommé curé de Niederaspach en 1813, il y mourut le 25 Septembre 1825 (2).

11 Roth Joseph Henri, P. Pierre de Pfaffenheim, né le 3 Juin 1754, profès le 15 Mars 1780, fut dénoncé au Tribunal de Colmar dans les premiers mois de 1791, pour les faits consignés dans une requête de plainte ainsi conçue: « L'accusateur public près le Tribunal de Colmar est informé que *Frère Pancrace*, sous-diacre au ci-devant Couvent des Capucins de Landser, a disparu immédiatement après son retour au couvent de son voyage à Colmar chez M. l'évêque du Haut-Rhin; que ledit frère, voulant retirer de chez lesdits Capucins les effets qu'il y avait laissés, a été avec deux de ses confrères séduit par les ruses les plus criminelles des chefs, et ensuite conduit par leurs ordres hors de sa patrie ; que parmi les Pères fanatiques qui habitent le couvent, le nommé *Pierre* a donné des preuves non douteuses de son antipatriotisme, et de son aversion pour la Constitution, en tenant au village de Habsheim des propos si séditieux, que la Municipalité et le Juge de paix l'en ont fait chasser ; pour ces causes requiert qu'il lui soit donné acte de sa plainte, lui permettre de faire informer par devant l'un des juges contre les auteurs et complices de la sédition et enlèvement dont s'agit, circonstances et dépendances, et attendu qu'il pourrait se trouver au Couvent desdits Capucins des pièces, papiers et autres effets qui pourraient servir au procès, ordonner que par le même Commissaire la recherche en sera faite, ainsi que dudit *frère Pancrace*, de quoi sera donné procès-verbal : et que *P. Pierre*, pour raison des faits ci-dessus détaillés, soit mis en état d'arrestation dans la maison d'arrêt de Colmar pour être ouï et interrogé sur les faits détaillés au présent réquisitoire. Jugement en forme intervenu sur ledit réquisitoire le 6 Août 1791.

---

(1) Arch. Dép. Colmar L. 631. 964. 621. 614. 439. — V. 41. — Arch. Nat. F 19.866; AD XII 11. — Arch. Évêché Enquête de l'an XII. — Arch. de l'Abbaye Muri. — Frayhier, 279, 413.

(2) Arch. Dép. Colmar L. 789. — Frayhier, 281.

D'après la perquisition et l'information qui ont eu lieu, le Tribunal a rendu le 23 dudit mois d'Août un jugement par lequel il a été ordonné que ledit P. Pierre sera élargi de la maison d'arrêt de cette ville, avec injonction d'être à l'avenir plus circonspect et plus soumis aux lois, à peine d'être poursuivi comme perturbateur du repos public».

Nous retrouverons plus loin ce *F. Pancrace*, qui se nommait en réalité *F. Bonagratia*, et nous verrons ce qu'il devint pendant la Révolution. Quant au P. Pierre, qui fut le premier Capucin emprisonné en Alsace, il était coupable aux yeux de la loi d'avoir empêché un de ses jeunes confrères d'adhérer au schisme, et de lui avoir procuré le moyen de passer à l'étranger, où plus tard il reçut les ordres sacrés. Voilà ce que l'Accusateur public appelait: sédition et enlèvement, et ce qui valut au P. Pierre quelques jours de prison. Cette procédure et autres semblables pour délits antirévolutionnaires furent annulées par le décret du 14 Septembre 1791.

Cependant le P. Pierre, comprenant que la situation devenait difficile au couvent de Landser après ces événements, renonça à la vie commune. Il resta encore quelques mois dans le District de Colmar, et puis il se fixa dans celui de Benfeld. Après la loi du 26 Août, il prit le chemin de l'exil, et on le trouve à Einsiedeln, «logé chez le S. Bodenmuller». Il est inscrit sur la liste des émigrés à la date du 21 Ventôse an II (11 Mars 1794). Mais comme beaucoup d'autres, le P. Pierre se risqua à rentrer en France. Une dénonciation faite à la Municipalité de Guebwiller, le 13 Thermidor an II (31 Juillet 1794) signale la présence dans cette commune de prêtres réfractaires, en particulier d'un certain Capucin, dit P. Pierre, natif de Pfaffenheim. Il s'en trouve également d'autres cachés à Guebwiller «qui est le lieu de refuge de tous les prêtres réfractaires, vu qu'on leur y a ménagé des tanières souterraines, qu'il est presque impossible de découvrir, si on ne les connaît pas». Le P. Pierre se trouvait encore à Pfaffenheim au moment de la déportation de Fructidor an V. Une liste d'émigrés et de déportés du Canton d'Eguisheim le signale au mois de Juillet suivant dans sa paroisse natale. «On ne sait s'il a pris un passeport, ni s'il est parti». A partir de ce moment nous perdons la trace du P. Pierre de Pfaffenheim (1).

12 Richert Jean Georges, P. Cyrille de Colmar, né le 23 Septembre 1762, profès le 23 Septemdre 1783, resta successivement dans les Districts de Colmar, Altkirch et Benfeld jusqu'en 1792. Il disparaît ensuite jusqu'au 5 Prairial an X (24 Mai 1802), jour où il

____

(1) Arch. Nat. BB3 81 ; AD XII. — Arch. Dép. Colmar L. 118. 631. 864. 975. — Arch. Dép. Stras. Dir. Dép. Reg. 21, 20 Janvier 1792. — Chan. Beuchot, *Le clergé de la Haute-Alsace en exil pendant la Révolution*, Rev. cath. d'Alsace, 1895. — Frayhier, 292.

fait sa soumission au Concordat. Il fut nommé curé de Niederhergheim, où il mourut le 21 Septembre 1818 (1).

13 Stimpfling Ignace, F. Romain de Bernwiller, né le 20 Avril 1764,
profès le 31 Mai 1787, était étudiant au Couvent de Landser, et
déjà dans les ordres. Il se fixa après sa sortie du Couvent à Bernwiller. Il se donnait le titre de *diacre constitutionnel*, et il n'hésita pas à se jeter dans les luttes qui divisaient sa commune. A
la date du 4 Décembre 1791, il écrivait aux Administrateurs du
Département : « Le soussigné, Ignace Stimpfling, diacre consti-
titutionnel du Haut-Rhin, pemeurant à Bernwiller, déclare qu'audit Bernwiller, où toute la Municipalité ainsi que les citoyens
excepté dix ménages, sont du côté des non-conformistes, il arriva
avant dix jours que deux cavaliers de la maréchaussée de la Brigade
de Cernay, ont enlevé par force, sans doute avec ordre de la Municipalité, les fusils aux quatre gardes nationaux patriotes, les seuls
qui se soient dévoués pour le service dans ledit lieu. Comme ce
procédé décourage entièrement le peu de patriotes qui y restent,
le déclarant croit de son devoir de recourir à votre autorité,
et vous prie, Messieurs, pour l'amour de la patrie d'y porter
votre attention, et de prendre à cet égard tel parti que votre
sagesse vous inspirera,

Abbé Stimpfling.

Le 16 Novembre 1792, il déclara au District qu'il allait fixer
sa résidence au Séminaire de Saint-Dié. Il avait déjà fait partie du Séminaire du Haut-Rhin, mais pour des raisons que
nous ignorons il préféra Saint-Dié à Colmar. C'est là qu'il
fut ordonné prêtre par l'évêque des Vosges Maudru, le 2 Mars
1793, après quatre mois de Séminaire. Il vint le 13 Mai se fixer
à Odern, ayant déclaré au District qu'il avait obtenu un vicariat.
Il fut emprisonné l'année suivante avec les autres prêtres constitutionnels, à Besançon et à Ribeauvillé; il revint à Odern où il
resta six ans et de là à Wuenheim qu'il desservit jusqu'au Concordat. Il fut alors nommé à Oberbruck, ensuite à Waldighoffen,
puis en 1811 vicaire résidant à Bisel. C'est pendant qu'il était
dans cette paroisse qu'il rétracta son serment. En 1816, il fut
nommé curé d'Oberbruck, où il mourut le 11 Avril 1829 (2).

14 Elser Joseph Ignace, F. Bonagratia de Colmar, né le 9 Septembre
1768, profès le 14 Septembre 1789, est le même que le *F. Pancrace*
dont nous avons parlé dans la notice du P. Pierre de Pfaffenheim. Il n'était pas Cordelier, ni Récollet de Sélestat, et il n'était
pas né à Sainte-Croix-en-Plaine mais à Colmar le 9 Septembre 1768,

<hr>

(1) Arch. Nat. F 7 7986 (9224). — Arch. Dép. Colmar L. 864. 925. — Frayhier,
291. 413.

(2) Arch. Dép. Colmar L. 41. 803. 904. — Arch. Évêché Enquête de l'an XII. —
Chan. Beuchot, *Le séminaire du Haut-Rhin pendant la Révolution*, Rev. cath.
d'Alsace, 1894, 358. — Frayhier, 206. 213. 389. 348. 434.

de Joseph « civis Colmariensis et sartoris ex Sancta Cruce oriundi » et de Marie Anne Brissler. Il était sous-diacre aux Capucins de Landser, et il s'était rendu auprès d'Arbogaste Martin évêque du Haut-Rhin, probablement dans l'intention de recevoir les Ordres. A son retour au couvent, détourné du schisme par ses confrères, il prit un passeport, et chercha un asile dans les couvents de Capucins de la rive droite du Rhin. On le trouve, par exemple, au couvent d'Engen (Bade). Il fut ordonné prêtre à Augsbourg, et exerça le ministère pendant quelque temps en Allemagne.

En Septembre 1795, il adressa une pétition au Représentant du peuple Tricot, dans laquelle il disait que, né à Colmar, il avait quitté le territoire français avec passeport le 13 Juillet 1790 (1), et passé en Allemagne dans l'Ordre de Saint François, où il aurait été ordonné prêtre ; qu'il serait rentré en France, le 15 Avril 1795, et entend exercer son état, après avoir fait sa soumission aux lois à Niederhergheim.

C'était une imprudence, que seule pouvait expliquer son ignorance des lois révolutionnaires.

Le 8 Vendémiaire an IV (29 Septembre 1795), le Directoire du District de Colmar, saisi de la requête, estima que Elser était un émigré rentré et que la loi devait lui être appliquée. En même temps, le Procureur Syndic du District écrivait au Procureur Général Syndic du Département qu'il ne perd pas de vue Elser, inscrit sur la liste des émigrés. «Il n'a pas de domicile fixe, et il vaut mieux attendre avant de chercher à l'arrêter, qu'on sache où il est. Envoyer copie de l'arrêté aux Municipalités, serait donner l'éveil à Elser qui serait ainsi prévenu ».

Il mena donc pendant deux ans la vie errante des Missionnaires en Alsace, ne sortant que la nuit, ne résidant jamais longtemps dans le même endroit pour éviter les indiscrétions, célébrant où cela était possible, dans les granges, les greniers, pour donner aux fidèles les secours de la religion. Dans cet intervalle il avait fait des démarches pour se faire rayer de la liste des émigrés. La demande était allée jusqu'au Ministre de la Police Générale, Cochon, qui répondit impitoyablement que Joseph Ignace Elser était maintenu sur la liste.

Le 27 Pluviôse an V (15 Février 1797), le Commissaire du Pouvoir exécutif près l'Administration centrale du Haut-Rhin notifia à Joseph Hassler, demeurant à Colmar, que son beau-

---

(1) Il veut dire 1791, car au 30 Décembre 1790, il était encore au couvent de Landser, et il déclarait comme tous les autres religieux « qu'ayant fait profession dans l'Ordre de Saint François, sans y avoir été forcé, il entendait vivre dans l'Ordre, y mourir, et qu'il ne quitterait le cloître à moins qu'il ne soit forcé par la force ».

frère Joseph Ignace Elser, émigré depuis le 13 Juillet 1791, restera inscrit sur la liste, les biens seront confisqués, et si, deux décades après la publication de cet arrêté, il était trouvé en France, il serait traité comme émigré rentré.

Il réussit encore à dépister les agents de la Police jusqu'à la loi du 18 Fructidor. Il se trouvait alors à Sainte-Croix-en-Plaine, et l'agent de la Commune demanda au Département s'il devait délivrer un passeport «Au Citoyen Joseph Ignace Elser, ci-devant Capucin, atteint par la loi du 19 Fructidor». Nous n'avons pas la réponse du Département, mais nous savons que le lendemain, 3 Vendémiaire an VI (24 Septembre 1797), le P. Elser prenait à l'Administration Municipale du Canton de Rouffach un passeport pour la Suisse.

Il ne revint qu'au Concordat, et fut nommé vicaire à Rosheim, puis curé d'Osenbach et en 1814 de Dessenheim, où il mourut le 17 Mars 1814 (1).

15 Posch François-Joseph, F. Amand de Soultz, né le 31 Mai 1770, vêtu le 12 Novembre 1787, non profès.

16 . . . . . . , F. Ange de Guebwiller. né le 10 Septembre 1770, vêtu le 12 Novembre 1787, non profès.

17 . . . . . , F. André d'Oberseebach, né le 15 Janvier 1770, vêtu le le 3 Mars 1788, non profès.

Frères convers.

1 Cavalier Antoine, F. Justin d'Ensisheim, né le 3 Mars 1726, profès le 18 Octobre 1753, était encore au couvent en l'an IV, quand les membres de l'Administration Cantonale vinrent mettre les scellés sur la porte de la bibliothèque, il fut constitué gardien. En l'an IX il était encore à Landser (2).

2 Weisskopf Louis, F. Martin de Colmar, né le 13 Janvier 1730, profès le 5 Août 1755, était au couvent de Neuf-Brisach au moment de l'inventaire. Il opta pour la vie commune et il arriva à Landser quelque temps après l'inventaire de cette maison, où il fit la même option. Il se retira à Colmar et fut mis en réclusion à Ensisheim avec les prêtres sexagénaires. Après l'an IV, on le voit encore à Colmar (3).

3 Schmitt Pierre, F. Paul de Soppe-le-Haut, 56 ans en 1790. Ayant refusé de prêter le serment, il fut condamné à la réclusion par le Tribunal criminel du Bas-Rhin, le 8 Floréal an IV (17 Avril 1796). Plus tard il fut libéré. Pour se conformer à la loi du

---

(1) Arch. Dép. Colmar L. 489. 617. 1049. — Arch. Évêché Enquête de l'an XII. Frayhier, 305. 407.

(2) Arch. Dép. Colmar L. 628.

(3) Arch. Dép. Colmar L. 631. 625. Frayhier, 296. - Revue cath. d'Alsace, 1898, 905.

19 Fructidor an V, il prit un passeport à la Municipalité de
Sélestat, le 4 Vendémiaire an VI. Dès le lendemain, à cause de
ses infirmités, il rétracta la déclaration contenue dans son passeport et opta pour la réclusion. Le 1ᵉʳ Octobre 1797 nous le retrouvons à la prison de Strasbourg. Puis nous le perdons de vue (1).

4 Boda François Joseph Louis, F. Fidèle de Massevaux, né le
26 Avril 1742, profès le 29 Septembre 1767, était encore à
Landser en l'an VI (2).

5 Scheer François, F. David de Schæffersheim, né le 2 Juillet
1761, profès le 6 Novembre 1787, disparaît pendant la Révolution.
On ne le retrouve qu'en 1820, à l'hospice civil de Strasbourg.
L'Évêque sollicite pour lui un secours du Gouvernement. Il y
mourut du typhus le 22 Mars 1823 (3).

6 Schmiderlé Jean Jacques, F. Maurice de Soultz, né le 26 Février
1762, profès le 6 Novembre 1786, après être resté quelque temps
à Landser où il exerçait la profession de jardinier, déclara se
fixer à Soultz. Il passa à l'étranger en 1793, car on signale son
passage à l'Abbaye de Muri vers la fin de l'année (4).

---

18. Couvent de Neuf-Brisach.

1 Fabri François Joseph, P. Remi de Sélestat, né le 30 Mars 1747,
Gardien, ne prêta pas le serment quand on l'exigea pour la
première fois des fonctionnaires publics. Il semble même avoir
été disposé à se déporter comme le grand nombre de ses confrères,
car il se réfugia à l'extrême frontière de l'Alsace, à proximité de
la Suisse. C'est à Oberlarg que les gendarmes de Ferrette vinrent
lui notifier la loi du 26 Août 1792, avec ordre d'avoir à s'y conformer. Le 31 Décembre de cette année il n'avait pas encore
prêté le serment, et il lui était facile de s'y soustraire. Il préféra
le schisme, et dans le cours de 1793 nous le trouvons curé de
Bettendorf, où il resta jusqu'en 1798. Il n'évita pas cependant
l'emprisonnement et il fut du nombre des prêtres constitutionnels incarcérés à Besançon et Ribeauvillé.

De Bettendorf, il vint à Sierentz où il était au moment du
Concordat, et dont il fut nommé curé légitime. En 1816 il n'avait

---

(1) Arch. Mun. Stras. IV 44 (État des prêtres non assermentés détenus dans la
maison de justice de la commune de Strasbourg pour être jugés). — IV 45
L. Collège national. — Arch. Mun. Sélestat, Registre des passeports II, 33.
Chan. Gass, *Erlebnisse eines elsæssischen Jesuiten wæhrend der Revolution*, 40.
(2) Arch. Dép. Colmar 628.
(3) Arch. Dép. Stras. État civil de Schæffersheim. — Arch. Évêché. — Frayhier,
320. — Arch. Mun. Stras. État civil Décès.
(4) Arch. Dép. Colmar L. 628. 631. 864. 865. 866. — Arch. de l'Abbaye Muri.

pas encore rétracté son serment, et ce n'est que sous la menace de l'interdit qu'il se décida à cette rétractation. Il mourut le 17 Mars 1817 (1).

2 Gourmand Joseph, P. Joseph-Marie de Strasbourg, vicaire, né le 30 Décembre 1749, paroisse Saint-Laurent, son père habitait Fort-Louis du Rhin. Il vint aux Trois-Épis après la dispersion, et quand le Département eut ordonné l'expulsion des Capucins du pèlerinage, et la fermeture de la chapelle, c'est le P. Joseph qui reçut M. Rémy, Membre du District désigné pour cette opération.

«Sur la sommation à moi faite par le S. Commissaire, je lui ai remis les clefs des deux portes extérieures de l'Église des Trois-Épis, qu'il a fermées cejourd'hui, 9 Décembre 1791, et comme il n'y a d'autre entrée à l'Église que par la petite porte de la sacristie, il m'en a laissé la clef, et m'a de plus laissé une copie de l'arrêté du Département pour pouvoir m'y conformer.

Joseph Marie Gourmand.»

Il ne quitta pas aussitôt le pèlerinage, et ce n'est que le 6 Juillet 1792 qu'il prit au District un passeport pour Lucelle.

Il y arriva le 8 Août, et voyant quelle sorte de vie commune la loi offrait aux religieux désireux de vivre en communauté, il préféra aller chercher une vraie vie de couvent, et il passa la frontière.

Nous ne le retrouvons plus qu'en l'an VIII (1800). Il est à Wintzenheim et il produit les pièces nécessaires pour la liquidation de sa pension, puis il disparaît (2).

3 Wilhelm Jean Frédéric, P. Hyacinthe d'Ensisheim, né le 27 Décembre 1709, profès le 6 Juillet 1734, toucha ses quartiers au District de Colmar pendant l'année 1791, ensuite il disparaît. Il est possible que, malgré son âge de 83 ans, il ait cherché un asile à l'étranger ; il est certain toutefois que nous ne trouvons pas son nom sur les listes des reclus à Colmar, à Ensisheim et ailleurs. Est-ce lui ou son homonyme et compatriote, le P. Jean Népomucène Wilhelm, qui prend un passeport pour la Suisse le 2 Vendémiaire an VI (23 Septembre 1797) ? Nous l'ignorons. Quoi qu'il en soit, il ne revint plus et mourut en déportation (3).

4 Gaillot Jean-Baptiste, P. Yves de Colmar, né le 19 Février 1728, profès le 10 Mars 1748, se retira à Colmar, et il fut mis en réclusion au collège de cette ville, vers la fin de 1792. Il fut du nombre des 32 reclus que l'on transféra d'Ensisheim à

---

(1) Arch. Dép. Colmar L. 616. 627. 739. - Fr. Joseph Fuess, *Die Pfarrgemeinden des Cantons Hirsingen*, 429. — Frayhier, 192. 341. 347. 424.
(2) Arch. Mun. Stras. État civil. — Arch. Dép. Colmar L. 864. 924. — 2. H. 3. — V. 37. — Frayhier, 307, dit qu'il mourut en 1810.
(3) Arch. Dép. Colmar L. 424. 864. — Inconnu à Frayhier.

Chaumont pendant l'hiver de 1793. Il est certain qu'il y arriva, car on trouve son nom sur le registre d'écrou : J..B. Gayot, Capucins. Mais on ne le retrouve plus sur les dernières listes de présence dans la Haute-Marne. Il mourut donc à Chaumont en 1793 (1).

5 Frey Paul, P. Mathias de Hattstatt, né le 3 Mai 1720, profès le 21 Novembre 1750, disparaît en 1792, réfugié probablement à l'étranger (2).

6 Fortmeister François Joseph, P. Maximin de Battenheim, 42 ans en 1790, disparaît aussi en 1791.

7 Klein Georges, P. Antoine du Val-de-Villé, 44 ans en 1790, prêta serment et fut élu, le 15 Novembre 1791, dans l'église des Dominicains de Colmar, curé de Wolfgantzen, à la place de son confrère le P. Justinien Saly qui avait refusé ce poste. Il administra la paroisse jusqu'au mois de Février 1792, il adressa alors au Maire et aux Officiers Municipaux de Wolfgantzen la lettre suivante :

Messieurs,

J'ai été nommé par le corps électoral du District de Colmar, le 15 Novembre dernier, votre curé ; en conséquence de cette nomination, j'ai à votre scandale et à celui de tout catholique romain, prêté le serment réprouvé par l'Église. J'ai péché : je reconnais et confesse mon parjure et mon indigne défection. Je rétracte mon serment impie, et j'en fais amende honorable à Dieu que j'ai offensé ; à l'Église, à la voix de laquelle j'ai désobéi ; au sacerdoce, que j'ai profané ; à mon Ordre, que j'ai déshonoré ; à votre légitime pasteur, dont j'ai usurpé la place contrairement aux lois de l'honneur et par la plus sacrilège intrusion ; enfin vous, Messieurs, et à toute votre commune que j'ai induite dans le schisme.

Je vous prie, Messieurs, de donner communication de ma présente rétractation à votre commune, comme de mon côté je la rendrai publique. Soumis à la direction de l'Église, émanée de son chef visible, je remercie le Seigneur qui m'a fait la grâce de me rappeler dans les voies de la vérité et du salut. Oui ! dussé-je souffrir toutes les persécutions, le dénuement, la calomnie, la faim, la misère, la mort même ; acceptant tous ces maux en esprit de pénitence, je m'écrierai : C'est le Seigneur qui me châtie dans sa miséricorde. Les larmes aux yeux, et le cœur

_____

(1) Arch. Dép. Colmar. — Chan. Beuchot, *Les prêtres sexagénaires et infirmes du Haut-Rhin pendant la Révolution*, Rev. cath. d'Alsace, 1898, 847. 909. — Arch. Mun. de Chaumont. Liste d'écrou. Communication de M. le Chan. Bresson, de Langres. — Inconnu à Frayhier.

(2) Inconnu à Frayhier ainsi que le suivant.

pénétré de douleur, je lui demanderai la persévérance, espérant que de votre part vous voudrez bien m'accorder le secours de vos prières, écouter la voix de l'Église, et imiter l'exemple que je viens de vous donner par mon retour.

Colmar, le 22 Février 1792.

P. Antoine Klein,

Capucin, ci-devant aumônier de l'hôpital royal de Neuf- Brisach (1).

En apprenant cette rétractation qui pouvait en provoquer de semblables, le Directoire du Département se hâta de prévenir le District de Colmar, le 16 Mars 1792, que la loi privait de traitement les prêtres qui rétractaient leur serment, et que cette loi devait être appliquée à l'égard d'Antoine Klein, Capucin, curé constitutionnel de Wolfgantzen. Et pour lever les doutes du District, il lui adressait en même temps un exemplaire de la lettre incriminée. C'était une précaution inutile, car le Directoire avait soin d'ajouter : « Il a eu soin d'ailleurs d'en faire courir des imprimés en grand nombre dans le Département ». Hélas ! au grand déplaisir de l'Administration, ce n'est pas seulement dans le Haut-Rhin que la courageuse rétractation du P. Antoine se répandit bien vite ; elle franchit les limites du Département, et nous connaissons un curé intrus du District de Wissembourg, qui se plaignait amèrement des difficultés qu'il rencontrait dans sa paroisse, et parmi les raisons qu'il donne, il a soin d'insister sur celle-ci : « on lit partout une prétendue rétractation d'un Capucin de Colmar ».

Après sa rétractation le P. Antoine se déporta, du moins nous ne le retrouvons plus en Alsace, et nous aimons à croire qu'il réalisa cette fois le désir qu'il avait formulé le jour de l'inventaire du couvent de « finir ses jours dans son Ordre conformément à ses vœux (2). »

8 Maltzacher Georges, P. François-Xavier de Colmar, né le 24 Avril 1758, prêta serment et fut élu, le 19 Juillet 1791, curé de Hattstatt par 154 voix sur 155 votants. « Il exerça ses fonctions conformément aux serments et aux lois patriotes, écrit-il au Comité de Surveillance de Colmar, sans avoir égard aux persé-

---

(1) Lettre écrite par le P. Antoine Klein, Capucin, ci-devant aumônier de l'hôpital royal de Neuf-Brisach, et curé constitutionnel de Wolfgantzen, District de Colmar, Département du Haut-Rhin, à MM. les Maire et Officiers Municipaux dudit lieu. 3 p. 4°. 22 Février 1792. — Heitz, *La contre-révolution en Alsace de 1789 à 1793,* Strasbourg, 1865, 270.

(2) Frayhier, 115, 198, parle d'un nommé Klein, qui fut vicaire à Saint-Jean-in-Undis à Strasbourg, et il dit que c'est peut-être le P. Antoine. Ce André Klein de Saint-Jean-in-Undis est un Chanoine régulier, originaire d'Altdorf (Arch. Mun. Stras. IV 44).

cutions et menaces auxquelles il était exposé jour et nuit, soit par des écrits, soit par des affronts et langages qu'on proférait contre les prêtres constitutionnels. Aussi il a obtenu un certificat de civisme approuvé par le Comité de Surveillance ; et il demande à ne pas être confondu avec les délinquants ». Le 8 Thermidor an II (26 Juillet 1794), il abdiqua ses fonctions de prêtre, ne voulant être que simple citoyen. Il est certain qu'il dira plus tard qu'il n'avait pas abdiqué, mais seulement cessé ses fonctions de curé. Mais l'autorité ne faisait pas ces distinctions un peu subtiles, elle prenait les mots dans leur sens habituel et c'est grâce à cette abdication formelle ou réputée telle, qu'il dut peut-être de ne pas être compris dans la rafle des prêtres constitutionnels faite par le Général Dièche, sur l'ordre des Représentants Hentz et Goujon, et de ne pas faire connaissance avec les prisons de Besançon et de Ribeauvillé. Il se retira à Colmar, et lorsque le Dominicain J. B. Graff rétablit le culte constitutionnel dans l'église des Dominicains, le 14 Juin 1795, Maltzacher devint son collaborateur. « Je n'ai personne à mon aide, écrira le curé à Grégoire après la mort de son frère, qu'un jeune ci-devant Capucin ».

On trouve sa signature parmi celles des prêtres qui ont pris une part active à l'élection de Berdolet comme évêque du Haut-Rhin, et aux synodes de Soultz, et en 1802, Graff écrivant à Grégoire lui adresse « bien des choses respectueuses » de la part de son coopérateur Maltzacher. Dans son rapport au Ministre sur les prêtres du Haut-Rhin, en date du 1er Brumaire an X (22 Octobre 1801), le Préfet dit de lui : « Maltzacher, Capucin, vicaire constitutionnel à Colmar, paisible, de moyens très ordinaires ». Il mourut à Colmar le 27 Ventôse an XII (17 Mars 1804) (1).

9 Schlienger Pierre Roch, P. Christophe de Hattstatt, âgé de 28 ans en 1790, avait déclaré au couvent le 14 Mai 1791 « qu'il reconnaissait l'évêque du Département, et qu'il se fera un devoir de suivre en tout ce qu'il prescrira ». Aussi le 20 Juillet suivant, il fut élu à Colmar curé de Wolfgantzen par 149 voix sur 155 votants.

A la réflexion, le P. Christophe comprit qu'il avait fait une faute, et il écrivit au District d'Altkirch :

Hochstatt, le 3 Août 1791.

Messieurs,

Mon nom est peut-être sur la liste des nouveaux curés constitutionnels. Si cela est, je vous prie d'avoir la complaisance de l'effacer, parce que j'ai entendu dire que le Saint-Père ne

---

(1) Arch. Nat. F 19 866. — Arch. Dép. Colmar L. 616. 625. 864. 865. 866. 924. — Ingold, *Grégoire et l'Église constitutionnel d'Alsace*, 37, 158. — Frayhier, 199. 411.

reconnaît pas, et ne veut pas reconnaître l'évêque constitutionnel. Pour cette raison, moi son enfant, je suis obligé de lui obéir
et de l'écouter quand il parle ; par conséquent je rétracte et je
révoque ma déclaration faite à Neuf-Brisach avant que le Saint-
Père ait parlé. Mais soyez persuadé que je resterai toujours un
citoyen patriote et porté pour la nouvelle Constitution.

J'ai l'honneur d'être avec beaucoup de vénération, Messieurs,
votre très humble et très obéissant serviteur

P. Christophe, ci-devant Capucin.

Il envoya le même jour copie de cette lettre au Directoire du
Département, puis il se déporta, au plus tard après la loi du
26 Août 1792. Le 18 Prairial an II (6 Juin 1794), on vendait, comme
biens d'émigré, des meubles lui appartenant, pour la somme de
169 livres 1 sol, et il en restait encore à vendre à peu près pour
70 livres 13 sols. Le P. Christophe rentra assez tard, probablement après le Concordat, car on ne rencontre pas son nom sur
les listes de cette époque. Il se retira à Hattstatt, où il mourut
en 1809 (1).

10 Hagé François Xavier, P. Arbogaste de Strasbourg, né le 1 Avril
1761, était le frère cadet du P. Benoît Hagé du couvent de
Haguenau. Il avait déclaré en Juin 1790 « être intentionné de
rester dans son Ordre, se réservant pour la suite de jouir de
l'avantage que lui accorde le décret pour se retirer où bon lui
semblera moyennant la pension ».

Mais il ne tarda pas à prêter serment, il fut pendant peu de
temps vicaire à Sainte-Madeleine de Strasbourg, puis il alla
administrer Wissembourg avec son confrère Bernou comme
vicaire. Enfin le 14 Septembre 1791 il fut élu curé d'Ensisheim,
dans l'église des Dominicains de Colmar par 119 voix sur 120
votants. Comme tous ses collègues en schisme, il rencontra une
vive opposition dans cette paroisse, où les patriotes étaient en
petit nombre, aussi il donna sa démission le 1er Janvier 1792.

L'évêque du Haut-Rhin, Arbogaste Martin, l'appela à Colmar
et le nomma vicaire épiscopal. Il fut chargé en même temps de
desservir l'hôpital dont l'aumônier avait refusé le serment. Mais
ici encore il fut très mal accueilli. Il y eut des menaces, voire
même des coups, les orphelins catholiques l'évitaient, les sœurs
ne voulaient avoir aucun rapport avec l'aumônier jureur. L'intrus
se vengea en faisant expulser les sœurs, le 14 Juin suivant, à
cause de leurs principes inconstitutionnels ; on leur donna
24 heures pour quitter l'hôpital.

---

(1) Arch. Dép. Colmar L. 614. 789. 478. 925. — Arch. Évêché Ordo de 1810. —
Frayhier, 293. Il cite, p. 111, un nommé Christophel Bruno, Capucin de Neuf-
Brisach, en religion P. Bruno, assermenté. Il n'y avait qu'un Père Bruno
en Alsace, il se nommait Vogel, et était au couvent de Fort-Louis. Il émigra,
et mourut en déportation. Ce Christophel est peut-être un étranger, à moins
que l'auteur ne l'ait confondu avec le P. Christophe de Hattstatt.

Mais cette institution des vicaires épiscopaux, quand elle n'était pas une source d'ennui pour l'évêque, était au moins un luxe inutile dans une église qui manquait de prêtres. Aussi nous les voyons les uns après les autres chargés par le Département de desservir des paroisses, aussi bien que les Directeurs de Séminaires, où il ne manquerait que des candidats. Xavier Hagé fut donc nommé à Kientzheim le 1er Décembre 1792, nous croyons qu'il refusa ce poste, car peu après nous le voyons à Kappelen. C'est de là qu'il fut enlevé en 1794 avec 116 prêtres, pasteurs et rabbins, par ordre des représentants du peuple et emprisonnés à Besançon et Ribeauvillé, où ils subirent une détention de trois mois. Il prit part avec son frère à l'élection de Berdolet, et aux synodes de Soultz, et dirigea avec lui l'imprimerie de Folgensbourg. Au Concordat il était curé de Village-Neuf. Le Préfet de Colmar voulait le placer ailleurs, car il avait reçu une lettre de Magnier, receveur des douanes à Bourg-Libre (Saint-Louis), lui disant que la présence de Hagé à Village-Neuf serait une cause de désordres. Il avait même écrit au Ministre que « cet individu était le boutefeu peut-être le plus dangereux de toute la République». Mais l'Évêque de Strasbourg plaida auprès du Préfet la cause de Hagé, dont le Sénateur Grégoire et l'Évêque Berdolet se portaient garants. Il ne tarda pas à s'en repentir, et le 22 Prairial an X (10 Juin 1802), il écrivit à Hagé :

J'apprends, citoyen, que votre présence à Village-Neuf a produit un effet tout contraire à celui que vous et d'autres m'aviez promis et assuré. Quand vous avez vu que loin de se calmer, les esprits s'exaspéraient davantage, que bien loin d'y porter la paix, votre présence ramenait le désordre, vous auriez dû me prévenir, et vous l'auriez fait si vous n'aviez eu que de bonnes intentions, telles que vous les aviez manifestées. Je dois conclure de là, ou que vous m'avez trompé sciemment, ou que vous vous êtes rendu au moins coupable d'imprudence et de négligence. Dans l'un et l'autre cas je dois révoquer l'approbation que je vous avais donnée, et je la révoque par ces présentes. Vous avez entendu quels sont mes principes, je cherche la paix et l'union sans acception de personnes. Je ne veux employer que des hommes propres au rétablissement de la paix et des bonnes mœurs. L'expérience vous prouvera que je suis inébranlable dans mes résolutions. On peut me tromper une fois ou deux, mais on ne pourra pas s'en applaudir. Dieu vous donne plus de bon sens et de conduite si vous en êtes susceptible, je désire le salut de tous.

Saurine, Évêque de Strasbourg.

Après cette remontrance draconienne, il ne restait plus à Hagé qu'à accepter le premier poste qu'on voudrait bien lui confier. L'Évêque le nomma curé de Trimbach, quelques années après il fut envoyé à Beinheim, puis à Limersheim, où il mourut le 21 Décembre 1831 (1).

11 Muller Jacques Dominique, P. Edouard de Colmar, né le 28 Juillet 1763, déclara à la Municipalité de Strasbourg, le 27 Avril 1791, qu'il prêtera serment et quittera la vie commune, car il vient d'être nommé Directeur au Séminaire de Strasbourg. Il y vint en effet et il s'y trouva en compagnie de prêtres venus d'Allemagne enseigner la Théologie à des Séminaristes qu'il fallait d'abord songer à recruter, car leur nombre fut toujours dérisoire. Aussi les Directeurs du Séminaire occupaient leurs loisirs à pérorer dans les clubs et sur la demande du Département, il leur fallut aller desservir des paroisses, aussi bien que les vicaires épiscopaux, quand le besoin de prêtres jureurs se fit de plus en plus sentir. Ainsi dès le mois de Janvier 1792, Muller alla administrer quelque temps la paroisse de Saverne, et il ne manqua point au retour de son expédition de réclamer au Département le paiement de ses débours qui s'élevaient à la somme de 47 livres 12 sols. Enfin au mois de Septembre, les Séminaristes ne se présentant toujours pas, Muller se fit nommer administrateur de Benfeld, et il prit un exeat au District de Strasbourg le mois suivant. Il y resta un an, percevant en plus de son traitement de curé, la moitié de sa pension de religieux, c'est à dire : 350 livres. Muller revint à Strasbourg après la suppression du culte, et il abdiqua le sacerdoce le 30 Brumaire an II (20 Novembre 1793), il habitait alors : Place du 10 Août, N° 10. En l'an VI (1797-1798), il est encore à Strasbourg, domicilié Quai des Pêcheurs N° 79, et fournissant les pièces nécessaires pour sa pension comme curé de Benfeld et ex-religieux. Il apporte la preuve de la prestation de tous les serments et de non-rétractation, et une déclaration qu'il ne lui est survenu aucun héritage. D'après un document du 3 Ventôse an VII, signé Catherine Muller, née Franz, il était marié. Ce même document nous dit que son frère Joseph Muller avait été curé constitutionnel de Dieffenbach (2).

Frères convers.

1 Mathias Jean Georges, F. Luc de Weyersheim, 60 ans en 1790, déclara au District se retirer dans son pays natal. Il s'y rendit

---

(1) Arch. Nat. F 19 611. — Arch. Dép. Colmar L. 614. 628. 741. 864. 865. 925. — V. 15. — Arch. Mun. Stras. Prêtres constit. IV. 44. — Arch. Évêché Reg. Corresp. — Chan. Beuchot, Die ehemalige Franziskaner-, jetzige Spitalkirche zu Colmar, 55. — Frayhier, 113. 185. 242. 341. 347. 423.

(2) Arch. Dép. Colmar L. 864. 925. — Arch. Dép. Stras. Dir. Dép. Rég. 17, 17 Février 1792, 27 Janvier 1792. — Distr. Benf. Reg. 27 Décembre 1792. — Arch. Mun. Stras. Culte cath. IV 43 (L. Pensionnaires). 44. 47. — État civil de Strasbourg, Décès, 21 Février 1818. — Frayhier 116.

en Juin 1791, il toucha sa pension jusqu'à la fin de l'année puis il disparaît (1).

2 Miesch Georges, F. Jules de Wittelsheim, 61 ans en 1790. En 1792 il se fixa à Soultz, où il mourut en Mars 1798 (2).

3 Werner Nicolas, F. Maxime de Soultz, né le 6 Novembre 1736, mort à Soultz le 9 Floréal an V (28 Avril 1797) (3).

4 Gassmann Jean, F. Candide de Gundolsheim, né le 5 Juillet 1768, était frère de Philippe Gassmann, P. Séverin du couvent de Sélestat. Le F. Candide se rendit, croyons nous, à la maison de Lucelle, mais il n'y trouva pas la vie commune telle qu'il l'avait souhaitée, et se souvenant qu'au jour de l'inventaire, il avait déclaré « se réserver de jouir du bénéfice du décret au cas où les règles du couvent seraient changées », il se déporta. Il partit pour l'Italie et arriva à Rome, où la Commission chargée de distribuer les émigrés entre les diocèses et les couvents d'Italie l'envoya au couvent des Capucins d'Argenta, diocèse de Ravenne.

Il revint en France, et nous le trouvons vers 1820 attaché au service de l'église du pèlerinage de Marienthal. Le personnel laïc de cette église formait « La Communauté des Frères de Marienthal », auxquels Mgr. Tharin, Évêque de Strasbourg, donna un règlement en 1825. Le F. Candide fit partie de cette communauté, et il était chargé de faire la quête pour le pèlerinage dans le Bas-Rhin. Il y resta jusqu'au jour où soupirant toujours après la vie capucine, il sollicita et obtint son admission dans la Province de Suisse. Il mourut au couvent de Sion, le 14 Octobre 1850, à 82 ans, après 62 ans de religion (4).

Arus Jean, Frère affilié ou « *Servitial* », né le 22 Juin 1757, à Merxheim, ne fut pas appelé à faire de déclaration lors de l'inventaire. Il resta néanmoins au couvent, et pendant la Révolution il reçut sa pension comme les Frères convers. Il vivait encore en 1817, et il touchait encore alors une pension de 100 francs (5).

---

(1) Arch. Dép. Colmar L. 925. — Arch. Dép. Stras. Dist. Haguen. Reg. 5, 8 Juillet 1791. — Frayhier, 78. 314.

(2) Arch. Dép. Colmar L. 864. 865. 866. 925. 936.

(3) Arch. Dép. Colmar L. 630. 864. 865. 615. 1079. — Gasser, *L'Église et la paroisse de Soultz*, Rev. d'Alsace, 1905.

(4) Arch. Dép. Colmar L. 614. 864. — Le Rohellec, *État des ecclésiastiques réfugiés dans les États Pontificaux*, 60. 102. — Arch. Évêché. — Mortuarium Provinciæ Helveticæ Capucinorum.

(5) Arch. Dép. Colmar L. 629. 865. 866. — Tableau des Pensions, Paris, 1817.

19. Couvent de Blotzheim.

1 Frech Ignace, P. Patient de Sélestat, né le 3 Octobre 1724, profès le 9 Juillet 1743, Gardien, resta en 1791 au District de Colmar et le quitta pour celui de Benfeld, où il fut autorisé à toucher sa pension après avoir déclaré devant le Juge de paix « qu'il n'avait pris part à aucune dilapidation de deniers, ni à la distraction d'aucuns papiers ou tous autres effets quelconques ».

Dans les premiers mois de 1793, il fut mis en réclusion au Séminaire de Strasbourg en exécution de la loi du 26 Août 1792. Il avait 68 ans, était « presque aveugle » et il réclamait quelques meubles, n'ayant point été payé de sa pension depuis le mois de Juillet précédent. Il fut transféré à Besançon, puis à Champlitte, puis ramené en prison à Andlau, où il ne fut libéré que le 2 Floréal an III (21 Avril 1795), sur un ordre du représentant du peuple, Richou. Nous ignorons ce que devint ce vénérable vieillard dans la suite. Tout porte à croire qu'il se réfugia à Sélestat, où il mourut à une date inconnue (1).

2 Meullesau . . . . , P. Étienne d'Autrevant, né le 1er Décembre 1739, profès le 30 Mai 1764, Vicaire, resta dans le couvent, et en fut élu Supérieur le 18 Mai 1791. Ils étaient alors au nombre de 25 religieux, Pères et Frères. Le couvent de Neuf-Brisach fut désigné comme maison de vie commune, mais il ne put réunir le nombre de religieux suffisant, alors ceux qui avaient opté pour la vie commune furent transférés à l'Abbaye Cistercienne de Lucelle.

C'est de là que le P. Étienne écrivit au Département la lettre suivante qui nous peint sur le vif la vie commune imaginée par le Gouvernement dans le but de supprimer la vie religieuse:

A Lucelle, ce 12 Janvier 1792.

Messieurs

En conséquence de votre arrêté du second Novembre 1791, les Pères et Frères Capucins de la maison de Brisach, au nombre de sept, et trois Pères de la maison de Blotzheim, se sont rendus à Lucelle pour y mener la vie commune; mais nous nous trouvons dans l'impossibilité de la continuer. En voici la raison bien sensible. Expérience faite, ces Messieurs de Lucelle ont calculé et trouvé que la dépense de chaque jour était de 2 livres,

---

(1) Arch. Dép. Stras. Dir. Dép. Reg. 17, 23 Février 1792. — Arch. Mun. Stras Police II. 128. — Beuchot, Gass, Sauzay, op. cit. — Inconnu à Frayhier.

1 sol 6 deniers ; 62 livres 5 sols par tête chaque mois, ce qui fait environ 847 livres par an, somme que nous autres Capucins ne pouvons fournir, quand même les pensions, que l'Assemblée Nationale nous avait assignées, subsisteraient, ni faire ménage à part, cela ne se peut, vu que nous sommes généralement dépourvus de tout. Nous vous prions donc, Messieurs, de nous permettre de nous retirer chez nos parents, amis ou bienfaiteurs, pour y mener la vie privée.

Nous espérons avec d'autant plus de confiance que la grâce que nous demandons nous sera accordée, que jusqu'ici il n'y a eu aucun sujet de plainte contre nous, et que nous n'ommettrions rien pour qu'il n'y en ait jamais.

Nous sommes avec le plus profond respect et la plus parfaite soumission, Messieurs, Vos très humbles et très obéissants serviteurs

P. Étienne, Capucin,

avec le consentement de mes confrères à la sollicitation desquels j'ai écrit et envoyé la présente.

Après avoir écrit cette lettre qui annonçait la fin de la vie commune dans le Département du Haut-Rhin, les Capucins se dispersèrent, et le P. Étienne partit pour une destination inconnue (1).

3 Klingelmeyer François Antoine, P. Faustin de Strasbourg (paroisse Saint-Étienne), né le 19 Juillet 1723, profès le 2 Juillet 1744, vint à Strasbourg en Février 1792. Il fut mis en réclusion au Séminaire, au mois d'Août 1793, il résidait depuis le mois de Septembre précédent Quai des Pêcheurs Nº 81, et était paralytique. Son arrestation avait été provoquée par la dénonciation de six citoyens de Strasbourg, qui avaient demandé sa déportation. Le District lui fit donc notifier la loi du 26 Août avec sommation d'avoir à s'y conformer. Il fut transporté au Séminaire, et de là à Besançon et à Champlitte. Il faisait partie de ce triste convoi, dont le P. Jésuite Dominique Roos, que nous avons déjà cité, a écrit l'histoire, et qui était son cousin. Il fut inscrit sur la liste des émigrés, pendant sa réclusion au Séminaire, le 19 Frimaire an II (9 Décembre 1793), et enfin en Septembre 1794 il fut mis en liberté. Revint-il à Strasbourg ? C'est possible. Mais à partir de ce moment, il nous a été impossible de savoir ce que devint ce vénérable religieux (2).

4 Vœgelin Jean Pierre, P. Floribert de Colmar, né le 17 Février 1726, profès le 13 Janvier 1751, se déporta et ne revint plus.

---

(1) Arch. Dép. Colmar L. 614. — Inconnu à Frayhier.

(2) Arch. Mun. Stras. État civil. — Police II. 128. — Arch. Dép. Stras. Dir. Dép. Reg. 17, 17 Février 1792. — Distr. Stras. Reg. 18, 23 Avril 1793. — Beuchot, Gass, Sauzay, op. cit. — Frayhier, 286. 343.

5 Krebs Jean Simon, P. Victorien de Sélestat, né le 5 Février
1729, profès le 22 Janvier 1750, vint au District de Benfeld le
1er Mars 1792, il se fixa à Sélestat chez Anne Marie Bormann,
chez qui il mourut le 9 Octobre 1792. Elle obtint du District
comme seule et unique héritière la somme de 17 livres, 15 sols,
6 deniers « montant de la pension due audit Krebs pour les
8 premiers jours d'Octobre, à charge par elle de se conformer à
la loi » (1).

6 Braun Jean Jacques, P. François-Jgnace de Turckheim, né le
2 Janvier 1724, profès le 13 Avril 1751, resta en France et fut
reclus au collège de Colmar en exécution de la loi du
26 Août. « Il se nourrira et s'entretiendra à ses frais, » avait-on
soin de lui dire ; on se demande comment il pouvait le faire, car
ainsi que nous l'avons déjà dit, la pension des reclus leur était
très irrégulièrement payée. Le 8 Avril suivant, il fut envoyé à
Ensisheim, et il fut du nombre de ceux qui furent transférés à
Chaumont, en Décembre 1793. C'est pendant cette dernière
réclusion qu'il fut inscrit sur la liste des émigrés avec la mention : *Reclus*, le 19 Vendémiaire an II (10 Octobre 1793), et une
seconde fois le 30 Prairial suivant (18 Juin 1794).

Il revint de Chaumont le 1er Mars 1795. « Le 6 Thermidor an
III (24 Juillet 1795), sur la demande d'un grand nombre de
citoyens de Turckheim, qui ont invité le Cn. Jacques Braun,
ci-devant Capucin, âgé de 78 ans, natif de Turckheim, prêtre
insermenté, renfermé comme tel à Chaumont du 1er Janvier
1793 au 11 Ventôse an III (1er Mars 1795), de vouloir bien, conformément au décret du 11 Prairial, exercer les fonctions de
prêtre, ledit Braun déclare se soumettre aux lois civiles de la
République, et vouloir dans l'étendue de la commune exercer
le culte connu sous le nom de Religion Catholique, Apostolique
et Romaine, auquel il est et demeure inviolablement attaché ». Il
desservit donc la paroisse de Turckheim, et il pouvait se croire à
l'abri de persécutions nouvelles, quand la loi du 19 Fructidor
an V vint remettre en vigueur toutes les lois de persécution. Le
P. François était sujet à la déportation comme inscrit sur la
liste des émigrés, mais sur un certificat de deux médecins de
l'armée du Rhin et Moselle, détachés à l'hôpital ambulant de
Colmar, il en fut dispensé, mais il fut condamné à être conduit
par un gendarme à la maison d'Ensisheim, où il avait déjà été
reclus. La consigne était sévère à Ensisheim. Il fallait des
autorisations pour Spéciales visiter les détenus, et François Ant.
Adam, de Turckheim, désirant aller visiter à Ensisheim le

---

(1) Arch. Dép. Stras. Dir. Dép. Rég. 31, 18 Avril 1793; Reg. 18, 1er Mars 1792;
Distr. Benf. Reg. 6, 26 Janvier 1793. — Inconnu à Frayhier ainsi que le
précédent.

Citoyen Jacques Braun, ex-Capucin, pour lui apporter *quelque subsistance de vie*, dut se pourvoir de l'autorisation de l'Administration du Canton de Turckheim, certifiant que « ledit Braun est l'oncle dudit Adam ».

Mais le Directoire avait la rage de la persécution, et il ordonna au mois d'Août 1799 la translation à Auxerre des reclus d'Ensisheim. Leur exil dura 10 mois. Le 17 Floréal an VIII (6 Mai 1800), Ignace Braun exposa au Préfet de l'Yonne qu'en sa qualité de religieux il n'était tenu à aucun serment, qu'il était très infirme et qu'il avait été arbitrairement déporté à Auxerre. J'espère, ajoutait-il, de votre justice que vous voudrez bien lui appliquer l'arrêté du 8 Frimaire et le mettre en liberté.» Il habitait, peut-être à cause de ses infirmités, chez Férard, tailleur. Le Maire d'Auxerre donna un avis favorable, et le Préfet de l'Yonne le mit en liberté, le 28 Floréal (17 Mai suivant), avec permission de se retirer à Turckheim.

Il revint donc dans son pays natal, heureux, malgré son âge, de rendre encore quelques services. «In confessionibus audiendis assiduus», disent les Archives de l'Évêché. Il fit sa soumission au Concordat le 11 Prairial an X (30 Mai 1802), et mourut à Turckheim le 26 Germinal an XIII (15 Avril 1805) (1).

7 Weiss Jean Georges, P. Electus de Sélestat, né le 29 Mai 1730, profès le 21 Août 1753, se retira à Heguenheim après la dispersion des religieux. Comme il n'avait pas prêté serment, et qu'il se trouvait atteint par l'arrêté du 2 Novembre qui ordonnait l'internement à Colmar des prêtres réfractaires, il obtint du curé intrus de la paroisse un certificat de résidence, qui le dispensait de venir à Colmar. Mais en Janvier 1793, il dut venir en réclusion au Collège en exécution de la loi du 26 Août. De là il fut transféré à Ensisheim, puis à Chaumont, et enfin libéré en Mars 1795. Pendant cette réclusion on avait eu soin de l'inscrire sur la liste des émigrés le 19 Vendémiaire an III (10 Octobre 1794), avec la mention : *Reclus*.

Il ne revint plus dans le Haut-Rhin, et dut se retirer à Sélestat. Il sut se faire suffisamment ignorer pour pouvoir échapper à la réclusion ordonnée une seconde fois par la loi de Brumaire, car aucun document ne nous révèle sa présence dans les maisons de réclusion. Nous ne l'y voyons pas davantage après la loi de Fructidor an V. Il était cependant à Sélestat, et il devait être placé sous la surveillance de la Municipalité ; mais peut-être que la maladie le rendait suffisamment inoffensif, pour que l'on n'eût rien à redouter de sa présence dans cette ville. En tout cas, en Fructidor an V, aussi bien qu'en Brumaire an III, il ne fut pas question de lui.

---

(1) Arch. Dép. Colmar L. 615. 617. 620. — Arch. Nat. F 7 7620 (1269) — F 7 7956 (9224). — État civil de Turckheim. — Chan Beuchot, *Les prêtres sexagénaires du Haut-Rhin*, Revue cath. d'Alsace, 1898-1899. — Frayhier, 277, 419.

Mais il est à croire qu'en Thermidor an VII (Août 1799), il était devenu dangereux pour la tranquillité publique. Un arrêté du Directoire du 9 Thermidor an VII (27 Juillet 1799), signé : Sieyès, et contresigné Fouché, Ministre de la Police Générale, ordonnait que « Tous les prêtres atteints par la loi du 26 Août 1792 et autres lois subséquentes, actuellement en réclusion ou en surveillance dans les Départements du Haut et Bas-Rhin, de la Moselle et de la Meurthe seront de suite conduits sous bonne et sûre garde dans les maisons de réclusion du Département de l'Yonne. »

L'Administration du Bas-Rhin prit des mesures en conséquence le 6 Vendémiaire an VIII (27 Septembre 1799), et après s'être assurée qu'un certain nombre de prêtres qui étaient en surveillance dans leurs communes, étaient intransportables à Auxerre, elle arrêta que 23 prêtres, dont elle donne les noms, y seraient transférés. Quelques-uns, comme le P. Réginald Arth, dont nous avons parlé, moururent avant le départ, mais les autres, et nous relevons parmi eux le nom du P. Electus, Jean Georges Weiss, de Sélestat, partirent de Strasbourg, le 25 Vendémiaire (16 Octobre), pour leur destination. Le voyage dura 22 jours, et quand ils arrivèrent à Auxerre, le 16 Brumaire (6 Novembre), « harassés et roués par le cahotage, et les mauvais chemins », ils trouvèrent le Petit Séminaire, maison désignée pour leur réclusion, déjà occupée par des prêtres de la Moselle, de la Meurthe, de l'Yonne et du Haut-Rhin. Il ne restait plus que le réfectoire où ils furent entassés dans le plus grand dénuement. Quelques jours après, ils envoyèrent une pétition à l'Administration du Bas-Rhin pour exposer leur triste situation. L'Administration du Bas-Rhin se contenta de répondre qu'elle transmettait leur pétition à l'Administration de l'Yonne. Alors ils s'adressèrent aux Consuls. Une adresse portant les signatures de 14 prêtres du Bas-Rhin et de 11 prêtres du Haut-Rhin, exposait leur affreux dénuement « dans le réfectoire dans lequel on les a tous logés sans chaises, sans table, ni lit, ni paille, ni cheminée, ni poêle, et sans les âmes charitables de la ville, ils auraient été obligés de coucher sur le pavé ».

Nous croyons, bien que nous n'en ayons pas la preuve. que cet appel aux Consuls fut entendu, et que l'Administration de l'Yonne fut rappelée à des sentiments d'humanité à l'égard de ces infortunés prisonniers. Il est en effet certain qu'on leur permit de recevoir à Auxerre chez des personnes charitables, les soins que réclamaient leur âge et leurs infirmités, et que leur refusait l'Administration. Enfin le 26 Floréal an VIII (15 Mai 1800), Jean Georges Weiss, habitant à Auxerre, chez le citoyen Piqueleu, demanda et obtint du Préfet de l'Yonne, après avis favorable du Maire d'Auxerre, la liberté et l'autorisation de

— 263 —

rentrer à Sélestat. Il revint donc dans sa paroisse natale où il mourut le 22 Juin 1818 (1).

8 Riss François Simon, P. Césaire de Rouffach, né le 28 Octobre 1733, profès le 18 Février 1755, disparaît pendant la Révolution. Il se réfugia en Suisse et l'on signale son passage à l'Abbaye de Muri en Mars 1793. Nous ne le retrouvons plus qu'en 1801. Le Préfet du Haut-Rhin, dans son rapport au Ministre, dit que Simon Riss, Capucin, résidant à Rouffach, « a une conduite irréprochable, il a fait la soumission ». Il mourut à Rouffach le 22 Mai 1810 (2).

9 Nægelé Jean Joseph, P. Elzéar de Thann, né le 11 Septembre 1758, profès le 16 Septembre 1779, se réfugia à Aspach-le-Bas où le curé intrus lui délivra un certificat de résidence pour éviter l'internement à Colmar. Il se déporta plus tard en 1792. Il est fait mention de lui le 20 Février 1801. A cette date le P. Gardien du couvent des Capucins à Meran (Tyrol), P. Firmilien Gruber, en réponse à la demande de l'autorité civile, déclara que dans son couvent il y avait P. Elzéar Nægelé d'Alsace. Il ajouta que la conduite du Père était exemplaire, qu'il était infatigable dans la pastoration et qu'on ne pouvait guère se passer de lui. Nous le retrouvons en Alsace le 22 Fructidor an X (9 Septembre 1802), quand il prend à Strasbourg un passeport comme émigré rentré, il déclarait se retirer à Thann. Il fut nommé plus tard vicaire résidant au Petit-Landau, puis curé de Richwiller où il mourut le 27 Novembre 1816 (3).

10 Stæbler Antoine, P. François de Sales de Wittenheim, né le 21 Juillet 1761; profès le 23 Juillet 1782, se retira à Meyenheim après la dispersion, il put éviter l'internement à Colmar grâce au certificat que lui délivra le curé intrus. Il émigra en 1792, il fut inscrit sur la liste des émigrés, et son émigration fut constatée par le Département le 27 Août 1793. Les biens de ses parents furent mis sous séquestre en raison de son émigration.

Son Père, Antoine Stæbler, maréchal-ferrant et laboureur à Wittenheim, demanda à plusieurs reprises mainlevée du séquestre, exposant que son fils Capucin, profès depuis 14 ans, avait été déporté en exécution de la loi du 26 Août 1792, et qu'il était parti avec un passeport de la Municipalité de Wittenheim du 12 Novembre 1793, pour aller en Suisse. Il dut renouveler

<hr>

(1) Arch. Dép. Colmar. — Arch. Dép. Stras Reg. 108, 6 Vendémiaire an VIII. Arch. Nat. F 19 4815. F7 7696 (880) — F7 7620 (1269) — Chan. Beuchot, op. cit. — Frayhier, 297. 408.

(2) Arch. Nat. F 19 866. — Arch. Évêché Enquête de l'an XII. — Frayhier, 319. 417. — Arch. Abbaye Muri.

(3) Arch. Dép. Colmar L. 614. V. 36. — Arch. Mun. Stras. Émig. II. 70. — Frayhier, 254, ne le donne pas comme Capucin. — P. Agapit Hohenegger, *Das Kapuzinerkloster zu Meran*, Innsbruck, 1898, 129 sq.

sa demande le 9 Fructidor an II (26 Août 1794). Ce n'est que le 9 Vendémiaire an IV (30 Septembre 1795) que l'Administration, consentant enfin à lâcher prise, reconnut que Antoine Stæbler n'était pas émigré mais déporté, et ordonna que son nom fût rayé de la liste.

Il ne rentra que le 13 Brumaire an IX (3 Novembre 1800), et il fit ce jour là, à Altkirch, la promesse de fidélité à la Constitution prescrite à ceux qui voulaient exercer le culte. Il fut nommé au Concordat curé de Muttersholtz, puis successivement de Wasserbourg, Ammertzwiller, Kingersheim, Wittenheim, Chalampé et Hombourg. Il mourut à Muttersholtz en Août 1819 (1).

11 Bosch Joseph, P. Othmar de Steinbourg, né le 14 Mars 1757, profès le 18 Décembre 1781, réside à Aspach-le-Bas après la dispersion. Un certificat du curé intrus lui permet d'éviter l'internement à Colmar. Ensuite il émigre pour ne plus revenir (2).

12 Fleury Jean Germain, P. Félicien de Porrentruy, né le 7 Septembre 1757, profès le 15 Décembre 1782, prêta serment et exerça le ministère intrus en Alsace et en Franche-Comté jusqu'en 1795. A cette date, poussé par le remords, il se présenta devant le P. Provincial d'Alsace, le P. Hartmann, retiré avec quelques religieux à Petersthal (Bade). Celui-ci le reçut avec sévérité et l'envoya à Rome pour se faire absoudre de son apostasie. Il fut placé au couvent de Foligno, où il resta un an ou deux, puis il rentra en France au Concordat et se mit à parcourir la France et la Belgique, cherchant un diocèse où on voulut bien l'accepter. En 1820, il vint se fixer à Kœtzingen. Le lieu de sa mort est inconnu (3).

Frères convers.

1 Meyer Thomas, F. Maurice de Colmar, né le 30 Août 1715, profès le 9 Juillet 1743, resta au couvent de Blotzheim après le départ des religieux. On l'y retrouva le 18 Octobre 1793, revêtu de son habit de capucin. Interrogé à Colmar pourquoi il n'avait pas obéi à la loi, il répondit que personne ne lui avait dit de s'en aller, que d'ailleurs, n'ayant ni parents ni amis, il ne savait chez qui se retirer, et qu'il vivait d'aumônes. Le Procureur Général Syndic ordonna de le faire conduire *de nuit* à Ensisheim, et *en voiture*. On ne le trouve plus sur les listes de réclusion postérieures à 1794, il est probable qu'il mourut vers cette époque (4).

---

(1) Arch. Dép. Colmar L. 471. 714. 617. — Arch. Évêché Enquête de l'an XII. — Frayhier. 294. 403.

(2) Arch. Dép. Stras. Liber baptizatorum Steinbourg-Hattmatt.

(3) Arch. Dép. Colmar L. 615. — Arch. Nat. F 19 1189 A. 1172. 1226. 1189. — Sauzay, op. cit, VI. 442. — Arch. Vatican, *De caritate S. Sedis erga Gallos*. cf. P. Ubald d'Alençon, *Les Franciscains d'Alsace pendant la Révolution*, Rev. cath. d'Alsace. 1905, 141. 163. — Frayhier, 193. 428.

(4) Arch. Dép. Colmar L. 615. — Chan. Beuchot, op. cit. — Frayhier, 289.

2 Kieffer Antoine, F. Prosper d'Illfurth, né le 12 Décembre 1727, profès le 5 Août 1756, disparaît pendant la Révolution.

3 Schilder Georges, F. Paulin de Willer, né le 1er Mars 1736, profès le 19 Février 1760, se retira au District de Haguenau.

4 Engler . . . ., F. Angélique de Zizer (Suisse), né le 10 Mai 1733, ancien soldat, profès le 3 Mai 1774, disparaît après 1791.

5 Degrange François Joseph, F. Henri d'Issenheim, né le 31 Août 1755, se réfugia dans la Province des Capucins de Suisse, et mourut au couvent de Zoug le 18 Septembre 1834, après 56 ans de vie religieuse (1).

6 Frantz Louis, F. Bernardin de Hunawihr, né le 30 Mai 1756, profès le 11 Octobre 1785, fut arrêté à Strasbourg à la Porte Dauphine, le 7 Juillet 1791, et conduit à la Municipalité pour propos inciviques. Il déclara qu'il était venu à Strasbourg demander son frère, menuisier, Quai des Pêcheurs, de le recevoir chez lui quand il quitterait la vie commune. Il protesta de ses bonnes intentions, de son attachement à la patrie, à la loi, aux règlements et on le mit en liberté. On le rencontre encore à Strasbourg pendant les années suivantes. Il se maria l'an VIII; le mariage fut validé par Card. Caprara, le 21 Juillet 1803 (2).

Bachman Jean Ulrich, né le 7 Août 1710 à Mittelmuespach, « *Servitial* », affilié à l'Ordre seulement le 18 Octobre 1789, était au couvent de Blotzheim depuis 50 ans. Il demanda au District d'Altkirch une pension lors de l'évacuation du couvent, et on lui alloua 200 livres l'année suivante, somme portée plus tard à 500 livres (3).

Gruss Laurent, d'Obernai, frère donné ou « *Servitial* », obtint aussi une pension de 300 livres que le Département du Haut-Rhin supprima peu après « attendu qu'il n'avait jamais été porté sur les listes des religieux comme frère donné ».

---

20. Hospice des Trois-Épis.

1 Minery Franç. Ant., P. Louis de Niederentzen, né le 14 Décembre 1731, resta à Turckheim, après son expulsion, jusqu'à la fin de 1791. On le signale à l'Abbaye de Muri et à Einsiedeln enfin il fut admis dans la Province des Capucins du Tyrol qui en fait mention dans son Nécrologe : « P. Ludovicus, Alsata, cum in Gallia sacerdotes ac homines religiosi necarentur, et in carceres

(1) Mortuarium Provinciæ Helveticæ Capucinorum.
(2) Arch. Mun. Stras. Police II. 432; Culte cath. IV. 43, 47. — Arch. Nat. AF IV 1907.
(3) Arch. Dép. Colmar L. 628.

et in exilium pellerentur, aut ipsimet ex infesta divis patria fugerent, ad nostram Provinciam venit. Qui insertus in conventu Bludentino utilissimam operam navavit, tum sacris operibus sedulo incumbens, tum optimæ vitæ exemplo, impigra præsertim obedientia, humilitate erga cunctos, promptissima caritate. Dies illi extrema fuit ultima Julii 1810 ». (Le 31 Juillet 1810 mourut à Bludenz [Vorarlberg] le P. Louis de Niederentzen, prédicateur, laissant après lui le souvenir d'une modestie, d'une charité, d'une obéissance, d'une patience généreuses (1).

2 Weinum Michel, P. Victorin d'Ingwiller, né le 2 Décembre 1745, quitta les Trois-Épis, où il fut remplacé par le P. Charles Marie Kessler. En 1792, il partit pour le District de Haguenau, puis il émigra. Son émigration fut constatée par le Département le 10 Octobre 1793 (2).

3 Riehl Jean Antoine, P. Luc de Niederseebach, né le 28 Avril 1752, se fixa pendant quelque temps à Labaroche en quittant les Trois-Épis, et en Décembre 1791, il déclara se retirer au District de Wissembourg. Émigra-t-il ensuite comme le dit le Chanoine Beuchot, qui le signale à Einsiedeln avec le P. Louis Minery ? C'est possible. Il est même certain que sur le 3ᵉ supplément de la liste des émigrés on trouve un « Lucas Riehl » ayant eu son dernier domicile à Hauenstein, et dont l'émigration fut constatée par le Département le 19 Vendémiaire an III (10 Octobre 1794).

Cependant en l'an X nous trouvons Jean Antoine Riehl, en religion P. Luc, c'est ainsi qu'il signe, présentant les pièces nécessaires pour la liquidation de sa pension : le 9 Octobre 1792, il avait prêté à Hauenstein le serment de Liberté-Égalité ; plus tard à Scheibenhard, le serment de Fructidor an V. Le 30 Fructidor an IX (16 Septembre 1801), il certifie à Wingen n'avoir rétracté aucun serment, et l'Administration constate que toutes les pièces sont en règle pour sa pension. Or parmi les pièces nécessaires on exigeait avant tout la preuve de la prestation du serment schismatique prêté en temps voulu. Si l'Administration ne la lui réclame point c'est parce qu'elle était suffisamment édifiée sur ce point.

) D'autre part, l'Enquête de l'an XII dit de lui que pendant la Révolution il administra pendant 8 ans les paroisses de Hauenstein, Scheibenhard, Niederlauterbach et Wingen. Elle

---

(1) Arch. Dép. Colmar L. 864. — Mortuarium Provinciæ Tyrol. Capucinorum IV. 19. — Chan. Beuchot, *Notre Dame des Trois-Épis*, Rixheim, 1891. — Inconnu à Frayhier.

(2) Arch. Dép. Colmar L. 631. — Chan. Beuchot, op. cit. — Arch. Dép. Stras. Liber baptismalis parochiæ Ingviller; Distr. Haguenau Reg. 8, 2 Juin 1792. — Frayhier, 296. — Le Capucin Michel Weinum n'est pas à confondre avec François Joseph Weinum, curé de Mackenheim (Frayhier 159. 405), qui a toujours été prêtre séculier (Arch. Évêché de Strasbourg, Enquête de l'an XII).

ajoute : «Vir theologus, sobrius et modestus, zelo zelans pro integritate morum, qui Ecclesiæ Dei diligentiam habet; nimis implicatus curis sæcularibus quæ aggravant animam».

Il adhéra au Concordat, le 19 Fructidor an X (5 Septembre 1802), comme administrateur de Wingen et de Climbach. Puis il fut nommé curé de Wingen. Par ordonnance royale il devint, le 1er Juillet 1814, curé cantonal de Candel (Palatinat), ce qu'il resta après que sa paroisse eut été rattachée au diocèse de Spire.

En 1827, il publia un opuscule (pet. 8°, 86 pp.) sur l'Apocalypse, intitulé : «Allgemeine Geschichte der christlichen Kirche nach der Offenbarung des hl. Johannes. Von Herrn Pastorini, einem katholischen Geistlichen in England. Ins Französische übersetzt von einem Benedictiner im Jahre Christi 1777. Verdeutscht, in einem kurzen Auszug, von einem alten Kapuziner der elsässischen Provinz für seine Landsleute» (sans lieu d'impression).

En 1834 il légua à l'église de sa paroisse natale Niederseebach une pièce de terre évaluée à 200 francs et la somme de mille francs. Il mourut à l'âge de 85 ans à Rheinzabern (Palatinat), le 6 Avril 1837 (1).

Frère convers.

Lièvre Louis Jean, F. Mathieu de Fort-Louis, né le 11 Mars 1755, quitta le District de Colmar le 8 Octobre pour se retirer dans celui de Strasbourg. On l'y trouve encore en 1792, puis il disparaît (2).

21. Couvent de Belfort.
(Province religieuse de Franche-Comté).

1 Praileur Claude François, P. Claude François de Magny (Haute-Saône), né le 23 Mars 1748, profès le 24 Avril 1766, Gardien, resta au couvent pendant l'année 1790, et dans le District de Belfort jusqu'au mois de Novembre 1791. Il se réfugia alors dans la Haute-Saône. En Prairial an IV, il était à Lure, et il fut dénoncé au Ministre de la Police. « Il avait déjà été incarcéré pour ses sentiments anticiviques, puis relâché. Depuis le rétablissement du culte il s'était emparé de l'église de Lure et de là, il distillait à loisir le poison de son aristocratie et de son intolérance. Lors de la descente des émigrés à Quibéron, il avait prédit la fin des

____

(1) Arch. Dép. Colmar L. 864. 925. — Arch. Nat. AD XII 11. — Arch. Évêché Enquête de l'an XII. — Arch. Dép. Stras. Liquid. Pensions Liasse N° 392 ; Serie V (fondations Niederseebach). — Chan. Beuchot, op. cit. — Un exemplaire de l'ouvrage : Allgemeine Geschichte . . . du P. Luc se trouve à la Bibliothèque de l'Université de Strasbourg. — C'est probablement notre P. Luc dont parle M. Roth, *Dambach in der Revolutionszeit*, p. 45, en disant qu'un prêtre Antoine Riehl a déclaré, le 9 Décembre 1793, à la Municipalité de Dambach qu'il préférait au poste de ce bourg la paroisse de Riedseltz. — Frayhier, 291. 312 (sub verbo Kiehl). 401.
(2) Arch. Dép. Colmar L. 625. — Arch. Dép. Stras. Dir. Dép. Reg. 17, 17 Fevrier. — Chan. Beuchot. op. cit.

malheurs de la France, il avait dit que la loi sur la Constitution Civile était sacrilège, et il avait fait des prières publiques pour la cessation du culte. Il avait abusé de la confession en forçant les acquéreurs de biens nationaux à restituer, il avait refusé les sacrements à un ancien Administrateur de District qui ne voulait pas se rétracter. En un mot, c'était un homme profondément immoral» (1).

Ces vertueux citoyens dénonçaient en même temps un P. Augustin, nommé Boujeau, qui desservait Froley-les-Lure, et ils priaient le Ministre de la Police de ne pas les faire connaître, pour ne pas les exposer « à la fureur de ces cannibales ».

A la date du 11 Pluviôse an VI (30 Janvier 1798), le P. Claude François était encore dans la Haute-Saône, et il continuait à exercer, du moins on le supposait, et on ne pensait pas qu'il se fut soumis à la loi de Fructidor, aussi on le désignait comme un homme à *surveiller* (2).

2 Magnin Jean François, P. Mathias de Cerre-les-Noroy (Haute-Saône), vicaire, né le 21 Août 1744, profès le 2 Août 1763, ne prêta jamais le serment schismatique, quoi qu'en dise Morey (3), mais seulement celui de Liberté-Égalité, et peut-être celui de haine à la royauté. Le 16 Messidor an VI (4 Juillet 1798), le Commissaire du Canton de Noroy le dénonçait à l'Administration centrale de la Haute-Saône, comme étant « le grelot des plus ardents fanatiques. Les anges gardiens que j'attache à ses pas, peuvent me faire découvrir son repaire, je vous en instruirai par un coup d'état. » En effet le 14 Juillet suivant, le P. Mathias était arrêté à Noroy. Interrogé immédiatement, il avoua «n'avoir jamais quitté Noroy, jamais prêté le serment, jamais rétracté les autres serments. Si sa conscience lui a dit quelque chose à cet égard, il ne l'a point manifesté extérieurement ».

Il fut condamné à la déportation, il arriva à l'Ile de Ré le 11 Novembre 1798, et il fut libéré le 30 Janvier 1800. Au Concordat, il fut nommé curé de Villers-Vaudey (Haute-Saône).

3 Bonnot Pierre, P. Pierre-Bérard d'Hyèvre (Doubs), né le 11 Octobre 1712, profès le 6 Mai 1741.

4 Trouillot Pierre, P. Cyprien de Fontenelle (Doubs), né le 11 Mars 1725, profès le 25 Mars 1747. En 1794, il était dans le Doubs,

---

(1) Dans le langage révolutionnaire certains mots sont détournés de leur sens habituel. Le mot immoralité, par exemple, ne désigne plus des actes contraires aux mœurs, mais simplement une conduite en opposition avec les lois révolutionnaires. On comprend ce que pouvait signifier dans la bouche d'un patriote cette expression: «un être profondément immoral »

(2) Morey, *Les Capucins en Franche-Comté*, 312. — Arch. Nat. F18 1015. — F 7 7386 (2300).

(3) Morey, 313. — Arch. Nat. F7 7386 (2300). — Manseau, *Les Prêtres et les Religieux déportés sur les côtes et dans les Iles de la Charente Inférieure,* II. 267.

n'exerçant pas, non porté sur les listes d'abdication ou de réclusion, peut-être en raison de son âge (1).

5 Bonnot Jean-Baptiste, P. Raymond de Dambelin (Doubs), né le 26 Juillet 1728, profès le 16 Avril 1748, se déporta volontairement. Au moment du Concordat, il résidait à Belfort, et dans son rapport au Ministre le Préfet du Haut-Rhin écrivait à son sujet : « paraît tenir aux principes qui appartiennent aux déportés ; d'ailleurs tranquille et ne donnant lieu à aucune plainte » (2).

6 Lacave Joseph Laurent, P. Fabien de Vesoul, 46 ans en 1790, prêta serment et en 1799 il était curé intrus de Noidans-le-Ferroux (Haute-Saône), il avait fait la soumission aux lois de Fructidor et exerçait encore (3).

7 Tournoux François Martin, P. Othon de Danjoux, né le 17 Novembre 1744, profès le 4 Octobre 1761, prêta serment et dut se rétracter pendant la Révolution, car on ne le retrouve plus sur aucune liste, pas plus que son homonyme et peut-être son parent, le P. Boniface Tournoux, de Danjoux. du couvent de Baume-les-Dames, dont il est difficile de le distinguer dans les documents officiels. Ils prirent rang dans le clergé du diocèse en 1801.

8 Hauty Claude François, P. Donat de la Villeneuve (Haute-Saône), né le 6 Février 1751, profès le 15 Août 1768, se déporta en Italie, il fut accueilli dans la Province Romaine des Capucins, et placé au couvent de Piperno, où il mourut le 14 Juillet 1792 (4).

9 Sauvage Jean Claude, P. Louis de Beulotte-Saint-Laurent (Haute-Saône), né le 11 Novembre 1753, profès le 14 Juillet 1777.

Il fut inscrit le 9 Mai 1791 au nombre des candidats de la Société des Amis de la Constitution de Belfort. Il fut reçu comme membre à la séance du 12 Mai. Mais le 7 Juillet, un des membres de la société, Chevretot, fit une dénonciation contre « le ci-devant Capucin P. Louis », et produisit une lis'e de témoins qui devait être remise à l'accusateur public. On décida que son nom serait rayé de la liste et des tableaux de la Société. Cependant à la séance du 9, deux membres de la Société prirent la défense de leur collègue, en faisant remarquer que cette dénonciation mettait dans l'embarras les Membres du Tribunal, qui étaient Membres de la Société, et auraient à

(1) Sauzay, *Histoire de la persécution révolutionnaire dans le Doubs*, VI. 702.
(2) Sauzay, VII. 699. — Arch. Nat. F19 866. — Frayhier, 301.
(3) Arch. Nat. F7 7386 (2300).
(4) Necrolog. Seraphic. Almæ Urbis Provinciæ. - D'Auribeau, *Mémoires pour servir à l'histoire de la persécution révolutionnaire*, Rome, 1795, in 8°, 973. — Le Rohellec, *Liste des Ecclésiastiques réfugiés dans les États pontificaux*, 84.

juger un confrère. Il fut donc décidé que l'accusation serait abandonnée, « mais que tout individu était invité à surveiller la conduite du ci-devant Capucin, pour le dénoncer si le cas y échet » (1).

Il est à présumer que le P. Louis comprit qu'il aurait mieux fait de ne pas s'aventurer dans la Société des Amis de la Constitution de Belfort. En 1797, nous le trouvons à Servance (Haute-Saône), il continuait d'exercer le ministère ayant fait sa soumission aux lois du 7 Vendémiaire et du 19 Fructidor. Nous ne le retrouvons plus qu'en 1817, résidant à Mollans (Haute-Saône), et touchant une pension de 233 francs comme religieux (2).

10 Jeannot Pierre, P. Félix de Soye (Doubs), né le 17 Octobre 1758, profès le 18 Octobre 1779, prêta serment et devint curé intrus de Saint-Juan (Doubs), où il fut installé sous la protection de la force armée, qui dut séjourner un mois dans la paroisse.

En 1793, il abdiqua le sacerdoce et s'engagea dans le 9e Bataillon de Grenadiers. Il fut blessé à la Bataille de Brumetz en Octobre 1793, et revenu dans ses foyers, il obtint une place dans les bureaux de la Préfecture du Mont-Terrible. Un arrêté des représentants du peuple, Millot et Guyardin, en mission dans le Doubs, ordonna l'incarcération de tous les prêtres qui ne seraient pas mariés. Jeannot se maria pour éviter la prison. Plus tard il occupa une place de juge suppléant au Tribunal de Porrentruy. En 1803, il sollicita et obtint du Cardinal Caprara validation de son mariage. Jeannot résidait alors à Paris, et il demanda au Cardinal de vouloir bien déléguer pour cette validation de mariage M. Dandré « mon ci-devant confrère ». Ce M. Dandré était : Noé André, P. Chrysologue de Gy, Capucin de Paris (3).

Frères convers.

1 De Belmont François Balthasar Xavier, F. Samuel de Servance (Haute-Saône), né en 1717, profès le 2 Février 1738.

2 Fériot Jean-Baptiste, F. Florentin de Cours-les-Belvoir (Doubs), né le 16 Avril 1751, profès le 15 Août 1774.

3 Grosjean Pierre François, F. Pierre François de Châlonvillars (Haute-Saône), né le 7 Juillet, profès le 6 Octobre 1788.

* *
*

(1) Communication de M. Joachim, professeur d'histoire au Lycée de Colmar.
(2) Arch. Nat. F.7 7386 (2300). — Liste générale des pensions, Paris, 1817.
(3) Sauzay, op. cit. I. 561; II. 16; VI. 83. 699. — Morey, op. cit., 315. — Arch. Nat. AF IV 1906.

Chapitre XV.

Capucins étrangers venus en Alsace.

Les Capucins dont il sera question dans ce chapitre, n'étaient pas membres de la Province des Capucins d'Alsace. Appartenant à d'autres Provinces, ils vinrent, pendant les troubles de ces temps, séjourner dans ce pays.

1 André Jean Gérard, P. André de Remiremont (Vosges), Gardien du couvent de Lunéville, 46 ans en 1790, profès le 18 Septembre 1763, choisi par l'évêque du Bas-Rhin pour l'un de ses vicaires épiscopaux, prêta serment à la cathédrale le 16 Octobre 1791.

C'est de lui que parle Mgr Paulus, quand, après avoir dit que plusieurs des vicaires épiscopaux, suivant l'exemple de l'évêque, se déprêtrisèrent, il ajoute, citant Reuss : « Pourtant l'un d'eux, le P. André ci-devant Capucin, se fit un certain nom dans les annales révolutionnaires. Pendant la Terreur il prêchait dans les clubs, coiffé d'un bonnet rouge, et comparant Jésus-Christ à Robespierre et à Marat ».

Le 8 Ventôse an II (26 Février 1794), il était en arrestation à Lunéville, et il demandait à la Municipalité de Strasbourg de vouloir bien lui donner une attestation de civisme pour le temps qu'il avait passé dans cette ville. En Messidor an VI (1798) il était de retour en Alsace et desservait la paroisse de Wisches (1).

2 Baier Frédéric, né à . . ., diocèse de Bamberg (Bavière), le 28 Juillet 1774, Capucin (?), curé de Klingenmunster (Palatinat), après la Révolution, de Wingen-Rosteig en 1815, de Tieffenbach en 1816, eut son exeat en 1818 (2).

3 Bauer Michel, P. Liboire de . . . . ., Aumônier du Régiment de Chasseurs de Guyenne, en garnison à Wissembourg, né le 1er Janvier 1745, prêta serment à Saint-Pierre-le-Jeune à Strasbourg le 21 Août 1791 et devint l'année suivante curé de Kuttolsheim (3).

---

(1) Arch. Mun. Stras. C. 51. — Journal de corresp. — Paulus, *L'Église de Strasbourg pendant la Révolution*, 416. — R. Reuss, *La Cathédrale de Strasbourg pendant la Révolution*, 648. — Guerber, *Bruno Franz Leopold Liebermann*, Freiburg 1880, 175. — Frayhier, 88. 110.

(2) Arch. Évêché. — Frayhier, 327.

(3) Arch. Mun. Stras. C. 51. — Arch. Dép. Stras. Dir. Dép. Reg. 9. 16. 18.

4 Berger François Antoine, P. Benoît de Neuviller, Capucin de Sedan (Ardennes), né le 20 Octobre 1745, exerça le ministère avant la Révolution dans les diocèses de Reims, Trèves, Langres, Besançon et Metz, et il se retira à Neuviller et Dossenheim après le Concordat. Il n'y mourut pas le 17 Germinal an IX (6 Avril 1801), comme le dit une note des Archives de l'Évêché, qui le confond avec un Récollet du même nom. En 1817, et années suivantes il était à Saint-Nicolas-du-Port (Meurthe), et il obtenait des secours du Gouvernement (1).

5 Block Antoine, P. Hilaire de Luxembourg, né le 2 Novembre 1747, profès le 31 Mars 1765, à Dijon, Capucin de la Province de Lyon, écrivit le 25 Janvier 1791 au District d'Altkirch qu'il était sorti du couvent de Bourbon-Lancy pour devenir aumônier du Régiment en garnison à Huningue et il réclamait sa pension. L'année précédente il était aumônier d'un régiment d'Infanterie à Strasbourg, il assista à la fête de la Fédération le 18 Juin 1790, servit la Messe qui fut célébrée à l'autel de la Patrie, et prêta le serment de tous les fédérés, qui comprenait celui d'être fidèle à la Nation, à la Loi et au Roi, et de maintenir de toutes ses forces la Constitution décrétée par l'Assemblée Nationale, et acceptée par le Roi. Il était encore à Strasbourg en 1792, et il se faisait délivrer par la Municipalité, le 19 Février, un certificat « pour servir à ce qu'il appartiendra » (2).

6 Brieth (alias Briez) Louis, F. Félicien de Phalsbourg (Moselle), du couvent de cette ville, se retira à Siewiller, District de Sarre-Union en l'an III. Il était né à Wechem, près La Petite-Pierre, le 9 Janvier 1732, et avait fait profession en 1752 (3).

7 Claudel Jean François, P. Thibaut de Grandvillers (Vosges), Capucin du couvent de Bruyères, 58 ans en 1790, avait d'abord prêté le serment, mais il le rétracta formellement par acte du 22 Messidor an III (10 Juillet 1795), et il était en détention à Bruyères le 9 Brumaire an IV (31 Octobre 1795). « N'ayant aucun bien, et la Nation ne lui faisant aucune pension, quelques citoyens l'avaient nourri mais on interrompit ces secours, les personnes qui le faisaient étant devenues suspectes. Comme il travaille constamment au jardin, l'hospice le nourrit en indemnité. Son incivisme et son fanatisme empêchent qu'on lui rende la liberté ». Il était encore en détention en Frimaire an V (Novembre-Décembre 1796). Il ne tarda pas cependant à être mis en liberté, car on le trouve à Lapoutroye (Haut-Rhin) l'année suivante. Les registres paroissiaux attestent qu'il administra les sacrements en 1797, 1798 et 1800. Il ne séjourna probablement

---

(1) Arch. Nat. F 19 1145 A. — Arch. Évêché Enquête de l'an XII. — Frayhier, 301. 392.
(2) Arch. Dép. Colmar L. 628. — Arch. Mun. Stras. Cultes IV. 44.
(3) Arch. Dép. Stras. Dist. Sarre-Union, Reg. 3. — Arch. Nat. D. XIX. 13.

pas pendant ces trois années dans la paroisse, il rayonna dans les environs, surtout après Fructidor an V, quand le Directoire organisa la chasse aux prêtres, mais il revenait à Lapoutroye où, du reste, il y avait d'autres prêtres et religieux dont on trouve aussi les noms sur les registres. Dans son rapport au Ministre du 1er Brumaire an X (22 Octobre 1801), le Préfet dit que J. Fr. Claudel, âgé de 70 ans, Capucin à Bruyères, se conduit bien ; il réside à Orbey, il a la confiance publique, et il a fait la soumission ». Il mourut à Orbey quelques années après (1).

8 Coulot Jean François, P. Nicolin de Vuillafans (Doubs), Capucin du couvent de Lure (Haute-Saône), né le 25 Août 1753, prêta serment, et administra Morvillars et Froide-Fontaine pendant la Révolution. Il prit part à l'élection de Berdolet en 1796, et au Concordat il fut maintenu à Froide-Fontaine. Il y était encore en 1816, et ce n'est qu'alors qu'il rétracta son serment. En 1818 il demanda un exeat pour le diocèse de Besançon (2).

9 Cromer Joseph, P. Lambert de Saverne, né le 6 Février 1733, Capucin du couvent de Phalsbourg (Moselle), se retira à Saverne après le Concordat, et y mourut le 3 Avril 1805 (3).

10 Dey Jean Joseph, P. . . . . . de Coblenz (Pays rhénan), né le 4 Juillet 1733, Capucin de la Province Rhénane, non-sermenté, administra pendant la Révolution les paroisses de Gleisweiler, Pfortz et Wœrth-sur-le-Rhin. Au Concordat il fut nommé curé de Busenberg, puis de Siegen, et en 1814 de Minfeld (Palatinat) (4).

11 Dietrich Joseph, P. Joseph d'Obernai, Capucin de Phalsbourg, né le 25 Août 1730, profès en 1753, fut reclus au Séminaire de Strasbourg en 1793, et déporté à Besançon et à Champlitte, où il fut libéré en 1794 (5).

12 Froment . . . . , P. . . . On trouve un nommé Léonard Froment qualifié Capucin, sur les listes des émigrés du Bas-Rhin (6).

13 Gleizes Louis André, né à Landau en 1744, Capucin (?), curé intrus de Fegersheim en 1791, curé de Gambsheim au Concordat, démissionnaire en 1809, mort à l'hospice civil de Strasbourg, le 13 Avril 1822 (7).

---

(1) Arch. Nat. AA8 (363) — F 19 866. — Chan. Brunck de Freundeck, *La Poutroie* Rev. cath. d'Alsace, 1909, 545.

(2) Arch. Évêché. — Frayhier, 189. 212. 316. 433.

(3) Arch. Évêché Enquête de l'an XII. — Frayhier, 303. 397.

(4) Arch. Évêché Enquête de l'an XII. — Frayhier, 304. 396. 397.

(5) Arch. Mun. Stras. Police. II. 128. — Chan. Beuchot, Chan. Gass, Sauzay, op., cit. — Frayhier, 278.

(6) Arch. Mun. Stras. Police. II. 64. 65. — Frayhier, 281.

(7) Arch. Évêché. — Arch. Dép. Stras. Dir. Dép. Reg. 14. — Arch. Mun. Stras. État civil.

14 Grime Nicolas, P. Isidore de Geiswasser, né le 23 Octobre 1760, profès le 9 Juin 1787, était étudiant en Théologie au couvent de Dijon, Province des Capucins de Lyon, en 1790. Il ne prêta pas serment, il prit, avec un de ses confrères, un passeport pour Genève, et ils arrivèrent à Bologne. Le P. Isidore fut envoyé dans les couvents de Ferrare et d'Imola. Comme il n'avait pas terminé ses études théologiques, et que dans ce dernier couvent les religieux, absorbés par les travaux du ministère, ne pouvaient pas lui donner de leçons d'une façon suivie, il écrivait en 1794 au Cardinal Secrétaire d'État, lui demandant d'être transféré dans un autre couvent. Celui-ci le renvoya au Supérieur de la Province, seul capable de donner une décision.

Le P. Isidore revint à Strasbourg le 8 Fructidor an X (25 Août 1802), et prit un passeport pour Dijon. Peu après il était de retour, et il se fixa à Geiswasser, où il fut vicaire résident. En 1813 il fut nommé curé de Chalampé. En 1816 nous le retrouvons comme administrateur de Geiswasser, ce qu'il resta jusqu'à sa mort, 25 Août 1827 (1).

15 Grisey Michel, P. Maximin de Faucogne (Haute-Saône), Capucin du couvent de Gy, prêta serment et vint desservir la paroisse d'Essert. Il y était curé quand il fut englobé dans l'enlèvement des prêtres qui furent emprisonnés à Besançon et à Ribeauvillé. En l'an VI, il était à Etueffont, où il déclarait n'avoir rétracté aucun serment. Au Concordat il fut nommé curé de Saint-Germain, il se rétracta en 1816, et mourut en 1831 (2).

16 Guinans Jean Jacques, P. Abondant de Courchavont (Porrentruy), né le 26 Mars 1761, Capucin du couvent de Délémont (Prov. Suisse), vint au District de Belfort le 21 Messidor an III (9 Juillet 1795). Il avait prêté serment et il venait administrer Anjoutey (Canton de Giromagny). En l'an VII il y était encore, ayant prêté tous les serments et n'en ayant rétracté aucun. Étant curé de Courtavon (Ottendorf), il avait été emprisonné à Besançon et à Ribeauvillé, et au Concordat il fut nommé à Anjoutey, de là il fut envoyé à Lutran, puis à Aubure en 1812, à Rougemont en 1816. Il fut interdit pour refus de rétractation de serment, il s'agrégea au Diocèse de Bâle, revint dans celui de Strasbourg en 1829, fut nommé curé de Montreux-Vieux, puis de Brébotte (Canton de Delle) où il mourut en 1835 (3).

---

(1) Arch. Mun. Stras. Émig. II. 70. 71. - P. Apollinaire de Valence, *Études Franciscaines sur le Dép. de la Côte d'Or*, 28. — Le Rohellec, *Liste des ecclésiastiques réfugiés dans les États Pontificaux, 111.* — Mgr Schickelé, *État de l'Église d'Alsace avant et pendant la Révolution*, 69. — Arch. Vatican, *De caritate S. Sedis erga Gallos*, T. XXVIII — Frayhier, 416. — Arch. des paroisses d'Obersaasheim et de Geiswasser.

(2) Arch. Dép. Colmar L. 616. 617. 627. 804. — Frayhier, 195. 347. 434.

(3) Arch. Dép. Colmar L. 616. 627. 804. — Arch. Évêché Enquête de l'an XII. Frayhier, 195. 434.

17 Gunther Jean Wendelin, P. Christophe de Zusmershausen (Diocèse d'Augsbourg), né le 19 Février 1750, Capucin de la Province Rhénane, résida dans les couvents de Mannheim, Heidelberg, Fulda, Waghæusel. Il vint en France au commencement de la Révolution, et après avoir prêté serment, il fut élu curé de Bischheim, où il resta jusqu'en 1798, ensuite il desservit Siegen, Hauenstein, Busenberg, et au Concordat, il fut nommé à Eschbach (Canton de Landau), puis à Hauenstein, et enfin à Eberbach (Wœrth), où il mourut le 7 Juin 1828 (1).

18 Hartmann Antoine, F. François d'Ammerschwihr, né le 3 Juillet 1761, était Frère convers au couvent des Capucins de Foligno (Italie). Il rentra en France au moment de la suppression des couvents d'Italie, sous le premier Empire, et il arriva à Ammerschwihr en 1810. L'année suivante il obtint une pension de 300 francs, comme les religieux des États Romains, et il mourut à Ammerschwihr, le 7 Février 1815. Sur quelques registres de l'Évêché on le trouve désigné sous le nom de : P. François, Capucin. Il était simplement Frère lai (2).

19 Jeandel Antoine, F. Antoine de Saint-Dié, Frère convers du couvent de Fontenoy (Vosges), né le 8 Juillet 1758, profès le 8 Avril 1785, vint en Alsace pendant la Révolution, et en dernier lieu à Sainte-Marie-aux-Mines (3).

20 Jeannotty Claude Joseph, P. Guillaume de Faucogney (Haute-Saône), Capucin de la Province de Franche-Comté, au couvent de Faucogney, né le 16 Mars 1746, se fixa au District de Belfort le 28 Mai 1791, et fut élu le 20 Septembre à la cure de Lutran. On le trouve en outre à Montreux, et en 1798 à Foussemagne. En 1803 il fut nommé curé de La Chapelle-sous-Rougemont (4).

21 Jungmann Jean-Jacques, P. Léopold de Guirlange (Moselle), Capucin du couvent de Phalsbourg, né le 14 Juillet 1752, profès en 1773, émigra, et au Concordat il fut nommé curé de Weiterswiller, en 1805 de Kirwiller, en 1807 de Dossenheim, en 1809 d'Eckartswiller, en 1819 de Lochwiller. Il se retira à Marienthal en 1829 et il y mourut le 7 Décembre 1831. Vers la fin de sa vie il était aveugle (5).

22 Kornreich Pierre Joseph, né à Cocheren (Moselle), le 13 Mars 1765, Capucin, P. Bonaventure, administra pendant la Révolution Wingen et Trimbach. A la réorganisation, il fut nommé curé de Keffenach, puis de Schlettenbach (Canton de Dahn) et ensuite de Schweigen (Canton de Wissembourg) (6).

---

(1) Arch. Évêché Enquête de l'an XII. — Frayhier, 143. 397.
(2) Arch. Dép. Colmar V. 37. — État civil d'Ammerschwihr.
(3) Arch Dép. Colmar L. 639. 866.
(4) Arch. Dép. Colmar L. 627. 804. — Morey, op. cit. 331. — Frayhier, 197, 433.
(5) Arch. Évêché. — Frayhier, 311. — Chronique du presbytère de Marienthal.
(6) Arch. Évêché. — Frayhier, 313. 400.

23 Lutz Jean Michel, P. Florent de Saverne, né à Friedolsheim le 10 Octobre 1756, profès à Sainte-Ménehould le 30 Octobre 1785, Capucin du couvent de Sedan (Ardennes), ne revint en Alsace qu'au Concordat. Il fut nommé curé de Kriegsheim, puis de Batzendorf, en 1815 de Weitbruch, enfin en 1820 de Schiltigheim, où il mourut le 24 Mai 1828 (1).

24 Mahu François, P. François de Senones, né le 28 Mars 1760, profès le 25 Septembre 1783, Capucin du couvent de Thiaucour (Meurthe), fut élu à Colmar, le 30 Novembre 1791, curé d'Aubure, à l'unanimité des 83 votants, il était déjà vicaire à Saales. Le 19 Frimaire an II (9 Décembre 1793), il abdiqua la prêtrise, et le 12 Pluviôse (31 Janvier) suivant il quitta Aubure pour le District de Lunéville (2).

25 Muth Jean Michel, né le 26 Avril 1752, à Hammelsbourg (Wurtzbourg, Bavière), Capucin à Frankenthal, en religion P. Fulgence, curé intrus de Wettolsheim, Zillisheim, Sewen, Guéwenheim, se retira à la réorganisation à Saint-Amarin, où il mourut en 1814. Il ne faut pas le confondre avec Jacques Ziegeldrum, P. Fulgence de Blotzheim, Capucin d'Ensisheim, que l'on trouve parfois désigné par erreur sous le nom de P. Fulgence de Saint-Amarin (3).

26 Osterath Joseph, P. Marcien d'Oberwesel, né le 30 Novembre 1750, avait exercé le ministère dans les diocèses de Trèves et de Spire avant la Révolution. Lorsque le curé de Bundenthal dut, pour refus de serment, abandonner sa paroisse, le P. Marcien vint occuper ce poste, mais il ne prêta pas le serment, et il resta dans la paroisse jusqu'au Concordat. L'Évêque de Strasbourg le maintint dans cette place. Les renseignements postérieurs à son sujet font défaut, car en 1815, les cantons de Bergzabern, Candel, Landau et Dahn, dont faisait partie Bundenthal, furent rattachés au diocèse de Spire (4).

27 Reeb Jean, F. Côme de Schalbach (Moselle), Frère convers du couvent de Sarrelouis, était en réclusion au Séminaire de Strasbourg en 1793. Le Commissaire du District était embarrassé au sujet de ce pauvre Frère tombé en démence. Il ne savait s'il était du District de Sarrebourg ou de celui de Sarrelouis. Nous ignorons ce qu'il devint dans la suite (5).

---

(1) Arch. Évêché. — Frayhier, 314. 383. — Collinet, *Sedan il y a cent ans*, 70

(2) Arch. Dép. Colmar L. 615. 865. 866. 867. 925.

(3) Arch. Dép. Colmar L. 630. — Sitzmann, *Geschichte des Dorfes Zillisheim*, 184; *Histoire religieuse de Wettolsheim*, 452. — Frayhier, 201. 430.

(4) Arch. Dép. Stras. Recherche des émigrés, Liasse 144. — Arch. Mun. Stras. Police. II. 129.

(5) Arch. Évêché Enquête de l'an XII. — Frayhier, 317. 397.

28 Rich François Ignace, P. Georges de Rouffach, né le 31 Juillet
1733, Capucin depuis 1757, appartenait à la Province de Touraine, était au couvent de Loches (Indre-et-Loire). Il prêta
serment et fut élu curé d'Azay-le-Rideau. En Frimaire an VI, il
était emprisonné à Colmar, et il écrivit au Président du Tribunal
du Haut-Rhin que «Capucin dans l'ancien régime, et curé constitutionnel dans le nouveau, il était un des plus zélés apôtres de
la liberté dès l'aurore de la Révolution ; qu'il avait prêté tous
les serments, et qu'en 1791, il avait été élu curé d'Azay-le-Rideau ;
qu'il y était resté jusqu'au moment où tous les prêtres constitutionnels avaient été arrêtés par la bande de Robespierre ; qu'il
était venu à Rouffach depuis environ deux ans et qu'ensuite il
avait été emprisonné à Colmar. Il avouait n'avoir fait aucune
fonction de prêtre depuis qu'il avait quitté sa cure, et n'avoir
pas prêté par là même le serment exigé par la loi de Fructidor,
mais il s'offrait à le prêter, si on le lui demandait ».

On ne pouvait retenir en prison un homme qui s'était plié
à toutes les exigences de la Révolution, aussi le mit-on en liberté
le 22 Frimaire an VI (12 Décembre 1797). Il se retira à Éguisheim
où il mourut, dit son acte de décès extrait des registres paroissiaux,
«Anno Reipublicæ Gallicanæ decimo tertio, die vigesima quinta
Mensis Vendemiarum » (16 Octobre 1804) (1).

27 Schantong Paul, P. Rigobert de Volmunster, Capucin de la
Province Rhénane, né à Volmunster (Moselle), le 7 Décembre
1738, curé constitutionnel d'Oberschæffolsheim, d'Obersteinbach
et de Lichtenberg, prêta tous les serments, abdiqua la prêtrise
et mourut retiré à Schweighausen (Bas-Rhin) en 1809 (2).

28 Serrarius Jean Georges François, né à Stettfeld (Bade-Diocèse
de Spire), le 17 Février 1755, Capucin de la Province Rhénane,
fut curé intrus de Dambach (Sélestat) pendant la Révolution.
Il abdiqua le sacerdoce le 7 Frimaire an II (27 Novembre 1793).
Il n'en fut pas moins emprisonné le 14 Nivôse an II (3 Janvier
1794), pour avoir tenu des propos contrerévolutionnaires, en
exécution d'un Jugement du Tribunal. Mais il fut bientôt mis
en liberté et il revint à Dambach, où il resta jusqu'au Concordat.
Il fut alors nommé à Bergzabern, puis en 1806 à Dahn (Palatinat),
où il mourut le 4 Avril 1816 (3).

29 Simminger ...., P. Henri de Berg, Gardien des Capucins de
Phalsbourg, desservit à partir du 1er Août 1791 la paroisse de

---

(1) Arch. Dép. Indre-et-Loire L. 106. — Arch. Dép. Colmar L. 620. — Arch.
Évêché Enquête de l'an XII. — Frayhier, 318. 419.

(2) Arch. Dép. Stras. Dir. Dép. Reg. 46, 18 Mess. an II. — Liquid. Pens.
Liass. 392. — Arch. Mun. Stras. Renonciat. IV. 46. — Frayhier, 320. 327. 384.

(3) Arch. Dép. Stras. Dir. Dép. Reg. 39, 8 Frim. an II. — Arch. Mun, Stras.
Police II. 132. — Arch. Évêché Enquête de l'an XII. — Roth, *Dambach in
der Revolutionszeit*, 1907, 39. 71. — Frayhier, 118, 336. 395. 402.

Wenheim. La Municipalité de Phalsbourg attesta qu'il avait payé toutes ses impositions pour 1791 ; celle de Wenheim, qu'il s'était toujours comporté «comme un très brave et digne curé», le District de Haguenau attesta à son tour que Simminger avait desservi Wenheim, «sans l'approbation de l'évêque» qu'il n'est pas inscrit sur la liste des curés et vicaires du District, mais que son traitement lui sera continué jusqu'à la nouvelle circonscription des paroisses. Ensuite la paroisse de Wenheim ayant été rattachée au District de Sarrebourg il n'est plus question du P. Henri. (1).

30 Solinger Ignace, P. Olivier de Rouffach, Capucin de la Province de Touraine (2), Gardien du couvent de l'Ile de Ré, né le 8 Janvier 1732, profès le 7 Octobre 1750, déclara, le 21 Mai 1790, ainsi que les trois autres religieux qui formaient sa communauté, «que tous voulaient profiter de la liberté à eux accordée par le décret de l'Assemblée Nationale, de sortir de la maison, et que leur intention était de vivre dans le monde».

Il prêta le serment schismatique, et fut élu curé du Bois, dans l'Ile de Ré. Il y resta jusqu'au 22 Prairial an IV (12 Juin 1796), ayant prêté tous les serments qu'on lui avait demandés. Il déclara ce jour là à l'Administration du Canton de Saint-Martin de l'Ile de Ré (Charente-Inférieure), qu'il voulait se retirer à Colmar. Il lui fut délivré un certificat attestant qu'il habitait l'Ile de Ré depuis trente ans, qu'il avait été curé constitutionnel du Bois, et qu'il avait toujours donné des marques de civisme. Il revint donc en Alsace, et en 1799, nous le voyons à Colmar réclamant sa pension et ayant toutes ses pièces en règle, c'est-à-dire, fournissant la preuve qu'il avait prêté tous les serments, qu'il n'en avait rétracté aucun, qu'il avait été religieux, curé constitutionnel et qu'il n'avait fait aucun héritage. Étant donné son âge, il avait droit à une pension de 1000 francs.

Un curé constitutionnel tel que Ignace Solinger ne pouvait manquer d'avoir les bonnes grâces et la protection de l'Évêque de Strasbourg. Aussi nous voyons l'Évêque prendre la défense de «cet homme de mérite» auprès du Préfet du Haut-Rhin, combattre les objections que l'on peut faire et les répugnances des fidèles à qui l'on veut imposer un curé jureur. Nous voyons Solinger proposé pour Logelnheim, Dessenheim, Katzenthal, enfin nommé à Fessenheim, d'où il fut transféré en 1809 à Grosmagny, où il mourut le 13 Février 1809, à 78 ans.

(1) Arch. Dép. Stras. Distr. Haguenau Reg. 7,8 Avril 1792.
(2) Un état de la Province d'Alsace de 1755 le donne comme étudiant à La Rochelle ; à cette époque, il dut se faire agréger à la Province de Touraine dont faisait partie le couvent de La Rochelle, et il ne revient en Alsace que vers la fin de la Révolution. — — — Ce même état de 1755 donne encore les noms d'autres religieux qui étaient hors de la Province : il y avait deux étudiants à Rouen, deux à Bologne, deux à La Rochelle, deux dans d'autres couvents de la Province de Touraine, et trois Missionnaires, dont un à Chypre et deux autres à Pondichéry.

Après sa mort son souvenir aurait disparu à jamais, même à Grosmagny, où il n'avait passé que quelques mois, si un curieux événement, survenu en 1825, ne l'avait fait revivre dans la mémoire de ses anciens paroissiens. Nous allons raconter le fait d'après des documents d'Archives et des relations de témoins oculaires, qui nous montreront comment l'imagination peut amplifier des événements naturels.

En 1825, des ouvriers occupés à creuser les fondations du clocher de Grosmagny, mirent à découvert un cercueil qui leur parut ne pas avoir souffert d'un assez long séjour en terre. Ils l'entrouvrirent, et à leur grande stupéfaction, ils s'aperçurent qu'il renfermait le corps d'un prêtre, encore revêtu de ses habits sacerdotaux, et aussi intact que le jour de son inhumation. Plusieurs des assistants reconnurent que c'était le corps d'un ancien curé qui n'avait passé que huit ou neuf mois dans la paroisse, et qui était mort depuis une quinzaine d'années. On cria aussitôt: Au Miracle, les paroissiens accoururent en foule, et il fut décidé que le cercueil serait enlevé de terre, et déposé dans l'église à la vue de tout le monde. Le bruit de cette découverte se répandit bien vite, surtout à Belfort, et le Sous-Préfet, le Pocureur du Roi et des Magistrats, les autorités civiles et les Officiers du 11ᵉ Dragons, les chirurgiens et les médecins, entre autres le Dr Blétry, de Belfort, vinrent à Grosmagny constater ce fait extraordinaire.

Une legende se forma bientôt autour d'Ignace Solinger, curé de Grosmagny, que la dévotion populaire canonisait déjà, et appelait: « Le Bienheureux Ignace. » Il n'était plus question du curé jureur, on ne connaissait que le Capucin Ignace Solinger d'abord «Missionnaire aux Grandes Indes», puis rentré en France au commencement de la Révolution, emprisonné et persécuté par la République. De son séjour à Grosmagny, on ne se souvenait plus que d'une chose : « c'était un grand pénitent qui ne sortait de sa chambre que pour aller à l'église et visiter les malades», et l'on pouvait encore constater autour de son corps la présence d'un cercle en fer « d'environ deux pouces de largeur » qu'il avait porté pendant de longues années, et qui avait fini par pénétrer dans les chairs. Il vivait en véritable pauvre « et il ne laissa même pas de quoi s'ensevelir ».

Le cercueil resta pendant quinze jours exposé dans l'église, des foules de pèlerins accouraient de toute part, du Doubs, de la Haute-Saône, de l'Alsace, et bientôt le bruit se répandit que des miracles avaient été obtenus par l'intercession «du bon et défunt père Ignace».

Mais «des ennemis de la paroisse avaient porté plainte à l'Évêché, et s'étaient plaints que l'on brûlait plus de cierges autour du corps que sur l'autel, » aussi l'Évêque ordonna d'inhumer de nouveau le corps d'Ignace Solinger, et défendit qu'aucun signe extérieur indiquât à l'avenir l'emplacement de son tombeau. Le Sous-Préfet de Belfort avait de son côté donné connaissance des événements de Grosmagny au Ministre de l'Intérieur. Celui-ci demanda des renseignements à Mgr Tharin, Évêque de Strasbourg, qui répondit en envoyant le procès-verbal du médecin, attestant que le corps avait été trouvé pétrifié mais la difformité en était telle, qu'il inspirait l'horreur à tous ceux qui l'avaient vu. De son côté, l'Évêque affirmait que « les prétendues guérisons miraculeuses dont on avait fait grand bruit n'étaient que des faussetés »(1).

Malgré les interdictions et les défenses, les pèlerins continuaient d'affluer à Grosmagny, et de suspendre dans l'église des témoignages de leur reconnaissance. Il fallut une nouvelle intervention de Strasbourg. Mgr le Pappe de Trévern ordonna, en 1835, au Curé-Doyen de La Chapelle de visiter l'église de Grosmagny, et d'en enlever les tableaux et autres objets qui se rapportaient à ce prétendu saint. Néanmoins le culte se maintint longtemps encore à Grosmagny, et si maintenant il est à peu près tombé en oubli, les habitants de la paroisse parlent encore de leur ancien curé avec une religieuse dévotion (2).

31 Thirion François Antoine, P. Hippolyte de Saint-Hippolyte, Capucin du couvent de Saint-Mihiel (Meuse), né le 2 Décembre 1726, avait déclaré, le 5 Mai 1790, que son intention était de vivre dans son Ordre selon la règle dans laquelle il avait fait profession, se réservant néanmoins d'en sortir dans le cas où le régime ne lui conviendrait pas. Moins d'un an après il quittait le couvent, et le 14 Août 1791, il prêtait à la Cathédrale de Strasbourg le serment prescrit par la loi du 26 Décembre 1790. Il avait déjà probablement prêté ce serment ailleurs, car nous connaissons un Thirion François Antoine, qui fut curé intrus de Badonvillers (Meuse), et qui ne quitta cette paroisse que le 3e Complémentaire an II (19 Septembre 1794), pour se retirer

---

(1) Le texte que nous résumons sert d'encadrement à une image (genre Épinal) de 45X50 environ, dessinée par Barlay, et éditée par Clerc, libraire-éditeur à Belfort vers 1830. On y voit à côté de l'église de Grosmagny, un prêtre revêtu de ses ornements sacerdotaux, et étendu dans son cercueil, la figure est en très bon état de conservation; autour de lui se presse une foule de paysans, d'officiers et de fonctionnaires en tenue. — — — — Cette image qui était autrefois très répandue dans le pays de Belfort, est devenue introuvable. On n'en connaît qu'un exemplaire appartenant à M. le Docteur Hahn-Schædelin de Colmar.

L'auteur de cette légende annonçait comme devant paraître «incessamment la Vie édifiante du Bienheureux Ignace Solinger. » A-t-il publié son travail ? Il est probable que non. Toutes les recherches faites, aussi bien à la Bibliothèque de Besançon et de Strasbourg, sont restées sans résultat.

(2) Arch. Évêché — Communication de M. Schædelin, Juge au Tribunal de Colmar et de M. le curé de Grosmagny.

dans le District de Sélestat. Cependant il est certain que le P. Hippolyte fut curé intrus de Colroy-la-Roche, où son influence assez minime était vivement combattue par Dom Fréchard, Bénédictin de Senones, l'apôtre de ces contrées pendant la Révolution.

Au Concordat François Thirion se retira à Steige, puis à Sainte-Marie-aux-Mines, où il mourut en 1806 (1).

32 Thomas Jean François, P. Honoré de Bruyères (Vosges), était Capucin au couvent de cette ville, où il était né le 27 Juillet 1744. Il avait fait profession à Saint-Mihiel le 14 Novembre 1762; en 1790, il opta pour la vie commune et il vint à Saint-Dié pour la mener en compagnie de ses confrères. Mais la maison de Saint-Dié n'ayant pu réunir 20 religieux, nombre fixé par la loi pour les maisons de vie commune, ceux qui s'y étaient rendus en furent aussi expulsés, et rendus à la vie privé. C'est alors, ou au plus tard en 1792, que le P. Honoré vint chercher un asile dans les hautes vallées des Vosges, et il se réfugia à Labaroche, qu'il ne devait plus quitter.

Le curé, Louis Petitdemange, avait refusé le serment. Il fut arrêté à Niedermorschwihr le jour de l'Ascension, 9 Mai 1793 ; quelques jours après, le maire de Labaroche, le maître d'école furent arrêtés à leur tour pour avoir recélé le curé, puis des sœurs grises et d'autres prêtres encore subirent le même sort et tous furent écroués au Dépôt d'Ensisheim.

Mais le curé pouvait se rassurer dans sa prison sur le sort de ses paroissiens, il savait que le P. Honoré, encore dans la force de l'âge (il n'avait pas cinquante ans), restait caché dans la paroisse, menant la dure vie de missionnaire, et toujours prêt à répondre au premier appel des fidèles. Le curé savait encore que les gendarmes redoutaient de s'aventurer dans ces montagnes où la population leur faisait partout mauvais accueil, quand on savait qu'ils y venaient pour faire la chasse aux prêtres.

«Les gens fanatisés de Labaroche armés de bâtons, de perches et de haches» avaient même un jour failli faire un mauvais parti à des gendarmes qui emmenaient des prêtres, dit un rapport officiel, et les gendarmes n'évitèrent la mort qu'en relâchant leurs prisonniers. On comprend que le P. Honoré se trouvait en sûreté au milieu d'une population si décidée à défendre ses prêtres, aussi jamais il ne fut l'objet d'une dénonciation ni d'une mesure de rigueur pendant toute la Révolution. Jamais nous n'avons rencontré son nom dans les documents d'Archives de cette époque; l'administration semblait ignorer qu'un prêtre se tenait caché sur les hauts sommets des Vosges, ou si jamais

____

(1) Arch. Dép. Stras. Dir. Dép. Reg. 53, 16 Pluv. an III. — Distr. Benf. Reg. Juill. 1791 — Arch. Mun. Stras. Culte Cath. IV. 47. — V. 51. — Robinet, *Pouillé du diocèse de Verdun*, III, 342. — Frayhier 323. 410. Il le donne à tort comme insermenté.

sa présence lui a été révélée, elle a jugé plus prudent de ne pas lancer ses limiers à sa poursuite, sachant bien par avance qu'ils ne pourraient pas découvrir le lieu de sa retraite.

Aussi quand le curé revint de sa déportation à Chaumont, au mois de Mars 1795, les deux prêtres purent se féliciter mutuellement d'avoir échappé aux poursuites, et de retrouver la paroisse plus attachée encore peut-être aux pratiques de la Religion. Ils reprirent leur ministère, tantôt publiquement à l'église dans les moments de calme, le plus souvent en cachette dans quelque maison isolée, et à la faveur des ombres de la nuit. On montre encore les maisons où ils étaient assurés de trouver un refuge: «Les Basses Loges» sur la place de Labaroche, «Les Vieux-Champs» et «La Bassette,» à l'entrée du bois des Trois-Épis, «Les Fauxgrès» près du petit Honak; on conserve encore le pauvre calice d'étain qui leur servait pour la célébration des Saints Mystères.

Si la loi du 19 Fructidor les força à reprendre encore pendan quelque temps leur vie errante, bientôt l'annonce du Concordat leur apporta la fin de la persécution. Le 11 Vendémiaire an IX (2 Octobre 1800) M. Petitdemange et le P. Honoré se présentaient ensemble devant le Préfet de Colmar pour manifester leur intention d'exercer les fonctions religieuses du culte catholique, et ils faisaient la promesse de fidélité à la Constitution de l'an VIII. Le P. Honoré fit sa soumission au Concordat le 14 Prairial an X (3 Juin 1802), et il fut nommé vicaire à Labaroche.

Le curé reprit possession de sa paroisse et à la première page du registre des Baptêmes, qui commence le 26 Décembre 1800, «Sexta nivorum anni Reipublicæ noni,» il écrit ces lignes qui sont une preuve de la présence à peu près continuelle de prêtres à Labaroche pendant la Révolution: « Omnes omnino utriusque sexus infantes baptizati fuerunt etiam tempore Revolutionis, et omnes qui ob periculum mortis, vel defectum sacerdotis, tantum a laicis baptizati fuerunt, postea a me, vel ab alio sacerdote, de mea licentia, supplendo ceremonias, sub conditione rebaptizati sunt, nisi per duos testes peritos juridice, juxta mentem Benedicti XIV. constiterit de validitate baptismi. »

Lorsque M. Petitdemange fut nommé curé d'Orbey en 1807, le P. Honoré signa les actes de baptême tantôt: P. Honoré, Capucin, tantôt : Honoré Thomas, Administrateur. Le procès-verbal de la bénédiction de deux cloches en 1808, porte sa signature, et le procès-verbal de la bénédiction d'une troisième cloche en 1810 porte cette mention : «*Honorarius Thomas presbyter hic commorans quoque signavit.* » Vers la fin de sa vie, il légua à l'église de Labaroche une somme pour une messe mensuelle qui est encore inscrite au tableau des fondations sous le nom du P. Honoré.

Enfin il mourut le 22 Avril 1824, et son décès est ainsi mentionné aux registres paroissiaux de Labaroche:

«Hodie die vigesima secunda mensis Aprilis anni millesimi octingentesimi vigesimi quarti, hora quarta matutina obdormivit in Domino Reverendus Pater Honoratus, Ordinis S. Francisci Fratrum minorum, ex Bruyères oriundus, octoginta annos natus, a duobus et triginta annis hic commorans, omnibus sacramentis moribundis necessariis rite munitus, viso actu civili a me infrascripto desserviente parocho in Orbey, die sequenti in loci hujus cœmeterio ad crucem indulgentiarum sepultus fuit præsentibus testibus:

Nicolao Gœtz, Parocho in Baroche.   Bucher, vicaire à Orbey
Boxler, Vicaire   Jean-Baptiste Bisch, Desservant à Orbey».

Sa tombe se voit encore au Cimetière et porte l'inscription suivante:

CI - GIT

JEAN . . .

DIT LE

P. HONORÉ

NÉ A BRUYÈRES LE . . . 1744 MORT A
LA BAROCHE 22 AVRIL 1824 EN MÉMOIRE
DES SERVICES QU'IL A RENDUS A LA

RELIGION

ET   A

CETTE PA-
ROISSE
EN PARTI-
CULIER —
PRIEZ
DIEU POUR LE
REPOS DE SON AME.

L'acte de décès du P. Honoré sur les registres paroissiaux n'indique pas le lieu de sa mort, mais les registres de l'état civil portent que le Père mourut au presbytère, et les témoins qui signent l'acte: David Million et J. Nic. Pierre sont désignés comme habitant «Les Basses Loges». Cette ferme, nous l'avons dit, était un lieu de refuge pour les prêtres pendant la Révolution, le P. Honoré y avait trouvé asile plus d'une fois, cela nous explique la présence des deux fermiers à son décès (1).

____

(1) Communication de M. l'abbé Saltzmann, curé de Labaroche, et de M. l'abbé Mouthe, curé de Pairis.

CATALOGUES

des

CAPUCINS ORIGINAIRES D'ALSACE

qui ont vécu avant la Révolution.

I.

CAPUCINS ALSACIENS ENTRÉS DANS L'ORDRE AVANT 1729

Selon le Nécrologe de la Province Suisse à laquelle appartenaient jusqu'à cette date les couvents d'Alsace.

Dans cette liste Conf. signifie Confesseur, Conc. - Prédicateur, Sac. - Simple prêtre, Cler. - Clerc, Stud. - Étudiant, Laic. - frère lai.

NOMS	DATE et LIEU DU DÉCÈS	AGE physique	AGE de vie religieuse
F. Accursius Christ de Westhoffen, Laïc......	24 Mars 1641 Rottenburg (Wurtt.)	53	27
P. Achilles Lips de Rixheim, Guard........	16 Novembre 1729 Haguenau	62	43
P. Adalricus..... de Guebwiller, Conf. Conc..	13 Avril 1667 Weinbach	—	43
P. Adamus Schillinger de Turckheim, Conf.	5 Mars 1708 Weinbach	59	39
P. Albanus Imhof d'Ensisheim, Vicar (1)...	8 Décembre 1656 Soleure (Suisse)	66	41
F. Alexander Droling de Ribeauvillé, Laïc. ..,..	14 Janvier 1769 Ensisheim	79	55
P. Aloysius Klebsattel de Thann, Conf. Conc...	29 Avril 1693 Soleure	37	18
P. Amatus Hægelin de Soultz, Sac.	3 Mai 1720 Strasbourg	57	35
P. Ambrosius Spannagel de Katzenthal, Guard. ...	6 Avril 1729 Neuf-Brisach	67	43
P. Andreas Münch d'Ensisheim, Vicar.	26 Septembre 1691 Landser	64	44
F. Andreas Hemmler de Soultz, Laïc.	16 Septembre 1767 Soleure	76	54
P. Angelicus Oesteringer de Sélestat, Guard.......	23 Novembre 1702 Molsheim	62	41
P. Angelicus Signand de Roderen, Conf. Conc..	15 Novembre 1724 Soultz	57	40
P. Angelicus Ettlin de Colmar, Conf. Conc...	4 Décembre 1734 Colmar	38	14
P. Anselmus Klœckler de Marmoutier, Conf. Coc.	Vêtu en 1727	—	—
P. Anselmus Schaulin d'Arlesheim, Senior Prov.	30 Janvier 1758 Thann	77	58
P. Antonius Blum de Hondorf d'Ensisheim, Guard......	20 Décembre 1705 Landser	54	24

(1) A sauvé l'église St. Nicolas à Haguenau pendant la guerre de Trente-ans (Chronica Provinciæ Helveticæ Capucinorum, Solodori 1884, 311-312).

NOMS	DATE et LIEU DU DÉCÈS	AGE physique	AGE de vie religieuse
F. Antonius Ludescher de Colmar, Laic.	30 Novembre 1717 Sélestat	41	10
P. Antonius Maria Meyer de Soultz, Guard........	6 Novembre 1712 Weinbach	69	51
P. Aquilinus Zurbach d'Illfurt, Conf. Conc.	24 Octobre 1706 Obernai	59	39
F. **Balthasar** Ring de Brisach, Laic..	26 Octobre 1708 Fribourg (Suisse)	70	44
P. Balthasar Vaudry de Belfort, Conf. Conc....	29 Octobre 1734 Sélestat	30	9
P. Benedictus Wey de Bennwihr, Conf. Conc.	10 Janvier 1730 Soultz	37	16
F. Bernardus Boyr, de Belfort, Laic.........	1er Juillet 1760 Strasbourg	70	45
P. Bernardus Braeth de Guebwiller, Conf. Conc.	Vêtu en 1725	—	—
F. Bertholdus Schreiber de Biederthal, Laic........	29 Juillet 1727 Thann	85	57
P. Berthulphus Selis de Molsheim, Guard. (1)	1er Janvier 1715 Soultz	63	42
P. Bonagratia Burner de Flachslanden, Guard..	2 Mai 1728 Landser	79	60
P. Bonagratia Fischer de Hochstatt, Provincial.	15 Avril 1742 Strasbourg	65	46
P. Bonagratia Schlosser de Habsheim, Def. prov.(2)	13 Mars 1672 Fribourg (Brisg.)	68	48
P. Burchardus Fuchs de Sélestat, Def. prov.....	25 Avril 1750 Molsheim	65	47
F. Candidus Keri de Sélestat, Laic........	10 Mars 1740 Molsheim	50	21
F. Castus ..... d'Ammerschwihr, Laic....	24 Janvier 1681 Molsheim	60	40

(1) Chronica cit., 346.

(2) Il est l'auteur de deux ouvrages sur le droit canon et de divers opuscules (Analecta Capucinorum, 1910, 80).

NOMS	DATE et LIEU DU DÉCÈS	AGE	
		physique	de vie religieuse
P. Carolus Bétry de Delle, Conf. Conc......	13 Janvier 1774 Colmar	69	49
P. Carolus Barthol. Bildstein de Haguenau, Guard. (1) .	16 Février 1651 Offenbourg (Bade)	61	18
F. Carolus Buhel d'Altkirch, Laic..........	14 Mars 1684 Weinbach	66	44
P. Carolus Maria Bellot de Belfort, Conf. Conc....	13 Août 1747 Malgrange (Moselle)	62	42
P. Cherubinus Born de Molsheim, Conf. Conc.	28 Janvier 1741 Colmar	37	14
P. Cherubinus Roost de Thann, Conf. Conc. (2)	2 Janvier 1690 Wissembourg	50	12
P. Cherubinus Wagner de Thann, Vicar. (3)......	5 Mars 1680 Weinbach	78	60
F. Christianus Karcher de Mutzig, Laic..........	29 Juillet 1741 Thann	49	18
F. Christophorus Larger de Thann, Stud...........	10 Juin 1645 Luzern (Suisse)	—	17
P. Christophorus Leutheri de Thann, Conf. Conc...	22 Décembre 1699 Strasbourg	40	20
P. Christophorus Terranigra de Cernay, Conf.........	2 Avril 1762 Thann	75	51
P. Christophorus Mouilleseau de Bavillars, Conf. Conc.	22 Octobre 1766 Haguenau	62	42
P. Chrysogonus Scharhorst de Haguenau, Conf. Conc.	28 Avril 1761 Haguenau	77	56
P. Chrysologus Bernard de Pfaffenheim, Conf....	15 Décembre 1678 Stans (Suisse)	65	35
P. Claudius Eberhard d'Ensisheim, Conf. Conc.	29 Avril 1732 Colmar	49	24
P. Clemens Hermann de Marckolsheim, Conf C.	12 Février 1765 Weinbach	72	50

(1) Avant son entrée dans l'Ordre, il avait été magistrat de sa ville natale et avait couvert les frais entraînés par la reconstruction du couvent de Haguenau (Chronica cit., 300).   (2) S. Théologiæ Doctor.   (3) Senior Provinciæ.

NOMS	DATE et LIEU DU DÉCÈS	AGE physique	de vie religieuse
P. Cœlestinus Leutprand de Staufen, Sac.........	22 Avril 1623 Ensisheim	44	3
P. Cœlestinus Jenni, de Guebwiller, Conf. Conc.	15 Avril 1764 Blotzheim	61	42
P. Columbanus Wurtzlin, d'Ensisheim, Vicar......	12 Février 1690 Villingen (Bade)	58	37
P. Columbanus Albner d'Ensisheim, Def. provl. (1)	31 Août 1728 Weinbach	76	59
P. Columbanus Bern de Sélestat, Conf. Conc..	(Vêtu en 1728)	—	—
P. Conradus Renner de Soultz, Guard........	13 Décembre 1675 Stans (Suisse)	63	40
P. Constantinus Brisset de Cléebourg, Stud. Sac..	6 Octobre 1734 Strasbourg	32	8
P. Cornelius Clerei de Belfort, Conf. Conc...	(Vêtu en 1726)	—	—
P. Crispinus Krafft de Massevaux, Conf......	10 Juillet 1674 Haguenau	—	20
P. Crispinus Untz de Hessenheim, Conf. Conc.	28 Juin 1760 Sélestat	74	54
P. Cyprianus Haag d'Ensisheim, Vicar........	26 Septembre 1651 Bremgarten (Suisse)	53	34
P. Cyprianus Thomas d'Ungersheim, Conf. Conc.	17 Mars 1723 Ensisheim	47	23
P. Cyprianus Œxler de Gundolsheim, Conf. C.	17 Novembre 1734 Strasbourg	40	12
P. Cyrillus Krell de Molsheim, Vicar. (2) ..	30 Mars 1664 Bade-Bade	75	49
P. Damianus Bader d'Ensisheim, Vicar......	30 Novembre 1663 Rheinfelden (Suisse)	65	47

(1) Lecteur de philosophie et théologie, il fut pendant neuf ans visiteur des Clarisses d'Alspach, plusieurs fois Gardien, à Strasbourg ou à Colmar, il fut nommé Commissaire Général pour les couvents des Capucins d'Alsace. Il était assidu de jour et de nuit à l'office du chœur. C'est au chœur qu'il eut un coup d'apoplexie. *Enchiridium* du P. Fructuosus; Chronica cit., 346. 432; Chan. Beuchot, *Das ehemalige Kapuzinerkloster zu Colmar*, 1916, 54-55.

(2) Il fut envoyé en 1623, donc l'année après le martyre de St. Fidèle, comme missionnaire en Rhétie (Suisse). Chronica cit., 97.

NOMS	DATE et LIEU DU DÉCÈS	AGE physique	AGE de vie religieuse
F. Daniel Rohmer d'Ebersheim, Laïc.......	18 Février 1741 Thann	75	48
P. David Speck de Morschwihr, Conf. C.	6 Avril 1713 Weinbach	64	44
P. David Geiger de Kaysersberg, Vicar...	1er Septembre 1756 Molsheim	80	59
F. Didacus Troger d'Ensisheim, Laïc. (1) ...	21 Juillet 1634 Andlau	45	23
P. Didacus Willimann de Thann, Sac. Stud....	2 Janvier 1672 Soleure	29	9
P. Didier (Desiderius) Lesart. de Thann, Guard. (2)....	12 Décembre 1639 Bade (Suisse)	56	27
P. Diethlandus Kircher d'Ensisheim, Guard......	16 Mars 1714 Brisach	55	35
P. Diethlandus Tavernier de Sélestat, Superior.....	19 Novembre 1742 Ensisheim	49	28
P. Dominicus Geyset d'Ensisheim, Guard......	6 Août 1671 Obernai	45	24
P. Dominicus de Villata de Brisach, Conf. Conc...	17 Septembre 1734 Sélestat	55	32
P. Donatus Lippold de Soultz, Provincial (3)..	3 Juillet 1761 Colmar	67	50
P. Donatus Bœhrer de Sélestat, Conf. Conc..	7 Mars 1777 Sélestat	66	49
F. Dunstanus Dengelstetter d'Andlau, Laïc..........	2 Novembre 1741 Haguenau	79	53
P. Edmundus Kieffer de Thann, Conf. Conc. (4)	2 Août 1656 Thann	56	36
P. Edmundus Kirchmeyer de Thann, Def., Jubilar..	12 Mars 1746 Thann	82	60
P. Eduardus Gerber d'Andlau, Guard........	21 Octobre 1750 Strasbourg	63	40

(1) Il mourut victime de sa charité envers les pestiférés (Chronica cit., 189).
(2) Avant son entrée dans l'Ordre curé de Heiteren.
(3) Il fut Provincial de 1748-1751 et de 1754-1757. Cfr Enchiridium (Préface) et le Catalogue suivant, de 1755.
(4) Il s'est dévoué, en 1633, au service des pestiférés (Chronica cit., 189).

NOMS	DATE et LIEU DU DÉCÈS	AGE physique	AGE de vie religieuse
P. Emanuel Spillmann de Thann, Sac.	3 Mars 1696 Weinbach	71	49
P. Erasmus Hall d'Artzenheim, Guard.....	9 Juillet 1635 Weinbach	49	29
P. Erasmus Vogel de Thann, Conf..........	1er Février 1714 Sélestat	47	26
P. Eustachius .... de Neudorf, Conf. Conc...	12 Mars 1636 Weinbach	—	13
P. Evaristus Gnetz d'Andlau, Vicar..........	2 Mars 1743 Sélestat	60	37
P. Ezechiel Ihler de Thann, Conf........	7 Avril 1711 Soultz	71	49
P. Felix Huth de Brisach, Laic........:	26 Novembre 1741 Neuf-Brisach	42	20
P. Florentius Burst d'Oberbergheim, Conf C.	20 Octobre 1734 Strasbourg	30	11
F. Florianus Schillinger d'Ammerschwihr, Laic...	19 Mai 1748 Ensisheim	66	43
P. Florianus Meyer de Soultz, Conf. Conc....	16 Janvier 1775 Soultz	75	53
P. Floribertus Zæpflin de Dambach, Conf. Conc.	12 Septembre 1749 Sélestat	69	48
P. Fortunatus Bellet de Sélestat, Superior.....	30 Août 1744 Thann	57	38
P. Franciscus Caneau de Sélestat, Conf. Conc..	13 Novembre 1751 Neuf-Brisach	64	30
P. Franciscus Ignatius Rieden de Soultz, Conf. Conc....	7 Décembre 1750 Strasbourg	67	49
P. Franciscus Maria Illison de Soultz, Conf. Conc....	2 Novembre 1630 Neuenbourg (Bade)	36	18
F. Francisc. Nicol. Schillinger d'Ammerschwihr, Cler...	5 Janvier 1711 Ensisheim	28	3
P. Franciscus Xaverius Kieffer de Molsheim, Conf. Conc.	12 Mai 1756 Ensisheim	72	49
P. Francisc. Xaverius Cromer de Soultz, Conf. Conc....	13 Février 1774 Soultz	73	53

NOMS	DATE et LIEU DU DÉCÈS	AGE physique	AGE de vie religieux
P. Fridericus Henrici de Rouffach, Guard.....	17 Février 1741 Weinbach	69	50
P. Fridericus Loy de Colmar, Conf. Conc...	(Vêtu en 1725)	—	—
F. Fructuosus Chaque de Massevaux, Cler......	9 Mars 1676 Brisach	26	4
P. Fructuosus Goster de Sélestat, Conf. Conc. (1).	23 Juillet 1753 Sélestat	67	47
P. Fulgentius Gillmann de Châtenois, Sac. Stud..	6 Octobre 1734 Strasbourg	31	8
P. Gaspardus Jæglin d'Ammerschwihr, Guard.	8 Janvier 1746 Wissembourg	43	23
P. Generosus Groscar de Massevaux, Conf. Conc.	27 Octobre 1705 Colmar	69	45
P. Georgius Zeth de Sélestat, Conf. Conc..	29 Avril 1733 Sélestat	46	27
P. Germanus Stumpf d'Obernai, Conf. Conc...	11 Juin 1711 Obernai	68	43
F. Gervasius Werk de Hattstatt, Laic........	11 Juin 1651 Soleure	65	46
F. Gervasius ...... de Brisach, Novitius prof.	12 Septembre 1661 Feldkirch (Vorarlberg)	—	1
P. Gervasius Brunk de Brisach, Provincial (2).	29 Septembre 1717 Luzern (Suisse)	70	47
P. Gothardus Ryss d'Ensisheim, Conf......	8 Novembre 1719 Landser	40	17
P. Guilelmus Schappelin de Thann, Guard........	15 Juillet 1659 Thann	58	29
P. Guilelmus Henner d'Eschentzwiller, Conf. C.	16 Juin 1719 Soultz	61	42

(1) Archiviste de la Province d'Alsace — cfr cet ouvrage, page 3, Note.

(2) Docteur en philosophie et en droit avant son entrée, il devint prédicateur et lecteur à Fribourg (Suisse) et à Soleure. Il publia en neuf volumes un cours de philosophie et de théologie à l'usage de la Province. Il fut trois fois Provincial, puis Définiteur général et visiteur de la Province belge (Chronica cit., 396. 421). Cfr Analecta Capuccinorum, 1922, 158.

NOMS	DATE et LIEU DU DÉCÈS	AGE physique	de vie religieuse
F. Guilelmus Gaab d'Ensisheim, Laic......	(Vêtu en 1727)	—	—
F. Herculanus .... de Walbourg, Cler.......	2 Octobre 1646 Luzern (Suisse)	31	7
P. Hermannus Notzelbach de Colmar, Conf. Conc...	11 Décembre 1719 Sursee (Suisse)	43	16
P. Hermannus ...... de Rhinau, Sac. Stud....	8 Janvier 1735 Sélestat	—	7
P. Hermenegildus Lichtenberger de Katzenthal, Conf......	31 Décembre 1703 Wissembourg	56	34
P. Hieronymus Munk d'Ensisheim, Conf. C. (1)	23 Mars 1695 Sélestat	58	37
P. Hieronymus Rantz d'Ungersheim, Guard....	17 Juin 1757 Colmar	76	52
P. Honorius Bourgenal de ...... Guard........	27 Décembre 1716 Weinbach	59	37
P. Honorius Barro de Riespach, Conf. Conc.	29 Août 1726 Fort-Louis	43	19
F. Hortulanus Lemfried de Molsheim, Laic	20 Décembre 1675 Bregenz (Vorarlberg)	62	37
P. Hugo Lesart de Thann, Vicar, Senior (2)	14 Mars 1674 Altdorf (Suisse)	81	60
P. Hymerius Wirth de Rouffach, Guard......	31 Mars 1729 Ensisheim	59	37
F. Ignatius Miezis de Haguenau, Cler. (3)...	2 Novembre 1632 Brisach	24	2
P. Ildephonsus Keufflin de Kaysersberg, Conf...	6 Août 1741 Ensisheim	63	42
F. Ildephonsus Baur de Weinbach, Laic.......	31 Décembre 1760 Blotzheim	60	36
F. Innocentius ...... de Haguenau, Cler........	7 Avril 1597 Luzern (Suisse)	—	3

(1) Se distinguait par son éloquence et par son zèle apostolique (Enchiridion).
(2) Chronica cit., 280.
(3) Il mourut victime de sa charité envers les pestiférés.

NOMS	DATE et LIEU DU DÉCÈS	AGE physique	de vie religieuse
P. Innocentius Weltz de Meyenheim, Vicar. (1)	5 Novembre 1632 Brisach	38	20
P. Innocentius Bellet de Sélestat, Sac. Stud....	2 Février 1735 Sélestat	30	9
P. Innocentius Quitter d'Ensisheim, Guard......	24 Décembre 1748 Colmar	73	53
P. Isidorus Schaggi de Massevaux, Conf. Conc.	22 Février 1704 Wissembourg	39	18
F. Jacobus Næhen de Riquewihr, Laic. (2)..	20 Janvier 1628 Constanz (Bade)	—	46
P. Jacobus Grandrichard de Brisach, Conf.........	21 Novembre 1724 Colmar	61	43

(1) Il mourut au service des pestiférés (Chronica cit., 154).

(2) Le premier capucin d'Alsace. Né à Riquewihr de parents protestants. Il se convertit à Rome, entra dans l'Ordre et fut socius de St. Félix de Cantalice. Envoyé dans la partie allemande de la Suisse, il fortifia comme instituteur à Appenzell (1594-1595) la jeunese dans la foi catholique. Il composa en 1607 à Fribourg (Bade) un Dialogue sur les Mystères de la Passion envers laquelle il avait une dévotion extraordinaire. Ce Dialogue fut très apprécié par les Professeurs de l'Université. Il fit beaucoup de bien aux jeunes ouvriers. Selon les témoignages de son Provincial et de l'Évêque de Constance, il mourut en odeur de sainteté (Chronica cit, 129).

Si nous en croyons le Nécrologe de la Province de Suisse, et la Chronica cit. 129, ainsi que le P. Romualdus Stokacensis, *Historia Provinciæ Anterioris Austriæ Capucinorum*, Campiduni, 1747, le F. Jacques de Riquewihr, aurait eu pour nom de famille: *Næhen*, ou *von Næhen*.

Il est difficile de controler cette assertion, car les Registres des Baptêmes de l'église protestante de Riquewihr ont disparu, les plus anciens né remontent qu'à 1631.

Cependant nous possédons une autre source d'informations. Aux Archives de Riquewihr on trouve les «*Bürgermeisterbüchlein*», livrets des comtes tenus par les «*Bürgermeister*» chargés de la gestion des finances de la ville. Ces livrets de 1510, 1544, 1546, 1549, 1552, 1575, 1590, et années suivantes contiennent la liste de Bourgeois qui payaient les impôts «*Gewerf, Pfennigzins*». Or dans aucune de ces listes de la «*Bürgerschaft*» on ne trouve le nom de *Næhen*, ou un nom approchant.

Dans le Cahier de 1544 on trouve: *Jacob Neffen, Wytwer*; en 1546 et 1549: *Hans Neff* et *Lux Nuß*; en 1552: *Martin Neff*, qui paie un gulden; en 1575: les héritiers de *Martin Nef* paient un gulden, et ceux de *Hans Nuoff* un Orth.

A partir de 1585, *Martin Neff* n'est plus mentionné; mais les héritiers de *Hans Nuoff* existent encore jusqu'en 1600, époque à laquelle ils disparaissent.

Il est assez étonnant que le nom de *Næhen* n'apparaisse pas une seule fois dans ces documents; les plus riches Bourgeois de Riquewihr faisaient partie du Magistrat, aucun *Næhen* ou *Neff* ne se rencontre parmi eux. Il est intestable que des *Neff*, *Nuoff* habitaient Riquewihr à la fin du XVIe siècle, nous croyons donc que c'est là le vrai nom du Frère Jacques de Riquewihr (Communication de M. le Greffier de Riquewihr).

NOMS	DATE et LIEU DU DÉCÈS	AGE physique	AGE de vie religieuse
F. Jeremias ..... de Heguenheim, Laic....	10 Janvier 1753 Strasbourg	—	25
P. Joannes Baptista Frey de Strasbourg, Conf. Con.	27 Mai 1764 Colmar	65	43
P. Joannes Evangelista .... d'Ensisheim, Sac........	23 Septembre 1681 Baden (Suisse)	59	35
P. Joannes Georgius Kessler de Landser, Conf. Conc..	27 Décembre 1775 Landser	70	51
F. Joannes Ludovicus Bint de Niedersteinbrunn, Laic.	25 Juin 1776 Soultz	76	53
P. Joannes Maria Wiedenlœcher de Molsheim, Guard.....	15 Mars 1729 Soultz	45	27
P. Joannes Maria Mathias de Wingersheim, Conf. C.	(Vêtu en 1726)	—	—
P. Joannes Geissler de Soultzmatt, Conf. Conc.	19 Mai 1763 Strasbourg	61	40
P. Jonathas Mæher de Seppois, Conf. Conc..	8 Janvier 1763 Obernai	61	41
P. Jordanus Heussler d'Ensisheim, Conf........	23 Avril 1761 Colmar	82	59
F. Joseph Frey de Sélestat, Laic........	29 Octobre 1732 Weinbach	45	24
P. Joseph Baumeyer de Guebwiller, Conf. Conc.	11 Mars 1770 Wissembourg	70	48
P. Joseph Antonius Hirsinger de Kaysersberg (1).......	5 Mars 1777 Strasbourg	72	51
P. Julius Hammerer de Sélestat, Guard	28 Février 1723 Thann	41	16

(1) Né le 27 Novembre 1705, profès le 5 Avril 1728. Il fut trois fois Provincial des Capucins d'Alsace, de 1759-1762, de 1765-1768, de 1771-1774 (Archives générales de l'Ordre). Il présida en 1771 le chapitre des Provinces de France et fut Commissaire général de la Province de Cologne. Il publia en sept volumes une Théologie dogmatique et en deux volumes une Théologie morale de plus une Explication de la règle du Tiers-Ordre de St-François, une retraite de dix jours, un Caeremoniale ad usum Provinciae Alsatiæ et un opuscule sur les Rubriques du Missel Romain. Cfr Analecta Capuccinorum, 1922, 158. 186; *L'Alsace noble* par Lehr, Paris 1870, tome IIIe, 36, *Notice généalogique sur la famille de Reiset*, 1886.

NOMS	DATE et LIEU DU DÉCÈS	AGE	
		physique	de vie religieuse
F. Juniperus Heb de Cernay, Laic.	7 Décembre 1775 Neuf-Brisach	82	53
P. Justinianus Jeanmotot de Delle, Conf. Conc.....	5 Février 1760 Thann	59	34
P. Justinus Violantfontaine de Sélestat, Conf. Conc...	26 Octobre 1766 Neuf-Brisach	82	64
P. Juvenalis ...... d'Ensisheim, Sac. (1).....	26 Novembre 1633 Neuenbourg (Bade)	—	11
F. Kilianus Rothplætz de Guebwiller, Laic......	13 Juillet 1715 Staufen	67	40
P. Kilianus Bohrer d'Ensisheim, Conf........	18 Février 1728 Strasbourg	47	26
F. Laurentius Lutz de Hochfelden, Laic.....	29 Février 1728 Strasbourg	56	19
P. Lazarus Gerber d'Andlau, Vicar..........	9 Mars 1744 Molsheim	66	47
P. Leo Rœsslin d'Illfurth, Conf..........	17 Février 1741 Weinbach	63	44
F. Leonardus Dengelstetter d'Andlau, Laic..........	4 Janvier 1738 Strasbourg	74	51
P. Leontius Schaggi de Massevaux, Conf. Conc.	26 Février 1668 Bade (Bade)	43	20
P. Luchesius Bader de Massevaux, Vicar.....	11 Octobre 1732 Soultz	38	15
P. Lucianus Biehler de Sélestat, Guard.......	14 Septembre 1730 Sélestat	48	26
P. Lucidus Vallot de Belfort, Sac...:.......	31 Mai 1726 Sélestat	73	54
P. Lucius Michan de Molsheim, Conf.......	9 Novembre 1720 Molsheim	34	13
F. Ludovicus ..... de Ferrette, Cler. (2)	11 Mars 1644 Bregenz (Vorarlberg)	62	40

(1) Il mourut au service des pestiférés (Chronica cit., 189).

(2) Issu d'une famille noble, il préféra, par humilité, mener une vie cachée avec le Christ en Dieu que d'être élevé au sacerdoce. Comme St-François d'Assise il ne fut jamais que diacre. Quelques-uns disent qu'il était originaire d'Altkirch.

NOMS	DATE et LIEU DU DÉCÈS	AGE physique	AGE de vie religieuse
P. Ludovicus Gans de Haguenau, Guard.....	9 Janvier 1734 Molsheim	57	39
F. Ludovicus Maurer d'Ammerschwihr, Laic...	4 Décembre 1737 Sélestat	77	54
P. Mansuetus Hermann de Marckolsheim, Guard.	11 Avril 1770 Sélestat	79	58
P. Marcellianus Jérôme de Sélestat, Conf. Conc..	(Vêtu en 1727)	—	—
P. Marcellinus Wirth de Sélestat, Conf. Conc..	20 Mars 1746 Strasbourg	52	32
P. Marcellus Harcly de Belfort, Guard. (1)...	24 Mars 1662 Soleure (Suisse)	82	54
P. Marcellus Tuenet de Belfort, Missionarius (2).	31 Décembre 1659 In insula Milo	43	21
P. Marcus Friedrich de Sélestat, Conf. Conc..	(Vêtu en 1724)	—	—
P. Marianus Heitzmann d'Ensisheim, Guard......	28 Novembre 1714 Colmar	54	33
P. Marianus Bellet de Sélestat, Conf. Conc..	4 Septembre 1746 Strasbourg	54	32
P. Marinus Zumsteeg de Sélestat, Guard.......	15 Novembre 1703 Colmar	40	22
P. Marinus Menzer de Colmar, Guard.......	8 Janvier 1735 Sélestat	56	35
P. Martialis Chiboleth de Belfort, Guard.......	28 Avril 1719 Colmar	53	33

(1) Docteur des deux droits, il entra au noviciat 1609. En 1649 il écrivit une chronique de la province.

(2) Il légua à la province la somme de mille florins, laquelle fut dépensée pour la construction du couvent de Porrentruy. Grâce à sa dévotion extraordinaire envers la Sainte Vierge et St-Joseph, il opéra de grandes choses. Il fut un des aumôniers militaires dans la guerre navale des Vénétiens contre les Turcs. Prenant part à la bataille des Dardanelles, le 26 Juin 1656, il réconcilia les troupes avec Dieu et leur donna par ses harangues un courage tel qu'ils remportèrent une brillante victoire. Poussé par le désir du martyre et par le zèle des âmes, il exposa souvent sa vie à la mort. Il était dans l'île de Candie le seul confesseur pour les langues françaises et allemandes. Chronica cit. 286. 312.

NOMS	DATE et LIEU DU DÉCÈS	AGE	
		phy-sique	de vie reli gieuse
P. Martialis Bellot de Belfort, Conf..........	16 Août 1750 Colmar	59	37
P. Martinus Falck de Haguenau, Conf......	6 Janvier 1704 Haguenau	68	42
P. Martinus Doppler de Colmar, Conf. Conc..	4 Août 1735 Thann	34	13
F. Martinus Belzer de Landser, Laic........	3 Août 1741 Sélestat	51	15
F. Maternus Bœhm de Strasbourg, Laic......	1er Mars 1731 Soultz	40	10
P. Mathias Heufflin de Kaysersberg, Vicar....	24 Mars 1703 Soleure (Suisse)	45	23
F. Mathias Gyss d'Obernai, Laic..........	30 Novembre 1737 Obernai	67	38
P. Mathias Gschickt de Rouffach, Conf. Conc.	26 Mai 1773 Colmar	69	49
P. Matthieu Bernardt de Morschwihr, Conf....	21 Mars 1686 Zoug (Suisse)	36	9
F. Mauritius Ackermeister de Rouffach, Laic........	26 Novembre 1750 Colmar	72	50
F. Maurus Friesz de Niedernai, Cler.......	8 Avril 1719 Colmar	24	5
F. Maurus Fux de Niedernai, Laic........	(Vêtu en 1725)	—	—
P. Maximus Hægelin de Thann, Conf. Conc...	7 Janvier 1766 Landser	68	48
F. Maximus Ritter de Brisach, Laic.........	30 Août 1780 Weinbach	64	45
P. Medardus Altermatt de Sélestat, Guard.......	30 Août 1728 Thann	63	46
P. Medardus Freimuth d'Ensisheim, Guard......	27 Janvier 1742 Sélestat	54	31
P. Meinradus Muench d'Ensisheim, Vicar.......	9 Octobre 1700 Weinbach	53	35
P. Meinradus Brodbecker de Ribeauvillé, Conf. C..	31 Octobre 1764 Blotzheim	65	41

NOMS	DATE et LIEU DU DÉCÈS	AGE physique	de vie religieuse
F. Michael Krebs de Sélestat, Laïc.........	(Vêtu en 1702)	—	—
P. Michael-Angelus Butsch de Massevaux, Conf. C...	3 Mai 1763 Colmar	58	38
P. Morandus Stein d'Altkirch, Vicar. (1)	25 Avril 1665 Immenstadt (Bavière)	71	50
F. Morandus Wagner de Habsheim, Laïc......	16 Décembre 1729 Soultz	50	30
P. Morandus Friedrich d'Illfurth, Vicar..........	9 Juin 1751 Blotzheim	63	43
F. Moyses Fischieblin de Sélestat, Laïc.........	13 Novembre 1734 Sélestat	43	8
P. Narcissus Vetter d'Ensisheim, Vicar.......	8 Février 1744 Blotzheim	51	25
P. Nathanaël Joannis de Lapoutroye, Guard. (2).	21 Août 1663 Weinbach	79	44
F. Nathanaël Wirz de Scherwiller, Laïc.....	6 Février 1723 Ensisheim	59	35
F. Nicolaus Metzger de Molsheim, Laïc.......	28 Novembre 1756 Obernai	73	50
F. Norbertus Seckler d'Ensisheim, Cler. (3).....	13 Juillet 1634 Thann	22	3
F. Norbertus Gambser d'Illfurth, Cler..........	6 Mars 1752 Weinbach	68	45
P. Octavianus Valley de Sewen, Conf. Conc ...	18 Septembre 1727 Dornach (Suisse)	34	10
P. Onesimus Obrecht de Molsheim, Conf......	11 Juillet 1682 Riedlingen (Wurtemb.)	73	51
P. Othmar Winterdorfer de Staufen, Sac. (4)......	6 Décembre 1631 Colmar	31	9

(1) Gagna en entendant la confession d'un pestiféré à Rotweil (Wurtemberg), en 1635 le germe de la maladie contagieuse. Il fut sauvé, grâce aux soins de ses confrères. Chronica cit., 157.
(2) Docteur en Philosophie; avant son entrée il avait été curé.
(3) Mourut au service des pestiférés. Chronica cit., 189.
(4) Il se mit entièrement au service des pestiférés jusqu'à ce qu'il fut atteint lui-même de la maladie, à laquelle il succomba.

NOMS	DATE et LIEU DU DÉCÈS	AGE physique	AGE de vie religieuse
P. **Othmar** ..... d'Illfurt, Superior (1).....	— —	—	—
P. Pacificus Schuvelé d'Ammerschwihr, Conf. C.	8 Avril 1757 Weinbach	52	32
P. Paschalis Schneider de Molsheim, Conf. Conc.	(Vêtu en 1723)	—	—
P. Patiens Haid de Haguenau, Sac. Stud..	9 Juillet 1713 Strasbourg	9	12
P. Patiens Kieffer de Colmar, Conf. Conc...	11 Mai 1740 Bergzabern (Palatinat)	36	15
P. Patritius Litzler de Heguenheim, Prov. (2).	12 Avril 1746 Strasbourg	65	40
P. Patritius Roche de Strasbourg, Conf. C...	25 Janvier 1739 Haguenau	36	16
P. Paulus Wurzlin d'Ensisheim, Guard. (3)..	30 Juin 1664 Fribourg (Suisse)	73	48
P. Paulus Gyss d'Obernai, Conf. Conc...	29 Juin 1735 Wissembourg	33	11
P. Peregrinus Forst de Molsheim, Guard...:.	23 Septembre 1724 Soultz	42	22
P. Peregrinus Seiler de Bergheim, Conf. Conc.	6 Septembre 1728 Neuf-Brisach	28	9
P. Petrus ..... d'Obernai, Conf. Conc...	(Vêtu en 1728)	—	—

(1) Premier supérieur du couvent de Schuepfheim (Suisse), 1659, *Chronica* cit., 267.

(2) Il fut d'abord Lecteur de philosophie et de théologie, puis Gardien à Colmar (1724-1727). Pendant vingt ans il était Visiteur des Clarisses d'Alspach. Après avoir été nommé Commissaire général des couvents d'Alsace, il fut élu, le 17 Juin 1729, au Chapitre de Strasbourg, premier Provincial des Capucins d'Alsace. Le 3 Juillet 1729, il s'entendit au couvent de Dornach (Suisse) avec le Provincial de la Suisse sur les conditions à remplir pour la séparation définitive des deux Provinces. Il fut reélu Provincial une seconde et une troisième fois. En 1733 et en 1740 il assista au Chapitre général de Rome. Il mourut au petit couvent de Strasbourg (Ste Barbe), d'un coup d'apoplexie, immédiatement après la célébration de la sainte Messe, après avoir reçu l'Extrême Onction. Sa perte fut pleurée par ses confrères comme un grand malheur pour la Province. Cfr P. Fructuosus, *Enchiridion*, Chan. Beuchot, *Das ehemalige Kapuzinerkloster zu Colmar*, 1916, 55-57.

(3) Il s'est noyé dans la Sarine.

NOMS	DATE et LIEU DU DÉCÈS	AGE physique	de vie religieuse
P. Philibertus .... de Belfort, Guard. (1)....	22 Juin 1686 Soleure (Suisse)	—	60
P. Philibertus Loy de Delle, Conf. Conc.....	2 Janvier 1688 Olten (Suisse)	60	37
P. Philippus Baussier de Brisach, Definitor prov.	4 Septembre 1756 Strasbourg	69	48
F. Philippus Hyrser de Soultz, Laic..........	7 Janvier 1748 Molsheim	60	36
P. Philippus Kraft de Zimmersheim, Conf. C.	28 Mars 1735 Dornach (Suisse)	33	12
P. Pius Freytag de Bantzenheim, Guard..	6 Novembre 1727 Thann	43	24
P. Placidus Dietrich d'Obernai, Conf. Conc....	6 Décembre 1764 Thann	63	38
P. Protasius Beaulieu de Brisach, Guard.......	7 Janvier 1733 Weinbach	69	52
F. Protasius Ackermann de Brisach, Laic........	6 Juin 1749 Neuf-Brisach	74	48
P. Raphael Gülsch de Massevaux, Conf, C...	24 Février 1694 Obernai	53	29
P. Raymundus Schæfer de Sélestat, Conf. Conc..	31 Décembre 1760 Soultz	70	48
P. Remigius Stein de Colmar, Lector.......	3 Mai 1779 Soleure (Suisse)	78	59
F. Remigius Heussler de Soultz, Laic....... ..	28 Septembre 1752 Thann	62	36
P. Richardus Engelheer de Sélestat, Conf. Conc..	31 Décembre 1704 Sélestat	55	34
P. Richardus Furtion d'Ensisheim, Conf. Conc	11 Septembre 1720 Strasbourg	39	19
P. Robertus ..... d'Altkirch, Vicar........	23 Mars 1661 Landser	—	37

(1) Il fut Lecteur d'abord à Brixen (Tirol) où l'on transféra en 1633, à cause de la guerre des Suédois en Alsace, les études de philosophie et de théologie, puis à Soleure. Chronica cit. V. 240. 241. 398.

NOMS	DATE et LIEU DU DÉCÈS	AGE physique	AGE de vie religieuse
P. Robertus Lochener d'Ensisheim, Sac........	28 Janvier 1680 Biberach (Wurtemberg)	55	29
P. Rudolphus Berthold de Ferrette (1)	10 Novembre 1610 Fribourg (Brisgau)	29	2
F. Rufinus Hess de Soultz, Laic...... ...	1er Août 1707 Brisach	60	36
F. Rufinus Stenz de Morschwihr, Laic.....	3 Octobre 1743 Landser	48	26
F. Sabinianus Klebsattel de Thann, Cler..........	6 Août 1684 Sélestat	36	5
F. Sabinianus Stelzenberger de Sélestat, Cler........	29 Avril 1691 Strasbourg	28	6
P. Salomon Rueff de Sélestat, Conf. Conc..	10 Janvier 1739 Sélestat	73	55
P. Sebastianus Vigant de Rouffach, Conf. Conc.	12 Mars 1722 Colmar	35	14
P. Sebastianus Doppler de Rouffach, Conf. Conc.	(Vêtu en 1723)	—	—
F. Sebastianus Graff de Ribeauvillé, Laic.....	(Vêtu en 1724	—	—
P. Seraphinus Stædler de Colmar, Conf.........	13 Mars 1751 Strasbourg	60	41
P. Serenus Gertz de Kaysersberg, Def. prov.	12 Mai 1745 Sélestat	61	40
P. Severianus Pfister d'Altkirch, Conf...	20 Avril 1706 Dornach (Suisse)	36	18
P. Severianus Conrad de Saint Pierre, Conf. C..	8 Mai 1728 Molsheim	61	40
P. Severus Pfister d'Altkirch, Conf. Conc...	17 Mai 1734 Thann	56	37
P. Sigisbertus Stumpf d'Obernai, Guard........	1er Novembre 1757 Molsheim	65	44
P. Sigismundus Lumann de Sélestat, Guard.......	2 Mai 1707 Molsheim	69	49

(1) Il était prêtre avant son entrée dans l'Ordre.

NOMS	DATE et LIEU DU DÉCÈS	AGE physique	de vie religieuse
P. Sigismundus ..... de Willer, Conf. Conc...	10 Décembre 1765 Haguenau	—	38
P. Simeon Hirschel de Dambach, Guard. Jub.	2 Janvier 1743 Strasbourg	79	58
P. Simeon Bodemer d'Obernai, Provincial (1).	21 Janvier 1755 Molsheim	63	45
F. Simplicius Joner de Sélestat, Laic.........	18 Août 1739 Wissembourg	53	26
P. Stephanus Vogel d'Ensisheim, Conf. Conc.	4 Octobre 1635 Brisach	44	24
P. Stephanus Eichholzer de Molsheim, Conf. Conc.	15 Avril 1763 Haguenau	64	41
P. Symphorianus Gerber d'Andlau, Vicar.........	11 Mars 1722 Molsheim	40	21
P. Symphorianus Dietrich de Molsheim, Conf. Conc.	20 Juin 1752 Sélestat	49	30
P. Thaddæus Blum de Bennwihr, Vicar......	17 Août 1696 Bremgarten (Suisse)	82	62
F. Theobaldus Larger de Thann, Laic........	20 Février 1695 Porrentruy (Suisse)	71	46
P. Theobaldus Henrici d'Obernai, Guard........	8 Septembre 1709 Haguenau	45	26
F. Theobaldus Obermuller de Sélestat, Laic........	20 Novembre 1759 Haguenau	76	53
P. Theobaldus Lutterbach de Thann, Conf. Conc...	30 Juin 1759 Neuf-Brisach	69	44
P. Theoposius Greiner de Saverne, Conf. Conc..	25 Mai 1699 Ensisheim	49	27
P. Theophilus Popp de Schermen, Conf. Conc.	6 Novembre 1634 Luxeuil (Haute-Saône)	32	11
P. Thesaurus Sparr de Weissenkirch, Vicar..	31 Décembre 1701 Thann	54	32

(1) Visitateur des Sœurs Clarisses d'Alspach et des Religieuses Tertiaires Franciscaines d'Ensisheim, «Enchidion» du P. Fructuosus de Sélestat.

NOMS	DATE et LIEU DU DÉCÈS	AGE physique	AGE de vie religieuse
P. Ubaldus Surgant de Thann, Superior......	21 Août 1643 Bade (Suisse)	43	25
P. Ubertinus Falk de Haguenau, Conf......	7 Janvier 1704 Haguenau	68	42
P. Udalricus Rappenstein de Thann, Sac..........	23 Août 1673 Sarnen (Suisse)	78	58
F. Udalricus Rapp de Schæffolsheim, Laic..	5 Mars 1736 Altdorf (Suisse)	56	30
P. Urbanus Folzer d'Illfurt, Guard..........	29 Novembre 1668 Schuepfheim (Suisse)	63	39
P. Urbanus de Reinach de Luemschwiller, Vicar.	26 Février 1739 Landser	61	43
P. Ursicinus Pechin de Delle, Provincial (1)...	20 Juin 1666 Brisach	63	41
P. Valentinus Hold d'Altkirch, Def. prov. (2).	5 Février 1721 Colmar	68	50
P. Valentinus Sengler de Sélestat, Conf.........	24 Novembre 1747 Soultz	65	45
F. Valentinus Viriat, de Ribeauvillé, Laic......	12 Mai 1746 Wissembourg	59	40
P. Valentinus Heitschlin d'Altkirch, Conf. Conc...	16 Juillet 1775 Haguenau	69	50
P. Valerius Lippold de Soultz, Lector........	27 Avril 1747 Ensisheim	51	34
F. Wilfridus Ziler de Hochfelden, Laic.....	1er Novembre 1736 Sélestat	82	58
F. Wolfgangus Stehelin de Haguenau, Laic......	17 Février 1653 Thann	70	41
F. Wolfgangus Propst de Hæsingen, Laic.......	16 Octobre 1774 Blotzheim	73	49

(1) Cfr. Chronica cit., 174. 267. 401.
(2) Son père était membre du Conseil souverain de Brisach. Il fut Gardien, d'abord de Weinbach, puis trois fois à Colmar, où il jouissait des faveurs du magistrat, ensuite Définiteur et Custos de la Province. Le Bullarium Capucinorum (V. 229) relève ses vertus, surtout sa mansuétude et sa douceur. Chan. Beuchot (Das ehemal. Kapuzinerkloster zu Colmar, 55-56) rapporte des détails.

Les Capucins en Alsace.

20.

Nota 1. — Comme la liste qui précède est tirée uniquement du Nécrologe de la Province Suisse — celui de la Province d'Alsace nous manque — il se peut que l'un ou l'autre Capucin d'Alsace n'y figure pas, quoiqu'il ait fait profession avant 1730.

Nota 2. — D'après l'«Enchiridion» du P. Fructuosus de Sélestat (1749), sont morts au service des soldats malades de la peste, de 1734-1735, vingt-trois jeunes Capucins, et de 1743-1744 »Capuccini non pauci».

Ces derniers ayant fait profession après la séparation des deux Provinces, il n'est fait mention d'eux au Nécrologe Suisse.

Il est très probable que parmi les victimes de 1734-1735 se trouvèrent les Capucins suivants (voir la liste qui précède):

A Strasbourg: P. Constantinus Brisset, P. Fulgentius Gillmann, P. Florentius Burst, P. Cyprianus Œxler.

A Sélestat: P. Dominicus de Villata, P. Balthasar Vaudry, F. Moyses Fischieblin, P. Hermannus de Rhinau, P. Marinus Menzer, P. Innocentius Bellet.

A Colmar: P. Angelicus Ettlin.

II.

CATALOGUE DE LA PROVINCE D'ALSACE EN 1755.

D'après deux manuscripts conservés aux Archives générales de l'Ordre à Rome.

Ces Manuscripts, envoyés par la Province d'Alsace aux Supérieurs Généraux, contiennent deux listes : L'une indique les noms des Religieux d'après les couvents et l'emploi de chacun. L'autre donne, par ordre d'ancienneté, les noms des Religieux avec la date de la naissance et de la profession.

Nous publions la première liste intégralement et nous la complétons on y insérant l'année de naissance de chaque Religieux sur laquelle nous sommes renseignés par le second manuscript.

Selon l'ancien usage de l'Ordre ces listes ne fournissent que le nom de religion.

Ce catalogue est le seul document qui nous donne des détails sur l'activité de la Province en ce temps.

PROVINCIA ALSATICA

prout disposita fuit per Conventus et Familias in Congregatione Capitulari habita die 18. Aprilis 1755.

M. R. P. **Donatus** Sulzensis, Provincialis (1695).

Definitores.

A. R. P. **Casimirus** ex Bartenheim 1^mus (1715),

A. R. P. **Marinus** ex Ingersheim 2^dus (1717),

A. R. P. **Joseph Antonius** Cæsarmontanus 3^tius (1705),

A. R. P. **Christophorus** ex Banwillar 4^tus (1705).

Secretarius M. R. P. Provincialis.

V. P. **Barnabas** Colmariensis (1720).

Socius.

Br. **Oswaldus** Colmariensis (1720).

I. CUSTODIA ARGENTINENSIS

1. Argentina, Conventus maior.

Guard. M. V. P. Bartholomaeus ex Ungersheim (1712) Conf. in templo et Ordin. Monial. ad S. Magdalenam.

Vicar. A. R. P. Philippus Brisacensis (1688) Exdefinitor; Conf. in templo et Extraord. Monial. ad S. Magdalenam.

V. P. David Ammerschwiranus (1677) Conf. in templo et Extraord. Monial. ad Visitationem.

V. P. Abundantius Friburgensis (1688).

V. P. Bernardinus ex Grandwillar (1709) Elemosynarius in hospitali regio militari.

V. P. Robertus ex Grandwillar (1712) Elemosynarius in hospitali regio militari.

V. P. Matthaeus ex Oberbergen (1711) Missionarius in Achenheim et Bruchwigersheim.

V. P. Augustinus Lanseranus (1713) Stationarius ad extra.

V. P. Antonius Selestadiensis (1717) Conc. dominic. et festiv. in Ecclesia collegii ad S. Petrum iuniorem.

V. P. Lucesius ex Hentschingen (1715) Lector S. Theologiae.

V. P. Patiens Selestadiensis (1724) Conc. dominic. in Parochia ad S. Ludovicum.

V. P. Nazarius Selestadiensis (1723) Conc. dominic. in parochia ad S. Stephanum.

V. P. Reginaldus ex Hochfelden (1725) Conc. ord. gallus et Director carceris militum.

V. P. Lazarus Oberenhemianus (1721) Stationarius ad extra et Missionarius in Erstein.

V. P. Reinhardus Oberenhemianus (1724) Missionarius in Büschen et Hoenen.

V. P. Cosmas ex Regisheim (1722) Missionarius in Schaeftelsheim.

V. P. Casparus ex Oberhörgen (1726) Stationarius in Trutersheim.

Studiosi.

P. f. Carolus (1).

---

(1) P. f. désigne les prêtres qui n'ont pas terminé leurs études. — Les quatre étudiants du couvent de Strasbourg, P. f. Carolus, P. f. Seraphinus, P. f. Philippus a Bononia, P. f. Ludovicus a Mirantula ainsi que P. f. Aloysius Mediolanus du couvent de Sélestat n'ont pas appartenu à la Province d'Alsace. Il y avait un échange d'étudiants entre les différentes Provinces.

P. f. Seraphinus.

P. f. Epiphanius Selestad. (1725).

P. f. Athanasius Tabernensis (1726).

P. f. Chrysologus Selestadiensis (1727) Catechista pauperum.

P. f. Philippus a Bononia.

P. f. Albanus ex Erstein (1728) Catechista gallus in parochia ad
S. Petrum seniorem.

P. f. Ludovicus a Mirantula.

P. f. Leopoldus Selestadiensis (1727) Catechista in Trutersheim.

P. f. Quirinus Selestadiensis (1729) Catechista germanus in paroch.
ad S. Petrum seniorem.

P. f. Benvenutus Rippowillanus (1720) Catechista in domo orphan.

P. f. Evaristus Colmariensis (1725).

P. f. Constantius Thannensis (1727).

P. f. Hugo ex Giltwiller (1729).

Laici.

Br. Bonifacius Oberenhemianus (1705) Janitor.

Br. Candidus ex Steinbach (1715) refectorii et communitatis Curator

Br. Humbert ex Orbeis (1713) Hortulanus.

Br. Felix Lanseranus (1728) Scriniarius.

Br. Arsenius ex Bernardswiller (1731) Coquus.

Br. Jeremias ex Wettelsheim (1728) Coquus et Hortulani Coadjutor.

2. Argentina, ad Sanctam Barbaram.

Superior A. R. P. Casimirus ex Bartenheim (1715) Definitor; Custos;
Conf. in templo et in Commenda Melit. S. Joannis hyerosoly.

Vicesuperior A. V. P. Joannes ex Soulzmath (1702) Conf. in templo
et Visitator infirmorum.

V. P. Stephanus Molshemianus (1700) Parochus in hospitali civium.

V. P. Columbanus Selestadiensis (1711) Conc. dominic. et festiv.
in Ecclesia Collegii ad S. Petrum seniorem.

V. P. Wilhelmus Colmariensis (1706) Conf. in templo.

V. P. Alexander Rubeacensis (1718) Professor S. Theologiae in
Commenda Melit. S. Joannis hyerosolymitani.

V. P. Marcus Antonius Sulzensis (1718) Visitator infirmorum;
Director tertiar. et Confess. Monial. de annonciatione.

V. P. Richardus ex Katzenthal (1720) Conf. in templ. Conc. dominic.
et festiv, ad S. Joannem.

V. P. Baltazarus Thannensis (1726) Conf. in templo et Ordinarius
in Ergastulo.

Laici.

Br. Bernardus Belfortensis (1695) Janitor.
Br. Vitalis Thannensis (1721) Coquus et Sacrista.

---

3. Hagenoa.

Guard. M. V. P. Sebastianus Rubeacensis (1703) Conf. in templo;
Conc. in civitate.

Vicar. A. R. P. Christophorus ex Banwillar (1705) Definitor; Ordinarius Monial. de annonciatione.

V. P. Beda Sarnensis (1682) Conf. in templo.

V. P. Joannes Maria ex Weiersheim (1707) Missionar. in Weiersheim.

V. P. Martialis ex Bernwiller (1706).

V. P. Gallus ex Maurimonasterio (1713) Missionarius in Hochfelden.

V. P. Franc. Christophorus ex Hirtzfelden (1715) Conf. in templo;
Direct. Laicor.; Visitator infirm.

V. P. Paulus ex Wasslen (1717) Stationarius ad extra.

V. P. Angelicus ex Schaffhausen (1714) Missionarius in Kogenheim.

V. P. Herrmannus Selestadiensis (1712) Conf. in templo; Direct.
tertiar.; Visitatoris infirm. Coadjutor.

V. P. Maternus Hagenoensis (1716) Stationarius ad extra; Catechista
pauperum.

V. P. Benjamin Argentinensis (1719) Missionarius in Wingersheim.

V. P. Joannes Franciscus Argentinensis (1720) Stationarius ad extra.

V. P. Desiderius Dambacensis (1724) Stationarius ad extra.

V. P. Cyprianus ex Gundolsheim (1719) Stationarius ad extra.

Clerici (1).

f. Perfectus Turckhemianus (1732).

f. Fructuosus Rubeacensis (1734).

---

(1) Selon la décision du Chapitre général de 1608, les frères clercs n'étaient pas
employés à l'étude immédiatement après leur profession. Les deux premières
années ils devaient, dans différents couvents, s'occuper de travaux manuels
se rapportant au culte (préparation des hosties, culture des fleurs d'autel,
nettoyage et décoration de l'église, travaux de sacristie), et se perfectionner
dans l'ascétisme. Dans ce catalogue ils figurent comme «Clerici». Ce n'est
qu'après ces deux années qu'on les mit aux études («Studiosi»).

Laici.

Br. Theobaldus Selestadiensis (1683) communitatis et refectorii
Curator.

Br. Leonardus ex Crastatt (1705) Hortulanus.

Br. Antonius Ensishemianus (1710) Janitor.

Br. Engelbert Oberenh. (1722) Janitoris et Hortulani Coadjutor.

Br. Massaeus Sulzensis (1729) Coquus.

4. Oberenhemium.

Guard. M. V. P. Christianus Kientzhemianus (1718) Conc. fest. in
civitate, Extraordinarius praenobilium Dominarum Canoniss.
in Andlau.

Vicar. A. V. P. Fernandus Sulzensis (1717) Conf. in templo; Conc.
dominic. in civitate.

V. P. Paschalis Molshemianus (1701) Conf. in templo; Visit. infirm.;
Direct. Laicorum.

V. P. Cornelius Belfortensis (1704) Ordinarius praenobilium Dominarum Canoniss. in abbatia Andlau.

V. P. Basilius Sulzensis (1711).

V. P. Andreas Argentinensis (1711) Stationarius ad extra.

V. P. Lucas Selestadiensis (1715) Missionarius in Bahrr.

V. P. Innocentius Sulzensis (1717) Missionarius in Stotzheim;
Director tertiar.

V. P. Modestus Oberenhemianus (1717) Conf. in templo; Visitator
infirmorum.

V. P. Severinus ex Rädersheim (1719) Stationarius ad extra.

V. P. Franciscus Dominicus Ensishemianus (1717) Stationarius ad
extra.

V. P. Hilarius Ensishemianus (1716).

V. P. Valerius Selestadiensis (1722) Ordinarius D.D. Canonicorum
ad S. Leonardum.

V. P. Coelestinus ex Dietwiller (1720) Conf. in templo; Catechista
pauperum.

Clerici.

f. Hippolytus Thannensis (1733).

f. Norbertus Weissenburgensis (1732).

Laici.

Br. Nicolaus ex Köstenholtz (1683) Janitor.

Br. Henricus Rubeacensis (1708) Hortulanus.

Br.Dunstanus Sulzensis (1722) communitatis et refectorii Curator.

Br. Marcellus ex Kriesheim (1730) Coquus.

---

5. Selestadium.

Guard. M.V.P. Joannes Georgius Lanseranus (1707) Conf. in templo.

Vicar.A.V.P.Joannes Baptista Argentinensis (1699) Conf. in templo; Conc. festiv. in civitate.

V. P. Crispinus ex Haessen (1688) Conf. in templo.

V. P. Franciscus Argentinensis (1691).

V. P. Felicissimus Selestadiensis (1703) Conf. in templo; Visit. infirm.

V. P. Carolus Delanus (1705) Elemosyn. in hospit. regio; Conc. gallus in civitate.

V. P. Donatus Selestadiensis (1711) Conf. in templo; Director Laic.; Visit. infirm.

V. P. Henricus ex Grussen (1713) Stationarius ad extra.

V. P. Melchior Selestadiensis (1714) Stationarius ad extra.

V. P. Gabriel Altkirchensis (1712) Missionarius in Vallewiller.

V. P. Apollinaris Rubeacensis (1719) Missionarius in Orschwir.

V. P. Martinianus Mutzingensis (1721) Conf. in templo; Conc. dominic. in civitate.

V. P. Victor Thannensis (1720).

V. P. Honoratus Sulzensis (1723) Missionarius in Benfelden.

V. P. Sylvester Selestad. (1725) Lector S. Theologiae; Missionarius in Oberbergen.

V. P. Eleazarus Thannensis (1727) Stationarius ad extra.

Studiosi.

P. f. Aloysius Mediolanus.

P. f. Wenceslaus ex Baldersheim (1727).

P. f. Donatianus Thannensis (1726).

P. f. Athanasius ex Pfaffenheim (1730).

P. f. Alexius Hagenoensis (1726).

P. f. Victorianus Selestad. (1729).

P. f. Chrysanthus Rubeacensis (1730).

P. f. Abundantius Molshemianus (1731).

P. f. Bonaventura Sulzensis (1730) Catechista pauperum.

P. f. Tiberius Bennfeldensis (1731).

P. f. Mathias Hatslattensis (1720).

P. f. Projectus ex Heimsprun (1722).

P. f. Eduardus Molshemianus (1726).

Laici.

Br. Ildephonsus Kientzhemianus (1701) communitatis et refectorii
Curator.

Br. Udalricus Dambacensis (1711) Janitor.

Br. Jonas ex Boncourt (1717) Hortulanus.

Br. Justinus Ensishemianus (1724) Coquus.

6. Molshemium.

Guard. A. R. P. Bonagratia Colmariensis (1710) Exdefinitor; Conf.
in templo.

Vicar. A. V. P. Vincentius Colmariensis (1717) Conf. in templo; Conc.
dominic. in civitate.

V. P. Sigisbertus Oberenhemianus (1693) Conf. in templo; Director
tertiar.; Visit. infirm.

V. P. Antoninus Thannensis (1709) Conf. in templo; Direct. Laicor.;
Visit. infirm.

V. P. Tiburtius Bambergensis Missionarius in Rosen.

V. P. Damianus Argentinensis (1718) Stationarius ad extra.

V. P. Leo Rubeacensis (1721) Missionarius in Wolxheim et Dachstein.

V. P. Benno Selestadiensis (1721) Stationarius ad extra.

V. P. Prothasius ex Hirtzfelden (1724) Missionarius et Vicarius
parochi in Ottersheim (1).

V. P. Venantius Colmariensis (1722) Missionarius in Valle Schirmeck.

V. P. Claudius Selestadiensis (1727) Stationar. ad extra; Catechista
pauperum.

V. P. Leonardus ex Stützen (1724) Missionar. in Wasslen.

V. P. Raphael ex Geispoltzheim (1725) Lector et Concionator ad
extra.

____

(1) Ottersheim = Odratzheim (?)

Studiosi.

f. Florentinus Rubeacensis (1729).

f. Maximilianus Ammerschwiranus (1730).

f. Angelus ex Niedernée (1732).

f. Gilbertus Brisacensis (1732).

f. Ottmar ex Ottmarsheim (1734).

f. Salomon ex Pfaffenheim (1730).

Laici.

Br. Aegidius ex Matzenheim (1706) Janitor.

Br. Ephrem Blotzhemianus (1720) Coquus.

Br. Prothasius Tabernensis (1727) communitatis et refectorii Curator;
    Hortulanus.

7. Weissenburgum.

Guard. M. V. P. Edmundus Oberenhemianus (1711) Conf. in templo.

Vicar. A. V. P. Pius Luxemburgensis (1698) Conf. in templo;
    Concionatoris germani Coadjutor.

V. P. Jordanus Ensishemianus (1679) Conf. in templo.

V. P. Josephus Gebwillanus (1702) Conf. in templo; Coadjutor
    parochi in civitate Weissenburg.

V. P. Benedictus Eslar (1705) Stationarius ad extra.

V. P. Romuald ex Bennwir (1708) Conf. in templo; Direct. Laicor.;
    Visit. infirm.

V. P. Peregrinus Ensishemianus (1713) Parochus in Altstatt.

V. P. Fridolinus ex Fort-Louis (1712) Elemosynarius in hospitali
    regio.

V. P. Bonifatius ex Steinfelden (1717) Parochus civitatis Weissen-
    burgensis.

V. P. Constantinus Ensishemianus (1719) Conf. in templo; Conc.
    gallus in civitate.

V. P. Erasmus ex Pfaffenheim (1721) Direct. tertiar.; Coadjutor
    parochi in Altstatt.

V. P. Patritius Selestadiensis (1722) Catechista pauperum.

V. P. Lucius ex Bählheim (1721) Ordinarius in Lautterbourg.

V. P. Jacobus ex Uraycourt (1725) Conc. gallus in parochia civitatis.

Clerici.

f. Romanus Ensishemianus (1732).
f. Sylverius Ensishemianus (1734).

Laici.

Br. Wendelinus ex Dietwiller (1706) Janitor.
Br. Maximus Ammerschwiranus (1705) communitatis et refectorii
    Curator.
Br. Guido ex Uttenheim (1733) Coquus et Hortulanus.

---

8. Tabernae Montium (1).

Superior A. V. P. Honorius Selestadiensis (1718) Parochus in loco;
    Conc. festiv.
V. P. Lucianus Selestadiensis (1715).
V. P. Pelagius Colmariensis (1727) Conf. in templo; Catech.; Conc.
    dominical.

Laicus.

Br. Joannes Ludovicus ex Niedersteinbrun (1700) Janitor, Coquus
    et Hortulanus.

---

9. Landavium.

Superior A. V. P. Marcellianus Selestadiensis (1706) Conf. in templo;
    Conc. german. in civitate.
V. P. Gervasius Gebwillanus (1723) Conf. in templo; Vicar. parochi;
    Conc. germanus.
V. P. Lambertus Belfortensis (1721) Conf. in templo; Vicar. parochi;
    Conc. gallus.

Laicus.

Br. Pancratius Ammerschwiranus (1700) Janitor, Coquus et Hort.

---

(1) Chargés par le Gouvernement français et le Nonce Apostolique, les Capucins
de Wissembourg s'occupaient, avec les droits de Missionnaires Apostoliques,
d'abord excurrendo, des catholiques de Bergzabern et des environs. En 1724
ils fondèrent dans cette ville un hospice. Enchiridion du P. Fructuosus de
Sélestat.

10. Fortalicium Regium (Fort-Louis)

Superior A. V. P. Thaddaeus Belfortensis (1714) Conf. in templo; Conc. gallus in parochia.

V. P. Mauritius Ensishemianus (1711) Conf. in templo; Visit. infirm.

V. P. Cyriacus ex Niedersoulz (1715) Vicar. parochi in loco; Conc. germanus.

V. P. Nicolaus ex Claire (1716) Conf. in templo; Catechista pauperum.

V. P. Aloysius Belfortensis (1719) Conf. in templo; Conc. gallus in parochia.

V. P. Laurentius Colmariensis (1724) Missionarius ad extra.

Laicus.

Br. Arnoldus ex Altspach (1724) Janitor, Coquus, Hortulanus.

11. Surburgum (1).

Superior A. V. P. Eusebius Turckhemianus (1713) Parochus in loco.

V. P. Sigismundus Willanus (1705) Coadjutor parochi.

V. P. Conradus Colmariensis (1710) Coadjutor parochi.

Laicus.

Br. Pirminus ex Holtzen (1722) Janitor, Coquus, Hortulanus.

(1) En 1746 le Chapitre de St. Georges, Haguenau, qui avait droit patronage sur la paroisse de Surbourg, confia, avec l'approbation de l'Évêque de Strasbourg, l'administration de cette paroisse, aux Pères Capucins. On ne sait combien d'années les Pères ont desservi Surbourg. Lors de la Révolution ils n'y étaient plus. Enchiridion du P. Fructuosus de Sélestat.

II. CUSTODIA COLMARIENSIS.

1. Colmaria.

Guard. A. R. P. Josephus Antonius Caesaremontanus (1705) Definitor; Conf. in templo.

Vicar. A. V. P. Stanislaus Selestadiensis (1711) Conf. in templo;
Conc. dominic. in paroch. collegii.

A. R. P. Finlanus Dambacensis (1686) Exprovincialis.

V. P. Hieronymus ex Ungersheim (1682) Conf. in templo.

V. P. Jonathas Sepisanus (1702) Conf. in templo; Elemosyn. in
hospitali regio.

V. P. Petrus Oberenhemianus (1707) Conf. in templo; Visit. infirm.

V. P. Hyacinthus Ensishemianus (1709) Conf. in templo; Coadj.
Elemosyn. in hospitali regio.

V. P. Ursicinus ex Chevené (1712).

V. P. Fulgentius ex Thiancourt (1717) Conf. in templo; Visit. infirm.; Director Laicor.

V. P. Carolus Maria Delanus (1718) Conf. in templo.

V. P. Cherubinus Argentinensis (1722) Missionarius in Wihr.

V. P. Ildephonsus Ensishemianus (1714) Catech. et Missionarius
in Holtzwihr.

V. P. Dagobertus Rubeacensis (1724) Lector S. Theologiae; Ordinarius in Turckheim.

V. P. Heliodorus Sulzensis (1722) Direct. tertiar.; Conc. festiv.
in parochia collegii.

V. P. Narcissus Ensishemianus (1720) Conf. in templo; Stationarius ad extra.

V. P. Heribertus Mutzingensis (1726) Missionarius in Münster.

Studiosi.

P. f. Crescentius Oberenhemianus (1730).

P. f. Floribertus Colmariensis (1726) Catechista pauperum.

P. f. Ignatius Turckhemianus (1724).

P. f. Burchardus ex Richenwir (1729).

P. f. Maximinus Ensishemianus (1730).

f. Tobias Sennensis (1732).

f. Hubertus Colmariensis (1730).

f. Diethlandus Ensishemianus (1732).

Laici.

Br. Paulinus ex Zimmerbach (1701) Janitor.

Br. Bertholdus Lanseranus (1708) Hortulanus.

Br. Carolus ex Valle S. Amarini (1717) Scriniarius.

Br. Mauritius Colmariensis (1715) Curator communitat et refectorii.

Br. Aurelius Selestadiensis (1726) Coquus.

Br. Seraphinus Sulzensis (1732) Scriniarius.

---

2. Ensishemium.

Guard. M. V. P. Ambrosius Oberenhemianus (1713) Magister Novitiorum; Ordinarius Monial. S. P. Francisci.

Vicar. A. V. P. Hartmann ex Hochfelden (1722) Conf. in templo; Conc. dominic. in paroch.; Extraordin. Monial.

V. P. Franc. Xaverius Molshemianus (1684) Conf. in templo; Ordinar. Monial. S. Francisci.

V. P. Christophorus Sennensis (1687) Conf. in templo.

V. P. Felix Maria Oberenhemianus (1716) Conf. in templo; Direct. tertiar.; Extraord. Monial.

V. P. Serenus Thannensis (1718) Stationarius ad extra.

V. P. Chrysostomus Thannensis (1714) Stationarius ad extra.

V. P. Martinus Colmariensis (1718) Conf. in templo; Conc. festiv. in parochia; Visit. infirm.

V. P. Engelhardus ex Geberschwir (1718) Missionarius in Geberschwir.

V. P. Dionysius ex Mayenheim (1713) Missionarius in Pfaffenheim.

V. P. Victorinus ex Saussen (1721) Missionarius in Saussen et Baldersheim.

V. P. Eustachius Gebwillanus (1723) Stationarius ad extra; Catechista pauperum.

V. P. Florentius ex Orschwir (1723) Stationarius ad extra.

Novitii.

Laici.

Br. Tobias Sulzensis (1710) Janitor communitatis et refectorii Curator.

Br. Didacus Sulzensis (1722) Coquus et Hortulanus.

---

3. Weinbachium.

Guard. M. V. P. Georgius Antonius Molshemianus (1708) Magister
Novitiorum; Conf. in templo; Extraord. Monial. Alspach.

Vicar. A R. P. Marinus ex Ingersheim (1717) Definitor Custos; Conf.
in templo.

V. P. Meinradus Rippovillanus (1699) Conf. in templo; Missionarius
in Bennwihr.

V. P. Pacificus Ammerschwiranus (1705) Mission. in Ammerschwir.

V. P. Franciscus Nicolaus ex Margolsheim (1714) Conf. in templo;
Ordinar. Monial. in Altspach.

V. P. Michael ex Rosen (1719) Conf. in templo; Ordinar. Monial. in
Altspach.

V. P. Illuminatus Ensishemianus (1725) Conf. in templo; Direct.
tertiar.; Visit. infirm.

V. P. Damasus Selestadiensis (1725) Missionarius in Rappschwir.

V. P. Adrian ex Rougemont (1725) Mission. gallus in Valle Orbeis.

V. P. Zacharias ex Nidermorschwir (1726) Stationarius ad extra;
Catechista pauperum.

V. P. Eugenius Colmariensis (1725) Stationarius ad extra.

Novitii.

Laici.

Br. Maximus Brisacensis (1666).

Br. Morandus ex Steinbach (1712) Janitor; communitatis et refectorii
Curator.

Br. Gottfriedus Sulzensis (1722) Coquus et Hortulanus.

4. Thannae.

Guard. M. V. P. Sigisbertus Ternuensis (1) (1712) Conf. in templo;
Ordin. praenobilis Dominae Comitissae a Rose mazoppoli.

Vicar. A. V P. Dominicus Turckhemianus (1708) Ordin. praenob.
Dominarum Canoniss. mazoppoli.

V. P. Anselmus Arleshemianus (1681) Conf. in templo.

V. P. Mathias Rubeacensis (1705) Ordinarius praenobilis Domini a
Hagenbach; Conf. in templo.

V. P. Ignatius Thannensis (1717) Stationarius ad extra.

---

(1) Ternuay, Département Haute-Saône.

V. P. Justinianus Delanus (1701).

V. P. Arbogastus ex Dangelsheim (1706) Stationarius ad extra.

V. P. Simon ex Ungersheim (1715) Stationarius ad extra.

V. P. Thomas Sulzensis (1717) Missionar. in Dammerkirch; Director tertiar.

V. P. Eleonorus ex Margolsheim (1720) Conf. in templo; Conc. dominic. et festiv. in civitate.

V. P. Blasius ex Montrewillar (1716).

V. P. Urbanus Sulzensis (1715) Missionarius in Geibenen.

V. P. Hugolinus ex Fägersheim (1724) Conf. in templo; Visit. infirm.

V. P. Isidorus ex Pfaffenheim (1725) Missionarius in Galfingen.

V. P. Armandus Thannensis (1723) Missionarius in Burnhaupten; Catechista pauperum.

V. P. Reinerius Dambacensis (1725) Stationarius ad extra.

Clericus.

f. Caesarius Rubeacensis (1733).

Laici.

Br. Maurus ex Niderentzen (1704) Director fabricae.

Br Aquilinus Caesarmontanus (1712) Janitor.

Br. Laurentius Lanseranus (1712) Hortulanus.

Br. Simplicius Thannensis (1708) Lanificus.

Br. Nicolaus ex Schnierlach (1712) Lanificus.

Br. Ruffinus Thannensis (1718) Lanificus.

Br. Homobonus Thannensis (1712) Lanificus.

Br. Dominicus Thannensis (1719) Coquus.

---

5. Sulzium.

Guard. M. V. P. Florimundus Thannensis (1713) Conf. in templo; Conc. dominic. in civitate.

Vicar. A. V. P. Mansuetus ex Margolsheim (1691) Conf. in templo.

V. P. Raymundus Selestadiensis (1691) Conf. in templo.

V. P. Florianus Sulzensis (1700).

V. P. Bernardus Gebwillanus (1704) Conf. in templo; Visit. infirm.

V. P. Rochus Moguntinus (1704) Conf. in templo; Director tertiar.

V. P. Theobaldus Rubeacensis (1707) Missionarius in Sulzmath; Director Laicor.

V. P. Fintanus Selestadiensis (1712) Missionarius in Gebwiller.

V. P. Severus Thannensis (1717) Missionarius in Issenheim.

V. P. Valerianus Argentinensis (1720) Ordinarius Dominorum Canonicorum in Lautenbach.

V. P. Cyrillus Selestadiensis (1727) Conf. in templo; Conc. festiv. in civitate.

V. P. Marcellinus ex Pfaffenheim (1728) Lector et Missionarius in Orschwir.

Studiosi.

f. Oswaldus Rubeacensis (1729) Catechista pauperum.

f. Morandus Ensishemianus (1729).

f. Franciscus ex Sierentz (1732).

f. Gottfridus Ensishemianus (1732).

f. Electus Selestadiensis (1730).

f. Symphorianus Selestadiensis (1730).

f. Theodosius Colmariensis (1730).

Laici.

Br. Daniel ex Karspach (1709) Janitor.

Br. Christianus ex Logele (1713) communitatis et refectorii Curator; Hortulanus.

Br. Remigius ex Erstein (1734) Coquus et Hortulani Coadjutor.

6. Lapsera.

Guard. M. V. P. Michael Mazzopolitanus (1706) Conf. in templo.

Vicar. A. V. P. Leodegarius ex Ottmarsheim (1717) Conf. in templo; Ordin. praenobil. Dominarum Canonissar. in Ottmarsheim.

V. P. Chrysogonus Hagenoensis (1684) Conf. in templo.

V. P. Valentinus Altkirchensis (1706) Missionarius in Karspach.

V. P. Placidus Oberenhemianus (1702) Missionarius in Hirtzbach.

V. P. Franciscus Ludovicus Belfortensis (1714) Conf. in templo; Director Laicor.; Visit. infirm.

V. P. Hermenegildus ex Oberbergen (1718) Stationarius ad extra.

V. P. Theodorus Argentinensis (1720) Missionarius in Heitwiller.

V. P. Franciscus Maria Thannensis (1722) Conf. in templo; Direct. tertiar.; Visit. infirm.

V. P. Gratian Ensishemianus (1716) Conc. ordinar. in parochia.

V. P. Marquardus ex Dagelsheim (1726) Missionarius in Dagelsheim et Brunstatt.

V. P. Fortunatus Altkirchensis (1725) Ordinarius Dominorum in Altkirch.

V. P. Festus ex Bernwiller (1723) Stationarius ad extra.

Clerici.

f. Januarius Selestadiensis (1732).

f. Polycarpus Colmariensis (1731).

Laici.

Br. Juniperus Sennensis (1694) Hortulanus; communitatis et refectorii Curator.

Br. Matthaeus Caesarmontanus (1715) Janitor.

Br. Andreas ex Schaeffersheim (1718) Coquus.

---

7. Neobrisacum.

Guard. M. V. P. Franciscus Joseph ex Margoltzheim (1715) Conf. in templo; Conc. germanus in parochia.

Vicar. A. V. P. Philibertus Belfortensis (1715) Conf. in templo.; Conc. gallus in parochia civitatis.

V. P. Justinus Selestadiensis (1685).

V. P. Theobaldus Thannensis (1689) Conf. in templo.

V. P. Felicianus Bruntruttanus (1702) Elemosyn. in hospitali regio militari.

V. P. Amandus Colmariensis (1719).

V. P. Pantaleon Gebwillanus (1719) Missionarius in Heittern.

V. P. Faustinus Argentinensis (1723) Conf. in templo; Direct. tertiar.; Visit. infirm.

V. P. Hymerius ex Krautärgersheim (1725) Mission. in Fessenheim.

V. P. Beatus Ensishemianus (1728) Missionarius in Büsen; Catech. pauperum.

V. P. Ivo Colmariensis (1723) Stationarius ad extra.

Clerici.

f. Anselmus Argentinensis (1735).

f. Cajetanus Ensishemianus (1730).

Laici.

Br. Ludovicus Ammerschwiranus (1682) Janitor.

Br. Hortulanus ex Rummersheim (1717) Hortulanus; communitatis et refectorii Curator.

Br. Modestus Bennfeldensis (1721) Coquus.

---

8. Blotzhemium.

Guard. M. V. P. Fridericus Colmariensis (1703) Conf. in templo.

Vicar. A. V. P. Generosus Ensishemianus (1717) Conf. in templo; Conc. in sacellog pererinat. B. M. V. ad quærcum.

V. P. Clemens ex Margoltzheim (1695) Conf. in templo.

V. P. Maximus Thannensis (1692) Conf. in templo.

V. P. Franciscus Xaverius Sulzensis (1701) Missionar. in Neudorff.

V. P. Cœlestinus Gebwillanus (1704).

V. P. Severianus ex Stotzheim (1705) Conf. in templo; Direct. tertiar.; Visit. infirm.

V. P. Alexius Selestadiensis (1709) Conf. in templo; Direct. Laicor.

V. P. Ferdinandus Selestadiensis (1714) Missionar. in Bartenheim et Sierentz.

V. P. Seraphinus Ammerschwiranus (1721) Conf. in templo; Conc. ordinar. in parochia.

V. P. Macarius Molshemianus (1722) Missionarius in Leymen et Neuwiller.

V. P. Remigius Argentinensis (1726) Conc. ordinarius gallus in Huningen.

V. P. Mansuetus ex Altdorf (1723) Catech. pauperum; Stationarius ad extra.

Clerici.

f. Joachim Sulzensis (1731).

f. Candidus ex Katzenthal (1735).

Laici.

Br. Alexander Rippowillanus (1690) communitatis et refectorii Curator.

Br. Wolfgangus ex Hässingen (1702) Janitor.

Br. Josephus Sennensis (1712) Hortulanus.

Br. Sixtus ex Erstein (1732) Coquus.

Venerandi Patres et Fratres extra Provinciam Nostram.

Caneae in Candia (Crète).

V. P. Bonaventura Ammerschwiranus (1710).

In Provincia turonensi.

V. P. Fidelis Colmariensis (1709).
V. P. Bruno Selestadiensis (1716).

In India Ponticherica (Pondichéry - Inde).

V. P. Joannes Baptista Colmariensis 1713).
V. P. Medardus Selestadiensis (1714).

Rupellae (La Rochelle).

P. f. Julianus ex Erstein, Studiosus (1731).
P. f. Oliverius Rubeacensis, Studiosus (1732).

Bononiae (Bologne).

P. f. Herculanus Rubeacensis, Studiosus (1726).
P. f. Caecilianus ex Fort - Louis, Studiosus (1728).

Rothomagi (Rouen).

P. f. Florinus ex Hirtzfelden, Studiosus (1729).
P. f. Berardus Sulzensis, Studiosus (1729).

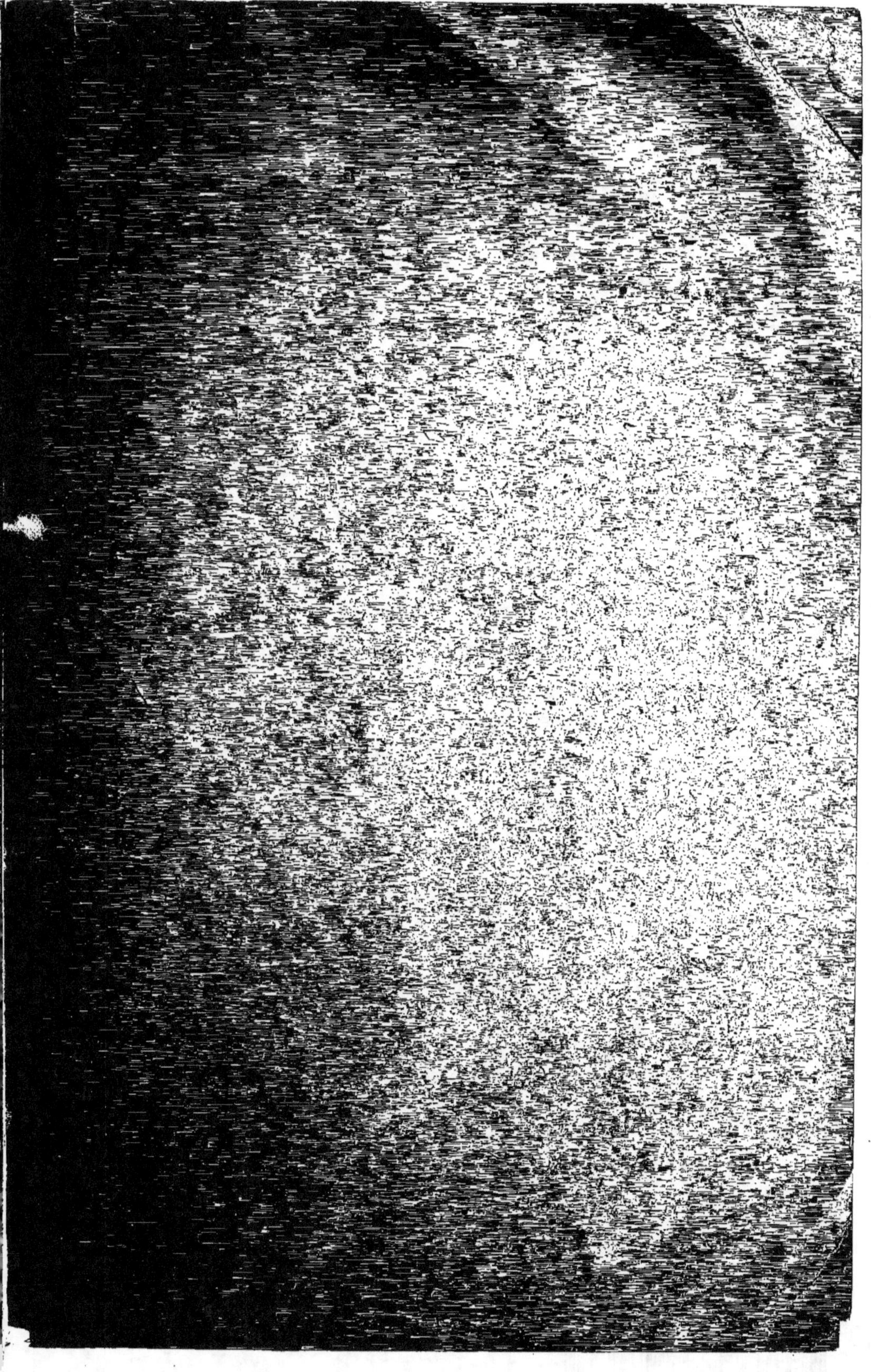